MORE

経済の流れと仕組みでわかる 人類の1万年史

フィリップ・コガン　花田知恵・訳
Philip Coggan

The 10,000 Year Rise of the World Economy

原書房

右：紀元前1754年、バビロニアのハンムラビ王の時代からすでに高度な商取引が行われていた。ここには、裁きの神シャマシュから王権の象徴を与えられる姿が描かれている。ハンムラビ法典は最低賃金や債務免除、金融派生商品などについて定めていた。

下：ローマ人は交易を促進し、42年、クラウディウス帝の下、ローマ近郊のオスティアに大型の船が出入りできる深い港が建設された。

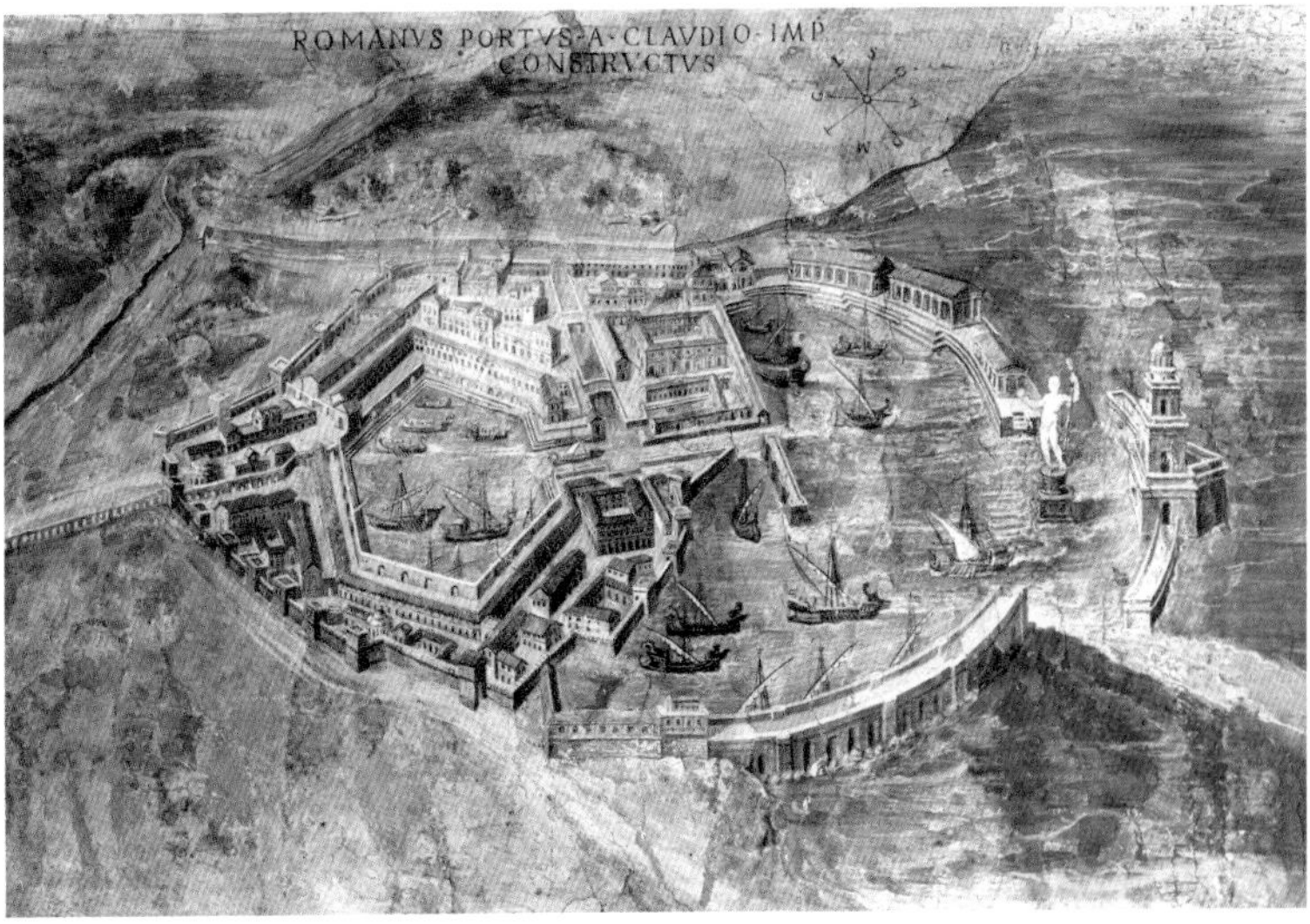

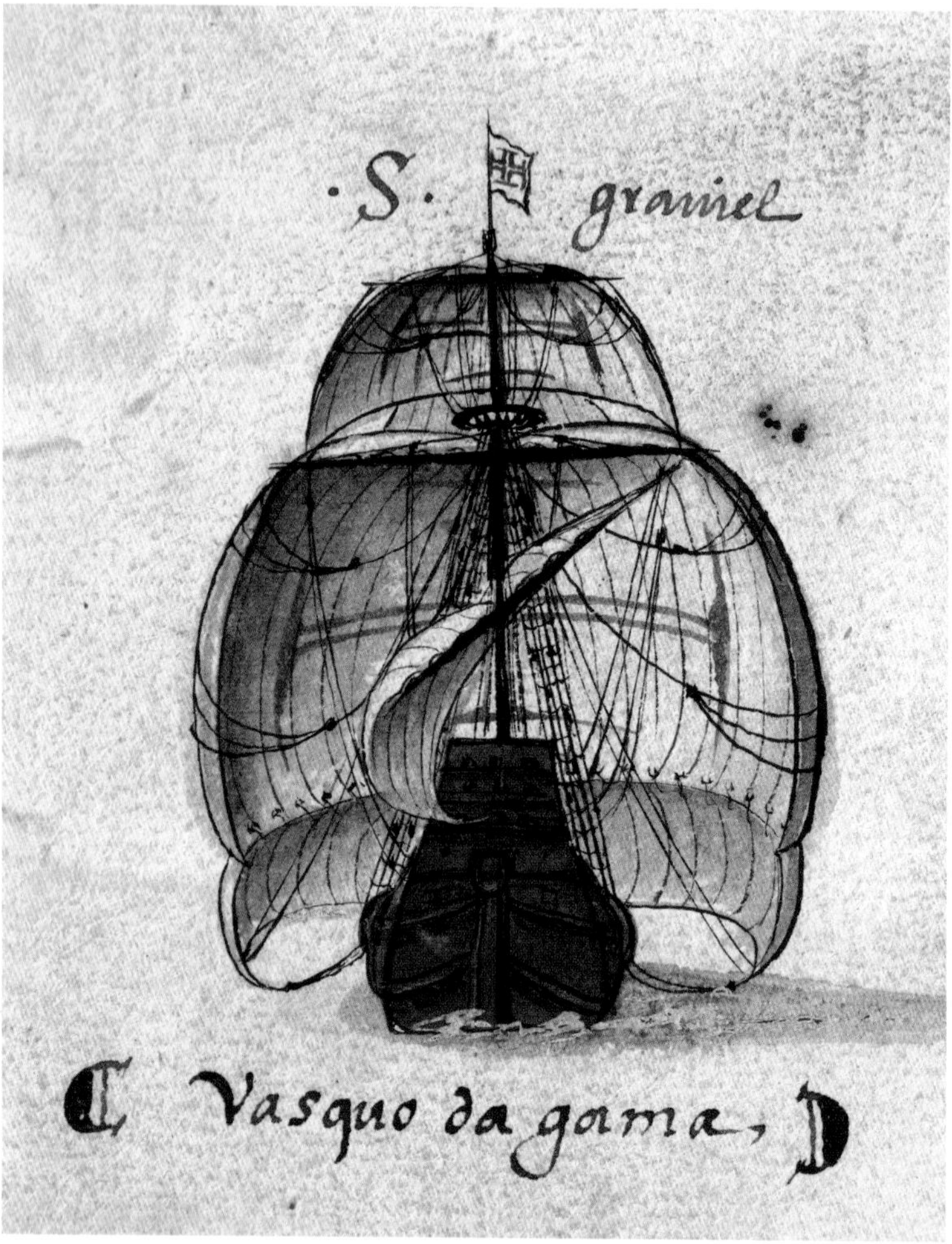

造船技術の発達により、ヨーロッパ人はアジア貿易に乗り出すことができた。1497年、ポルトガルのバスコ・ダ・ガマはカラック船、サン・ガブリエル号で船団を率いた。(この絵は16世紀のもの)

中国の陶器は世界で重宝され、盛んに取引された。この大量の器はインドネシア沖に沈んでいた大昔の難破船から21世紀に引き揚げられた積荷。

19世紀初頭、イギリスは産業革命の先頭に立っていた。それを牽引したのは、1767年に発明されたジェニー紡績機など、繊維産業の発達だった。

左:絹は19世紀まで中国の重要な輸出品だった。ここには、ヨーロッパ人が中国の絹商人と取引する姿が描かれている。

下:現代の経済は新しいエネルギー資源の発見なくしては、実現しなかっただろう。アメリカの石油景気は1859年、ペンシルヴェニア州タイタスヴィルで始まった。

奴隷貿易により、おびただしい数のアフリカ人がアメリカ大陸の砂糖や綿花のプランテーションの労働力として残虐な方法で運ばれた。奴隷貿易は19世紀に入ってもまだ続けられていた。

19世紀末から20世紀初めにかけて、ヨーロッパ人は高い賃金を求め、大挙して新世界に渡った。1912年のこの写真のように、多くはニューヨーク港のエリス島に上陸した。

ヘンリー・フォードが1913年に導入した組み立てラインは自動車の価格を下げ、製造に革命を起こした。

1930年代の大恐慌は未曾有の経済的大惨事となり、その一因は銀行制度の信用喪失だった。写真は、ニューヨークのイーストサイドにある小さな銀行から預金を引き出すために殺到した人々。

近年、製造はアジアに移っている。この写真は、マレーシアの労働者が輸出用補聴器を組み立てているところ。

農業の新たなかたち。どこでも食料を生産する方法として、金属のコンテナの中で野菜を育てている。

現代の経済は真にグローバル化し、巨大なコンテナ船で運ばれたモノがイギリスのフェリクストウなどの港で荷揚げされる。

経済の流れと仕組みでわかる
人類の1万年史

目次

はじめに

私たちは歴史について考えるとき、革命や戦争、国王――かつて「マップス（地図）・アンド・チャップス（男たち）」と言われた事柄――に注目しがちだ。そして、私たちが経済について語るとき、インフレと雇用の現在の数値や、学者が説明に使う複雑な方程式や専門用語が中心になる。

うっかりすると全体像を見失う。過去300年間で人間の歴史には大きな変化があった。この変化があったからこそ、人口が増え、寿命が延び、背が高くなり、健康になった。貧困は未だ世界にはびこっているが、豊かさはこの数十年間でかつてないほど広がり、それには中国の経済成長が大きく影響している。こうしたストーリーは充分に語られていないし、理解されていない。それがこの本を書く動機になった。

今から30年前、私が初の著書 *The Money Machine*（未邦訳）を書くことにしたのは、金融について学ぶ必要があるのに一般向けの入門書がないと気づいたからだった。世界経済についても同様の貢献ができると思った。もちろん、経済史についてはすでに素晴らしい本がいろいろあるが、だいたいどれも、何々の決定的要因はこれという説明で終わっている。本書は全体像を求める人のために書いた。

2016年の時点で、それが途方もなくたいへんな仕事になるとわかっていたら、手を出さなかったかもしれない。『エコノミスト』の記者として私にはフルタイムの仕事があるというのに、この本のために読まなければならない文献が山ほどあった。

先に言わせてもらうが、この本はジャーナリストが書いたもので、学者が書いたものではない。テーマ別の各章は独自のレポートである。しかし、本書の大部分は私より前に活躍した学者たちの優れた業績を参考にしている。巻末の注と参考文献に出典を載せて謝意を表しているが、ここでもう一度、感謝を述べたい。

統計については、ひとことお断りしておく。アンガス・マディソンのような歴史家は様々な段階の世界経済のスケールを推定するために膨大な労力を費やしていたし、物価や収入、寿命に関する情報を求めてデータをくまなく探した人もいた。しかし、大きな誤差が出るのは避けがたく、現代社会でさえ経済の数値を正しく算出することは難しい。それゆえ、本書に載せた数値で経済成長の水準に関しては、おおまかな推測に過ぎない（詳しくは付録を参照）。

また、この本のアイデアを信じ、私が書き終えるまで辛抱強く待ってくれたプロファイル・ブックス社のエド・レイクとアンドリュー・フランクリンにも感謝したい。ポール・フォーティーは編集・製版チームを運営し、スザンヌ・ヒレンは優秀なコピー・エディターだった。ザニー・ミントン・ベドースを筆頭に『エコノミスト』の同僚、エドワード・カーとアンドリュー・パーマーも私がこの仕事に取り組んでいるあいだ、温かく見守ってくれた。同じく、同僚のサイモン・ロングとヘレン・ジョイスにも感謝している。マーク・ジョンソンは私のアジア出張を手配し、マレーシアの暴風雨の中を安全に案内してくれた。

本書の一部を読んで有益な助言をしてくれた人々にも特別に感謝したい。ジェフ・カー、ティム・クロス、パトリック・レーン、チャールズ・リード、カラム・ウィリアムズ、サイモン・ライト。もちろん、誤りはすべて、彼らにではなく、私に責任がある。このほかのヒーローには、図を作成してくれたアレックス・セルビー＝ブースロイド、写真を見つけてくれたソフィア・ブラッドフォードとゾーイ・スペンサーがいる。

多くの人が私の世界旅行を支えてくれた。グランドセントラル駅のダニエル・ブルッカー、バークレーのフランシス・ウールとそのチーム、ボストンのフレイト・ファームズのキャロライン・キャッツリベス、イスカンダル・マレーシアのシェリル・リム、シンガポール港のユージーン・テイ、エリス島のレンジャー、ダグ・トリーム、ペンシルヴェニア大学のシュー・ヤン、シェフィールドのAMRCのジョン・イェーツ。

30か月ものあいだ調査と執筆に明け暮れる私に我慢してくれた妻のサンディーと子供たち、ヘレナとキャサリンに最大の感謝を捧げる。週末にハイキングや映画館に行けなかったことは、本当にすまなかったと思う。サンディーはいろいろと役に立つアドバイスをしてくれたし、私のつまらない間違いを正してくれた。そして、猫のローザ……大事なときにキーボードの上に座ってくれたきみには猛省を促したいと思う。

フィリップ・コガン
2019年4月

序章

交易の欲求

まず、小さなものを思い浮かべてみよう。家にある日用品、たとえばチューブ入りの歯磨き粉。これがあなたのバスルームに置かれるまでには、多くの人の手とプロセスを経ている。歯を白くする二酸化チタンをオーストラリアかカナダで採掘し、研磨剤となる炭酸カルシウムを石灰岩から抽出し、植物をすりつぶして増粘安定剤となるキサンタンガムを精製する。私のバスルームにある歯磨き粉の成分表を見ると、17項目が記載されているがチューブのプラスチックはそこに含まれていない。この原材料すべてを工場に集め、そこで歯磨き粉に加工し、会社のロゴが印刷された段ボール箱に完成した製品を詰める。ロゴはスーパーマーケットの棚で映えるようにプロのデザイナーが考えたものだ。それから製品はトラックで配送センターに運ばれ、最後に小売店の従業員によって棚に並べられる。

次に、大きなものを想像してみよう。たとえば、イギリス東岸のサフォーク州フェリクストウにあるコンテナ港。そこはもはや巨人の国だ。私が訪れたときは、デンマークの海運会社マークスの、全長およそ400メートルのコンテナ船がちょうど埠頭を離れるところだった。船の甲板にはコンテナがぎっしりと8段に積まれ、甲板の下にも同じ数だけ積まれているはずだ。高さ80メートルのクレーン3台がその脇に所在なさげに止まっていた。積み込み作業は終わったのだ。数週間のうちに、無数の消費者がこのコンテナから取り出された商品を使っていることだろう。

世界経済は日々、この大と小で成り立っている。その総額は何兆ドルにもなり、金額が大きすぎて私たちが毎日使っているもの――食品、衣料品、様々な道具――もそこに含まれることまでは考えが及ばないが、もう誰も経済の孤島ではいられないのだ。

世界貿易の90％は海上輸送に頼っている。フェリクストウの埠頭には見渡す限りコンテナがうずたかく積まれている。休日を除いて毎日2000台のトラックが輸出品を運び込み、輸入品を積んで帰っていく。

この港には鉄道ターミナルが3か所あり、鉄道が積荷の半分をさばいている。私はターミナルのひとつで、国内唯一の遷車台《トラヴァーサー》が機関車を横へ移動する工学技術の魔法を目にした。この装置を使って列車を逆向きにすれば、別のターミナルへ行ってまた荷物を積める。これらの発明の数々は、あなたの家に商品が届くまでに欠かせないし、そこには長い歴史がある。

地球上にはフェリクストウのような巨大コンテナ港があちらこちらにある。シンガポール港が1819年、サー・スタンフォード・ラッフルズによってイギリスの貿易拠点に選ばれたのは、水深に恵まれた天然の良港だったからだ。もうひとつの理由は、マレー半島とスマトラ島のあいだにあるマラッカ海峡の南東端という要衝に位置していたからだ。インド洋から南シナ海に向かう船はすべてこの海峡を通らなければならない。今日、この港はコンテナの取り扱い数で世界第二位にランクインし、シンガポールは非常に豊かな国になっているが、それもこれも、アジアの貿易と金融の中心に位置しているからだ。

輸送用コンテナは外形が均一で、中に何が入っているかはわからない。しかし、シンガポールでは船が何を積むのかを垣間見ることができる。埠頭にずらりと並んでいるのは、アジアで製造されヨーロッパに向かうトヨタやホンダ、あるいはヨーロッパで製造され中国へ向かうメルセデスやBMW、または中東向けの三菱の小型トラック。最大の輸送船は8000台の車を積み込むことができ、毎年110万台の車がこの港を通過する。

フェリクストウやシンガポール、その他の10あまりの港を日々通り過ぎる貿易財が世界経済を動かしている。そして、それは途方もなく巨大で複雑なネットワークに含まれる。そこで扱われるのは製品ばかりでなく、部品や材料もだ。iPhoneには日本製や南アフリカ製のディスプレイ、台湾製のセンサーのほか、ドイツやフランス、イタリア、オランダでつくられた他の部品が含まれている。これらの部品はアフリカ産や南米産の原料から製造され、全体は中国で組み立てられる。それでもiPhoneはまぎれもなくアメリカ製品と見なされている。(1)

人類は何千年も交易を行ってきた。交易は分け合いとは違う。分け合いは、ライオンが群れで仕留めた1頭の獲物を皆で分け合うように、野生動物のすることだ。交易は共生とも違う。たとえば、ブリモドキはサメに付いた寄生虫を食べるので、サメに食べられずに済んでいる。

取引交換は双方がともに利があると思わなければ成り立たない。あなたは私の欲しいものを持っている。私はあなたの欲しいものを持っている。たとえば、私のリンゴの木には腐るほどたくさんの実がなり、あなたの鶏は朝食で食べきれないほどたくさんの卵を産むとしよう。余った分を交換するのが合理的だ。このような取引を行うのは人間だけのようだ。偉大な経済学者アダム・スミスはこう述べた。「犬同士が1本の骨を別のものと公正かつ意図的に交換するのを見た人はいない」（しかし、チンパンジーは食べものと引き換えにグルーミングをするし、ある実験では、オマキザルに通貨として銀のディスクを与えると、それを売春に使ったそうだ）[(2)]

世界的に見ると、交易は資源の配分が均等ではないために生まれる。地球上には鉱物資源が豊富なところもあれば、果物や綿花の栽培に必要な日照に恵まれているところもある。小麦の栽培に適した平野が広がっている地域もある。文明によっては、陶器や生地、その他のものを生産する技能に恵まれていたところもある。人は自分が得意なものをつくり、それで余った分を別の土地で栽培されたり生産されたりした別のものと交換した。

最初の交易は、贈りものの交換から始まったのかもしれない。現代社会で誕生日のプレゼントを贈ったり、ディナーに呼ばれたらワインを持参したりするように。やがて、この贈答がもっと計画的になった。双方とも交換で得をすると理解したのだろう。リンゴと卵の交換でいうと、リンゴ以外、卵以外のものが食べられるのだから。やがてこれが専門化につながった。ものによっては専門化が迅速に進み、中世にはどの村にも鍛冶屋と靴修繕屋がいた。

同様のプロセスにより市場が誕生した。市場は遅くとも紀元前2千年紀のフェニキア人の時代からあり、その後、世界中の小さな町にできた。交易品の大半は、農民が持ち込む余った作物や家畜だった。たとえば、ワイン商人にとっては、市場は商品を売るために不可欠だった。そして市場があれば、買い手は値段を比べられる。最安値で売る人が勝者だ。やがて、商売をする人は「効率」を考えるようになった――もっと多くのものを、もっと安くつくるのだ。買い手と売り手はものの値段で合意するだけでなく、その質、取引の時と場所、支払いの手段と時期にも合意していなければならない。市場、交換、金融証券などの発明がこのプロセスを容易にした。

長距離交易も数千年前から始まった。西ゴート族の法典には「海外交渉人」が登場する。しかし歴史のほとんどの時代、長距離交易は非常に金のかかる危険なものだった。そのため、交易は経済のわずかな一部分を占めるだけで、宝石やスパイス、絹など贅沢品を主に扱っていた。人々が消費するほとんどのものは地元で生産された。

船が大型化し、航海術が発達すると、材木や穀物、奴隷などかさばるものでも運べるようになった。この2世紀のあいだ、貿易は鉄道や蒸気船、内燃機関によって様変わりした。そのため本書は数千年のあいだに交易がいかにして拡大し、国際貿易に発展したかについても見ていく。現在、国際貿易は全世界で毎年生産されるものの半分を取り扱っている。(3) 世界経済は競争、政府の介入、消費者の好み、天然資源の分布などの複雑な相互作用によって形成されてきた。ある部分を変えるだけでシステム全体がどう変わるかは誰にもわからない。政治家が経済についてシンプルな解決策を掲げたら、有権者はこれを思い出して警戒したほうがいい。

国家

陸路を行く交易人は、盗賊に襲われたり、通過する土地の支配者に荷物を没収されたりするリスクがある。海路を行く交易人は、嵐や海賊に襲われるリスクがある。大昔の人はその対策としてリスクを分散した。旧約聖書の「伝道の書」は「穀物を海の向こう側に送れば、いつか利益が戻ってくる。しかし、先にどんな危険があるかわからないから、投資は多くの場所に分けて行え」と助言している。(4)

自国にいても商人は政府から財産を奪われる恐れがあった。これは過去にひんぱんにあったし、現在でもある。だが、これはゼロサムゲームだ。もし毎年、地元の盗賊(あるいは領主)に作物を奪われるとわかっていたら、来年何かを栽培する気にはならないだろう。これでは長期的な経済成長に結びつかない。17世紀の悲観的な哲学者トマス・ホッブズは記している。「そのような状況下では産業が発達する余地はない。なぜなら、報われるかどうか当てにならないからだ」(5)

経済が成長するためには、個人の財産権を守り、紛争を平和的に解決する手段を持つ近代国家が成立していなければならない。近代国家には契約の履行を保証する法廷がある。品物は代金が支払われてから届けるのか、品物が届いてから代金を支払うのか、賃金は仕事が終わってから支払われるかなどの契約だ。経済発展には製品を届けるための輸送網、労働者を教育する学校、労働者が病気になったときに治療する病院が必要だ。

現代の政治的議論は「資本主義は悪である」とか「政府の干渉は間違っている」などの主張を

中心にした不毛な議論に陥りやすい。実のところ、成功した国家は活発な民間部門の恩恵を常に受けてきたし、民間は国家が提供するインフラの恩恵に常に与《あずか》ってきた。議論すべき点はどこで線を引くかである。民間と公共の責任をどこで分けるか、総収入のどれくらいを政府の取り分にすべきか。

20世紀、この境界線は政府寄りに動いたが、その動きは一方向ではなかった。ロシアと中国だけでなく、スウェーデンのような社会民主主義国でさえ政府の後退がみられた。ふたつの世界大戦で、危機の際、国には経済計画が必要であることがわかった。しかし、未来の予測を数人の立案者に委ねるのは賢明ではない。最も成功した実業家でも予測が外れるときがある。40年以上IBMの社長を務めたトーマス・ワトソンは、コンピュータの需要は全世界で5台ぐらいしかないと予測していた。(6)

それゆえ本書は、長年にわたって政府が良きにつけ悪しきにつけ、経済にどう影響してきたかをたどる物語でもある。多くの独裁的な支配者は成功した商人が税収の豊かな源であることを理解し、そのために国の内でも外でも商業を促進した。この2世紀のあいだに、政府は責任の範囲を大きく広げ、高齢者や病人、失業者に福祉を提供し、経済管理のためインフレと失業率を抑えようと努めてきた。この変化は国民全体にとって好ましいことだった。

金融

私たちの祖先は交易と同様に金の貸し借りもした。これも取引のひとつのかたちである。あなたは余分な現金を持っている。私は牛を飼うため、もしくは貿易船に出資するために現金が必要だ。もし私の投資が利益を生んだら、私は利息を払うので、私たちは両方ともこの取引から利益を得る。

金融は経済にとって極めて重要だ。これがあるために、生涯の出費を管理できる。働き始めたばかりの人は資金がほとんどないので、家や車などの消費財を買うためには借金をしなければならない。中年になって給料が上がると借金を返し終わり、老後のために貯蓄ができる。高齢者になると、貯蓄からの収入で生活する。だいたいのところ、老人が若者に金を貸す。

企業はたいてい、事業を拡大するために金を借りる。借金は政府の機能を支えるために必要だ(公共サービスの支出をすべて税金で賄う国はあまりない)。

金融部門はこれらの取引の仲介役を務める。ファンドマネージャーや年金制度は私たちの貯蓄を有利子負債や会社の株に投資している。保険会社は私たちが生命や資産に掛けた保険料を運用し、追加の収入が保険料を下げる。慈善団体は寄付金を投資に運用し、追加の収入で慈善事業ができる。

経済が成長すると金融部門はさらに複雑になり、多くの人が利用するようになる。現代の金融部門には様々な(しかも多くの)欠点があるが、金融部門が未発達の国の経済について考えてみる価値はある。そこでは、市民は自分の家を買ったり、スモールビジネスを始めたりする手段がない。資金調達さえできればこれらは可能だ。たとえば、ケニアでは携帯電話を利用した決済サービス、Mペサの普及により、簡単にスモールビジネスを始められるようになり、数百万人の生活が改善された。

金融部門は好況、不況の影響を受けやすい。信用が落ちると金の貸し借りに慎重になり、経済が破綻する。2008年の金融危機の前から、金融部門は自信過剰になって西側の経済を不安定にした。金融は役に立つ召使いだが、主人としては非常に危うい〔フランシス・ベーコンの金言のもじり〕。

進歩の本当の意味

経済学界隈には、経済成長や国内総生産（GDP）の数値へのこだわりを軽蔑する学派もある。もちろん、人生の価値はモノやサービスだけでは測れない。しかし、現代人がいかに経済成長の恩恵を受けているかを理解するために、600年さかのぼって15世紀初めの頃を考えてみよう。

もしあなたが1420年のヨーロッパに生まれたとしたら、最初の戦いは生まれてから最初の1、2年を生き延びることだ。乳児死亡率は30％くらいあった。中世の典型的なヨーロッパの農民は家具らしい家具をほとんど持たず、壊れかけのスツール（布張りの肘掛け椅子ではない）と藁の寝床（たぶんノミやシラミがたかっている）があるだけで、プライバシーもなく（暖をとる唯一の手段である火のそばで全員が一緒に寝る）、ナイフはあってもフォークやスプーンはなく、夜はほとんど明かりがなかった（ロウソクはとても高価だった）。

食品の選択は非常に少なく、腐るのを防ぐ冷蔵設備もなかった。近代以前の中国では、全カロリーの5分の4以上をキビ、小麦、米、トウモロコシから摂っていた。ヨーロッパ人は粗末なパンと野菜の煮込みやスープで生き延びていた。(7) 肉や魚は特別な日のごちそうだった。栄養不足のため彼らは現代人よりも小柄だった。水道も水洗トイレもなかった。水はたいてい女性が村の井戸か川から家まで運ばなければならなかった。娯楽に関して言えば、印刷された本はなかった。いずれにしても、ほとんどの人は読み書きができず、多くは目が悪く、メガネは普及していなかった。もちろん、ラジオもテレビもない。めったに身体を洗わないし、着替えの服もわずかだった。

医学と歯科学は原始的で、病気になった人は哀れだった。女性はせめて子供の1人か2人は無事に育つように、何人も産むことを求められたが、妊娠は命がけだった。3人に1人の女性が出産適齢期に亡くなっていた。(8) 平均寿命は30歳に満たなかった。もし家に泥棒が入るか、襲われても、あなたを守る警察機構はなかった。そしてあなたの家の中で木か藁に火が付いて火事になっても、駆けつけてくれる消防団はいなかった。

もしあなたが男性なら、労働人生のほとんどを自分の小さな土地か、社会的に上位の人の土地に縛られて過ごすことになる。女性なら、結婚適齢期まで召使いとして過ごすかもしれない。結婚生活は家事に加え、農作業や家畜の世話のほか、針仕事や糸紡ぎ（そこから、未婚女性を示す糸を紡ぐ人《スピンスター》という言葉が生まれた）で小銭を稼ぐことを求められるだろう。子供は幼い頃から働かされる。ほとんどの人は生まれた場所から数キロの範囲内で生涯を過ごす。道路は未発達で、鉄道も飛行機もない。

延びる寿命

世界の平均寿命（単位・年）

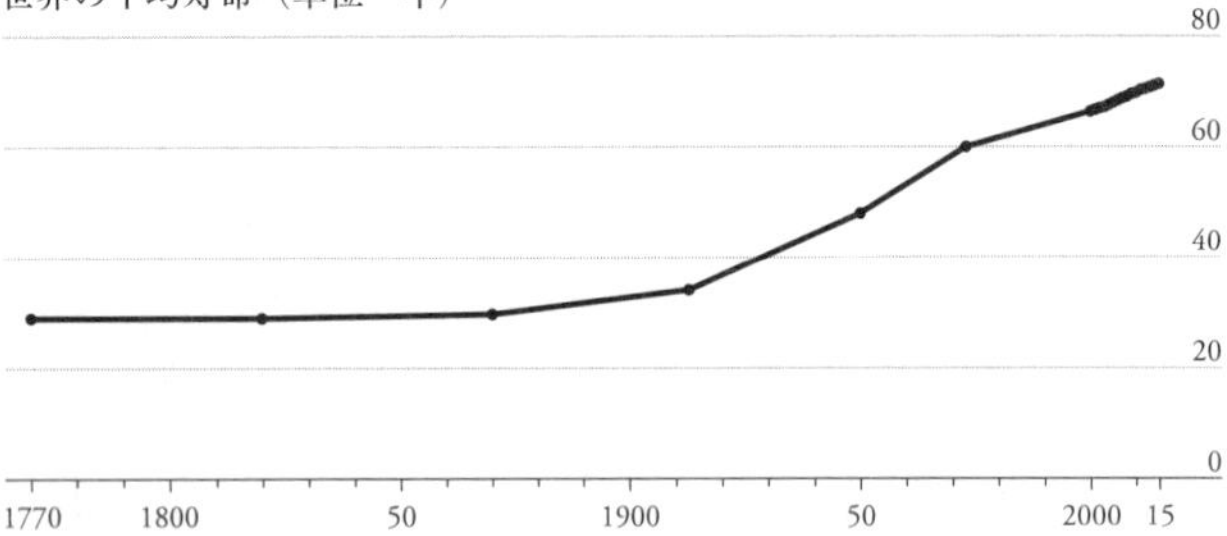

Sources: “Estimates of Regional and Global Life Expectancy, 1800–2001” by James C. Riley; WHO; World Bank

もちろん、これらの労苦を埋め合わせるものはあった。仕事は猛烈に忙しくはなかったし、休日は多かった。ただし、それらは「祝日、祭日」であり、休暇ではなかった。今のように、太陽がまぶしいリゾート地でホテルに滞在する休暇を多くの人が楽しめるようになるのは、豊かな国でさえ、ここ１００年ほどのことだ。それに、おそらく昔は現代社会よりも共同体の意識が強かった。

それでも現代の生活のほうがよいことは証拠が示している。より多くの子供が成人になるまで生き延び、背が高くなり、教育を受けられるようになり、中世に生きるよりも人生の選択肢が圧倒的に増えた。老衰でベッドで安らかな死を迎える確率がはるかに高くなった（図参照）。これらの進歩は経済成長なしでは不可能だっただろう。

スティーヴン・ピンカーが述べたように、[9] １８００年当時、平均寿命が40歳を超える国は世界のどこにもなかった。今では世界の平均が70歳になっている。今日生まれたアフリカ人は、１９３０年代にヨーロッパに生まれた人と同じくらい長生きするだろう。２０１６年、４２０万人の新生児が１

歳未満で亡くなった。[10] これは恐ろしい数字だが、近年、着実に減ってきている。1950年、世界人口が今の半分以下だった頃、新生児の死亡数は1440万人だった。1950年には、およそ9700万人の子供が生まれていたが、2016年には1億4100万人の子供が生まれているので、新生児死亡率は15%から3%に減った計算になる。

また、経済成長は社会のあらゆる面に貢献している。1981年から1999年にかけて途上国を調査したところ、景気が最も拡大した国々では貧困率が年6・1%減少したのに対し、最も縮小した国々では23%も上昇していた。[11] 主に「緑の革命」のおかげで、この50年間、飢餓で死亡した人の世界人口に占める割合は、20世紀の最初の70年間よりも90%減った。[12]「極度の貧困」の人の数は1993年から2011年のあいだに半減し、10億人ほどになった。開発途上国の極貧層の割合は同時期に42%から17%に減った。途上国の平均寿命は1960年の50歳から、2011年には66歳にまで延びた。[13]

もちろん、明るい話ばかりではない。多くの人が経済発展のために恐ろしい代償を払ってきた。顕著な例として、アフリカからアメリカ大陸へ運ばれた奴隷、ヨーロッパの入植者に土地を奪われた先住民、危険な工場や鉱山、建設現場で命を落としたり、体を壊したりした労働者たちがいる。本書ではこれらのストーリーも語っていく。

経済的変化は環境破壊にも結びつく。これは単に「資本主義」という非常に曖昧な意味で使われているシステムの結果ではない。前世紀半ばのイースター島の森林破壊は、資本主義のせいではなかった。[14] 初期の人類に絶滅に追いやられたオーストラリア大陸の大型動物（巨大なウォンバット、ディプロトドンなど）は金儲けのために狩られて絶滅したのではない。北米のリョコウバトについても同様だ。この鳥は空を暗くするほどの大きな群れで飛び回るが、農夫の銃には到底敵わなかった。20世紀のとりわけ大規模な環境破壊はアラル海で起こった。共産主義体制のソ連政府の不適切な管理のために、湖水の4分の3が干上がったのだ。(15) 人間とは、貪欲で、破壊的な生きものだ。

しかし人間は創意に富み、自分たちが生んだ問題の解決策を見つけることもできる。西側世界では、建物を煤で汚し、ロンドンの「スモッグ」の原因になっていた煤煙による大気汚染の問題はほぼ解消したし、川はもはや火が付くほど汚染されてない。

必要から生まれるもの

イノベーションとテクノロジーも、本書の重要なテーマである。今ではテクノロジーの進歩といえば、コンピュータ関連を思い浮かべる。しかし、鋤、水車、六分儀などの素朴な発明も画期的だった。歴史には常に発明があった。現代と他の時代の大きな違いは、発明が世界に広がる、その速さである。

経済成長には主にふたつの要因がある。多くの労働者を配置すること、そして毎時の生産性を高めるという意味で、労働者を効率的に働かせる仕組みだ。生産性は時には、比較的シンプルな新しい道具で向上する。たとえば、イーライ・ホイットニーが発明した、綿花から種と不純物を取り除く綿繰り機だ（しかし、この発明によって綿花栽培が盛んになり、アメリカに奴隷制度が定着するという弊害も生まれた)。そして、新しい方式が生産性を高める場合もある。たとえば、組み立てラインにより、ヘンリー・フォードは車をより安く製造することができた。ほかには、信用状などの金融改革や有限責任会社の設立などの法的改革は、商人がリスクをとって事業を拡大するのを後押しした。

おそらく、イノベーションで最も重要な分野は農業だ。18世紀の牧師、トマス・マルサスは人口増加がもたらす危機についての暗い予測で知られている。彼は当時、文明に忍び寄る問題、すなわち食料増産能力の限界に気づいた。「マルサスの罠」として知られるこの危機を回避するために、種まき機など新しい機械が役に立つのは間違いないが、品種改良や輪作という新しい方式も、生産性を高める上で同様に重要だ。

仕事を分業にし、各労働者が専門にそれぞれの仕事を担う専門化は、生産性向上においてたびたびキーワードとなる。これはアダム・スミスがその名著『国富論』で言及した。そして、その利点は古代から認識されていた。紀元前370年頃にクセノポンが書いた『キュロスの教育』の中に、次のような記述がある――ペルシアには「ある男は靴を修理するだけ、別の男は甲の部分を縫い合わせるだけ、またある男はそれらのどれもせず、ただ各部分を組み合わせるだけで生活の糧を得ている場所がある。必然的に、専門の仕事を極める者が誰よりも上手くできる」(16)

長い歴史を眺める

本書は、食物や斧など物々交換に始まり、現代の経済に至るまでの発展の過程をたどる。シンガポール港の大型輸送船や携帯端末で世界の情報を手に入れる能力を生み出した現代の経済に至る物語だ。私たちが現代の「資本主義」経済の特徴と考える多くの事柄——物品と貨幣の交換、金の貸し借り、利益を追求する事業、賃金のために働く人々——は、何千年も前からあった。この長い年月のあいだに変わったのは、取引の規模とそれに関わる人間の数だ。

重要なのは、次から次へと起こる変化の積み重ねである。例をあげると、17世紀のイギリスは木が不足していた。そのため石炭の使用が増えたが、石炭は鉱山の地下深くから掘り出さなければならない。それには坑道に溜まった水を汲み出す必要があり、これが蒸気機関の発明につながった。やがて蒸気機関は移動手段としてレールに載せられた。そして、鉄道により北米大陸は貿易への道を開き、安価な食物がヨーロッパに運ばれ、ヨーロッパの労働者は工業に参入するようになった。しかし、経済的変化のプロセスを別の起点（たとえば、15世紀のポルトガルによるアフリカ探検）からたどると、別の因果関係の連鎖が見える。

私たちは鉄器時代から情報化時代へと移行した。その過程は一定の進歩ではなかった。最初にヨーロッパ北西部で起こった突然の急成長は「産業革命」と呼ばれているが、これは突然でもなければ、産業に限ったことでもなく、経済学者のディアドラ・N・マクロスキーの言う「大いなる豊かさ」のほうが適切な表現である（図参照）。(17) 私たちが学校で習う従来の物語《ナラティブ》では、このプロセスは1760年頃イギリスで起こり、ジェニー紡織機や蒸気機関など一連の発明が関わったとなっている。

しかし、犬がいつまでも古いスリッパを噛んでいるように、歴史学者たちはずっとこのナラ

大いなる豊かさ
世界GDPの推移（単位・2011年時点の国際兆ドル）

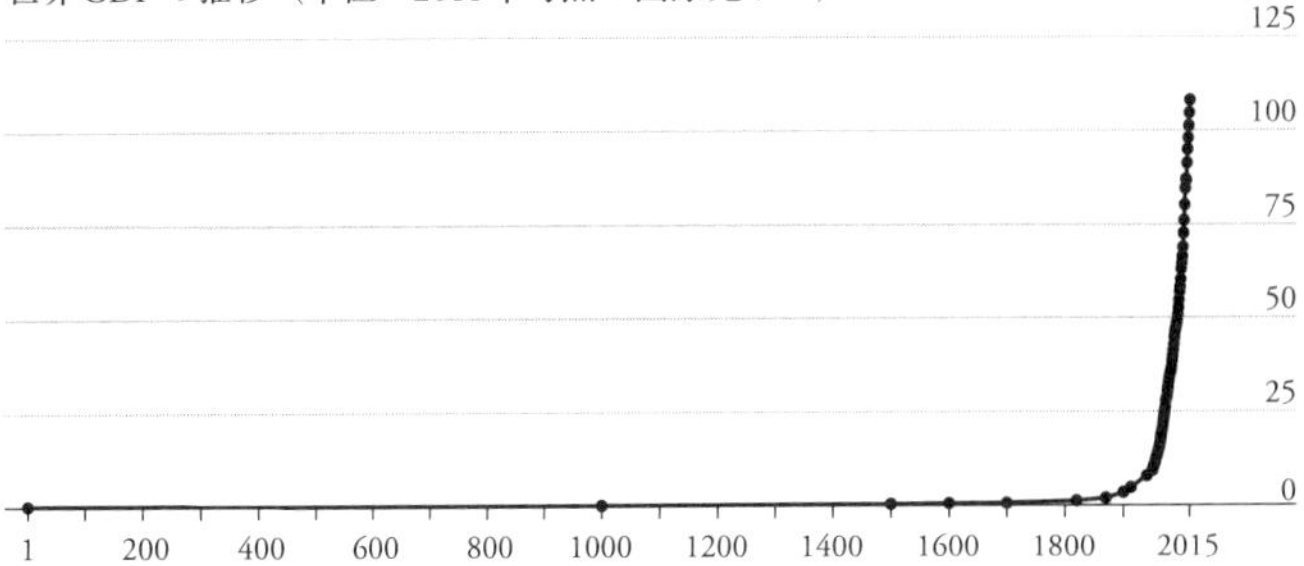

Source: Maddison Project Database

ティブに気を揉んできた。彼らの主張によると、1760年よりもかなり前から急成長の兆しが現れ、より急激な成長への本格的な飛躍が始まったのは19世紀に入ってからだった。

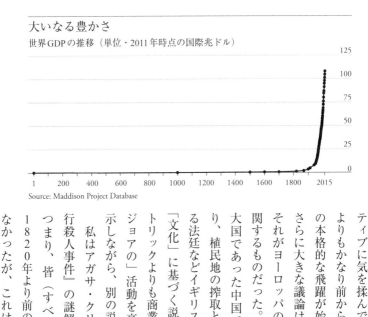

さらに大きな議論は、産業革命の要因はなにか、そしてなぜそれがヨーロッパの片隅で、それもイギリスで始まったかに関するものだった。なぜ、歴史始まって以来、ほぼ常に経済大国であった中国ではなかったのか？　その答えは諸説あり、植民地の搾取と奴隷貿易、立憲君主制や財産権を保護する法廷などイギリスのより優れた体制を挙げる人もいれば、「文化」に基づく説を挙げる人もいる（プロテスタントはカトリックよりも商業を好み、イギリスは勤勉と商業の「ブルジョアの」活動を高く評価した）。歴史学者は自説の根拠を示しながら、別の説を無効にしようと躍起になっていた。

私はアガサ・クリスティのミステリ小説、『オリエント急行殺人事件』の謎解きを支持したくなる（ネタバレ注意）。つまり、皆（すべて）が関わったのだ。1760年から1820年より前の時代に、経済は持続的な成長を遂げられなかったが、これはその難しさを示しており、ヨーロッパが主導するためにはいくつかの出来事が重なる必要があった。

しかし、ここではひとつの革命ではなく、ふたつの革命について語らなければならない。1820年から1960年代まで、この豊かさは私たちが西側と捉えている世界だけにもたらされた。すなわち北米、ヨーロッパ、オーストラリア、日本である。過去50年間、多くの国が貧困から脱した。韓国や台湾などアジアの「虎」に始まり、中国やインドなどの大国も続いた。

経済の力は3世紀にわたって存在してきたヨーロッパや北米から離れて、アジアに戻ってきている。これはある意味、「ノーマル」への回帰である。なぜなら、長いあいだ中東およびインド洋と南シナ海が世界交易システムの中心だったからだ。

長期的な繁栄をもたらした多くの経済的変化は短期的な反発に直面した。変化とは、新しいことを始めるために別の何かをやめることを意味し、つまり勝者がいれば敗者がいる。短期的には、敗者の苦情が議論を支配するかもしれない。彼らは失業したり、賃金を減らされたりしてその結果、当然不満を抱える。このプロセスで得をする人は、たいていふたつの陣営に分かれる。彼らは、新しい方式で雇われる未来の労働者（したがって、今のところ、自分たちの主張のためにロビー活動を行っていない）、あるいは、安い価格やよりよいサービスから小さな利益を得られる消費者のどちらかである。今後、ますます多くの仕事がロボットやＡＩに置き換えられ、これからの数十年間に世界経済は再びこの問題に直面するかもしれない。

本書が語るのは、世界経済の欠点も含めたありのままの歴史になるだろう。しかし、まずこれまでの歩みを知っておく必要がある。1千年紀、世界人口はわずか6分の1しか増加せず、1人当たりの収入は減少した。2千年紀、世界人口は24倍近く増加し、1人当たりの収入は14倍に、GDPは338倍になった。[18] 人類の進歩は、明かりの燃料からもたどれる。たき火から始まって動物の脂、セサミオイル、ロウソク、鯨油、灯油へと進み、最終的に電球にたどりつき、エネルギー効率が14万3000倍になった。[19] 別の言い方をすると、明かりのコストは現在よりも14世紀のほうが1万2000倍、高かった。[20]

現代までの経済の発展を説明するのは、複雑で難しい仕事だ。ひとつの方法は厳密に年代順に語ることだ。経済史では、戦争や革命で区切りがつく政治史よりも時代の分け方は緩い。しかし、年代順の物語は、世界経済をかたちづくってきた大きなテーマの変化を見過ごす危険がある。そのため、本書では農業やエネルギー、製造、輸送、移民、テクノロジーなどの経済史における最大の発展を時代順に取り上げた章のあいだに、中央銀行の影響や経済統計の予測を取り上げた章を差し挟んでいる。

私の願いは世界経済がどのように発展してきたか、それがいかに複雑化し、相互に依存するようになったかを読者に理解してもらうことだ。人類は誰でもつくれるようなナイフや斧など、シンプルな道具から出発した。しかし、現代の道具はごくありふれたモノでさえ、1人では組み立てられない。2008年、トーマス・トウェイツは普通のトースターをゼロからつくろうとした。1台を分解してみると、400個もの部品があり、それらは100もの異なる原材料でできていた。9か月かけ、途方もない努力の末、彼は基本的なトースターを完成したが、スイッチを入れると5秒で溶解した。そこまでやる人はめったにいない。[21]

これは、ためになる実験だった。家にあって日常的に使うもの——歯磨き粉、テレビ、トースター——は、あなたの家の玄関先に届くまでに、世界中の原材料を集め、ある意味、数千人の手を経ているのだ。本書が伝えるのは、世界経済がどうやってここまでたどり着いたか、北ウェールズの山からグランドセントラル駅へ、バークレーの研究所、マレーシアの工場へと地球を結ぶ巨大な網の目をどのように進んできたか、その物語である。

第1章 古代の経済

ペンマインマウルはウェールズ語で「大きな岩の露頭」を意味し、北ウェールズの沿岸にあるこの山は大昔から採石場だった。古代の人々はここで採れる石が斧の刃の部分、なかでも手斧の弓なりの刃に最適だと知っていた。この石の刃は海の向こう側のアイルランドや200キロ以上離れたイングランドの湖水地方でも見つかっている。(1)

古代、このような交易は広く行われていた。ロシア北西部で見つかる緑色粘板石の手斧や鑿《のみ》は半径800キロの範囲に及んでいる。すでに紀元前7000年頃から、トルコ中央部のカッパドキアで採れる黒いガラス質の火山岩、黒曜石がキプロスや、イランとイラクの国境にあるザグロス山脈まで運ばれていた。(2) 黒曜石はそこで刃に加工され、肉を切ったり植物を刈ったりするのに使われた。

石や道具は人類史の経済活動を知るうえで格好の手がかりになる。初期の人類は狩猟採集民で、文字の記録を残さなかった。しかし、この生活様式は非常に長く続いた。ホモ・サピエンスの歴史を1日に当てはめると、農耕が始まったのは午後10時過ぎ、産業革命が起こったのは午後

11時57分である。

考古学者や人類学者は人類の初期の発展について、おおよその見当をつけている。人類はアフリカに出現した様々なヒト科の動物の一種に過ぎない。私たちの祖先、ホモ・エレクトゥスを含めた人類の中には、250万年前から、石の道具を使う個体がいた。100万年前、この初期の人類が史上最も重要な技術革新である火の使用を始めたのかもしれない。[(3)] 火があれば食物を調理できるし、調理した食物ははるかに消化しやすい。これにより、人類の腸は短くなり、脳は大きくなった（チンパンジーは現代の人類に最も近い種だが、その大腸の長さは人類の3倍ある）。[(4)] また、火から「焼き畑式」と呼ばれる農法が生まれ、これは人類に地形を変える能力を与えた（第2章参照）。森の木を焼き払って裸地にし、そこに好みの植物を栽培した。

最初の人類は、遅くとも、10万年前にアフリカを出て、世界の他の地域に移住し、[(5)] 6万年前にはすでに弓矢や釣り針、針、ロープ、縫い合わせた服を持っていた。9万年かそこらのあいだに、人類は（氷河期にできた）陸橋をわたってユーラシア大陸の東端へ、アメリカ大陸へと移動した。チリの最南端には、紀元前1万2000年頃に達していた。[(6)] 太平洋の島々には6万年前に到達し、その頃までに人類が小舟で長距離を移動する技を獲得していたことを示している。

初期の人類は音楽を奏でた。世界最古の楽器はハゲワシの翼の骨でつくられた3万5000年前のフルートである。[(7)] 2万年前の大型動物の壁画で有名なラスコー洞窟では草の花粉が見つかっている。これは、旧石器時代[(8)]には人類が干し草を寝床に使っていたことを示している。[(9)]
そして、1万8000年前から3万年前のあいだに犬が飼い慣らされて人類最古の友となった証拠がある。

この初期の狩猟採集民の生活はどのようなものだったのだろう？　土地に恵まれていたら、食物はふんだんにあった。狩りができる大型動物がいて、川か海で魚が捕れ、実のなる木や低木があり、粉に挽いて成形して焼いて食べられる野生の植物があった。この食料は集団内で分け合った。現代に生きる狩猟採集民がモデルになるとしたら、それは彼らの社会が平等主義であるという点だ。そして、彼らはあまり働かなくてもよかった。アフリカ南部のブッシュマンを調査したところ、週に17時間働けば必要な食料を得られ、さらに19時間働いてその他の仕事を済ませていたことがわかった。(10)

これらの集団同士は物々交換をしていたと思われる。儀式的な交換だったかもしれない。たとえば、交易ネットワークに属する太平洋諸島で首飾りや腕輪を交換した儀式クーラのように。贈りものの交換は、隣人を招いて豪華なパーティを開くなど、社会的地位を誇示する手段であり、敵対する集団のあいだで平和を保つ方法でもあった。しかし、発展の過程については時々激論の的になるとはいえ、現代の交易がこのような起源からどのように発展したかを理解するのはそう難しくはない。贈りものの交換は等価値であることが多いが、そうでなければ関係が壊れたに違いない。部族がたまたま何かを余分に持っていたら、物々交換は明らかに互いの利益になる。海の近くに住む部族と内陸に住む部族は、互いの魚と果物を交換していたかもしれない。

農業

経済活動における最初の大きな変化は、狩猟採集生活からフルタイムの農耕生活への転換とともに起こった。それは1万1000年前頃に始まった、段階的で局地的な変化だったが、おそらく氷河の後退と温暖化で収穫量が増えたことが引き金になった。

短期的には、これは両刃の進歩だった。ユヴァル・ノア・ハラリは農耕へのこの転換を「史上最大の詐欺」と述べている。(11) 農耕民は腰痛や関節炎に悩まされ、食物の種類が少なく、狩猟採集民より15センチも背が低かった。(12) それに、不作により飢饉に見舞われる恐れがあった。移動する狩猟採集民にはその心配はなかった。

政治学者で人類学者のジェームズ・C・スコットは、初期の国家の出現は穀物栽培への転換に起因すると主張する。国家は民に課税し、支配層が穀物の大部分を所有することにより不平等が生まれた。(13) 穀物は地面に栽培され、毎年同じ時期に収穫期を迎えるため、徴税人から隠しようがない。また、穀物は貯蔵もできるし、賃金として労働者に分配することもできた。余った穀物は狩猟採集民や遊牧民が持っているモノと交換できた。

農耕は世界中の様々な土地で独自に始まり、メソポタミア、エジプト、インダス川流域、中国、少し遅れてギリシア、ローマ、メソアメリカ、アンデスの共同体に文明が興る下地となった。ここに、初めて文字で表された文書という意味で「記録された歴史」が現れた。

農耕民は、最初は少数派だったかもしれないが、集団の人口抑制のために新生児殺しを行っていた狩猟採集民を最終的に圧倒した。紀元前8000年頃の世界人口は推定500万人で、西暦

（紀元）が始まる頃には1億5000万人から3億人になっていた。採集民の集団の平均人口密度は、100キロ平方当たり25人だった。[14] 今では、中国は100キロ平方当たり1万5000人弱、イギリスは約2万6000人である。農耕がなければ、地球は70億人を超える人口を養うことなどできなかっただろう。つまり、農業への転換がなければ、あなたも私も、この世にいなかった可能性が高い。

文明が誕生したのは、毎年の洪水によって肥沃な泥《シルト》が堆積する川の流域だった。小麦はおそらく最初に人工的に植え付けられた作物で、およそ1万年から1万1000年前に栽培が始まり、米もそのすぐあとに始まったと思われる。[15] 小麦は最初に栽培されてから、著しく変化した（第2章参照）。野生の麦は熟すと飛び散りやすく、そのため種は風に飛ばされた。人間は飛散しないタイプの小麦を徐々に選別していった。しかし、小麦は最初、主要な食料の予備に過ぎなかった。魚や狩りの獲物、野生の果実など、食べるものは豊富にあったからだ。

やがて、農耕によって食料が充分に確保されるようになると、人間は初めてひとつ所に落ち着いた。これを定住という。紀元前1万2500年から9500年にかけて現在のレバノンに栄えていたナトゥーフ文化は世界最古の都市、イェリコを建設した。彼らは石で家をつくった。定住は多くの変化をもたらした。移動の度に運ばなければならなかった子供は、定住ではその必要がなく、以前ほど負担ではなくなり、人口が増えた。人数が増えたため農耕民は狩猟採集民との戦いで有利になった。動物も狩る対象ではなく家畜になった。羊はおよそ1万年前に飼い慣らされ、続いて豚や牛も家畜化された。これも人類史上、非常に重要な転機になった。家畜は簡単に食料にできるが、伝染病の強力な感染源でもあった。

農耕が広まった別の理由は、人口が増えたために居住地域の大型動物を狩り尽くして絶滅させたからだ。世界各地の大型動物が同様の運命をたどった。オーストラリア大陸に人類が到達したのは4万8000年前だが、それから2000年のあいだに同大陸の大型動物は絶滅したようだ。[16] 別の説として、人口増加により徐々に自然の資源が枯渇したため、ますます小麦と家畜に依存するようになったからという説もある。因果関係はどちらもあり得る。農耕を開始したために人口が増えたのか、あるいは増えた人口を養うために農耕に集中する必要があったのか。シリア北部の紀元前9500年から8000年の遺跡ジェルフ・エル・アハマルを調査すると、徐々に穀物や豆類（レンズ豆など）が他の植物よりも増えていったことがわかる。[17] 1ヘクタールの畑に小麦や大麦、キビなどの穀物を植えれば、狩猟採集よりもはるかに多くの人口を養える。

しかし、このプロセスは非常にゆっくりと、少しずつ起こったようだ。考古学者は初期をいくつかの時代に分けている。亜旧石器時代は、氷河の後退が始まった紀元前1万8000年頃から紀元前9600年頃を指す（ナトゥーフ文化は後期亜旧石器文化と呼ばれる）。その後、先土器新石器時代が訪れ、農耕がいくらか営まれていたが土器はまだなかった。それから紀元前6900年頃、槍や斧をつくるよりも進んだ製造技術を必要とする土器が出現した。この時代は新石器時代と呼ばれ、紀元前3500年頃のストーンヘンジなど、めざましい進化の痕跡が見られる。

この長期にわたった時代、人間は種子や家畜とともに陸上や海上を移動し、行く先々で農耕を広めた。この移動は洪水などの天候が引き金になった可能性もあるが、一地域の過剰栽培により土壌が痩せたためであるとか、若者が元の集団から離れて自分の集団をつくろうとしただけかもしれない。

私たちが「文明」という言葉から想起する社会のようなものが生まれたのは、紀元前4千世紀になってからだった。文明には政府があり、都市があり、そして重要な情報源となる文字があった。では、なぜこれほど遅くなったのか？　定住や農耕を始めてから最初の数千年間、人間は次々と問題に直面していたに違いない。

第一に、当時の衛生状態からして、ひんぱんに伝染病が流行していたと思われる。定住民は自身や家畜の排泄物で水源を汚染しがちであった。14世紀の黒死病の惨禍《さんか》やヨーロッパ人がアメリカ大陸に持ち込んだ伝染病の破壊力に鑑みると、多くの集落が疫病で消滅したに違いない。紀元前1万年から紀元前5000年のあいだに、人口はおそらく400万人から500万人に増えただけだった。(18)　第二に、自然災害（特に洪水）で消滅した村もあったと思われる。第三に、初期の定住者は、経営学者が「フリーライダー」（ただ乗り）と呼ぶ問題に直面した。穀物を収穫するまでには多大な労力を要するが、盗むのはそれほど難しくない。農民は自分たちの成果物がほかの集団に盗まれる危険にさらされていた。

自然の中で平和に暮らす部族、「高貴な野蛮人」という考えは非常に根強い。しかし、現代に生きる狩猟採集民の部族を調査したところ、彼らが近隣の村をたびたび襲撃していることがわかった。今日のインドでの発掘調査では、石器時代の狩猟採集民の一集団の骨が見つかっている。ほとんどが20歳くらいで、40歳を超えるものはひとつもなかった。[19]スティーヴン・ピンカーは、アルプスで凍った状態で見つかった5000年前の人間「エッツィ」について書いている。エッツィの肩には矢尻が刺さったままで、両手には切り傷の痕があり、頭部と胸にも傷があり、彼自身の矢尻のひとつには別の2人の人間の血、そして短剣には第三の人間の血、ケープには第四の人間の血の痕跡があった。古代遺跡や狩猟採集民の遺跡から見つかる戦死者の割合は、現代国家のその割合よりも高い。[20]

最初の文明はこれらの問題を処理しながら発展した。集落は壁や砦を築いて防御した。集落を壁で囲めば、外からの（病気以外の）攻撃を防げる。穀物は収穫後、頑丈に守られた場所に貯蔵された。水は人工的に流れを変えて、灌漑水路のように利用された。それには組織が必要だった。最も見事に組織化された集落が生き延びて栄える確率が高かった。

しかし、ジェームズ・C・スコットが指摘したように、組織化には大きな落とし穴があった。穀物を貯蔵するなら、それを司《つかさど》る人間が必要になる。用水路を掘るなら、工事を司る人間が必要になる。その人（あるいは人々）はやがて、共有の資源を「自分の穀物」「自分の水」と見なし、そのように取り扱うようになった。穀物の貯蔵管理を取り仕切る者は食べものを与えたり、控えたりといった絶大な権力を手にした。この時代の墓は富の著しい不平等の痕跡を示している。考古学者は、紀元前5千年紀のブルガリアの墓から990点もの黄金の物体を発掘した。遺骸はペニスまで黄金でおおわれ、この金属が昔から富の象徴であったことを示している。[21]紀元前5500年のメソポタミアの墓や紀元前4000年の中国の墓からも、死者の副葬品に大きな

格差があったことがわかる。(22)

初期の文明は神殿を中心にしていた。古代の人々が天候不順や疫病による窮乏《きゅうぼう》を神のなせる業《わざ》に帰するのは無理もない。祈りや犠牲を捧げて神をなだめることも、それで収穫が増えるのなら、理にかなっていた。それゆえ、神殿の司祭は二重の権力を持った。彼らは穀物を集めて分配する権利を持ちながら、神を喜ばせるのに必要な儀式や習慣の知識を蓄えている人々であった。理屈の上では、神々が土地を所有しているのだが、都合よく、司祭が神々の代理となった。これはバーナード・ショーの名言、「あらゆる専門職は素人を餌食にする陰謀である」の最初期の例であろう。(23)

初期の文明には欠点もあったが、農耕への転換のように、文明の誕生は長期的に見て人類の繁栄を促した。

メソポタミア文明は、紀元前3000年頃から紀元前539年にペルシアのキュロス大王に征服されるまで、様々なかたちで続いた。文字だけでなく、数字や均一の重さを発明した。この文明は、昔から定住者を引き寄せていた「肥沃な三日月地帯」と呼ばれる地域に栄えた。現在のイラクにある紀元前21世紀頃のアブ・シャーレインの遺跡を発掘すると、さらに紀元前5千年紀初頭にさかのぼる17層もの住居跡が見つかった。(24)

都市（最盛期のウルクの人口は5〜8万人）が生まれるには、まったく新しい経済の仕組みが必要だった。肥沃な三日月地帯の真ん中にあっても、ウルク（およびウルなど他の都市）は域内で需要のすべてを賄うことはできなかった。石材や木材、金属の鉱石はもっぱら輸入に頼っていて、ウルクの交易人は地域を取り囲むように前哨基地を設けて取引を行った。モノは平底小舟に積んで運河を下って都市に運ばれた。この交易は広域にまたがり、現在のペルシア湾地域、アラビア半島の南東部、北のカフカス山脈、インダス文明（後述）の地域に及んでいた。[25]紀元前3千年紀のメソポタミア遺跡では装飾を施した貝殻がよく見つかるが、その出所はインド沿岸部の可能性が最も高い。長距離交易はその危険に見合うだけの高価なモノを取り扱うことが多かった。現在のアフガニスタンで採れる半貴石、ラピスラズリもそのひとつだ。

この交易は記録され、分類されていた。史上初めて記された名前はクシムといい、彼は自分の名前（あるいは称号）を、大麦などの商品の取引を記録したシュメールの粘土板に刻んでいた（シュメールはメソポタミアの初期の文明）。[26]これらの粘土板は紀元前３４００年から紀元前３０００年の時代にさかのぼる。これは、モノの種類と量を表すために形と大きさの異なるトークンを用いていた以前のシステムを応用したものだった。こうしてシュメール人はそれぞれの商品を表すシンボルを発明し、それを湿った粘土板に刻むという画期的な進歩を遂げた。[27]その過程で、彼らは文字だけでなく数字も発明した。

この発明から最初の数百年間、文字は記録のためだけに使われたようだ。ある意味、文字もまた大きな影響を及ぼすテクノロジーのひとつであるが、充分に発達するまでには長い時間がかかった。

紀元前4千年紀のある時点で、ウルクの市民は古代ギリシアの万神殿よりも大きな石の神殿を建てた。神殿の建立には、地面を掘ったり、運河を整備したりする労働力が必要だ。労働者には大麦で賃金を支払う習わしだった。食物の初期のシンボルはボウルの形に似ているし、ボウルは、1日に1リットルか2リットル程度の賃金や配給として与えられたのかもしれない。[28] 大麦は地代家賃や税を納めるのにも使われた。

この時代は青銅器時代と呼ばれる。人類が銅とスズを混ぜて加工しやすい金属をつくる方法を発見し、その結果、この合金を使って道具がつくられるようになった。これらの道具を使う集団は経済的にも、軍事的にも他の集団を圧倒した。メソポタミアは金属の鉱石も木材も不足していた。そのため、現在のイランやアナトリア（トルコ）など、他の地域と交易してこれらのモノを手に入れる必要に迫られた。交易は最大で十数人もの投資家たちの合同事業として行われるケースもあり、借入で資金を調達するなど、経済的進歩がうかがえる。[29]

銅は早くも紀元前5千年紀には製錬されていたとされ、当時の原始的な技術を考えると驚嘆に値する。銅を製錬するには、釜の中で鉱石を炭と混ぜ合わせ、それを摂氏1200度に加熱しなければならない。交易は広く行われ、一度に20トンの銅がウルへ出荷された記録が残っている。[30]

道具はまた、経済発展のもうひとつのカギ、すなわち専門化に貢献した。青銅をつくり、それを成形する人、ウルクの労働者が穀物を盛る器をつくる人、労働者が飲むビールを醸造する人が必要だ。ビールは紀元前4000年頃には広まり、スープのような濃度のものが飲まれていた。現代のビールとは違い、ホップからつくるのではなく、アルコール分も低かったようだ。[31] 水は熱を加えれば、飲料用としてより安全になる。都市ができると必然的に専門職が生まれ、その仕事の種類も増えた。狭い土地におおぜいが暮らす都市では食料を自給できない。同じ理屈で、人口が密集した都市では誰もが簡単に、交易人の集まる市場に通える。そこでだいたい必要なものが手に入るし、市場の小売人や交易人はその商売で生計が成り立つ。現代の経済が人間の生活の都市化とともに進歩したのは偶然ではない。

都市が複雑化するにつれて、多くの規則が生まれた。紀元前1754年頃に実在した古代バビロニア王国のハンムラビ王の法典は史上初の法体系ではないが、特に有名だ。この法典には282の法が定められ、公正な裁判という考え（無罪推定の原則、被告と原告に証拠を提出する義務）も含まれ、これは現代の法制度の基礎となる考えでもある。交易に関する法律もある。

商人が仲買人に穀物、羊毛、油、その他の商品を渡したら、仲買人はその金額の受領証を発行し、商人に補償すること。そして、仲買人は商人に支払う金額の領収証を商人から受け取ること。

法的責任を定めた法律もある。

自分の溜め池の適切な管理を怠り、その状態で放置し、もし溜め池が壊れて畑を浸水させたら、壊れた溜め池の所有者は売られ、売って得られたその金は畑に被害を受けた人に穀物の代金として支払われる。

法典はフェミニストのマニフェストではないが、女性の所有権も一部認めている。もし子のない妻が離婚されたら、彼女は持参金を取り戻せる。そして、もし妻に子供がいた場合――

夫は妻に持参金を返し、畑、庭園、資産の所有権の一部を与え、元妻が子供を養育できるようにすること。彼女が子供を育てあげたら、子供たちに与えられたすべてのもののうち、1人の息子の分と同等のものが彼女に与えられる。それから、彼女は自分の好きな男と結婚してもよい。

ほかには、労働者の最低賃金や特定の状況での債務免除など、現代の法律で不可抗力条項と呼ばれる規則もあった。

負債がある人は、嵐で収穫が減ったとき、凶作だったとき、水不足で穀物が生長不良だったとき、その年は債務者に穀物を差し出す必要はないし、負債の粘土板を水で流し（借金を帳消しにし）てその年の賃料を払わなくてもよい。(32)

現代風に言えば、この法律（第48条）は農夫にオプションと呼ばれる金融契約を与え、特定の状況下で取引から退く権利を与えている。それゆえ、この法典は史上初の金融派生商品を含むとして評価されている。[33] のちにメソポタミア人はいわゆる「先物取引」を導入し、取り決めた量の穀物を将来の取り決めた期日までに指定価格で引き渡すとする取引を始めた。

また、この法典を見るとメソポタミアの経済が1500年間にどのように変容したかもわかる。シュメール人とアッカド人の国がバビロニア王国になった。土地は個人や神殿が所有権を有し、売買することができた。世界最古の土地売買の記録は、紀元前2700年頃のものである。[34] 市場もあった。アッカド語で通りを示す「スク」は、おそらく市場を示す現代の言葉「スーク」の語源であろう。貨幣（銀製）もあり、貸し借りが行われていた。法典には金利の上限まで定められていた。

賃金労働もあった。古代オリエント専門の歴史学者マイケル・ユルサの説によれば、バビロニア後期の「都市と地方の労働力の大半は、強制労働ではなく自由契約の労働者であり、彼らには銀で相場の賃金が支払われていた」。[35] ウルクの専門職には129の異なる仕事があった。[36] 政府は運河を掘り、土地を埋め立てた。金融はさらに進歩した。アッシリア時代、14人がアムル・イシュタルという名の商人の運用する基金に26個の金（塊）を投資し、イシュタルは4個を投資した。イシュタルが古代のファンドマネージャーとして、利益の3分の1を取った。つまり、メソポタミアでは、私たちが現代の経済と呼ぶ取引がいろいろ行われていたのだ。[37]

ハンムラビ法典には奴隷と呼ばれる階層についての説明もある。住民は3つの階層に分けられ、奴隷のほか宮殿に仕える者と自由市民がいた。[38] 奴隷制は多くの社会で19世紀まで存続した。古代、奴隷制は完全に普通のことだった。奴隷貿易といえば、アフリカからアメリカ大陸へおおぜいの人が連れていかれたことを思い浮かべるが、古代では少し事情が違う。ギリシア人は奴隷を一語で表す言葉を持っていなかったし、よく奴隷と翻訳されるdoulosという語は他者の指揮下に入る人をも指した（軍隊の兵士のように）。[39] また、一時的に奴隷になるケースもあった。借金の返済が滞った人は、奴隷として労働で返済し、その期間は上限7年とされた。

その他の文明

川の流域に発生した文明はメソポタミア以外にもある。エジプトでは、紀元前5000年頃から穀物の栽培と動物の家畜化が始まった。古代エジプト王国は紀元前3100年頃、ナイル河周辺を拠点に興った。[40] 最も古い公的記録は紀元前2350年頃のものだ。[40] ナイル川の養分の多い洪水により、穀物（主に小麦と大麦）に適した肥沃な土壌がつくられ、当時の規準で豊かな社会が生まれ、高度に発達した税制と統治が行われていた。ファラオは国にあるすべての土地と家畜、金を査定し、パピルスに記録した。市民は労働力の提供を強制され、その労力はピラミッド建設に利用された。ケオプス王のピラミッド（ギザの大ピラミッド）は紀元前2560年頃に建てられた。支配者は労働者を使いに捨てにできるものと考えていた。多くの労働者はピラミッド建設中に命を落とし、ファラオの召使いは王が亡くなると生きたまま一緒に埋葬された。

ピラミッドは「記念碑的に大きな問題」と呼べる初期の例である。圧倒的な富の偏りは、主に巨大建造物をつくるのに欠かせなかった。タージ・マハルやヴェルサイユ宮殿を建設するには裕福な君主が必要だった。観光客が歩き回りたくなるイギリスのカントリー・ハウスを建てるには巨万の富が必要だった。中東の有力者や投資銀行家のために建設された多くの超高層ビルも同じカテゴリーに入る。

古代エジプトの農民は農地を借りるだけで所有せず、収穫の何割かを賃料として地主に差し出した。紀元前1950年の記録によれば、賃料は大麦や小麦、油で支払われた。[41] エジプト人はナイル川で魚を捕り、牛や山羊、豚、家禽を飼っていた。織物用に亜麻を栽培し、糸につむいで布を織っていた。織物工房があり（早くも紀元前3000年頃には精巧な織機があった）、[42] 醸造、大工仕事、陶芸を専門とする職人がいた。エジプト人はメソポタミアなどの他の地域と交易し、南のアフリカの他の地域から象牙やスパイスを輸入し取り寄せ、東のレヴァント（現レバノン）から銀や木材を輸入した。

インダス川流域（現パキスタン）には紀元前3千年紀に都市が生まれた。この文明はエジプトやメソポタミアよりも広域に及んだ。2000を超える集落があったという。紀元前5千年紀にはすでに、この地域ではレンガがつくられ、綿花を栽培し、幾何学模様を施した土器をつくり、山羊や羊、牛や水牛が飼い慣らされていた。ハラッパー文明は街路を格子状に建設し、道路は一定の幅をもっていた。この文明は世界で初めて牛車を輸送に使ったのかもしれない（だから、幅広い街路が必要だった）。[43] それに、初めて綿花から糸をつむいで布を織った。彼らもまた、メソポタミアやエジプトと交易した。ファラオ、ラムセス2世は紀元前1224年、干した胡椒の実（たぶんアジア産）を鼻腔に詰められて埋葬され、[44] 一方でハラッパーの印章がシュメール人の遺跡で見つかっている。[45] しかし、インダス文明は紀元前1800年頃に大惨事に見舞われた

ようだ。インダス川とパンジャブ川の流れが変わったことが原因と思われる。(46)

中国の人々は紀元前8000年頃、黄河流域でキビと米を、揚子江川流域で米を栽培し始めた。稲作は中国からヴェトナム、タイ、朝鮮半島に伝わった。メソポタミアのように、洗練された文明が発展した。紀元前3000年頃から紀元前1900年頃の龍山《りゅうざん》文化時代に、中国人は初めて養蚕を発明した。紀元前3千年紀には青銅器を使い、紀元前500年頃に初めて鉄を鋳造した。文字を発明するまでにはもっと時間がかかったようだ。中国初の文字は紀元前1500年頃から紀元前1000年頃に現れた。

ニューギニアでの発掘調査でも9000年前の農業用排水路の遺構が見つかり、この地域の住人がサトウキビやバナナを栽培していたことを示している。鶏や豚は紀元前1600年頃にアジアの別の地域から伝わった。(47) アメリカ大陸では、トウモロコシやジャガイモなど様々な植物が紀元前3500年頃から栽培され、七面鳥やリャマなどが家畜化された。つまり、およそ5000年前には農業と進んだ文明が広まっており、人類は多くの地域でそれぞれ独自に同じような構造をつくり出していたことがわかる。

古典期

古代史の中心は紀元前2千年紀に西側へ移り、ギリシアにミュケナイ文明、クレタ島にミノア文明が栄えた。このふたつの文明の物語は今に伝えられている。アガメムノンがトロイアのヘレネーを取り戻すために遠征隊を率いて出発したのがそのミュケナイだった。そしてミノア人はミノタウロスの迷宮の物語を私たちに残した。ミノア文明は地震や火山の噴火などの災害に幾度か見舞われたが、その影響はギリシア本土やエジプト、イスラエルにも広がった。

発掘調査によると、ミュケナイ人は紀元前１６００年頃、繁栄し、それから２００年後、巨大な宮殿を建設した。この都市は紀元前１２００年頃、おそらく侵略により滅びた。この時期、地中海一帯の文明は謎の「海の民」に襲われた。この出来事は、（たいていはアジアを発った）大軍団が西へ進みながら激動を引き起こしたパターンに該当するようだ。西ローマ帝国の崩壊、７世紀のアラブの拡大、13世紀のモンゴルの侵略もこれに入る。このケースでは、紀元前１１００年頃から紀元前７５０年頃までは、古代ギリシアの「暗黒時代」と呼ばれ、文字の記録が少ない。

ほかでも興味深い展開があった。フェニキア人は、現在のレバノンを本拠地に、紀元前1千年紀に初めて地中海交易網を築いた人々である。私たちは彼らをフェニキア人と呼ぶが、彼らはそう名乗ってはいなかっただろう。彼らはテュロスやシドン、ベロト（現ベイルート）などの沿岸の都市のひとつ、あるいは紀元前８１４年に築かれた彼らの最も有名な前哨基地カルタゴの出身であると自らを捉えていただろう。フェニキアはギリシア語に由来し、紫色（もしくは暗い赤色）を意味した。フェニキア文化の最も有名な産物は、貝殻からつくられるその高価な染料だった。フェニキア人は自身の活動についてほとんど文書の記録を残さなかった。彼らに関する情報源は、ホメロスやヘロドトスの作品、聖書が中心である（聖書《バイブル》の語源は、パピルス取引の盛んなフェニキアの都市、ビブロスに由来する）。

紀元前２千年紀の初期、フェニキアの諸都市はエジプトのファラオに支配されていた。しかし、彼らはその優れた航海術により地中海一帯に影響を及ぼした。フェニキア人はエーゲ海やアフリカ北部、フランス南部、イベリア半島南部に拠点を築き、カディス近くで銀を採掘した。これらの拠点は将来の植民地化の足がかりというより、主に交易の基地として利用された。ヘロドトスは「私には信じがたいことだが」と断りを入れて、フェニキア人のアフリカ大陸周航について記している。フェニキア人は染料のほか、オリーブ油、ワイン、杉材、金属細工、象牙、木彫、ガラス吹き製法（彼らが発明したと言われている）でも有名だった。彼らは仲買人として、よその土地のスパイスや亜麻、奴隷の交易を行った。交易人として移動しながら、彼らは自分たちの発明や文化を地域一帯に広めた。その中には、22の表音文字《アルファベット》（Alphabet）も含まれ、これはギリシア人が取り入れ、ローマ人が応用した（alephとbetはそれぞれ雄牛と家のシンボルになっていた）。

　これらの文明は交易によって栄えた。ある研究は、地中海における考古学遺跡の位置と結びつきの可能性（海岸の形状と島の位置から判断される）との相関関係に注目した。海上輸送が普及し、交易が増加した紀元前1000年以降に、結びつきが顕著になっている。[48]

　紀元前750年から、古代ギリシアの黄金時代が始まった。その影響は現代人の観念にしっかり植え付けられ、私たちが使う言語にも表れている。デモクラシー（人民による支配）、フォビア（恐怖）のほか、接頭辞のhomo-〔同一の〕、hetero-〔異なった〕、mono-〔ひとつの〕、pan-〔全、総、汎……〕の語源はギリシア語である。経済学《エコノミクス》を意味するオイコノミコス（oikonomikos、またはoeconomicos）という言葉や、広場を意味するギリシア語アゴラから、広場恐怖症《アゴラフォビア》という言葉が生まれた。

バビロニアが木材や金属を輸入に頼ったように、ギリシアも人口を養うために小麦を輸入しなければならなかった。人口は紀元前750年から紀元前300年のあいだに約4倍も増加していた。(49) もちろん、ワインやオリーブなどは国内で生産していた。しかし、ギリシアには輸出できる非常に貴重なものがあった。アテネ近くのラウレイオン鉱山で採れる銀だ。

貴金属を加工して貨幣として使うこともまた、重要な経済の発展だった。人間を描いた最初の硬貨は紀元前650年頃、リディア(現トルコの西部)のアリュアッテスが導入したものだが、ギリシア人はこのアイデアをすぐに取り入れ、紀元前480年には100か所近くの貨幣鋳造所を設けていた。(50) おそらく最初に広域で使われた硬貨は「アテネのフクロウ」であろう。王の肖像あるいはフクロウなど国と関連のあるシンボルが硬貨に刻印される意味はふたつあった。第一に硬貨の質を保証すること、そして第二に王や国の権威を示すことだった。

別の代用貨幣も導入されていた。ギリシア人が銀貨を使い始めた頃、インド社会では刻印した金属の円盤を使い、中国では紐を通してまとめられるように穴を空けた青銅の硬貨が使われていた。貝殻(コヤスガイ)やビーズを使う地域もあった。それに、すでに述べたように、バビロニアやエジプトでは穀物の貯蔵量を記録する方法として代用貨幣が使われた。この代用貨幣が貯蔵分のうち誰がどれだけ所有しているかを示し、ある種の定額預金証書となっていた。

これらの代用貨幣はクレジットの一種と言える。考古学者たちは今では、物々交換だけで成立していた社会があったとは考えていない。かつて店主が客の誰がまだ支払いを済ませていないかを黒板にチョークで書いていたように、彼らは何らかの方法で誰が何を所有していたか（あるいは借りがあったか）を記録した。ミクロネシアのヤップ島の巨大な石貨、あるいは1826年までイギリスの大蔵省が使っていた割り符《タリー・スティック》は、この発想に基づくふたつの独創的な例だ（タリー・スティックはふたつに切断し、貸し手と借り手がそれぞれの一片を保管する。決済はふたつを照合して行う）。(51)

では、なぜ硬貨が便利なのか？　貨幣には交換の手段、価値保蔵、計算の単位など様々な機能がある。銀と金はその希少性により、貝殻やビーズよりも明らかに価値保蔵に向いている。それに、価値が決まっている硬貨は、今日でも変わらず、計算の単位としても理想的である。硬貨はまた、広域で通用する交換手段として積極的に受け入れられた。おかげで、硬貨は国境を越えた交易に非常に便利だった。しかし、硬貨は価値が高すぎた。価値の低いものの取引にはあまり使われず、人々はそれを手放すのを嫌い、何か別のもので支払いたがった。硬貨を安全に保管するため、地中に埋める案は魅力的だ。すると貨幣の供給は滞るが、考古学者にはありがたかった。また、金や銀の供給は新たな鉱脈の発見にかかっていた。これは経済的発展とはほぼ無関係だった。人類史を通じて、日常の取引の決済に充分な貨幣が行き渡った時代はほぼない。それどころか近年まで、多くの小作農は穀物か他の収穫物で地代を払っていた（たとえば、アメリカで南北戦争後、多くの元奴隷に適応された物納小作方式）。

ギリシア人は先のバビロニア人のように、オプション取引を発明した。アリストテレスはミレトスのタレスの逸話を伝えている。タレスはオリーブの豊作を予想し、オリーブ圧搾機の所有者

と交渉して次の秋、すべての圧搾機を借りる権利を得た。(52)

私たちは古代ギリシア人を高尚な哲学と結びつけて考えるが、彼らの経済は様々なタイプの奴隷に頼っていた。奴隷がラウレイオン鉱山で銀を掘り出し、神殿を建設した。ギリシア人の家で召使いとして働く奴隷は、もちろん鉱山での過酷な生活よりはましだっただろう。自由人として生まれた多くのギリシア人の農民がいて（農業中心の国だった）、町には職人もいた。

アテネの女性の権利はないに等しかったが、アリストテレスの推定によれば、アテネの最大の敵、スパルタでは領土の5分の2の土地を女性が所有していた。現代の学者の中には、スパルタの女性が皆、親から土地を譲り受け、女性の資産所有は男性のそれと同じ基準だったと考えている人もいる。(53)

ギリシア人の実用重視の思想は歯車、ネジ、連結棒《コネクティング・ロッド》、ピストンなど無数の発明に表れている。彼らは初歩的な蒸気機関さえ発明した。このほか非常に画期的な息の長いふたつの発明は、水車（穀物を挽くため）と、船荷を降ろすのにクレーンを使用したことだ。

キュロス大王の指揮の下、ペルシアは紀元前539年にバビロニアを征服し、運河や道路など高度なインフラを維持し、道路は1週間で2500キロを走破できるまでに整備されていた。(54)ダレイオス大王はスエズ運河に匹敵する大運河を建設したと伝えられているが、完成したという証拠はない。(55)当時の他の多くの文明と同じく、ダレイオス治世下のペルシアにも貴族の支配階級がいて、石工、大工、鍛冶工を含むおよそ1万6000人の労働者を雇っていた。紀元後220年頃に登場したササーン朝の時代、商人は組合をつくり、バザールで特定の場所を与えられた。土地の一部は雇われた労働者が耕したが、その他は小作人に貸し出された。作付けされる主な穀物は大麦だった。

ふたつの大帝国

紀元前2世紀にギリシア人に代わって地中海の覇者となったローマ人の経済的影響について考えるとき、モンティ・パイソンの映画『ライフ・オブ・ブライアン』のジョン・クリーズの台詞を思い出さずにはいられない——(ローマ人は)水道橋や道路、下水設備、公衆浴場などをもたらした。ローマ人は建設と工学に驚異的な能力を持っていた。ローマ街道は18世紀、19世紀までヨーロッパで比肩するものがなかった。彼らはコンクリートを発明し、それを使ってそれまでのどの文明にも見られなかった巨大なアーチを建設した。(56) 石灰のモルタルで固められた高さ43メートルのパンテオンのドームも、現代までこれを超えるものがなかった。(57)

ローマ人は偉大な技術者には違いないが、他者の発明を利用する抜け目なさも兼ね備えていた。たとえば、ローマ人は非常に多くの水車をつくったが、これはもともとギリシア人が考案したものだ。小麦を挽く時間と労力を考えたら、到底これは小さな進歩ではなかった。とはいえ、水車が生み出すエネルギーは、ローマ人が消費する全エネルギーの1%に過ぎなかった。残りは人力と家畜に頼っていた。(58)

ローマ人はまた、帝国の拡大と国内の交易を自由にできる態勢を整えたことで、大きな貢献をした。商品を盗賊に奪われるリスクは完全にはなくならなかったが、いわゆるパクス・ロマーナ

（ローマの平和）の下で、商人たちは前後の時代よりも安全になった。

政治学者マンサー・オルソンは、この過程についてかなりシニカルな見方をしている。放浪する盗賊はたいてい、できるだけ多くの金目の物を探しては奪い、それから次の土地に移動する。君主や暴君は「移動しない盗賊」である。一定の広さの領地を支配し、毎年富の一部を奪う。長い目で見れば、それがいちばん利益が多い戦略だからだ。[59] しかし、ローマ人は安定だけでなく、市民の経済的権利を保護する法制度も整えた。ローマ法は「私有財産を保証し、商売上の不正行為を抑制し、契約の履行を容易にした」[60]

また、紀元前58年には穀物の配給という方法で、元祖「ベーシック・インカム」とも呼べる制度が始まっていた（貧しい人々を対象にするのではなく、全市民に与えられた）。ローマ人は都市の人口を養うために年間15万トンの穀物を輸入しなければならなかった。一部はイタリア半島の他の土地から運ばれたが、主にエジプトから大量に輸入された。[61] アウグストゥス帝の時代、エジプトからの年貢で市の穀物消費量の70％を賄っていた。[62] クラウディウス帝は、オスティアの近くに、穀物輸入用の大型船が出入りできる人工の港を建設した。戦略的計画の有効な一例である。

海上輸送は、シンガポールとフェリクストウの巨大な港がある現代と同様に、当時も非常に重要だった。陸上輸送には時間がかかり、荷役動物を大量に必要とするため費用がかさんだ。ディオクレティアヌス帝の勅令から推定すると、1台の荷車に積まれた小麦の値段は480キロ進むと2倍に値上がったという。穀物を陸路で120キロ運ぶよりも、地中海の端から端へ船で運ぶほうが安かった。(63) これは、古代の都市が川や海のそばに築かれた理由を示している。これ以上、交易に適した条件はない。

しかし、ギリシア人もローマ人も社会基盤には積極的に投資しても、経済全体を発展させる使命感は持っていなかったようだ。彼らは家畜の飼育と穀物の栽培をやっていれば「自然に」富が生まれると考えていた。19世紀後半のイギリス貴族のように、商売に携わる人々を見下しながら、その彼らも仲介者を通して商業の恩恵に与っていた。

とはいえローマ人は商業の発展に寄与する発明をした。彼らは、個人の集まりは個々の構成員とは異なる集団アイデンティティを持つという考えにもとづき、会社法の基礎を築いた。個人の中には税の「取り立て人」、いわゆる徴税請負人となる人もいた。国に金を前払いしたのち、他の市民から税を取り立てるのだ（徴税請負は近代まで続き、中でも革命前のフランスで顕著だった）。ローマ時代の商人は、現代の会社の原型に類するソキエタスという提携関係を結んだ。長く続く組織はソキエタス・プブリカノルムといい、創設者が死ぬまで存続した。これらの組織は株主から資金を調達し、資産を所有した。資産は主に公共の建物の建設と維持、および徴税業務に使われた。(64)

ローマ時代の職工はコレギアやコーポラと呼ばれる組合をつくり、これも非常に長く存続した。(65) また、ローマ人は最初に銘柄《ブランド》を流行らせたことでも知られている。フォルティスやストロビリといった名前をランプの底に刻印したものがイタリア北部で発掘されている。フォルティスは偽物も出回るほどの人気だった。(66)

ローマは侵略と征服で富を得て、捕らえた人々を奴隷とした。ユリウス・カエサルなど戦いに勝った将軍たちは、それで得た富と名声を政治権力に変えることができた。征服した土地は税を余分に徴収できる財源になった。将軍たちは引退した兵士に土地を分け与えて、彼らの忠誠心をつなぎとめた。もちろん長期的には、これにより「拡大しすぎた帝国」という大きなリスクがもたらされた。防御する前線が長くなり、連絡距離が長くなり、敵対する集団が増えた。やがて税の負担が増し、特に3世紀になるとローマの皇帝たちは資金調達のためにやむなく通貨の価値を下げた。貴金属の同じ分量で以前より多くの硬貨を鋳造するのだ。2世紀のあいだに、硬貨は純銀から銀を4％しか含まないものに変わった。

帝国の拡大により、ローマ人は世界の他の地域と結びついた。そこに世界経済の最初の兆しが現れた。インドと交易ができたのは、ローマ人が紅海を荒らしまわる海賊を制圧したからであり、そして裕福なローマ人が異国の高価な産物、たとえばインドのスパイスや中国の絹織物を欲しがったからだ。大プリニウスは東洋の産物を買うために毎年帝国から莫大な富が流出していると嘆いている。「私たちは贅沢や女たちのために、大金を支払っている」。[(67)] 東洋のスパイスを欲しがるのはローマ人だけではなかった。408年、西ゴート族はローマ包囲を解く条件として胡椒を要求した。

アウグストゥスやネロの顔を刻んだローマの硬貨は、アンフォラ（壺）や鏡、彫像とともにインド南部で見つかっている。ローマやギリシアのワインがインドまで輸出されていたのだ。ギリシアのコス島産の偽造ワインの売買の証拠さえ見つかっている。アントニヌス・ピウス帝の顔を刻印した152年のローマ金貨が他の商品とともに現在のヴェトナムで発掘されている。[68]逆に、ポンペイの灰の中から、タミル人の女性像が見つかっている。[69]

1世紀、インドを目指す船乗りの手引書として、ギリシアの商人が『エリュトラー海案内記』[70]を記した。秘訣は、モンスーンの風を利用することだった。4月から8月まではヒマラヤ山脈に向かってモンスーンの雨を降らせる南風が吹き、船乗りは北へ進むことができる。12月から3月までは北風が吹く。適切な季節に船を出せば、紅海を出発して6週間で南のインドに到達できるのだ。[71]

ローマが地中海周辺を支配し始めた頃、中国は幾人もの皇帝の下にまとまり始めた。最初の王朝、秦は短命で、一代で終わったが、その皇帝の統治は非常に重要だった。彼は度量衡と文字を統一し、徴税台帳をつくり、どの土地にどの作物を栽培するかを指定した。彼は陶製の8000体の兵士像と130両の戦車とともに埋葬された。1974年に農夫がこれを発見し、今ではこの兵馬俑は人気の観光スポットになっている。

秦の次に漢が登場した。最初は権力維持に苦労したが、前1世紀には、ローマ帝国に並ぶ520万平方キロメートルの領土を治めていた。[72]これは「パクス・ロマーナ」に匹敵する「パクス・シニカ（中華勢力圏下の平和）」だった。漢時代の中国の人口は6000万人近く、これはギリシア・ローマ世界とほぼ同じだった。それぞれが地球の総人口の5分の1を占めていた。米の生産は中国の農業にとって特に重要で、今日でも1エーカー当たり、小麦のおよそ3倍のカロリーを生産している。[73]漢時代のはるか以前、前500年頃、中国の人々は家畜を飼い、その糞を肥料にしていた。田に水を張る水田稲作により、収穫量が2倍ないし3倍に増えた。[74]

これは郡、県、郷、村の行政管理の構造を持つ進んだ社会だった。秦の皇帝は全国を36の郡に分けたが、のちの時代に48に増えている。[75] 成人男性は徴兵され、さらに年1か月の賦役が課せられた。漢は鉄、塩、酒の専売制によって莫大な財源を確保し、全土で13万人もの役人を雇用していたと言われている。[76]

中国の皇帝はローマ帝国の皇帝と同様、めまぐるしく入れ替わった。漢の第五代皇帝、文帝《ぶんてい》の下、高利に苦しみ土地を失った農民は厳罰に処せられた。奴隷市場は漢時代のかなり前からあったが、国の囚人を強制労働に就かせたことに始まったのかもしれない。これらの囚人の中には個人に売られるケースもあった。ある研究では「経済が衰退すると、自分の子供や妻ばかりか自身を奴隷として売る人が出て、それらの奴隷は『奴碑』と呼ばれたという証拠が多く」見つかっている。[77]

紀元前１４０年から紀元後9年にかけて、農民の土地の配分の見直しが11回行われている。[78] これらの再配分のうち、前漢から皇帝位を簒奪《さんだつ》して新《しん》を樹立した王莽《おうもう》による最後の改革では、硬貨の刷新やタカラガイの通貨としての再導入も行われた。しかし、彼の支配力は不作や洪水で徐々に衰えた。これは古代中国によくあることだった。

ローマの使節団が何度か中国に到達した可能性はあるが、ローマと中国が直接、重要な交流をしたことはおそらくない。中国の史料は、１６６年のマルクス・アウレリウス・アントニヌス帝の使節団に言及しており、後年の使節団が漢滅亡後の3世紀に到着した可能性はある。[79] しかし、漢時代の文書には、クシャン帝国（現在のアフガニスタンとパキスタン）より西の土地に言及したものがほとんどない。(80) 中華帝国に関する情報はヨーロッパには伝わっていた。1世紀にエジプトに住んでいたギリシア人の商人が、絹を産する国を「Thina」と記している。ローマの貴族階級が身につけていた絹地はインド経由、あるいは当時メソポタミア地域を支配していたパルティア帝国を経由して届けられていた。

ローマ帝国と漢王朝が同時期に栄えたことにより、世界にはかつてないほど繁栄した世界経済が生まれた。当時の人々は経済活動を記録していないが、歴史学者はこの時代の活況を示す指標をいくつか導き出している。まず、鉛の生産量である。グリーンランドや南極の氷層や、スウェーデンの湖の堆積物の鉛含有量を測定する。(81) そこから過去の時代の大気中の鉛濃度を推定し、経済活動のレベルを推定することができる。

鉛は硬貨の鋳造に使われていた。銀を1抽出するのに鉛が400必要だった。銀は浴槽や管をつくるのにも使われた。ラテン語で鉛を意味するplumbumは、鉛の化学記号のPbや、英語の配管工plumberのもとになっている。前1000年頃まで、大気中の鉛はすべて自然界から発生したものだった。鉛の痕跡はその後、増加し、紀元前最後の2～3世紀と紀元後の最初の2世紀にピークに達した。銅の痕跡も氷の中に見つかっており、同時期にピークに達している。

もうひとつの指標は、地中海の難破船の発見と関係がある。その積荷から年代がわかるのだ。活動のピークは前200年から後200年のあいだで、その後急速に衰えた。経済学者アンガス・マディソンは、ローマの収入と都市化、人口のピークを164年頃と推定している。その後、天然痘の流行があり、市民の6分の1が死亡した。(82)皇帝の権力は、3世紀末から4世紀初期、ディオクレティアヌス帝とコンスタンティヌス帝の時代、一時的に回復したが、帝国の中心は(小麦の貢ぎものを含め)、コンスタンティノープル、別名ビザンティウムに移った。ローマは410年、略奪に遭い、最後の西ローマ皇帝は476年に廃位に追い込まれた。それとともに、ヨーロッパの経済力も衰えたが、これから見ていくように、アジアの市場は依然として活況を呈していた。

石斧から絹の衣へ

狩猟採集生活をやめた人類はやがて、メソポタミア、ギリシア、ローマ、中国に文明の発達した社会を築いた。文字は最初、取引の詳細や穀物の蓄えを記録するためだけに使われていたが、ホメロスの物語やヘロドトスの歴史書を生んだ。人類史の特に偉大な思想家が紀元前1千年紀に登場した。仏陀《ブッダ》、孔子、老子、旧約聖書の預言者やギリシアの哲学者たちである。

これらの社会は「市場経済」主体ではなかった。ほとんどの人は、ほぼ自給自足の生活を送っていた。ある程度は市場を利用し、余った食物を持参して、自作できない道具や壺などと交換していた。賃金労働者もいたが、賃金は金ではなく食べもので支払われた。そのような仕事は季節的(収穫期)か一時的(建設工事)、あるいは強制的(国のシステム)だった。

しかし、これらの文明で画期的だったのは都市が建設されたことだ。都市は異なる種類の経済組織がなければ生まれない。ローマは最盛期に100万の人口を抱えていた。その結果、専門職の仕事、商店、市場が発展した。現代の感覚でいう工場はなかったが、工房はあった。アテネのケパラスの盾の工房には100人を超える職工がいた。[83] 世界交易網が築かれ、イングランド北部のハドリアヌス帝の長城に勤めるローマ兵がインドの胡椒を使い、一方アジアの人々はローマの硬貨や器を使っていた。[84]

これらの社会はあえて計画経済を行うことはなかっただろうが、経済を活気づける方針を追求した。ローマが街道を建設したのはおそらく軍事目的だったが、その全長7万8000キロの道のおかげで市場に物品が運ばれた。軍事的征服により戦利品がもたらされると通貨供給量が増え、消費者の需要を刺激した。

文明の寿命も過小評価してはならない。メソポタミア文明とエジプト文明は数千年間、存続した。西ローマ帝国はアメリカが独立してからよりも長く続き、東ローマ帝国はさらに数千年長く続いた。漢王朝は滅びたが、「中華王国」の栄光の時代はまだこれからだった。

ジェームズ・C・スコットは、古代文明の崩壊を悲劇と考えるのは誤りであると主張している。大衆の幸福とエリート層の幸福を混同するのは間違っている、と。[85] 庶民は古代の都市国家の強制労働や税金、厳しい懲罰、病気から逃れられて幸せだったかもしれない。

しかし悲観的見方もほどほどにしておくべきだ。歴史学者イアン・モリスは、ローマ人に征服された地方の1人当たりの所得が2世紀のあいだに50%上昇したと見積もっている。家は大きくなり、食料消費が増え、身長も伸びた。[86] マディソンは、ローマ帝国の1人当たりの所得は1990年のドルに換算するとおよそ540ドルで、17世紀にイングランドとオランダが台頭するまでこの数字は超えられなかったと推定している。ローマ滅亡後、イタリアの人口は3分の1に減り、1人当たりの所得は半分以下になった。[87] 町は治安が悪くなり、農民は武装強盗に作物や命を奪われる危険に常にさらされた。非常に暗かった時代に思える。

もちろん、その時代、大半の人は依然として自分たちの食料生産に携わっていた。多くの社会は2千年紀後半までその状態だった。したがって、古代の経済を理解するには、次章のテーマである農業を理解する必要がある。

第2章 農業

ボストンの空中農園

ボストン南端の州間高速93号線から少し入ったところにある雪におおわれた駐車場に、農場があるとは誰も思わないだろう。確かに、非常に小さな農場であることは間違いない。海上輸送用のコンテナを改造した農場だ。コンテナの中では、レタスやケール、花卉《かき》だけでなく、ワサビまで栽培されている。すべて厳密に温度管理された環境で育っている。

コンテナに足を踏み入れて最初に目に入るのが、トレーの列だ。種は、ピートモスの小さな詰め物の中に植え付けてある。トレーの上にはプラスチック容器が並び、点滴のようにパイプを通して植物に養分を与えている。種はトレーの中で2～3週間育つと、トレーごと垂直にしてコンテナの奥に移される。こうすると大幅にスペースを節約できる。コンテナ1台で2エーカーの農地に匹敵する作物を収穫できる。これは水耕栽培と呼ばれ、植物は水で育てられ、人工照明がこれを補完する。

すべては効率を最大限に引き上げるよう工夫されている。コンテナ内の機器は空気中の水分を逃さず取り込み、多いときで1日5ガロンの水しか使わない。従来の農場では、レタス1個を育てるのに3・5ガロンの水を必要とするが、コンテナでは0・1ガロンの水で済む。電気使用量は1日に125キロワットだが、これは地方の一戸建ての1～2軒分と同じくらいだ。

これを考案したフレイト・ファームズ社は2010年にブラッド・マクナマラとジョン・フリードマンが創設した。小規模農家だけでなく、非営利団体もこの設備を購入している。フードバンクをはじめ、支援する人々に雇用機会を提供する必要があるシェルターなどが顧客になっている。大学や学校は学生の学びの機会のためにコンテナ・ファームを利用している。そして、この会社の従業員は非常に意欲的で、私の案内役を務めたキャロライン・カツィロバスは吹雪の中、車を運転して、そのような陰鬱な日にあちこち見せてまわってくれた。

水耕栽培ファームは「世界のミニ不思議」である。バビロンの空中庭園ではないが、それでもボストンのこの空中農園はテクノロジーの驚異だ。これがあれば過酷な環境でも食物を育てられる。同様の試みは、新鮮な産物が届くのに1週間かかる北極圏のアラスカでも行われている。(1)今のところ、電力にかかるコストのため、垂直式ファームは高価な産物の生産にしか見合わない。しかし、そのうちコストは下がるかもしれない。

歴史を通じて、ほとんどの人は農業を営み、経済活動の大半は作物の栽培と家畜の飼育だった。しかし、この200年間に農業は経済的に重要ではなくなってきている。世界銀行によると、1995年、農業は世界のGDPの8%を占めていたが、2015年にはわずか3・8%に減っていた。(2)

しかし、この明白な減少は実のところ、農業の成功の証である。生産システムの途方もない改善がなければ、多くの労働者が農業をやめて製造業やサービス業に移ることはできなかった。それに、この生産システムの改善がなければ、地球は現在77億人に達している人口を養えなかっただろう。20世紀の最初の70年間、全世界では10万人当たり平均49人が飢饉により死亡していた。それからの40年間（２０１０年まで）平均４・５人に減った。[3] 食料生産が人口増加のスピードに追いつけないと１７９８年に予言した牧師で学者のトマス・マルサスは、またしても間違っていたことが証明された。

１９５０年の時点でも、世界の労働人口の３分の２は農業に従事していた。[4] 世界の国々を農業に従事する労働人口の割合で分類することができる。20％以下なら、おそらくその国は開発途上国だ。ギリシアは13％、フランスは３％、ドイツは１％である。この物差しのもう一方の端には、ブルネイ（91％）、エチオピア（71％）、アフガニスタン（62％）の国々がある。中国は驚異的な発展のペースにより、労働人口に農業の占める割合が１９９１年には55％だったのが、２０１７年には27％になっていた。[5]

農業に従事する人は今では世界の労働力の少数派になっているが、その割には農業は未だに多くの土地を使用している。地球上の陸地面積１３０億ヘクタールのうち、[6] 耕作可能地と林業用地が17億ヘクタール、牧草地（放牧用の）が35億ヘクタールとなっている。[7] 19世紀と20世紀に人口が増加したため、ますます森林や原野を削ってさらに多くの土地が農地に変えられた。１８５０年、アメリカの農地面積は１億１８００万ヘクタールだったが、２０１２年には

3億7000万ヘクタールに増えていた。(8)

歴史を通じて、土地所有には4つ（もしくは5つ）のタイプがあった。ひとつは共有地。ふたつ目は君主や貴族が所有し、小作農か農奴が主人に代わって耕作する土地。3つ目は、大地主から借りて、その地代として現金か収穫の一部を払う土地。4つ目は、個々の農家が所有する土地。アメリカやその他の国では、巨大な農業企業が土地を所有する5番目のタイプが生まれた。

個々の農民が自身の土地に強固な所有権を持つシステムが農業生産にとって最良のようだ。そうして初めて、生産性を高めるために必要な長期的な投資が可能になる。開発途上の3か国で土地の権利について調査したところ、「所有権がなく、借地権が不安定な場合、農民は土地の利用にあまり関心を持たない」ことがわかった。(9) その代わり、彼らは「土地がどんどん痩せていくのもかまわず、手短に最大限の利益を得ることに集中する」。20世紀の最悪の飢饉のいくつかは、中国とソ連で農地を集団農場にしたことに関係している。(10) ペルーの農地が集団農場にされた1973年から1992年のあいだに、農業生産は25％増加した。このくらいで感心しないでもらいたい。集団農場が解体されると、農業生産は170％も増加したのだ。(11)

初期の土地構造は、経済成長がなかなか発展しなかった主な要因のひとつだと言える。地主に法外な地代を課せられるとか、農民が土地を長く保つことが難しかった時代、生産性を向上させようという気にはならなかっただろう。旧貴族の所領の分割は農業生産における大幅な改善の前兆だった。そして、生産性の向上は工業化のための必要条件だった。

輪作と家畜

過去1万2000年あまりで、農業は私たちの環境を著しく変えた。農業のために森林が伐採され、広大な土地が特定の作物のために開発された。先進国では、道路や鉄道、運河など人工構造物が縦横に刻まれている。私たちが「自然」と感じる場所でさえ、公園や庭園、管理された森林といったかたちで、人の手が加えられている。

人間は選り好みする生きものだ。世界には25万種類の植物があり、そのうち5万種は食用になる。そのうち人間が日常的に食するのは250種だけだ。[12] 最も重要なのが穀物である。小麦、米、トウモロコシが私たちの摂取カロリーの大部分を占める。昔は、大麦やキビなど他の穀物が人間の食生活にとって重要だった。

これらの穀物は、数千年にわたる栽培と選別によって品種改良されてきた。ジャーナリストで作家のトム・スタンデージが記したように、これらは「人間の介入によってのみ存在する、意図的に開発されたテクノロジーである」。[13] たとえば、トウモロコシを例にとろう。その古代の祖先は、メキシコの雑草、テオシント（ブタモロコシ）である。私たちが現在好んで食べている黄色い穀粒は、当時は穎《えい》と呼ばれる硬い外皮に包まれていた。硬い穎は動物の胃では消化できず、そのまま糞とともに排出され、種子は生育に必要な養分の多い環境に恵まれた。

また、遺伝子変異により、外皮のない実がなることもあった。人間がいなければ、これは進化の過程で淘汰《とうた》されたことだろう。ところが、この変異は人間にとってありがたかった。この植物を栽培していたアステカ、マヤ、インカの人々は外皮のない実を好み、その種をまいた。さらに彼らは大きな実を好み、その特徴を持つ種類を選び取った。現代のものは、古代の祖先と比べると巨大だ（現存する世界最古のトウモロコシの穂軸は紀元前５４００年にさかのぼる）。[14] 人間が栽培しなかったら、現在のかたちにはならなかった。小麦も選別され、種が風に飛ばされないように、一斉に実るように改良された。

このパターンは何度も、多くの場所で、多くの作物に繰り返された。米はアジアで主食となり、支配者たちは収穫量の増加を目指した。宋の皇帝、真宗《しんそう》は、現在ヴェトナムとなっている土地に、干ばつに強く、早く実る品種があることを知った。種籾《たねもみ》が中国に持ち込まれ、１０００年から１２００年のあいだに人口がほぼ倍増するのに貢献した。[15]

同様のことは家畜にも起こった。羊や山羊などの草食動物が最初に飼い慣らされた。なぜなら、餌を与えずとも勝手に自分で草を食べるからだ。必要なものといえば、広い土地だけだった。

家畜化された動物は（もちろん、知らず知らずのうちに）ファウスト的取引をしている。必要なものはたっぷり与えられ、人間が捕食動物から守ってくれる。繁殖をうながされ、次の世代に遺伝子を残す。しかし、その代償として自由を失い、寿命が強制的に短縮された。やがて、これらの動物はおとなしくなり、人間を警戒しなくなり、脳が小さくなった。家畜化された豚の脳は、野生のイノシシの脳よりも33％小さいし、羊の場合、野生の祖先よりも24％小さい脳になっている。[16]

家畜化のプロセスは驚異的な転換だったようだ。ソ連の動物学者、ドミトリ・ベリャーエフは１９５０年代にギンギツネを使った実験を始めた。人間に対して攻撃的ではないキツネを選び、飼育した。子ギツネには人間が手ずから餌を与え、なでたりした。4世代のうちに、子ギツネの一部は飼い犬のように人間に対して尻尾を振るようになった。6世代になると、犬のように甘え鳴きしたり、舐めたりする子ギツネも出てきた。ベリャーエフの死後に実験を引き継いだリュドミラ・トルートが、30世代目、わずか50年で、子ギツネのほぼ半数が人になつくことを実証した。(17)

キツネを飼い慣らすことに成功したこの実験は、人間がいかに狼を飼い犬に変えたかを知る手がかりになる。(18) 犬は狩りの仲間としてだけでなく、番犬としても（場合によっては食用としても）大いに役立ってきた。しかし、家畜に適した動物の数は非常に限られていた。

国際連合食糧農業機関が家畜としてリストに載せているのは39種のみだ。体重が45キロを超える哺乳類は14種しか家畜化されておらず、ジャレド・ダイアモンドはこれらの分布が偏っていると指摘している。南米にはリャマとその仲間のアルパカしか飼育されていない。(19) 北米、オーストラリア、サハラ砂漠以南のアフリカには家畜に該当する哺乳類はまったくいない。これらの大陸で経済発展が遅れた理由は、家畜の不在であるとダイアモンドは主張している。

人類は植物や動物とともに世界を移動したため、その土地固有の動植物に壊滅的な影響を及ぼした。その最も明白な例は、15世紀末のヨーロッパ人によるアメリカ大陸「発見」(20) 後に起こった「コロンブス交換」である。1520年代には、スペインとポルトガルでトウモロコシ栽培が始まり、1550年代には中国でも始まった。まいた種1粒から100〜200倍の穀物が収穫でき、小麦の4〜6倍と比べると格段に多かった。トウモロコシに続いてジャガイモも栽培されるようになり、1エーカー当たりの小麦やライ麦、オーツ麦のカロリーと比べると、その2〜4倍のカロリーが生産でき、様々なタイプの土壌での栽培に適していた。(21)

小麦、米、オリーブなど多くの作物が逆方向へ伝播した。ヨーロッパ人は馬や羊、牛、豚、鶏など、自分たちの家畜や家禽をアメリカ大陸へ運び、自分たちの農法に合わせて土地をつくり変え、その過程で先住民の生活を破滅させた。(疫病による死が飛び抜けて多く、2番目が戦争だった。人口は短期間のうちに半減した)。(22) これは恐ろしいことには違いないが、作物の交換により、世界は長期的に、はるかに多くの人口を支えられるようになった。たとえば、中国ではトウモロコシとサツマイモの伝来により、米が採れない乾燥地でも作物が栽培できるようになった。その結果、人口が1600年の1億6000万人から1820年には3億8000万人に増えた(23)(今ではアジアの料理に欠かせないトウガラシもアメリカ大陸原産である)。

作物が世界に普及したもうひとつのきっかけは、人々が同じ政治的、あるいは宗教的権威に支配されたときだった。イスラームの拡大により、綿花とともに米やバナナ、ほうれん草などの16種の食用作物がインドからはるばるスペインにまで広がった。大量の水を必要とする作物を広範囲に植え付けるには大規模な灌漑システムが必要だった。「アラブ農業革命」と呼ばれる変革は、多くの限界地での耕作を可能にした。(24) モンゴル人も新しい作物を広めるのに大いに貢献し、元《げん》は「木棉提挙司《もめんていきょし》」を設置して、領地での綿の普及を促した。(25) それからずっと後の時代、世界に版図を広げていた大英帝国はゴムを直に手に入れたいと願っていた。1876年、ヘンリー・アレグザンダー・ウィッカムがブラジルから7万個の種子を持ち出した。キュー・ガーデンの植物学者たちが種から苗に育てるのに成功し、苗はスリランカやマラヤ(現マレーシア)の植民地に送られ、彼の地は1920年には世界最大のゴム生産地になっていた。[26] 1920年代以降、ブラジルのゴム生産が葉枯れ病で全滅したため、これは幸運な転換になった。

養分の問題

作物は土壌から養分をとる。だから土を入れ替える必要がある。狩猟採集や焼畑農業ではこの問題はなかった。森林や草地を焼き払ったあとに残る灰が土の養分になるからだ。作物を収穫したあと、集団でまた別の土地に移動すればいい。しかし定住した農民にはこれができなかった。彼らはまもなく、毎年同じ作物を栽培すると土壌が痩せることに気づいた。古代ギリシア人とローマ人は、その対策として1年おきに農地を休ませた。休耕地に家畜を放せば、その糞が肥料になる。[27]

この方法では、通常、農地の半分は何も生産しないことになり、土地の有効利用という点で改善の余地があった。中世初期までには、ヨーロッパ北部の大半は三圃式農法を採用していた(ヨーロッパ南部は雨が少なく、表土が薄く、農法の転換は北より難しかった)。[28] この方式では3分の1の農地に穀類(小麦、または大麦かライ麦)を秋に植え、別の3分の1には春にオーツ麦、大麦、豆類(エンドウ豆、大豆、レンズ豆)を植える。残りの3分の1は休耕する。農地の半分ではなく3分の2を使い、年に1回ではなく、2回作物を収穫する。それに、オーツ麦は畑を耕す馬の餌にもなった。

人類は収穫高を増やすために新しい技術を活用してきた。たとえば、紀元前4000年頃、エジプト人は木の鋤を使い始めた。これを使えば、土を耕すことができ、植え付けが楽になり、新鮮な土を（肥やしを混ぜて）掘り起こし、雑草を下にすき込める。中国では早くも紀元前3世紀から、丈夫な鉄製の撥土板《はつどばん》の鋤が使われていた。これも、中国がヨーロッパよりも効率よく農業を発展させた理由のひとつだ。中国では種まき機、除草用の熊手、一輪車を早く使い始め、かなりあとになってから、これらはヨーロッパに伝わった。(29) 鉄製の鋤はヨーロッパでは1000年頃から普及し始め、北部の硬い粘土質の土地も耕せるようになった。この重い鋤を引くには動物が必要だった。大昔の馬の首輪は馬の呼吸を妨げやすく、そのため引く力も弱まった。5世紀、中国で馬の首にかける引き具が発明され、これで馬は存分に力を出せるようになった。(30) 引き具は人間の移動とともに10世紀にヨーロッパへ伝わった。

これらの改良された農具と地球温暖化、東ヨーロッパの農地の拡大が、1000年から1250年、「中世盛期」の人口増加につながったようだ。しかし、14世紀の黒死病（ペスト）に感染した地域は著しく疲弊、衰退し、ヨーロッパの東西の格差を広げた。西側では農奴が減っていった。豊かになり、市場向けの食料を生産できる領主が増え、封建制の主従間の義務を小作料に置き換えたからだ。14世紀、人口減少により、領主は小作農を雇うのに苦労した。西ヨーロッパでは16世紀に農奴制は事実上、消滅していた。

東ヨーロッパの農民は12世紀から13世紀にかけて、ドイツ人による植民の影響もあって以前より自由になっていった。しかし、14世紀から15世紀、東ヨーロッパの領主は苦境を乗り切るために、小作農の負担を増やしていき、彼らを農奴の身分に落とした。貴族の政治的権力が強く、小作農の逃げ場となる都市が少なかったことが、この展開を促したと思われる。東側では農奴制はさらに数世紀続くことになる。[31]

おそらくこの差は経済史の観点では極めて重要で、ヨーロッパ大陸の西側で農業生産の改善と工業化が進んだのに対し、東側は発展から取り残された。そうなったのは、産業革命に結びついた18世紀のイギリス「農業革命」にあるというのが従来の定説である。農業改革には、蕪栽培で有名なタウンゼンド子爵、種まき機のジェスロ・タル、[32]ホルカム・ホールのトマス・クックなどの先駆者の貢献が大きい。しかしその後、このような人々の活動は軽視された。[33]

しかしながら、この時期のイギリスの農業の生産性は明らかに向上し、それにより人口が増えただけでなく、農業をやめて繊維工場で働き始める人が増えた。生産性の高い土地活用が増えたこともその要因のひとつだ。休耕地は1700年に20%だったのが、1871年にはわずか4%に減っていた。余った農地には蕪やクローバーなど、新しい飼料作物が植えられた。[34]その結果、かつて共同で利用されていた土地を柵で囲み、有力な地主が耕作するという「囲い込み」が起きた。柵のない畑よりも囲い込まれた耕作地のほうが20%から25%収穫量が多かったと言われている。[35]

今では、なぜ農地を休ませる必要があるのか、その理由がわかっている。植物には窒素が必要だ。土壌には微生物がいて、空気中から窒素を取り込んで植物にそれを与えている。しかし、それを毎年できるわけではない。マメ科の植物の根には小さな瘤《こぶ》があり、それがバクテリア（リゾビウム）を引きつけ、窒素と結びつく。その一部は土壌に還る。これが、輪作にマメ科の植物を加えることが役に立つ理由だ。イギリスの農家は18世紀にマメ科の植物を植えており、大陸の農家よりも、肥料として使うために計画的に堆肥を集めていた。

中国では動物と人間の両方の排泄物が利用され、後者は下肥《しもごえ》と呼ばれていた。中国人はヨーロッパ人よりも効率的だった。13世紀、パリ近郊の畑では9年に1度しか肥やしを与えなかったという。[36] 排泄物には窒素が含まれるので肥やしを土に加えることは役立つが、その濃度はせいぜい1％か2％である。だからこそ、長年、海鳥のすみかになっていたペルー沖のチンチャ諸島が19世紀に発見されたとき、興奮が巻き起こったのだ。グアノと呼ばれる鳥の糞の堆積物は最大で60メートルにもなった。このグアノには動物の糞の20倍から30倍の窒素が含まれていた。[37] 19世紀、ペルーにはゴールドラッシュに匹敵するブームが起こった。徒刑囚、奴隷、中国の年季奉公人がグアノを掘り出し、悪臭のする荷を船に積み込んだ。多い時で年に３００隻もの船が待機していたが、１８７９年末にグアノは枯渇した。[38] 合計で、ペルーは１０４０万トンあまりの鳥の糞を輸出し、一時、年9％の経済成長を記録した。

グアノが取り尽くされると、代わりの肥料が求められた。農業は鳥から科学者に乗り換えた。化学肥料をつくるカギは、大気の78％を占める窒素を利用することだった。難しいのは空気中から抽出することだ。窒素はあまり反応性のよい物質ではない。ドイツの物理学者フリッツ・ハーバーが高熱、高圧、金属触媒の組み合わせで窒素と水素をアンモニアに変える方法を開発した。その案はドイツの会社ＢＡＳＦに買い取られ、同社では別の科学者カール・ボッシュが、アンモニア合成の工業化に成功した。このアンモニアから硝酸アンモニウムや尿素など、様々な肥料が生産できるようになった。この発明がなければ、世界人口が現在の数にまで増えることはなかっただろう。

ハーバー・ボッシュ法は、ドイツが第一次世界大戦で使用した爆発物や塩素ガスなど軍事目的でも使われた。1915年、ドイツ軍によるイープル毒ガス攻撃をハーバーが祝っていた夜、彼の妻は夫の拳銃で自殺した（ただし、その動機は明らかではない）。[39] ドイツが戦争に負けると、この特許製法は没収され、他の国々もこれを利用できるようになった。しかし、費用がかさむ製法であることに変わりはなく、広く普及するのは第二次世界大戦後だった。世界生産量は1950年に3・7メガトンだったのが、2010年には133メガトンに激増した。[40] この加工は年に世界のエネルギー使用量の1～2％を必要とする。[41]

農業生産が急増したもうひとつの要因はアメリカ大陸の開発だった。北米の大草原とアルゼンチンの草原地帯《パンパス》は19世紀、急速に開発が進められた。鉄道、蒸気船、冷蔵技術により、アメリカの産物がヨーロッパへ輸送できるようになった。その結果、ヨーロッパの一部地域では「農業不況」が起こった。なぜなら旧大陸の農家は新大陸の産物に到底太刀打ちできなかったからだ。逆に、南北アメリカ大陸へ移住するヨーロッパ人が増えた。

成功の種

新しい肥料と耕作地の増加は、20世紀に農業が躍進した四大要因のうちのふたつだ。3つ目は、トラクターやコンバイン収穫機などの機械化である。これは馬力よりも効率がよく、馬の飼育に使われていた耕作地の4分の1を開放した。

4つ目は品種改良である。これは大きな問題を克服するために始まった。地表を大量の単一作物で覆えば、19世紀のジャガイモのベト病のように、病気で壊滅的な打撃を受けるリスクがある。たとえば、小麦は赤さび病と呼ばれる菌に冒される。(42) 1942年、メキシコのソノラ州にある研究所で、ノーマン・ボーローグという科学者が小麦の様々な品種を辛抱強く試しながら、赤さび病に強い高収量の品種の開発を目指した。重い穂を支えることができる、背の低い丈夫な茎を持つ矮性《わいせい》種も候補に含まれていた。農家が新品種を受け入れるまでには時間がかかり、新しいタイプの赤さび病が発生するなどの問題もあった。しかし、1959年にはメキシコの小麦収穫量はボーローグがやってくる前の14倍に増えていた。メキシコは1964年には小麦の純輸出国になっていた。(43)

ボーローグはその後、アジアに向かい、インドとパキスタンの政府に新種を採用するよう説得にかかった。両国政府はともに、外国人の動機に対して非常に懐疑的だったが、大凶作とアメリカの援助削減により、情勢が変わった。新しい品種を植えるだけではなかった。1968年、ボーローグは小麦の成長を助けるために、インドの副首相アショーカ・メータに肥料の増産を勧めた。パキスタンでは、小麦の生産は1965年に460万トンだったのが、1970年に730万トンに増え、2000年には2100万トンを生産していた。インドは、1974年には、穀物を自給していた。2000年には、新品種はアジアで小麦生産量の86%、中南米で

90％、中東とアフリカで66％を占めており、ボーローグの偉業を証明している。

これとは別に、国際稲研究所が矮性種を交配して収穫量を増やした。ＩＲ８という品種は「ミラクル・ライス（奇跡の米）」と呼ばれ、１ヘクタール当たり、もしくは10トンの肥料で、以前はわずか1トンしか採れなかったところ、５トン収穫できるようになった。さらに収穫までの期間が短くなり、病害虫にも強くなった。インドのアンドーラ・プラデーシュ州で最初にこの種を植えた農家、ネッカンティ・スバラオは「ミスターＩＲ８」と呼ばれ、洪水に強い品種の開発者となった。(44)

この「緑の革命」は繰り返し飢饉で疲弊していた地域を変貌させた。新しい小麦の品種は年に2回作付けすることも、米と交互に作付けすることもできた。１エーカー当たり小麦２トンと米３トンの生産が可能になり、かつてどちらも半トンしか生産できなかったときと比べて大きな躍進だった。ボーローグはその功績によりノーベル平和賞〔１９７０年〕と議会名誉黄金勲章〔２００６年〕の両方を受賞している。両方受賞しているのはマーティン・ルーサー・キングとネルソン・マンデラぐらいしかいない。(45) 環境保護活動家のポール・マクマホンは、緑の革命がなければ20億人が今は生きていないかもしれないと述べている。(46) １９６０年代末、終末論者は、世界規模の飢饉と「人口爆発」を警告していた。確かにアジアの人口は１９６５年から２０１５年のあいだに19億人から44億人へと2倍以上増えたものの、穀物生産も3倍に増えた。農家は穀物と同じく根菜類の収穫を増やすことにも成功し、１９８０年から２００５年までに40％増やした。(47)

飢饉を防いだだけでも素晴らしいことだが、緑の革命はそれだけでなく、広く繁栄をもたらした。経済政策研究センター（ＣＥＰＲ）が84か国を対象に行った調査によると、高収量の作物品種を植えた農地の割合が10ポイント増えると、１人当たりのＧＤＰがおよそ15％増える。[48]この増加は、農業の効率化により、労働者が製造業や他のもっと生産的な経済分野へ移行できたことも要因になっている。

緑の革命は農業の拡充プロセスを遅らせたようにも思える。「食用作物の生産性の向上は、狭い土地での農業の強化につながった」とＣＥＰＲ報告は結論づけている。それに、食料が増えれば、それを上回る人口増加が起きて食料供給が滞るという「マルサスの罠」の兆しは見られなかった。出生率が低下したのは、食料事情が改善されて子供が生き延びる確率が高くなり、親たちが無理をしてでもたくさんの子供をもうける必要性を感じなくなったからだろう。

もちろん、緑の革命にも好ましくない副作用があった。灌漑農地は人間の利用する水の70％を使うため、ひんぱんに干ばつに見舞われるカリフォルニアやオーストラリアで問題になっている。窒素や他の化学肥料は農地から川へ流れ込み、これが海の環境破壊を引き起こしている。養分を餌とする藻類が、他の生物を殺す「ブルーム」を発生させるのだ。１万７０００平方キロメートルに広がる藻類ブルームが、毎年夏、ミシシッピ・デルタで定期的に発生している。[49]

テクノロジーでその副作用を抑えることもできる。カリフォルニアでは、農家はセンサーで土中の水分を計って必要な分だけ給水し、これで20％の節水になっている。

トラクターのような農機具は今やＧＰＳを装備している。つまり、農地の特定のエリアを効率

よく移動し、燃料の節約に役立っている。(50)

農業も今では工業化が進んでいる。２０１６年、世界には２３０億羽の鶏がいた。(51) １９６０年には40億羽だった。(52) 野生の鶏の寿命は6年だが、ケージで飼われる鶏は12週に達する前に殺される。暑くて空気の悪い環境に閉じ込められ、自分の体重を支えられないほど太らされ、苦痛を伴う障害を負う。(53) これは残酷なシステムである。

陸上の問題が家畜の虐待だとしたら、海上の問題は乱獲だ。産業用トロール漁船は日に１２００トンの魚を処理加工することができ、世界の水産資源を脅かしている。国連食糧農業機関は、監視している海洋資源のうち、52%が完全に搾取され、17%が過剰搾取され、8%が枯渇、あるいは枯渇から回復中であると推定している。(54) 養殖の効果もあって世界の魚消費はかつてないほど増え、1人当たり年に20キロを食べている。中国では食用魚の半分を養殖で賄っている。しかし、養殖魚の餌には小魚が与えられるケースが多く、不安定な供給が問題だった。地球温暖化で海水温度が上昇し、酸性に近づき、炭酸カルシウムの殻をもつ蟹や牡蛎などの生物には厳しい環境になった。これらの問題に直面した各国は自国の沿岸部の漁業権にはより防御的に、外洋での漁業権にはより攻撃的になっている。(55)

農業は停滞してはいられない。２０３５年には世界人口はさらに10億人増えるとされ、その人数を養うためには米がさらに1億トン多く必要になる。これは現在の生産レベルの30%増を意味する。そのためには、年に1・2~1・5%、米の収穫量を増やさなければならないが、収穫量はその半分のペースでしか増えない。(56) 多くの科学者は遺伝子組み換え《GM》作物に望みを託しているが、この案には賛否両論あり、国によっては禁止しているところもある。作物の遺伝子を組み換えて、害虫に強く、農薬に耐性をもたせることができる。洪水に強く、干ばつに強くすることも。ビタミン不足の人に役立つことも。２０１６年に公開された国立科学アカデミーの報告によると、ＧＭ作物は、人体にも動物にも健康被害を及ぼさない。[57] １９９５年から２０１４年にかけて行われたＧＭ作物に関する異なるメタ分析から、農家の収穫量と利益がともに増えたことがわかった。[58]

それでもマルサスの亡霊がまた現れるかもしれない。地球温暖化で気温が1度上昇するごとに作物の収穫量が３・１〜７・４％減る可能性があることが、国立科学アカデミー紀要に掲載された２０１７年の研究報告にある。地域によっては降雨が多すぎるかもしれない。また別の地域は干ばつに見舞われるかもしれない。暖かい天候により、害虫の数が増えるかもしれない。[59]

食料供給について終末論的な予測を立てるのは慎重にせよ、と歴史は教えてくれるはずだ。本章の冒頭で紹介したコンテナ式菜園は人間の創意工夫により、食料生産の新しい、効率のよい方法が見つかることを示している。しかし、この地球の人口が増えれば増えるほど、思わぬ方向からやってくる危険も大きくなる。受粉を担う昆虫の減少、水源の汚染、生態系が依存している植物を攻撃する新しい菌類やウイルス、バクテリアの出現である。過去３００年間、人類がなんとか切り抜けてきたように、今後もそうなると願うしかない。しかし、次章で述べるように、いつも幸運に恵まれるわけではなかった。

第3章 アジアの市場 200年〜1000年

経済活動は火山の噴火や異常低温などの自然災害によって妨げられる。しかし、経済は中央の権力が衰えるときにも停滞し、人々が交易を続けたり、作物を敵の軍から守ったりすることが難しくなる。また、これらの要因が絡み合うこともある。

西暦２００年から６００年にかけて、それが起こった。この時代、世界は激しく揺れ動いた。４１０年のローマ略奪、４７６年の皇帝退位に象徴される西ローマ帝国滅亡もこの激動に含まれる。中国は漢の崩壊から回復するのに長い時間がかかった。２２０年から２８０年、中国は魏《ぎ》、蜀《しょく》、呉《ご》の三国に分裂していた。晋《しん》が一時、統一を果たしたが、王国はその後「５つの蛮族」に侵略され、動乱の時代を迎える。３１１年の匈奴《きょうど》による洛陽《らくよう》略奪は、ローマ滅亡に匹敵する。(1)

人類はユーラシア大陸を移動していた。おそらく気候変動がきっかけとなり、人々は新しい耕作地を求め、あるいは家畜のための牧草地を求めて移動した。４００年以降、地球は寒冷化し――気候学者はこれを「ヴァンダル・ミニマム」と呼ぶ――それが8世紀まで続いた。５３６年、樹木の年輪も文字の記録も、火山の噴火か巨大隕石の衝突か、いずれにせよ作物に長く悪影響を及ぼす異変が起こったことを示している。(2) 続いて540年と547年にも噴火があったと思われ、541年には腺《せん》ペストの発生も記録されている。ヨーロッパがこれらの打撃から回復するには1世紀かかった。(3)

人の移動は波及効果をもたらした。ある部族が別の部族の土地に侵入すると、侵入された側は戦いを強いられ、征服されるか、追い出されて移動を余儀なくされた。おおまかに言って、その波は西へ向かった。ペルシアは侵略者を防ぐために全長200キロの長城を築き、ローマがその資金を援助した。それでも、押し寄せる波に脆くも崩れる砂の城だった。(4)

結局のところ、ササーン朝のペルシア人はローマ人よりも上手くこの時代を生き延びた。5世紀末、ローマ帝国は「白いフン族」、エフタルに滅ぼされた。アジアのステップからやってきたエフタルはインド北部も征服した。しかし、ササーン朝は7世紀半ばまで帝国を維持した。

コンスタンティノープルを都とするビザンティン帝国、別名東ローマ帝国はユスティニアヌス帝の治世下、イタリア半島のほぼ全土とアフリカ北部を取り戻し、6世紀に最盛期を迎えた。ギリシア語を用いるこの政体は1453年まで続いたが、最後の数百年は名ばかりの帝国だった。

一方、4世紀初めから6世紀半ばまでインド亜大陸の大半を支配したグプタ朝は「黄金期」の繁栄を享受した。グプタ朝時代のインドには商業組合や商工会議所に相当するものがあり、商品の品質や価格が管理され、職業訓練制度もあった。インドの数学者がゼロの概念と現代の記数法を考え出したのもこの時代である。(5) のちに、アラブの商人がこの記数法を使い始め、彼らの知識がヨーロッパに伝えられたため、この記号は「アラビア数字」と呼ばれるようになった。

当時、すでにアジア交易網が確立され、中東（ペルシアとビザンティン）、アフリカの東海岸、グプタ朝インド、動乱の時代でも経済的に重要だった中国を結んでいた。中国ではローマの硬貨は出土していないが、6世紀のビザンティンの硬貨、3世紀から7世紀のササーン朝の硬貨は発掘されている。[6] 8世紀、9世紀の中国の硬貨はアフリカ東海岸で見つかっている。[7] この時代の交易の主な仲介者は、現在のウズベキスタンとタジキスタンを含む地域に住んでいたイラン系のソグド人だった。ソグド人はサマルカンドを中心に交易拠点を築き、ジャコウ、絹、銀製品、奴隷などを扱い、ビザンティン帝国、インド、中国と取引していた。彼らの活動は5世紀から6世紀にかけて最盛期を迎えたようだ。[8]

ソグド人は「シルクロード」と呼ばれる地域で活躍した初期の交易人だった。しかし、シルクロードという言葉は1877年にドイツのフェルディナント・フォン・リヒトホーフェン男爵が初めて用いたものだ。この言葉のせいで、決まった道があったように思えるが、実際はそうではない。歴史学者ヴァレリー・ハンセンは「100年にわたる考古学調査の結果、ユーラシア大陸を横断する明らかにそれとわかる舗装された道はなく、方々へ延びる小道や名もない道が何本もあるだけ」と述べている。[9]

中国からペルシアと中東への陸路は険しい道のりだった。南は青海山脈、北はゴビ砂漠に挟まれた河西回廊を通り、タクラマカン砂漠（現ウイグル）を迂回するか踏破するかして、いくつもの山脈が出会うパミール（「世界の屋根」を意味する）高原を進まなければならない。取引の多くは地域ごとに行われ、品物は人から人へと中継されて陸路を進んだのだろう。7世紀の隊商について調べたところ、ほとんどは10人以下の集団だったことがわかった。[10]

絹は重要な交易品のひとつだった。絹織物は高価で、通貨としても使われた。中国の兵士は絹織物を巻いたもので給与を支払われ、これは移動中に大いに役立った。1118年、中国では納税用に絹地390万巻が生産された。[11] ある概算によれば、8世紀前半に、500万巻の絹地が輸出された。[12] しかし、金や銀、金属製品も価値ある商品だったし、中国人は中央アジアの草原の馬を欲しがった。流行の品だった中国の陶器は中東で高い需要があり、特にアッバース朝のカリフが求めた。

「シルクロード」という言葉は今では一般的だが、ほとんどの商品はおそらく海路で運ばれたことは注目に値する（実際、現在の中国政府の「一帯一路」構想では、アフリカや地中海への海上ルートも一路として扱っている）。[13] 陸上ルートは略奪に遭うリスクが高く、750年以降衰退したが、モンゴル帝国の時代に復活した。

南シナ海の沈没船からは陶器の巨大な荷が見つかり、1隻当たり5万5000個から50万個の陶器を積んでいたことがわかる。このような荷は非常にかさばるので、荷役動物による輸送には向いていなかった。近年の驚異的な発見は、インドネシアのブリトゥン島沖で見つかった沈没船である。このアラブのダウ船は9世紀、中国から戻る途中で、過去最多の唐の品物を積んでいた。船は大三角帆を備え、ジグザグに進む「タッキング」により、逆風でも前に進めた。これは四角い帆の船よりも性能がよかった。[14]

このアジア交易市場はまさに人種のるつぼで、マラヤ人、タミル人、アラブ人、ペルシア人、中国人が加わっていた。(15) 19世紀には、ペルシア湾と中国を結ぶ海上航路も開かれていた。インドのマラバール海岸から、スリランカ、ニコバル諸島、マレー半島、マラッカ海峡、カンボジアとヴェトナムを経て広東に至る。メソポタミアやペルシアから中国へ向かう船は、ペルシア湾を出て、パキスタンとインドの海岸に沿って進んだ。(16)

この時代、中国はヨーロッパよりもはるかに豊かで発展していた。唐の都、長安には街の東と西の両方に市場があった。東の市場には食堂や宿屋を含め220もの異なる集団の店があった。僧院で見つかった品物の目録には、アフガニスタンのラピスラズリ、インドの瑪瑙、ヨーロッパの琥珀、スリランカの真珠が記載されていた。(17) 当時の野心的な商人は「若者よ、東へ行け」と言われていたに違いない〔アメリカ西部開拓時代の標語「若者よ、西部へ行け」のもじり〕。

イスラームの台頭

人口移動の時代、ある移動が極めて重要な意味を持った。622年、預言者ムハンマドが信奉者を引き連れてメッカを離れ、ヤスリブ（現メディナ）というオアシスに移った。この集団の活動は史上まれに見る大きな成功を収め、644年にはアラビア全土とササーン帝国の一部、ビザンティン帝国のシリア領とエジプト領を征服していた。7世紀末には、アフリカ北部をほぼ掌握し、8世紀にはイベリア半島の大半とインダス川流域（パキスタン北部）を支配していた。751年、イスラーム軍は、現在のカザフスタンとキルギスタンの国境付近のタラス河畔の戦いで中国軍を破った。この戦いをきっかけに、アラブ人は中国人がすでに持っていた紙を使い始めた可能性がある。

アラブ人は行く先々でイスラームを広めるとともに、交易の文化も広めた(ムハンマド自身が商人だった)。やがて、かなり遠方まで赴くようになると、交易路の途中のインド沿岸部や東南アジアに拠点を築いた。当然のことながら、最初に落ち着いた商人たちは自らの文化と商習慣を維持するために、モスク、法制度、バザールを設けた。

これは固有の制度と伝統を持った広大な共同市場だった。親族同士が提携関係を結び、リスクと利益は割合に応じて分けられた。ほかに「キラード」という形態があり、これは投資家が交易事業を行う人に資金を預け、その利益の一部を受け取る仕組みだった。商人は取引する各都市に代理人を置いた。こうすると信用が得られ、受領者に支払いを命じる文書となる為替手形を用いることができた。「ハワラ」という支払い指示書は、現代の小切手に非常によく似ている。左上の隅に支払うべき金額が示され、左下の隅に日付と支払う人の名前が書かれていた。[18] ハワラは今でもイスラーム世界で国境を越えた決済システムとして広く使われている。

このシステムには信用が不可欠であり、商人は同じムスリムが約束を破るはずがないと信じていた。[19] 信用による売買は普及した。利息は発生しなかったが、銀行家は金の貸し付け、両替、為替手形の発行に手数料を取った。[20] 売買される品物は高価なものだった。アラブ人はインドや中国から、胡椒などのスパイス、宝石、絹地、磁器を買い、珊瑚、象牙、織物を売った。[21]

土地と非ムスリムには税金が課せられ、これが改宗を促した。輸入税もあった。ウマイヤ朝の下、ディナールと呼ばれる金貨が691年に鋳造された。金貨にはアラビア語でイスラームの真理を讃える文言が刻まれていた。[22]これらは、国際取引でビザンティン帝国のソリドゥス金貨と張り合った。ディナール金貨はスカンジナヴィアやイングランドでも出土している。

この時代のイスラーム帝国は、進んだ商業の仕組み、高い識字率、めざましい技術革新で特徴付けられる。彼らは他の文化から学ぶことに貪欲だった。バクダードには、アリストテレス、プラトン、ヒポクラテス、ガレノスの著作を（その時代の読者のために）翻訳する施設があった。医学、天文学、数学の専門学校もあった。[23]ペルシアの数学者、ムハンマド・イブン・ムーサ・フワリズミーの業績と名前は、代数学《アルジェブラ》やアルゴリズムといった言葉に残っている。初期の化学者、ジャービル・イブン・ハイヤーンは沸点の違いにより液体の成分を分離する蒸留法を発明した。[24]10世紀後半に生まれ11世紀初めに没したイブン・アル・ハイサムは光学の分野の先駆者で、実験に基づくその研究法から「世界初の真の科学者」と呼ばれている。

アラブ人は紙を積極的に取り入れ、１０００年頃には紙を綴じた書籍がイスラーム帝国の各地に広く流通していた。同じく中国発祥の火薬は武器に使用された。イスラーム帝国では、穀物を挽く水平式風車や航海用の六分儀も開発された。

イノベーションのもうひとつの重要な分野は農業である。アラブ人は旅先で多くの農産物を選んで持ち帰り、米、サトウキビ、綿花、メロン、ナス、柑橘類の栽培を始めた。[25]逆に、これらの栽培によって水車などの灌漑技術が進歩した。食料の生産性が向上し、多くの人口を養えるようになった。

当時の水準で広大な、技術の進んだ、豊かな文明が生まれた背景にはこのすべてが関わっていた。バクダードが築かれたのは762年だが、9世紀にはカリフはビザンティン皇帝に対して「我が帝国で、最下層の民が管理する最も狭い土地が貴殿の領土全体よりも多くの収益を出している」と自慢している。[26] 900年には、バクダードの人口は50万人に達していた。10世紀のある書物は、バクダードを世界一豊かな都市と紹介している。

それが真実か否かは時期による。8世紀なら中国の都、長安がそれに該当するだろう。当時の長安の人口は推定60万から200万。しかし、763年にチベット人（吐蕃《とばん》）の略奪にあった。10世紀、中国は再び動乱の時代に入り、10国に分裂していた。[27] 宋王朝（960〜1279年）の下、開封《かいほう》が主要都市となり、およそ100万の人口を抱えていたと推定される。[28]

混乱にもめげず、中国は引き続き技術革新の中心だった。短命に終わった隋《ずい》の時代、中国の人々は揚子江の支流と一連の運河をつなぎ合わせて大運河を建設し、米と穀類の主要産地である南部と国の北部とを結びつけた。運河は紀元前5世紀にさかのぼる邗溝《かんこう》をもとにつくられた。運河の開通により、飢饉に見舞われた地域や軍の駐屯地に穀物を供給できるようになった。10世紀後半、大運河は閘門《こうもん》を使って海抜40メートルまで高低差を乗り越えることができた。

中国の交易人が陸路と海路でアジア全域に広がるにつれ、彼らの航海技術が進歩し、羅針盤、船尾舵、水密の隔壁が開発された。陸上では、中国人は紀元後数世紀のうちに、鐙《あぶみ》と手押し車を発明した。そして8世紀、グーテンベルクに先立つこと700年、中国は印刷技術を開発した。すでに述べたように、彼らが発明した馬の引き具により、馬は首を締め付けられることなく、重い荷を引けるようになった。11世紀から12世紀にかけて、米の新種が人口を2倍に増やすのに貢献した。
　では、この長いあいだヨーロッパは何をしていたのだろうか？　第1章で見てきたように、鉛の痕跡の考古学的分析や沈没船が、2世紀以降、経済活動が停滞していたことを示唆している。陶器や屋根のタイルなどの製品もまだ一般に普及していなかった。[29]多くの人々にとって、これは特に生活に影響はなかった。硬貨は流通していなかったし、異国からの主な交易品の大半は彼らには手の届かない高価なものだった。しかし、衰退を示す別の兆候もあった。森林の増加は、耕作地の減少を示している。ローマ（都市）の人口は全盛期を迎えた五賢帝時代の2世紀の100万人から5％減少していた。[30]ヨーロッパに新たな民族が流入してくると、先住民は悲惨な目に遭った。西暦14年、イタリア半島に住む人の平均収入は最低生活水準の2・2倍で、ブリテン島の平均収入の2倍近くあった。700年には、イタリアの平均収入は最低生活水準より20％上回るだけだった。[31]
　フランク王国のカール1世（大帝、シャルルマーニュ）がザクセン、バイエルン、北イタリアを含む西ヨーロッパの大部分を統一し、ある程度の秩序を取り戻したようだ。800年、彼は神聖ローマ皇帝として戴冠し、この称号は1000年引き継がれ、かつての安定した時代への憧憬を表している。また、カール大帝は均一の通貨を鋳造し、通貨単位として銀1ポンドを240ペンスに分け、12ペンスで1ソリドゥスあるいは1シリングとした。イギリスでは1971年に10進法の通貨単位が導入されるまで、この古い単位が使われていたので、年配のイギリス人は今でもシリングに馴染みがある。9世紀、ヨーロッパに鐙が伝わり（すでに述べたようにアジア起源）、10世紀には金属製の釘打ち蹄鉄が広まり、騎士の時代の到来の重要な先駆けとなった。鐙に足をかけた騎士はそう簡単には落馬しなかった。

カロリング朝（現在の呼び名）は国の統一を長く保てなかった。843年、西フランク王国（フランス西部）、中部フランク王国（低地諸国、フランス東部、スイス、北イタリア）、東フランク王国（ドイツ西部）の3つに分裂した。(32) ヨーロッパは依然として侵略者や盗賊に狙われ、特に海や川から襲ってくるヴァイキング、東から侵略してくるマジャール人に悩まされていた。マジャール人はやがて現在のハンガリーに定住した。

この不安定な世の中で、農民にとって修道院の近くに住むことは理にかなっていた。壁に囲まれ、武器を蓄えた修道院の中に逃げ込むことができ、地元の軍事指揮官や領主の庇護を受けられた。荘園制、あるいは領主直営地demese（領地domainの語源）はこの流れから発展し、この制度の下、農民は領主の庇護と引き換えに、労働や収穫物の一部を提供した。農民にとって、領主の取り分は盗賊による想定損失よりは少なかったのだろう。

しかし、農業はこの時代に進歩し、特にドイツ人が東ヨーロッパに入植すると耕作地の面積が再び拡大した。ザクセンのオットー大帝が955年にマジャール人を打ち破り、イタリアを征服し、962年に神聖ローマ皇帝として戴冠すると、権力の中心は東へ移った。この時代の末期、ヨーロッパの商人たちはエジプトや中東との取引を再開した。しかし、ヨーロッパはまだ後れた田舎同然だった。

緩慢な進歩

この時代、経済的にも政治的にも世界の中心はアジアだった。しかし、アジアとその他の地域の豊かさの格差は、1900年時点の欧米とその他の国々の格差ほどではなかった。人類は紀元後最初の千年紀に技術的にいくぶん進歩し、特に農業分野にそれが見られたが、進歩はゆっくりだった。実際、アンガス・マディソンの推定によると、この千年紀に人口は6分の1の増加にとどまり、2億5000万人から3億4500万人程度だった。1人当たりの収入はアジアでは10%増えたが、西ローマ帝国が支配する地域では減少した。西暦1000年頃の平均寿命は24歳だったし、新生児の3分の1は1歳になる前に死亡していた。(33)

ほとんどの人々の生活は数千年間、変わらなかった。過酷な労働に耐えながら自給用の食糧を生産しても、それを盗賊に奪われるか、地元の権力者に税代わりに召し上げられる恐れが絶えずあった。読み書きができる人は数少なく、そのため知識や情報の伝播《でんぱ》には、かなり時間がかかった。貧しい家に生まれた人は死ぬまで貧しいままだった。かろうじて人口を養う分の食糧しか生産できない状態では、食糧以外の物品を生産する余力もなければ、需要もなかった。「マルサスの罠」は生きていた。人口が少しでも増えれば、生活水準は落ち、やがて食糧供給量を上回る。

2千年紀に起こる大変革の兆しがいくつか現れていた。科学、技術、商業形態の分野における中国とアラブのイノベーションが普及し始め、世界経済史上のカササギ（こそ泥）と言われるヨーロッパ人が、それを真似して大成功を収めるのだ。1000年後、欧米が、自分たちのテクノロジーがアジア勢に模倣されていると文句を言うのは、まさに皮肉である。

第4章 ヨーロッパの復活
1000年～1500年

私たちが祖先よりも格段に豊かになったのはなぜだろう？　世界経済史で最も劇的な変化は1820年頃に起こった。しかし、その発展の種のいくつかは、すでに2千年紀前半にまかれていたことがわかる。その時代、航海術が進歩し、都市が拡大し、商業活動が発展した。1500年になる直前、ヨーロッパ人がアメリカ大陸の海岸に到達し、そしてアジア交易市場への進出を試みた結果、初めて地球上の大部分が結ばれた。

しかし、急速な経済成長の必要条件のひとつは、それだけでは不充分とはいえ、自給自足の能力だった。すでに述べたように、2千年紀の最初の300年間、中国では米の新種により収穫量が増した。メソアメリカ文明の人々はトウモロコシやトウガラシ、トマトを栽培し、おそらく最初に綿花栽培を始めた。高地に段々畑をつくり、低地に水路を掘るなど、高度に発展した農業を行い、トウモロコシが高い人口密度を支えていた。しかし、彼らは農機具を引かせる家畜も車輪も持っていなかった。(1)

ヨーロッパでは、鉄製の鋤《すき》や丈夫な馬の引き具など技術の進歩とともに、二圃式から三圃式への切り替えで、休耕地の割合が50%から33%に減った。多くの森林や原野を切り開いて耕作地に変えていき、特にヨーロッパ大陸の東半分で開墾が進んだ。この時期のヨーロッパは原材料を輸出し、瀟洒品を（買う金があれば）輸入していた。

この時代の始まり、ヨーロッパは政治的な力を取り戻しつつあった。その領土は拡大し続けていた。11世紀以降、様々なキリスト教の王（レオン、カスティーリャ、アラゴンなど）がアル・アンダルスのムスリム君主からイベリア半島を徐々に奪還した。初期の入植者にとって、これは朗報だった。１１５０年代から１１６０年代、トレドの大司教は穀物の年間収穫量の10分の1、あるいは葡萄のそれの6分の1と引き換えに土地を貸していたが、すでに開墾されていた土地よりかなり安い地代だった。(2)

それよりはるかに野心的な事業は、第1回十字軍が中東にキリスト教王国を築いたことだ。中には2世紀近く存続した十字軍王国もあった。この占領を機にヨーロッパには新しいモノに対する需要が生まれ、特に砂糖が求められた。キリスト教徒の商船はアレクサンドリアやダミエッタ（ディムヤート）で取引し、ムスリム指導者サラディンとの海戦の最中にも、十字軍国家と商売を続けた。(3)

もちろん、依然としてヨーロッパ内部でも多くの戦いがあった。イングランドの覇権をめぐる戦いは、デンマークとノルウェーの王国も関わり、１０６６年、ノルマンディー公ギヨーム（ウィリアム征服王）が侵略を果たして決着がついた。単純に、強者が広い領土を手に入れ、強者だけが外からの侵略者に対して国を守ることができる世界だった。

このプロセスから生まれた構造は封建制として知られる。学校の教科書や、のどかなイングランドを描いた映画でおなじみの古典的なモデルには明確な階級があり、王、貴族、騎士、農民に分けられ、各階級ごとに独自の権利と義務があった。理屈の上では、この制度は不変だった。「富める者は自分の城に、貧しき者はその門前に、神は高き者、低き者をおつくりになり、階級を定めたもうた」(4)

とはいえ、この制度は普遍的ではなかった。近代の国民国家はまだ登場していない。王は広大な土地の所有権を主張するが、必ずしもそれを管理できない。都市は封建制の構造の外にあり、ある意味、これは教会も同じだった。地域によっては、そして動乱の時代には、封建制はまったく機能しなかったようだ。

中世ヨーロッパの生活

荘園とは、封建領主の所有する土地を指す。荘園の一部を領主が耕作し、残りは小作人が耕作する。奴隷同然の農奴もいたが、ノルマン征服後のイングランドでは、農奴は急速に減った。農奴は完全な奴隷ではないが、非常に弱い立場だった。彼らは領主に労働力を提供するだけでなく、賃貸料、相続税、結婚時の支払い、人頭税を払わされた。領主は地元の裁判権も握っていたため、支払うしかなかった。小作人はそれより多くの権利を持っていたが、それでも領主に対する義務を負っていた。「ドゥームズデイ・ブック」と呼ばれる土地台帳によれば、イングランドの農奴は人口の40%、小自作農が32%、自由民が14%、奴隷が10%だった。(5)

歴史家のバーバラ・ハナウォルトはその著書『絆——中世イングランドの小作農の家族』（*The Ties That Bound: Peasant Families in Medieval England* 未訳）に中世イングランドの村の生活を描いている。一般的な家屋の枠は木でつくられ、壁は小枝を編んだ骨組みに泥を塗ったものだった。部屋の真ん中に炉が切ってあり、山で集めた薪をくべて火を焚いた。薪については、小作人は鉤状の道具を使って、生け垣や木からいくらでも枝を採ってもよいことになっていた。家の床は藁で覆われ、寝台代わりの藁布団があり、窓にガラスは嵌まっていない。家財道具といえば、ポット数個とベンチがひとつあるくらいで、たいていそれも領主から借りたものだった。

もし彼らが村に住んでいるとしたら、家に隣接する小作地で野菜を育て、鶏や家畜を飼っていた。普段の食事はパンをたっぷり、バターとチーズ、エンドウ豆、大豆、キャベツなどの野菜、手に入れば果実、川で捕れた魚、たまに肉、特に羊肉といった内容だった。生産した食料の多くは自分で消費するものだったが、道具など自分でつくれないモノと交換するためにその一部を売ることもあった。村ごとに大工や鍛冶屋など専門職人がいた。家計の足しに糸を紡いだり、酒を醸造したり、領主の家で召使いとして働くなどして副収入を得た。女性は重荷を背負わされていた。食事の支度や掃除のほか、水を汲みに行き、薪を集め、家禽の世話をし、織物の糸を紡ぎ（服の繕いをし）、野生の果実や木の実を摘み、菜園の手入れをし、バターやチーズ、ビールをつくった。

農作物の種類は国によって様々だったが、生活様式はヨーロッパじゅうで似たようなものだった。ほとんどの人が食べていくだけで精一杯だった。食料、賃料、税を払ったら、収入のうち手元に残るのはわずかだった。飢饉か病気で、自分も子供もいつ死ぬかわからなかった。

この時代〔１０００年～１５００年〕の初期、中世ヨーロッパはアジアと比べてまだ貧しかった。13世紀後半に中国まで行ったヴェネツィア人、マルコ・ポーロの話をすべて信じるか否かは別として、彼はトルコの絨毯や中国の絹服など、旅で目にした豊かさに驚いたことを記している。中国の陶器は西洋の陶器よりもはるかに洗練されており、西洋は追いつくのに何百年もかかった。中国の冶金術も格段に進歩していた。[6] ヨーロッパの旅人はやがて、一財産築くためにアジアを目指すようになる。

実際、当時のヨーロッパ文化のとりわけ際立つ特徴は、ほかから学ぼうという意欲だった。スパイスなどのアジアの産物には高い需要があった。進んだ技術は中国やアラブ世界から輸入された。そして、この時代の最も注目すべき点は、ヨーロッパ人がイスラームの商習慣を取り入れたことだ。

イスラーム世界と取引したいという願望もこれを推進した。かさばる商品は船で運ばれた（13世紀、ブリテン島では、穀物の価格は陸路で80キロ進むごとに15％上昇した）。[7] 海上輸送には難破や海賊の襲撃で積荷を失うリスクがあるため、商人たちはリスクを減らす方法を模索した。その方法のひとつがコンパニという家族の提携だった。文字通り、一緒にパンを得る仲間だ（パンはラテン語でpanisという）。家族以外で提携する場合は合資会社《コレガンティア》、あるいはコメンディアと呼ばれた。[8] あるパートナーが航海に出る商人に金を貸し、航海が成功した場合、利益の大部分を取るが、失敗した場合は全額を失う。

現代の会社や企業はこのルーツから派生したものだ。要は、リスクの分割である。商人は交易のために危険な船旅に出る計画と意気込みを持っていても、元手がなかった。別の人は、そのような旅をする時間も、我が身を危険にさらす気もないが、リスクに賭ける資本は持っていた。2人を合わせれば、より多くの交易船を出せる。その結果、ヨーロッパの市民は以前と比べて様々なモノを買えるようになった。そして、新たに需要が生まれたためビザンティン、イスラーム、アジアの商人たちは以前より儲かるようになった。地域間の交易により、全体が豊かになったのだ。

イタリアの都市

コメンディなどイタリア語が語源となっている言葉は、どこで「商業革命」が始まったかを示している。ヴェネツィア、ジェノヴァ、アマルフィ、ボローニャなど、イタリアの都市が主導した。ヴェネツィアはビザンティン帝国のコンスタンティノープル、エジプトにあるイスラームのカリフ国の両方と交易できたため、それで儲けた。ヴェネツィアは1080年、ビザンティン帝国に艦隊の援軍を送り、その見返りとして金印勅書を与えられ、これにより交易特権を得て、通行料を免除された。(9) さらにヴェネツィアは1204年、第4回十字軍によりコンスタンティノープルを征服し、そのラテン帝国は1261年まで存続した。莫大な富と中東およびアジア市場との交易網を持つコンスタンティノープルは大きな戦利品だった。イタリアの北西岸にあるジェノヴァはスペイン南部とアフリカ北部のムスリムの支配者と交易していた。

ヴェネツィア人は鉄や材木、奴隷を売り、東洋のスパイスや織物を買い入れていた。また、1291年以降、火事の危険性のために、ヴェネツィアの潟内のムラーノ島に製造移転したガラス製品を売っていた（最初のメガネは13世紀後半につくられた。人間の健やかな生活に寄与する埋もれた進歩だ）。ムラーノはそれから3世紀、ヨーロッパのガラス製造の中心となった。

交易の旅はリスクが高いことでよく知られていた。航海の失敗はシェイクスピアの『ベニスの商人』の話の中心になっているが、「私の船が入港したら（私が大金持ちになったら）」という慣用句は、積荷の無事の到着はありがたいボーナスであるという考えから生まれた。投資家にとって、可能ならば自分の資金はできる限り多くの航海に分散するのが正解だった。ヴェネツィアでは、船と積荷の所有権はロカとよばれる株に分けられた。幅広く様々な市民が投資し、個々人は24分の1の株を所有した。[10] 株の所有権は借金の担保にできた。

このほかのイタリアの金融イノベーションに公債がある。ヴェネツィアは13世紀にモンテ・ヴェッキオという貸金事務所を設けた。裕福な市民は市に融資を強制されたが、見返りに年5％の利息を受け取った。公債は売買可能で、市民は預金代わりに公債を買った。長期インフレ率ゼロの時代、利回り5％はかなりお得である。公債証書はリアルトと呼ばれる街の中心部の取引所で（商品とともに）売買された。ヴェネツィア国は黒死病の時代でも定期的に利息を支払った。しかし、ヴェネツィアの衰退の前兆を表すように、利息の支払いが1379年に初めて滞り、1383年には利回りが4％に引き下げられた。国は利払いの遅れを取り戻せず、1470年代後半には、20年も遅れていた。[11]

もちろん、君主は以前にも金を借りていた。しかし、貸す側にとって、これほどリスクの高い投資はなかった。もし君主が金を返さないと決めたら、貸した方はお手上げだ。なぜなら、君主は法的権限を持っているからだ。ヴェネツィアが1世紀以上、定期的に債務を返済してきたのは、まさに市を統治する多くの人々が公債の投資家でもあるからだった。彼らは債務不履行だけは避けたかった。18世紀、イギリスとオランダがこのアイデアを取り入れて国債を発行し、両国はフランスとオーストリアというヨーロッパの絶対君主と対決するための資金調達能力を獲得した。

商業革命のもうひとつの面は、為替手形をはじめとするクレジット市場の発達である。このアイデアはイスラーム世界では一般的で、他の都市や帝国にコネがあるか代理人がいる商人が引き受けていた。たとえば、フィレンツェにいる商人がコンスタンティノープルにいる商人から品物を購入したいとする。船で金貨銀貨を送るのはリスクが高い。たとえ金が相手に届いても、フィレンツェ人は品物がちゃんと届くかどうか不安だ。そこで、彼は国際的な商人に約束手形（為替手形）を与え、手形が売り手に送られる。売り手は品物を渡し、コンスタンティノープルの国際商人の代理人から代金を受け取る。買い手はその後フィレンツェで代金を支払い、国際商人は仲介手数料を受け取る。クレジットが盛んに利用できるということは、古代で一般的だった高金利よりも金利が低くなったことを意味した。14世紀初めのイタリアでは、年利は8％から12％だった。(12)

通常、リスクが高い場合、報酬も高額でなければ見合わない。貧しい人は借金の担保になるもの（家など）を持っていないため、低金利のクレジットを得るのが難しいし、金貸しは返済されないかもしれないと不安になる。債務不履行に備えるには高金利で埋め合わせるしかない。同様に、社会が安定し、法の支配が信頼されているとき、金利は戦時や無政府状態のときよりも低くなる傾向にある。

国際交易の大市

クレジットの利用は、12世紀のシャンパーニュ地方で始まった大規模な国際交易市場でも進んだ。この大市はシャンパーニュとブリーの伯爵の庇護の下、開催され、商人は保護を得る見返りに通行料や手数料を支払った。大市は年に6回、開かれ、それぞれ2か月続いた。最も重要な商品は布地だったが、スパイスも盛んに取引された。これは、予定が決められた非常に洗練されたイベントで、「大市の監視役」が置かれ、苦情を聞いたり、契約を執行したりして介入した。(13)

商人たちは金貨や銀貨を袋に詰めて大市にやってきたが、これは12～13世紀ヨーロッパでは非常に危険だった。実際、商人の多くは売ると買うの両方を行うため、帰りも硬貨を抱えていくことになる。そこで、大市にはあらゆる取引の手形交換所として両替商が店を出していた。商人は貸しであろうが借りであろうが、後日決済するか、次の大市に繰り越すことができた。このように、クレジットは商取引を活発にした。ある作家が書いているように「クレジットのおかげで、現金での少額投資が可能になり、複数の場所で同時に売買できるようになった」。(14) 金融のイノベーションは商取引のコストを減らし、今まで眠っていた現金を活用して商人が多くのリスクを取れるようにした。これがなければ、商業がこのように栄えることはなかっただろう。

中世ヨーロッパでは全体的に硬貨が不足していた。この時代の初期、ヨーロッパはビザンティンとイスラーム世界から流れ込む硬貨に助けられて生き延びていた。やがてイタリアの諸都市が富を蓄えて独自に金貨を発行し始め、最初は１２５２年にジェノヴァとフィレンツェが、[15]１２８４年にはヴェネツィアがダカット貨を発行した。銀は９６０年代から１１６０年代にかけて、中央ヨーロッパの様々な地域で発見され、これも通貨不足を緩和した。

ハンザ同盟

中世ヨーロッパの商業の中心地はイタリア以外にもあった。バルト海と北海沿岸の町はハンザ（ゲルマン語で「仲間、一団」を意味する）と呼ばれる商業団体を組織していた。最初にハンザが生まれたのは、12世紀半ば、北ドイツのリューベックと、スウェーデン沖のゴトランド島である。それからの3世紀のあいだに、２００の町や市が加わった。[16]ハンザ都市はカルテルとして機能し、その経済力、軍事力を行使して、商業特権や他の支配者の減税を求めた。活動海域で獲れるニシンやタラの取引を独占し、船上で塩漬けにされた魚は長期の保存が利いた。コッゲまたはコグと呼ばれる丈夫な船[17]、重い積荷を輸送するフッカーと呼ばれる平底船が使われた。[18]情報は交易網を通じて伝わった。モンゴルのヨーロッパ侵攻をブリテン島の人々が最初に知ったのは、ハリッジで魚の値段が高騰したからだった。バルト海の漁船団の乗組員たちがモンゴル軍と戦うために船を下りていたのだ。[19]この交易の規則は容赦なかった。積荷を失った船長は耳を削《そ》がれて投獄された。[20]

もうひとつの都市開発の中心は、織物交易ですでに9世紀から発展していたフランドル地方だった。ここは羊の飼育に最適な土地で、さらにイングランドやスコットランドからも羊毛を買い入れていた。11世紀にフランドルの職人が水平織機から垂直織機に移行すると、生産性が3倍から5倍も向上した。糸紡ぎも糸車の導入で効率化が進んだ。

13世紀にはフランドルの織物は遠方のシリアにまで輸出されていた。[21] 1277年、最初のジェノヴァの船がブルッヘに入り、ヴェネツィアのガレー船が1314年に到着した。イタリアはスパイスを売り、織物を買った。[22] 13世紀末から14世紀初めにかけて、ヘントの労働者の3分の1から半数が織物の仕事に就いていた。[23]

町や都市の重要性

町や都市はたいてい、経済発展の急先鋒となる。宋時代の中国は都市のネットワークによって発展した。当時、中国では600万人が都市に住み、その数は全世界の都市人口の半分に相当した。[24] 当時の主な都市は開封だったが、明の時代（1368～1644年）に北京が首位に立った。[25] カイロは14世紀に人口60万人になり、オマーン、バーレーン、アデン、ジェッダはすべて、イスラーム世界の重要な交易拠点だった。[26]

都市は食糧を自給できない。他所から食糧を買い取るための資金が必要だ。これが新しい商取引と製造業の発展を促した。都市にはおおぜいの消費者や商人が集まるため、市場が開かれた。

それに、町や都市は地方の農民が封建制の義務から逃れられる場所だった。都市はまた、食の安全保障を提供できた。ヴェネツィアはキビなどの雑穀を備蓄し、1372年にジェノヴァに包囲されたとき市民はそれで食いつないだ。(27)しかし、この段階の都市人口は経済を刷新できるほどの規模にはまだ達していなかった。1500年、都市に住んでいたのはヨーロッパ人の15%から20%程度だった。(28)

多くの商取引から商業組合《ギルド》が生まれたが、これはローマ時代にさかのぼる伝統だった。歴史学者たちの意見は、ギルドが経済成長を助長したか、妨げたかで分かれている。いずれにしろ、ギルドは職人を育てる仕組みを整えており、見習いから一人前に、やがては親方になる道が開かれていた。ギルドは品質の水準を維持する役目も担った。同様に、ギルドはカルテルでもあり、まったく新しいアイデアをもつ人を閉め出した。ギルドを細かく分けるほど、カルテルとして行動する力が大きくなった。1260年代、パリには101のギルドがあり、留め金をつくるギルドだけでも3つあった。(29)したがって、中世ヨーロッパを自由市場の楽園と考えるのは正しくない。たとえば、トゥールーズでは、市は粉屋やパン屋の利益に上限を設けていた。奢侈禁止法は、特定の社会階級の人が身につける服や宝石の種類を規制するために設けられ、貧者は分不相応の望みを持つことを許されなかった。支配階級の狙いは己の地位を保つことであり、経済の発展ではなかったのだ。(30)

アジアの発展

本章はこれまでヨーロッパに焦点を当ててきたが、2千年紀の前半にはアジアで様々なことが起こっていた。この時代の初め、宋王朝は世界で最も進んだ文明を持っていた。そのテクノロジーはヨーロッパよりはるかに高度だった。中国の天文学者は地球の円周をかなりの精度で計算し、皇帝は学者や芸術家のために専門の学院を設けていた。[(31)]

最も劇的な政治的変化は13世紀のモンゴルの台頭である。その原因は、ステップ地帯の気候が穏やかになり、雨が増え、彼らの生活に重要な馬や他の家畜の数が増えたからだと思われる。モンゴル軍の強さは、馬上で弓を射る戦士や強力な攻城兵器のほか、その優れた機動力にあり、向かうところ敵なしであった。征服された町の住人は虐殺され、野蛮な残虐行為の話が広く伝わっていたため、狙われた多くの町は抵抗せずに降伏を選んだ。13世紀のあいだに、モンゴルは中国全土を征服した。彼らの版図はアジアの端から端まで広がり、世界の陸地の6分の1を占め、世界人口の4分の1を抱えていた。[(32)]

歴史はモンゴルに殺戮のイメージを与えた。しかし、モンゴル以前と以後の多くの帝国同様、モンゴルは交易の重要性を理解していた。征服した都市で芸術と工芸を奨励し、税を低く抑え、宗教の問題には寛容だった。[(33)] また、高度に発達した郵便制度をつくり、伝令は宿駅で馬を乗り替えて1日に400キロから480キロを走破することができた。彼らの恐ろしい評判のため、盗賊は減り、一連の宿駅が隊商の到着と出発を見届けた。当時の文書は「頭に金塊を飾った若い娘でも、安全に域内を歩き回ることができた」と誇らしげに記している。[(34)]

ペストがアジアからヨーロッパへ驚異的な速さで拡大したのは、この交易ルートのせいかもしれない。今日では、ペストが最初に現れたのは1346年、カスピ海のアストラハンだったと考えられている。翌年にはコンスタンティノープルに伝染し、1348年から1349年にかけてヨーロッパに襲いかかった。(35) イタリアの交易拠点であったクリミア半島のカッファがモンゴル軍に包囲され、ここから感染が広まったと思われる。急いで逃げた商人たちが故郷に病気を持ち帰ったのだ。そして、感染拡大の速さから見て、病原菌が陸伝いではなく船で運ばれたことを示唆している。

ほとんどの人はこの疫病を、中世の集団墓地で見つかっているペスト菌（エルシニア・ペスティス）による腺ペストと考えている。(36) しかし、科学者たちは、病気を媒介したのはネズミだとする説を否定し、ヒトに寄生するノミやシラミが原因だと主張している。(37)

ペストの影響は壊滅的だった。フィレンツェやシエナなどの都市では、数か月のあいだに人口の60％が死亡した。ヨーロッパ全体では人口の3分の1から半数が死亡したとされている。中東も深刻な影響を受けた。アレクサンドリア、バクダード、ダマスクスが感染爆発に見舞われ、エジプトの人口の40％が死亡した。1330年から1420年のあいだに、中国の人口は7200万人から5100万人に減った。世界全体で少なくとも7500万人が死亡し、もしかしたら総数はこの2倍だったかもしれない。今日、同様の影響を及ぼす伝染病が発生すれば、10億から20億の犠牲者が出るだろう。ペストは流行を繰り返したため、世界人口が回復するまでには2世紀を要した。イングランドでは1500年までに14回のアウトブレイクに見舞われた。

「ウォーキング・デッド」や「ザ・スタンド」など終末もののドラマを見た人なら誰でも、中世の社会がこのような高い致死率でも機能していたことに驚くだろう。しかし、ペストを生き延びた人にとって、その影響は、実はかなり好ましいものだった。人口が減り、土地の広さが変わらないなら、地代が安くなって賃金が上がるのは（物価も上がったが）当然の成り行きだった。当時の記録は、深刻な人手不足により「身分の低い者が仕事の打診をばかにし、3倍の賃金を出すと言っても応じない」と嘆いている。[38] 高い技能を持つ者とそうでない者の格差は縮まった。14世紀初め、イングランドの大工は単純労働者の2倍は稼いでいたが、15世紀初めには4分の1ほど多いだけになっていた。[39]

労働者の側が有利になったこの変化を、当時の支配者はよく理解できなかった。1349年と1351年、イングランドのエドワード3世は、賃金をペスト禍以前の1346年の水準に戻そうとしたが、上手くいかなかった。フランスでは、1351年、ジャン2世がもっと現実的に3分の1の賃上げを認めた。実質賃金は、近代以前のヨーロッパ史上、最も長く、著しく上昇し続けた。[40]

黒死病は、社会的衝撃が不平等を緩和するとしてウォルター・シャイデルが述べたひとつの例に該当する。[41] 労働者は収入が増えただけでなく、食生活も豊かになった。13世紀末、ノーフォークの農家の食料の半分はパンだったが、14世紀末にはそれがわずか15〜20％に減り、同時期、肉の割合が4％から、25〜30％に増えていた。農奴制は西ヨーロッパではすでに衰退しており、封建的な義務は地代に置き換えられた。黒死病がそれにとどめを刺した。対照的に、東ヨーロッパでは、農奴制は19世紀まで一部の地域で存続し、分裂の影響は今日まで残っているようだ。[42] 東ヨーロッパの地主は、小作人を使わなければ利益を上げられなかった。強い国家は権力を行使するために進んで地主と手を組み、東ヨーロッパの小作農は西側のように都市に逃げるという選択肢はなかった。[43] 反対に、西ヨーロッパでは権力は多くの国家間で分散され、農業をやめて織物などの産業に仕事を見つけることができた。

中国の後退

15世紀初め、中国はまだ断然、世界一の強国だった。それを示したのが鄭和の7回の大航海である。100から300隻の大船団を組み、そこに最大で2万7000人が加わり、ヴェトナム、インドネシア、スリランカ、インドを訪ね、アフリカにも到達した。船は当時の水準では巨大で、コロンブスのサンタマリア号と比べると20倍大きかった。もし船団が太平洋を横断してアメリカ大陸に到達していたら、歴史は今とはまったく違っていただろう。しかし航海の目的は征服ではなく、交易でもなく、威光を示すことだった。航海には莫大な費用がかかる。そして当時、北方の国境にモンゴルの新たな脅威が迫っていた（1421年、都は南京から北方の国境寄りの北京に移されていた）。1436年、遠征航海は断念された。

この決定が意外ではないとしても、次に起こったことは驚きである。中国は閉鎖的になったのだ。1500年には、2本以上のマストがある船を建造すると死刑になった。1525年には外洋航海船の破壊が命じられた。[44] ヨーロッパの国々が世界に乗り出したのは、まさにこの時代だった。エンリケ航海王子（水夫でも航海士でもない）の後援の下、ポルトガル人は15世紀にアフリカの西海岸を探検し始めた。カラベル船という新型船の性能に助けられ、ポルトガル人は1419年にマデイラ島に、1427年にアゾレス諸島に着いた。恐ろしいことに、彼らは奴隷を売買し、砂糖プランテーションを始めた。それだけでなく、彼らはアフリカをまわってアジアの「スパイス諸島」に到達する航路を探していた。

スパイスは利幅が大きい商品で、アジアで安く仕入れたものをヨーロッパに持っていくとその何倍もの価格で売れた。中世のスパイス取引は、現在のスリランカやインドのマラバール海岸のギルドによって厳しく管理されていた。(45) そこから出荷されたスパイスは、経由地の中東で中間マージンが発生してさらに値が上がった。1453年にトルコがコンスタンティノープルを攻略して1000年続いたビザンティン帝国が滅びると、スパイス交易ルートのひとつがしばらく閉ざされるように思えた。そのため、アジア航路を発見した者は誰でも、莫大な報償が期待できた。1488年に、バルトロメウ・ディアスがアフリカ大陸南端をまわり込むことに成功し、そこを「嵐の岬」と名付けたが、のちに「希望の岬」（喜望峰）と改名された。宣伝効果を狙った改名の古典的な例である。

ヨーロッパで探検の気運が高まった背景には、すでに述べたように、アラブから伝わった大三角帆をはじめ、操舵・航行法を向上させた中国発祥の船尾舵や羅針盤など、中世に達成された航海関連の様々な進歩があった。15世紀末には、ヨーロッパの漁師はニューファンドランド沖で鱈の大群を獲っていた。ヴァイキングは早くから魚を凍らせて保存する術を知っていた。(46)

探検の動機は食料だけではなかった。ヨーロッパ人は中国の富と力をよく知っていた。コロンブスは1492年に出発したとき、「キャセイ（中国）の大ハーン」に謁見し、イェルサレム奪還という突飛な計画に乗ってもらえればと考えていた。[47]航海の資金はポルトガルと覇を競っていたスペインが出した。もちろん、先に述べたように、コロンブスはアメリカ大陸を「発見」したのではなく、そこにはすでに人が住んでおり、彼は北米大陸に上陸しておらず、バハマ諸島、キューバ、イスパニョーラ島（現ハイチおよびドミニカ共和国）に立ち寄っただけだ。

19世紀半ば、中国の生活水準がヨーロッパのそれを大幅に下まわった「大分岐」の原因については、活発な議論が交わされている。しかし、ヨーロッパ諸国間の激しい競争がひとつの要因であったことは間違いなく、その競争によりヨーロッパでは、中国の成長を止めた海洋交易禁止令の類いが出されることはなかった。ヨーロッパは中世から中国の技術を取り入れており、中世末期にはそれらを改良し始めた。火薬を発明したのは中国人だが、15世紀に、より大きく性能のよい大砲をつくったのはヨーロッパ人だった。また中国人は印刷技術を発明したが、ヨーロッパ人はそこに活版を導入して印刷産業に発展させた。

15世紀は中国の経済史において、ひとつの時代、すなわち紙幣の時代の終わりを告げるものだった。紙と印刷技術の両方を発明した中国で、最初に紙幣が登場したのは少しも驚きではない。紙幣が通用するためには、相当な信用が必要だ。マルコ・ポーロは、フビライ・ハーンの紙の約束が金や銀と同じ価値を持つことが、ハーンの権威の証だと思った。確かに、中国の紙幣の普及は政府が主導した。商人は中央政府との決済で、硬貨を「飛銭《ひせん》」と呼ばれる為替手形と交換

するよう勧められた。元（1279〜1367年）では、紙幣は唯一の法定通貨だった。(48)

金属が不足しがちだったことを考えると、紙幣を通貨とするのは理にかなっていたし、紙幣のおかげで中国経済は刺激されたのかもしれない。しかし、やがて簡単に紙幣を発行できる力を抑えきれなくなり、刷りすぎてインフレになった。1380年には銅銭1000枚分の価値があった一貫紙幣は1535年には銅銭の4分の1以下になっていた。(49) それまでに、硬貨が再び使われ始めていた。新しい紙幣の発行は1450年に放棄された。

ヨーロッパに話を戻すと、15世紀半ば「金塊の大飢饉」と呼ばれる貴金属の不足が起こっていた。その原因は奢侈品を買うためにアジアへ硬貨が流出したことと、ヨーロッパの銀山の産出量が減ったことだった。これをきっかけに紙幣が導入されることはなく、それどころか貴金属の新たな供給源を求める探検が始まった。まずアフリカへの航海に始まり、16世紀に入るとアメリカ大陸の資源利用に拍車がかかった。

中世の時代、インドも豊かな地域だった。マルコ・ポーロはインド南東部のコロマンデル海岸とタンジャーブルを訪れ、真珠と宝石が豊富に採れるおかげで「世界一豊かな土地」と描写している（とはいえ、王が地べたに座ることに驚いていた）。当時、そこは10世紀から13世紀にかけてインド南部を支配したチョーラ朝の都だった。(50)

転換点

本章の区切りに選んだ1500年という年は、切りがいいというだけで、特別な意味はない。

この千年紀の前半が終わる頃には、ヨーロッパの船乗りは南北アメリカとアジアに到達し、両方に壊滅的な影響を及ぼした。中国はもう世界の覇者ではなかった。西ヨーロッパの収入はこの千年紀の前半に80％増えたが、アジアと東ヨーロッパの収入は20％の増加にとどまった。[51]正確な統計がないため、正確な比較は難しい。アンガス・マディソンは、すでに14世紀にはヨーロッパは中国に追いついていたと主張する[52]が、ケネス・ポメランツ[53]は、実質的な差異が現れたのは18世紀半ばと反論している。

しかし、歴史の潮目は変わった。「跛者のティムール《タメルラン》」とも呼ばれたティムール（１３３６〜１４０５年）は、ユーラシアのステップ地帯出身の最後の征服者だった。モンゴルやトルコで見てきたようにユーラシアの東からきた侵略軍に代わって、15世紀末から16世紀初めに西側からアジアの市場にやってきたヨーロッパ人は強力な武器をもち、先住民よりも容赦なかった。ヨーロッパ人は中国で発明された火薬や印刷術など、多くのテクノロジーを取り入れた。しかし、１５００年以降、技術の進歩は逆方向へ流れ始めた。

世界規模の交易システムが近代の経済成長に不可欠だったとしても、それだけで劇的に生活水準が変わることはなかった。それには利用できる新しいエネルギーが必要だった。次章ではそれを見ていく。

第5章 エネルギーを求めて

この500年間、人間は新たなエネルギーを求めて様々な道を探った。石油や天然ガスを探して海底を掘削し、原子力の利用のために物質の基本構造の解明を目指した。そして、ときには意外な方向へ目を向けた。

たとえば、ありふれた二枚貝。二枚貝には内部が黄緑色の光を発するものがある。これは貝の虹色細胞が黄と緑の光を反射するからだが、この細胞は光合成を助ける赤と青の光を吸収する。しかし、虹色細胞の働きはそれだけではない。二枚貝の中には、光合成を助ける植物に似た藻類が共生している。虹色細胞はレンズのように光を拡散して藻類に照射する。

この仕組みを人間が応用できたら画期的だ。未来のエネルギーで最も安く手に入るものといえば、なんといっても太陽光であり、植物が自然の陽光を利用しているように、人間にもそうする方法がきっとあるはずだ。ひとつの案は藻類だが、藻類はたいてい水面に浮かんでいて、エネルギーをつくるには非常に広い水面を必要とする。藻を垂直に積み重ねれば場所の節約にはなるが、そうすると下の方には日が当たらなくなる。

では、人間が二枚貝からコツを学んだら、効率よく太陽光を拡散させる人工虹色細胞を生成できるのではないか。材料科学が専門のペンシルヴェニア大学教授シュウ・ヤンと彼女のチームはそう考えた。この分野の多くの先駆者と同じく、彼女もエネルギー利用を新たな方向へ導こうとしているのだ。学生のハイ・ナ・キムとともに、彼女はナノ粒子を合成して虹色細胞の働きを模倣できるマイクロビーズをつくる方法を開発した。(1)

一方、アメリカの反対側では、金門橋を望む丘の中腹にあるキャンパスで、カリフォルニア大学バークレー校の人工光合成ジョイント・センター副所長のフランシス・ウルが別の方向から取り組んでいた。彼女のチームは太陽光を使って水を酸素と水素に分離する最も効率的な方法を探っていた。そうすれば、水素を取り出して燃料として使える。これは骨の折れる作業だった。まず触媒となる化学物質を特定する。それから太陽光が通過するように触媒に透明なコーティングを施《ほどこ》す。そして最終的にはこのプロセスを充分な（そして効率的な）規模に拡大する。

原子間力顕微鏡《げんしかんりょくけんびきょう》は、各粒子の動きを見るために物質をナノスケールで検出する。最小、10ナノメートル、すなわち1億分の1メートルまで可能だ。この顕微鏡で見ると、物質のエッジに沿って電流が流れることがわかり、そのためエッジの多い物質が望ましい。実験室で防護メガネを装着した私は、水素の泡を出す小さなチップのランプを見せられた。この泡は、始まりに過ぎない。問題はこのプロセスの規模を拡大し、チップが10年ぐらい保つようにすることだ。

この研究は成功するかもしれないし、しないかもしれない。しかし、成功したらその見返りは非常に大きく、彼ら研究者たちは挑戦を続けている。動植物の死骸から形成される石炭や石油、天然ガスなどの化石燃料は膨大なエネルギーを提供するが、地球温暖化の原因である温室効果ガスを最も多く排出する。それに、これらの燃料の採掘には多くの費用と労力がかかる。そこで科学者たちは、太陽光、風、潮流などを利用した再生可能エネルギーを生み出す方法を模索している。

地球の経済的変革に関わるエネルギーの重要性はいくら強調してもし過ぎることはない。1500年から2000年のあいだに、エネルギー利用の実質コストは大幅に下がった。家庭の暖房用で90％、産業用で92％、陸上貨物輸送用で95％、海上貨物輸送用で98％も減った。(2) このエネルギーがなければ、家事をする機械に電力を供給することも、世界中から運ばれてくる様々な商品を享受することもできない。私たちの生活は実際にも比喩的にも、これほど豊かなものにはならなかっただろう。

命綱の燃料

人間には主に4つの目的でエネルギーが必要だ。暖をとるため、明かりをともすため、機械(単純な鋤からコンピュータまで)を動かすため、そしてヒトやモノを輸送するため。ごく最近まで、人間は暖をとるために薪を燃やし、明かりにはロウソクをともし、機械の動力源や輸送を動物に頼っていた。1700年以前、機械の動力源には水力や風力が広く使われていた(特に粉挽きなど)。しかし、水車も風車も経済を変えるほど大きなパワーを生み出せなかった。石炭がすべてを一変させた。イギリスが石炭を利用するにつれて、そのエネルギー使用量と生産量は

1650年代から1850年代のあいだに15倍に増えた。生産量の増加は、それ自体が経済成長を表し、鉄鋼や鉄道などの他の産業が発展するのを後押しした。

進化したエネルギー資源は私たちの家を暖かく、明るくするだけでなく、移動を速くし、私たちが使える道具の幅を大きく広げた。より効率的なエネルギー資源が経済成長を促した。人間と動物はエネルギーを出すためには食べなければならない。19世紀後半のニューヨークで車を引くために飼われていた荷馬は1頭当たり毎年4エーカーの畑に相当する餌を与える必要があった。(3) これでは経済成長の勢いに制限がかかる。薪燃料に依存する経済は森に覆われた広い土地を必要とする。そこでは馬の餌になるオーツ麦や人間の食糧になる小麦を栽培することはできない。耕作地を広げたとしても、最終的には非生産的な耕作限界地だけが残るわけだ。

主な指標はエネルギー収支比(EROI)である。すなわち「特定の燃料によって社会に供給されるエネルギーと、そのエネルギーの獲得と供給に費やされるエネルギーの比率」である。(4) 最初期の化石燃料の利用は、非常に高いEROIだった。1919年、アメリカの石油とガスのEROIはおそらく1000対1だった。(5) これで、なぜ石炭、次いで石油が世界経済を変えたかがわかる。しかし、やがて、化石燃料はもっと難しい場所で採掘されるようになった。たとえば、北海の海底や地下の岩盤(水圧破砕法、いわゆるフラッキング法を必要とする)では、EROIは下がる。ほかにも、カナダの地中深くにあるオイルサンドから石油を採れば、EROIはたぶん3対1以下で、もし輸送と精製などすべてのコストを含めればさらに下がる。(6)

最初に利用された化石燃料は石炭だった。石炭は太古の昔、沼地の多い森に生えていた植物の遺骸である。中国の人々は4世紀から炭田を開発していた。[7] イングランドは幸運にも埋蔵量の豊富な炭田に恵まれ、地表に近い鉱脈もあり、簡単に採掘できた。1560年代には、年間17万7000トンを生産していた。[8] しかし、イギリスは森林の広い面積を伐採してしまったため、薪燃料だけでなく家や船をつくる木材さえ不足していた。1500年から1592年のあいだに、ロンドンの薪の値段は倍以上になった。ロンドンの住人は代わりに石炭を使い始め、消費量は1591年に3万5000トンだったのが、1700年には46万7000トンに増えていた。[9] その段階で、イギリスの石炭総生産量は年に220万トンに達していた。

石炭の最大の鉱脈は地中深くに埋まっていたため、採炭には縦坑や横坑をめぐらし、男女、子供の別なく誰もが真っ黒になりながら石炭を地上に運び出す危険で過酷な労働を担った。ドイツ語の「水蒸気」に由来し、英語の鉱山用語でガスを意味するdampは非常に恐ろしく、炭鉱夫たちは種類ごとに窒息ガス（chokedamp）、可燃性ガス（firedamp）、悪臭ガス（stinkdamp）、ホワイト・ガス（white damp）、メタンと呼び分けていた。メタン、すなわち高可燃性ガスの溜まりがないか調べるために、ファイアマンと呼ばれる運の悪い人が、長い竿の先に火を点したロウソクの束をつけて真っ先に送り込まれた。ロウソクの火がガスに引火すると、ファイアマンはとっさに身を伏せ、炎の直撃を避ける。濡らした服が彼の唯一の防護だった。[10] ホワイト・ガスと呼ばれた一酸化炭素は有毒だが匂いも色もなかった。炭鉱夫はかごに入れたカナリアを持っていった。鳥は人間より早くガスの影響を受けるからだ。そのため早期警戒システムとして使われ、「炭鉱のカナリア」という慣用句が生まれた。

炭鉱夫にとって、水はおそらくさらに恐ろしいものだった。地下の坑道はたちまち浸水する。そのため水を汲み出す必要があり、人力や馬力が使われていた。しかし、それでは地下45メートルから60メートルまでの深さから汲み出すのが限度だった。デニス・パパンというフランスのエンジニアが17世紀末に蒸気機関を考案した。水が蒸発するときに発生するエネルギーを利用したものだ。イギリス人、トマス・ニューコメンがこの機械を改良し、坑道で使う蒸気機関ポンプをつくった。彼の機械はそれから200年間利用された。(11)

この蒸気機関は非効率だったが、炭鉱ですぐに手に入る石炭を燃料としていたため、大きな問題ではなかった。実際、深く掘るほど、石炭が豊富に採れた。経済的観点でいえば、ニューコメンの蒸気機関は排水コストを馬力の6分の5に下げた。

ニューコメンが1712年に蒸気機関を発明するまでには、イギリスの産業の多くは醸造業からレンガ造り、ガラス製造、石鹼製造まで、燃料を薪から石炭に切り替えていた。(12)石炭の供給が増えたことが、18世紀にこれらの産業の拡大に貢献した。また、石炭を遠くまで運ぶために、運河や鉄道、航路の開発に拍車がかかった。さらに暖房用に石炭を使うようになると、住宅の設計が見直され、排煙用の煙突が加えられた。

ヨーロッパで早期に産業が進んだ他の地域、ベルギー、フランス北部、ドイツのルール地方なども、炭田に近かった。ある研究によれば、炭田に近い都市は産業革命後(前ではなく)急速に発展し、1750年から1900年までのヨーロッパの都市の成長のうち、60%が石炭を使った技術の導入によるものだった。(13)産業革命における石炭の重要性にすべての歴史学者が同意しているわけではないが、それ以外の方法で充分なエネルギーを生み出せたとは思えない。エドワード・アンソニー・リグリィは、1800年に石炭並みのエネルギーを供給するには、イギリス国土の3分の1を森林で覆わなければならなかっただろうと見積もっている。(14) 原始時代からの贈りものである石炭を利用する能力は、ヴィクトリア朝時代の小説の主人公が身代を立て直すために使えるありがたい遺産のようなものだった。

ジェームズ・ワットはシリンダーとコンデンサー（復水器）を分離した性能のよい蒸気機関を発明した。これによりシリンダーは高温を保ち、エネルギーを節約できた。ワットの蒸気機関は回転運動するので、ただ水を汲み上げるだけでなく、もっと複雑な仕組みに応用できた。しかし、彼が（パートナーのマシュー・ボールトンとともに）強力な特許権を取得したため、1800年以前に蒸気機関が普及することはなかった。それまでにイギリスでは2200台の蒸気機関しか製造されず、しかもその3分の2はニューコメン蒸気機関で、ボールトン＝ワット蒸気機関はそのわずか4分の1だった。(15)

水力は依然として重要で、1830年になってもまだ産業は蒸気と水力から同じくらいの量の動力を得ていた。(16) 19世紀前半、イギリスの主要産業である綿工業に徐々に蒸気機関が導入されていった。石炭で走る（そしてそれを輸送する）鉄道が距離と時間の概念を変えた（第11章参照）。石炭、あるいはそれを精製したコークが、18世紀に製鉄の燃料となっていた木炭に置き換わり、製鉄の進歩により、1780年代から、よりよい機械（蒸気機関を含め）が製造されるようになった。(17) 好循環が生まれた。ある産業の改善は、別の産業の発展につながった。鉄のレールの上を走る鉄道が、紡績工場の動力となる石炭を都市に運んだ。そして、紡績、鉄道、製鉄が19世紀の三大主要産業となった。

石炭はまた、労働組合運動が活発化する一因になった。危険で過酷な環境で働く炭鉱夫たちのあいだには自然に仲間意識が生まれた。鉱山主は労働者に冷たく、絶えず組合をつぶそうと画策した。石炭産業は（農業や林業と比べて）数少ない現場に集中していたため、炭鉱夫は生産を中断する力を持っていた。1881年から1905年までに、アメリカの炭鉱労働者は他の産業の労働者よりも3倍もひんぱんにストライキを行った。(18) 19世紀後半から20世紀にかけて、炭鉱夫は鉄道労働者（石炭供給を断つ力を持っている）とともにヨーロッパとアメリカで最も強力な組合を結成していた。その結果、これらの労働者は素早い昇給を実現した。

新しいエネルギー資源には負の面があった。イングランド北部の「闇の悪魔のような工場」〔ウィリアム・ブレイクの詩『ミルトン』より〕を動かし、労働者の家を暖める石炭は、都会の空気を汚染し、建物を煤で覆い、住民の肺を害して寿命を縮めた。イギリスでは1952年のロンドン・スモッグにより数千人の死者が出てから、ようやく大気清浄法が成立した。現代では、中国は石炭を大量に使うため、都市の大気汚染は深刻で、2013年に大がかりな公害汚染対策が始まった。

世界を明るく

固形燃料の石炭は暖房には非常に役立つ資源だが、照明にはあまり役に立たなかった。

1800年ぐらいまで、日没後の世界はほぼ闇の中だった。明かりには依然としてロウソクや灯心草など旧来の手段に頼っていた。ロウソクのエネルギーのうち、明かりに変換されるのはわずか1万分の1だった。[19]

油はそれより有望だった。マサチューセッツ州ナンタケットの船団は最も多くの鯨油が採れるマッコウクジラを求めて海に出た。1774年、ナンタケットの150隻の船が3000頭の鯨を殺した。[20]松の木から採れるテレピン油も明かりの燃料になるが、これは匂いがひどかった。

これらの燃料はどちらも大きな需要を賄うほど大量には採れなかった。再び石炭業が石炭ガスというかたちで解決策を示した。石炭ガスの可燃性は18世紀には知られていたが、実用化されたのは18世紀後半である。電池を発明したアレッサンドロ・ボルタが石炭ガス燃料のライターを発明し、ボールトンとワットに雇われていたウィリアム・マードックは1792年、自宅に初めてガス燃料の照明（ガス灯）をつけ、1798年にはソーホー鋳造所（蒸気機関製造所）にもガス灯をつけた。これが早速注目され、ロンドン中心部のペルメル街は1807年、世界で初めてガス灯で照らされた通りとなった。[21]ガス灯は同じ頃、パリやアメリカのロード・アイランドにも導入された。

工場主もまた、ガス灯の恩恵に浴した。1806年には、ランカシャーのサルフォードやヨークシャーのソワビー・ブリッジの工場で使われ始め、次の10年でニューイングランド一帯の紡績工場に普及した。ガス灯はロウソクやオイルランプよりも火元となる危険が少なかった。さらに工場主は（従業員とは違って）照明のおかげで就業時間を延ばせることを喜んだ。独特の匂いがあるガス灯は20世紀に入っても引き続き使われていた。

石油は藻類や動物プランクトンなどの死骸が海底に堆積してできたものだ（かつて海だった内陸部で見つかる）。その有用性は古代から知られており、タール坑など、地表近くで見つかった。瀝青《れきせい》と呼ばれるこの粘り気のある物質は、壁のモルタルや船の防水処理剤として使われ、さらに古代エジプトでは死体の防腐処理に使われた。「ギリシア火」と呼ばれたビザンティン帝国の秘密の武器は瀝青を多く含んでいたと言われている。これは水面でも燃えるため敵の船に被害を与えることができた。

1853年、イギリス人医師エイブラハム・ゲスナーが瀝青を可燃性の液体に蒸留することに成功し、この液体はギリシア語で蠟を意味するケロシン（灯油）と呼ばれた。ケロシンが照明用に理想的であることがすぐにわかった。鯨油より6倍も明るく、ガス灯より4倍も明るく燃えるからだ。その結果、ケロシンの需要が急激に高まった。近代の石油時代は1859年に始まり、このとき、ウィリアム・スミスというエンジニアが塩を抽出する方法を用いて、ペンシルヴェニア州タイタスヴィルで初めて地下の石油を発見した。アメリカの「ルール・オブ・キャプチャー」、すなわち「捕獲の規則」では、土地所有者は自分の地所から掘削したすべての石油の所有権を持ち、たとえその石油が他人の土地の地下にある油田から流れてきたものだとしても、その所有権を認められる。こうして石油生産の競争が始まった。[22] 続いて好景気と不景気が交互に来た。タイタスヴィルには一時期、どの町よりも百万長者の割合が高かった。今では町の人口は6000人に満たない。

1862年には、ペンシルヴェニア州は年間300万バレルの石油を生産し、南北戦争で捕鯨が停滞したため、ケロシンの競争力はさらに高まった。一攫千金を狙う人々がこの地に押し寄せ、単独探鉱者の「予備調査なしの無謀な試掘」を意味する「ワイルド・キャット（ヤマネコ）」という用語が生まれた。1880年から1920年までにアメリカで精製された石油の量は年間2600万バレルから、4億4200万バレルに増えた。[23] ほかでも油田は掘り当てられた。バクー油田は当時のロシア帝国領、現アゼルバイジャンで開発された。石油はペルー、ポーランド、ルーマニア、スマトラ島でも生産された。

ケロシンは危険で、火災や爆発を起こしやすかった。そこで、もっと安全な明かりの燃料が求められた。19世紀前半、科学者たちは電気と電磁気の性質を理解し始めた。イギリスの化学者、ハンフリー・デーヴィーが1800年代初めにアーク灯を発明したが、実用化されたのは1870年代で、まず公共の場に導入され、1875年にパリの北駅に、1878年にはフィラデルフィアのワナメーカー百貨店に設置された。[24]

しかし、アーク灯は家庭で使うにはまぶしすぎた。もっと小型の照明が求められた。トマス・エジソンは1878年に白熱電球の最初の特許を申請したが、竹炭のフィラメントが1200時間保つことを発見したのはそのあとだった。これは1880年に最初に商品化された。[25] もちろん、電球は素晴らしい発明だが、家に電気が通じていなければ役に立たない。エジソンは1882年、マンハッタンのパール・ストリートに発電所を開設した。

彼の送電計画は、短距離に限って有効な直流電流を前提としていた。これでは、各地区ごとに発電所が必要になる。別の選択肢は、コイル状に巻いた導線のあいだで磁石を回転させる方法だ。こうすれば交流電流（ＡＣ）が発生する。ＡＣは、長距離でもエネルギーを失わずに細い電線で高電圧（低電流）の送電に利用することができた。その後、改革者たちは一般家庭で使えるように高電圧を低電圧（高電流）に変圧するのに成功した。エジソンはＡＣは危険だと訴え、ニューヨーク州政府のために世界初の電気椅子をつくって、その恐ろしさを証明した。しかし、この戦いは、競合するウェスティングハウス社（創業者のジョージ・ウェスティングハウスは鉄道車両のブレーキを発明）のＡＣ方式が勝利した。１８８８年の夏には、同社はアメリカ東海岸じゅうの都市の電灯に電力を供給していた。[26]

発電所はほとんど石炭火力発電だったが、ナイアガラの滝の水力も利用され、１９０５年、ナイアガラの発電所はアメリカの電力の10％を発電していた。[27]やがて、発電所は経済を変革する。１９０２年から１９２９年までに、アメリカの電力消費量は16倍に増えたが、名目価格は60％下落した。[28]工場は電力のために配置が見直された。中央の電源装置からベルトや滑車の複雑な仕組みを通すのではなく、それぞれの機械に電源が与えられた。街灯はさらに明るくなった。

電気は「汎用技術」であり、これをもとに多くの道具が発明され、新しい生活習慣が実現した。私たちの家は新しい機器に溢れ、洗濯機やアイロンなど省力装置もあれば、レコード・プレイヤーやテレビなど娯楽用のモノもあった。超高層ビルが実現したのも、電動エレベーターで最上階まで人を運べるようになったからだ。

20世紀前半の画期的な出来事といえば、先進国の大部分が電化したことだ。ロバート・キャロはリンドン・ジョンソンの伝記(29)の第1巻で、ジョンソンが地元テキサス州の貧困農家に電力を供給するために、どのように根回しして政府から借入金を得たかを記している。ついに電気が通じた1939年、多くの親たちが生まれてきた我が子にリンドンと名付けた。『ソヴィエト連邦の電化』というオペラは、共産主義時代の大プロジェクトを描いたものだ。レーニンは「共産主義は、ソヴィエトのパワー、加えて全国土の電化を意味する。電化なくして産業の発展はありえない」と宣言していた。1920年に始まったこのプロジェクトには帝国時代から受け継いだ電力供給量の4倍を達成するため、国中に30の発電所を建設することが含まれていた。目標は1930年代初期に達成された。

チャーチルの戦略

20世紀のもうひとつの大きな出来事は石炭から石油への転換である。石油を燃料とする内燃機関の発明は、石油の需要を高めた主な要因だが、蒸気船も石炭から石油へ燃料を替えたことを忘れてはならない。第一次世界大戦以前に、ウィンストン・チャーチルとジョン・アーバスノット・フィッシャーはイギリス海軍の石油転換を決断した。そうすることで船の速度が増し、少ない人員で済み、長く航海に出られるからだ。しかし、石油に依存するなら、安定した供給源の確保が必須であった。そのためイギリス政府は自国のバーマ石油(30)がペルシアの石油利権を得られるように画策した。アングロ・ペルシアン石油という新会社がイギリスの出資により設立された。最終的にアングロ・ペルシアン石油は現代のブリティッシュ石油（ＢＰ）になった。

第一次世界大戦中、船舶や航空機、トラック、車、バイクの燃料として当然、石油が必要だった。その結果、世界の大国は石油資源の掌握に躍起になった。１９３０年代の日本の東南アジアでの領土拡大（および、１９４１年の真珠湾攻撃）は、国内に石油資源がなかったことも動機になっている。ドイツがロシアを侵略した目的のひとつは、カフカスの油田を手に入れることだった。そして、１９９０年のサダム・フセインによるクウェート侵攻が第一次湾岸戦争を引き起こしたのは、中東の石油資源をこのまま彼に支配されるのは望ましくないと西側諸国が考えたからだった。

20世紀前半をほぼ通じて、石油生産は西側の企業が独占していた。１９７５年のアンソニー・サンプソンの著書で「セブン・シスターズ」と呼ばれたのは、ＢＰ、シェブロン、エクソン、ガルフ、モービル、シェル、テキサコである。[31] これらの企業はたいてい植民地時代に地元政府から与えられた大きな利権を得ていた。しかし、多くの開発途上国の政府は第二次世界大戦後のナショナリズム運動により、支配権を取り戻していた。２０１４年には、世界の大手石油企業上位20社のうち15社は国営だった。サウジアラビアのサウジ・アラムコと中国の中国石油化工集団（シノペック）が二大国営企業である。

主な石油生産地としての中東の重要性は20世紀、ますます高まっていった。イラクで本格的に石油生産が始まったのは１９３４年。そして、１９３８年、サウジアラビアで初めて油田が開発され、最終的に３２００万バレルを生産した。[32] 第二次世界大戦以前、中東が生産していた石油は世界全体の5％だった。１９５９年には、それが25％に、[33] １９７０年には30％になっていた。[34] アラブ諸国は、１９７３年のヨムキプール戦争（第四次中東戦争）から力を誇示するようになった。この戦争中、石油輸出国機構（ＯＰＥＣ）はイスラエル支援国への石油輸出を禁止し、原油価格を4倍に引き上げた（第12章参照）。

しかし石油価格の高騰をきっかけに、西側は省エネルギーに注目し、辺鄙《へんぴ》な土地での資源探しに乗り出した。１９７０年代、イギリスとノルウェーは北海の海底油田の開発に成功し、さらに１９６７年にはアラスカ州の北極海に面したプルドーベイで大油田が見つかった。イギリスもノルウェーもＯＰＥＣ加盟国ではなく、ＯＰＥＣが世界の石油生産に占める割合は、１９７３年の55％から１９８６年には30％に減少した。しかし、２０１７年にはＯＰＥＣのシェアは40％に回復していた。さらに重要なことに、ＯＰＥＣ加盟国は確定埋蔵量の80％を保有していた。これらの埋蔵量の3分の1以上はベネズエラとイランが保有し、しかも先進国世界はこの2国と良好な関係にはなかった。[35]

アメリカはカリフォルニア、インディアナ、オハイオ、テキサスのすべてが次々と石油景気に沸き、20世紀を通して重要な生産国であり続けた。しかし、他国の生産が伸びると、世界市場におけるアメリカのシェアは１９４８年に64％だったのが、１９７２年には22％に減っていた。[36] １９５０年代、アメリカの地質学者、Ｍ・キング・ハバートは、アメリカの石油生産が１９６５年から70年にピークに達し、その後、減少し始めて再び増えることはないだろうと予測した。実際、生産は１９７０年の１０００万バレルでピークに達し、ハバートの説から２０００年代の最初の10年で世界の石油生産はピークに達するのではとの不安が生じた。

フラッキング問題

それが起こる前に、化石燃料を見つける新しい方法が開発されたが、これは物議を醸した。１９９０年代、数名の山師たちがアメリカで地下深くの岩の層からガスを取り出そうと試みた。岩の地層は垂直には掘れないので、山師たちは水平掘削を考案した。ドリルを地中に直角に入れ、その後、徐々にカーブを描くように掘る。それから様々な液体を注入して岩を砕く。この水圧破砕法（ハイドロ・フラクチャリング）を略して「フラッキング」と呼ばれるようになった。先駆的グループのひとつが、テキサスで大埋蔵量のバーネット・シェール・ガス田を発見したミッチェル・エナジー社である。[37] 北東部のマーセラスやオクラホマのケイニーなど、他のシェール・ガス田は２０００年代に開発された。

フラッキングは長年、燃料を輸入に頼ってきたアメリカのエネルギー市場に大きな変化をもたらした。アメリカは世界最大の天然ガス生産国となった。２００５年に53万８０００立方メートル、２０１７年には82万１１２０立方メートルを生産していた。[38] この生産ブームにより、天然ガスの価格は下落した。１００万ＢＴＵ（英熱量単位）当たり12・７ドルだった２００８年６月のピークから（同年初めは８ドル）、２０１８年4月には2・８ドルに下落した。[39] これにより、企業や消費者のエネルギー・コストが削減された。

この技術は天然ガスだけでなく、石油にも有効だった。フラッキングのおかげで、アメリカの石油生産量は2005年に1日当たり500万バレルだったのが、2013年には750万バレル、2018年には1000万バレルに増えた。[40] これはハバートが1970年をピークとして推定した生産量よりも多い。シェール・オイルの採掘費用は、「従来の」石油採掘より高くなり、EROIは低くなった。それでも、アメリカでは中東やベネズエラなど海外へのエネルギー依存を減らす方法として重宝された。

フラッキングは他の国ではあまり盛んではなく、フランス、ドイツ、アイルランドは禁止しているくらいだ。問題はいろいろあった――水質汚染のほか、この掘削法が誘引する小さな地震や静かな田舎での騒音被害と渋滞など。[41] 気候変動の観点では、フラッキングで生産された天然ガスが汚い石炭に取って代わる傾向にあるが、もちろん、ガスも化石燃料であることに変わりはない。

世界は依然として化石燃料に大きく依存している。2015年の時点で、世界のエネルギー需要の32%は石油、28%は石炭、22%はガスで賄われている。1973年と比較すると、化石燃料への依存度は（ガスを除き、石油と石炭で）減少しているが、それでも世界のエネルギー需要の5分の4を化石燃料で賄っている。[42]

富裕国の人々にとって、電気が通じていることは当たり前で、長時間の停電で初めてその便利さに気づく。しかし、そうではない人々もいる。世界の人口のうち電気が利用できる人の割合は1990年には72%以下だったが、2016年にはほぼ88%になった。それでも依然として10億人が電気のない生活をしている。[43] それに、電気のある生活をしている人でも、その多くは安定供給を得られていない。ナイジェリアのラゴス市で常時、電気が使えると答えた人は20%以下である。[44]２０１９年3月、ベネズエラで1週間、大規模停電が続き、病院も停電に見舞われた。2週間後、再び停電が起こった。[45]

二酸化炭素排出量を懸念する人々にとって、電気の使用量が増えることは望ましくない。２０１６年、世界の発電量はほぼ25テラワット時で、１９９０年の2倍以上である（1テラワット時は10億キロワット時、あるいは1兆ワット時）。その増加分の多くはアジアに起因する。中国は世界の電力の４分の1を発電し、アメリカは6分の1を発電している。[46]

原子力発電所の発電量は世界の電力の５%にとどまり、１９５０年代に初めてこのテクノロジーが導入されたときに期待された発電量よりもはるかに少ない。アメリカのスリーマイル島やウクライナのチェルノブイリでの事故で人々の不安が高まり、それが収まりかけた２０１１年、日本の福島第一原子力発電所が地震と津波により放射性物質を放出する事故を起こした。この事故を受けて、ドイツは原子炉の廃止計画を前倒しした。原発は一度建ててしまえば二酸化炭素排出量は非常に少ないが、建設費は莫大で、工事は常に遅れ、核廃棄物の保管場所を確保するのが難しかった。

再生可能エネルギーに転換すれば、二酸化炭素排出量を大幅に削減できる。そのため、政府は特に有望なふたつのグリーン・テクノロジーである風力タービンと太陽電池（ＰＶ）の開発に補助金を出している。２００８年から２０１６年のあいだにおよそ８０００億ドルがこれらの産業に投入された。[47]これらのエネルギー源は一度設置すれば、ランニング・コストはほとんどかからない。2018年6月の一時期、イギリスの電力の70％は再生可能エネルギー源で発電されていた。問題は、風も太陽も気まぐれという点だ。つまり、従来のエネルギー源――石炭、石油、天然ガス――をバックアップとして確保しておく必要がある。

再生可能エネルギーに移行するためには、石炭と石油の増加とともに成長してきた世界経済も同様に変わらなければならない。国際エネルギー機関の概算によると、国際送電網の脱炭素化には20兆ドルの投資が必要になる。従来のエネルギー源の二酸化炭素排出量に対する特別税の導入もひとつの手段となるだろう。再生可能エネルギーは、曇って風のない日にも使えるように、晴れて風の強い日にエネルギーを蓄える方法さえ見つかれば、エネルギー市場の大きな部分を占めることができる。それには現在の蓄電池よりも性能のよい、安価なものが必要になる。あるいは、二枚貝や人工光合成を研究している科学者たちが、問題を解決するかもしれない。要は、環境を損なうことなく経済活動を維持できる安価で安定したエネルギー源を見つけることだ。2018年末、イギリスの再生可能エネルギーの生産能力は、初めて化石燃料のそれを上回った。[48] つい10年前には、そのような成果が得られるとは考えられなかったが、それが可能だということが示された。今度もまたエネルギー悲観論者が間違っていたことが証明されたのである。

第6章 大変革 1500年〜1820年

世界経済が2千年紀後半に大きく変わったことは誰もが認めている。意見の食い違いは正確にそれがいつ、なぜ起こったかである。歴史家アーノルド・トインビーは連続講義（とその後の著書）で、1880年代に「産業革命」という言葉を一般に広めた。私が学校にいた頃、産業革命は1760年代に主にイギリスで起こった出来事であり、ジェニー紡績機などの紡績機械やジェームズ・ワットが発明した蒸気機関など、一連の発明と関連付けられるものとして教えられた。

しかし、その実態は教科書の記述よりもはるかに複雑で漠然としたものだった。18世紀半ば、人類の70％はいまだに中国、インド、日本、ロシア、あるいはハプスブルク家王国など、いずれかの「農業帝国」に暮らしていた。(1)「革命」という言葉は突然の変化を想起させるが、（現在わかっている）数字はそのようなことを示唆しない。イギリスの1人当たりの経済成長率は1760年以降、急激な伸びは見せず、それどころか低下した（同国はすでにこの頃、農業からの大転換を遂げていた）。(2) 1776年に『国富論』を出したアダム・スミスは蒸気機関の存在は知っていたが、これを新時代の前触れとは思わなかったようだ。前章で述べたように、1800年以前、蒸気機関はほとんど使われていなかった。そして、変革はイギリスだけに起こっていたのではなかった。ヨーロッパの他の地域（そしてアメリカの一部）でも、18世紀後半には紡績工場や製鉄所がつくられ、石炭消費量が増加するなど、工業化の兆しが見えていたのである。

そこで本章は、ヨーロッパ人がアジアおよびアメリカへ進出した1500年頃から、工業化が広がり始めた1820年頃までの出来事を取り上げる。経済成長の予測をかなり正確にまとめた、偉大な経済学者で歴史家のアンガス・マディソンは、1820年頃がデータの境目になっていることを発見した。1000年から1820年まで、世界の1人当たりの収入は50％の増加にとどまっていた。1820年から2000年のあいだに、1人当たりの収入の成長率は24倍になった。1820年には、西欧と北米が経済的な意味で、中国と他のアジア諸国を追い越していたのは明らかだった。11世紀、西洋の収入レベルはアジアのそれより低かった。1820年には、それが逆転して2倍高くなっていた。(3)

工業化の最初期の段階は人類にとって善し悪しだった。ディアドラ・N・マクロスキーが「大いなる豊かさ」と呼んだ時代は始まってもいなかった。(4) ほとんどの人はまだ工業化の恩恵に与れず、生活水準が向上してそれを実感できたのは19世紀後半になってからだった（図参照）。とはいえ、この時代、各国が生活水準を落とすことなく、激増した人口を支えられたのは前例のないことだった。マルサスは、人口が増加した結果、どうなるかを予測して次のように記している。「不順な気候、伝染病、疫病、ペストなどの厄災が次々と襲いかかり、人口は激減するだ

より健康に、より裕福に

イングランド、1人当たりGDP（単位・2013年時点の1000ポンド）

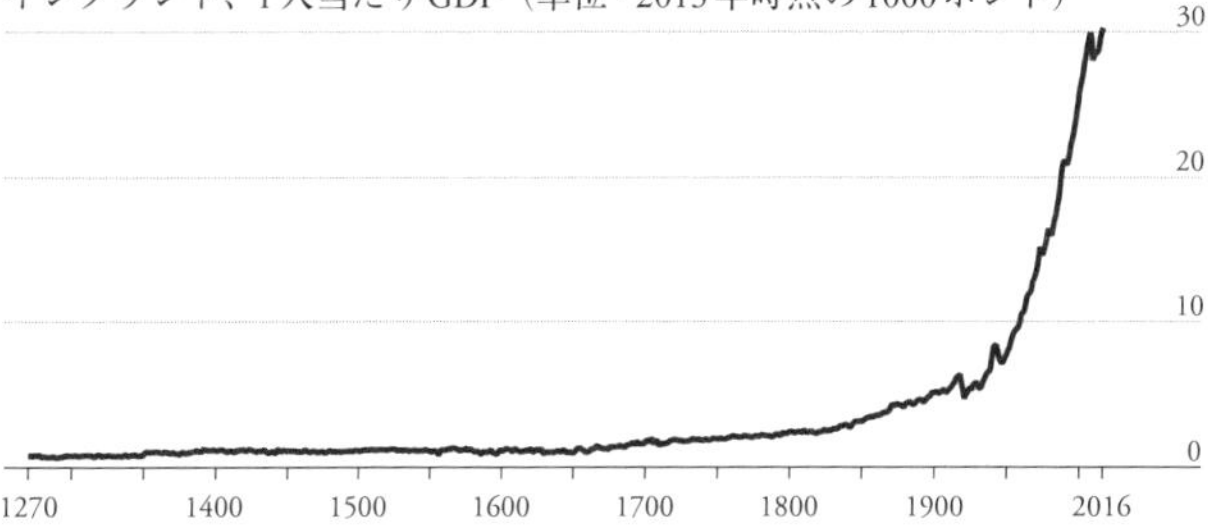

Sources: S. Broadberry, B. Campbell, A. Klein, M. Overton and B. Van Leeuwen; Bank of England

*Britain after 1700

ろう。そうならないとしても、いつかは大飢饉が起こり、強烈な一撃で世界の食糧が尽きておおぜいの人が亡くなるだろう」。(5) だが、そうはならなかった。

本章で取り上げる３００年間に人口は大幅に増えた。イングランドの人口は１７５０年の５７０万人から、１８２１年には１０４０万人に増えていた。多くは悲惨な暮らしをしていたが、生きていた。ヨーロッパの飢饉は少なくなり、ペストの被害も小さくなったようだった。マディソンによると、１８２０年の世界人口は１５００年のそれと比較すると倍以上増えている。(6) この間、世界の１人当たりの収入は18％上昇したが、西ヨーロッパの数値に限れば、なんと56％も増えていた。この時代、ヨーロッパ人の収入は世界平均を80％上回っていた。西ヨーロッパの平均寿命が36歳ぐらいだったのに対し、世界平均は26歳だった。そしてヨーロッパは都市化が進んでいた。ヨーロッパで都市に住む人の割合は、この間に倍増している。(7)

１８２０年までに、なにか素晴らしいことが起こっていて、人々はそれを感じ取っていた。ある意味、経済の大変革の始まりを理解することは、ミステリ小説のプロットと似ている。怪しい人物が何人もいて、名探偵は誰が犯人かを解き明かすために、全員を書斎に集めなければならない。

ヨーロッパ世界の拡大

世界的には、1500年以降の展開で最もめざましいのは、世界の覇者としてヨーロッパが台頭したことだ。これは商業と政治の両方について言える。1470年から1820年のあいだに、ヨーロッパの商船は大きさが17倍になった。[8] 1500年以降、バルト海地方の木材など重量のある商品の輸送には大型船のほうが経済的だった。オランダはより少ない人員で多くの荷物を積めるフルート（フリュート）船を開発した。[9]

ヨーロッパの入植者、強奪者がアメリカ大陸に到着し、世界は初めてつながった。その結果、コロンブス交換が起こり、アメリカの作物がヨーロッパとアジアに持ち込まれ、ヨーロッパの作物や家畜がアメリカに持ち込まれた（第2章参照）。

ヨーロッパ人は西ばかりでなく東へも向かった。ポルトガル人は初めてアジア市場に乗り込み、たちまちインド洋一帯に縄張りを築いた。ヨーロッパ人をアジアに引き寄せたのは、スパイスだった。スパイスが主に生産されていたのは、現在インドネシアに含まれる非常に小さい島々で、ヨーロッパ人はそこを簡単に征服した。スパイスがもたらす利益を狙って、競争相手が現れた。最初にオランダ、次にイングランドとフランスがやってきた。弱い者いじめのポルトガルはさらに強い弱い者いじめに力負けした。

ナツメグの産地、バンダ諸島ではオランダ人が住民の大半を殺戮するか追放して、島を奴隷労働によるプランテーション農園に変えた。さらに、クローヴ（丁子）の生産をアンボン島とセラム島に集中するため、他の島のクローヴの木を伐採した。[10] 商人が難破や海賊の危機をくぐり抜けてヨーロッパに積荷を届けられた場合、その見返りは莫大だった。インドで1キロ当たり銀1～2グラムで仕入れた胡椒が、ヨーロッパでは銀20～30グラムで売れた。[11]

南米では、スペイン人が待望の金銀鉱山を見つけた。南米で最も開発された鉱山は、海抜4000メートルのアンデスに開かれたポトシ銀山だった。最盛期の17世紀前半、ポトシには16万人が住んでいた。銀の抽出に使う有毒な水銀はいうまでもなく、不快で危険な作業におおぜいの先住民が駆り出された。山で鉱石を掘り出したら、それをリャマの背に乗せて平地まで下ろし、それから船に積んでスペインに戻るか、太平洋を越えてマニラへ運び、そこでアジアの物品と交換された。スペイン王室は地金の5分の1を税として徴収し、巨万の富を蓄えた。

アメリカの銀資源が細ると、ヨーロッパ人はプランテーション経営に切り替えた。綿花や砂糖などの原料を栽培するため、労働力としてアフリカから奴隷を輸入した（第9章参照）。征服者は数千年も被征服者を搾取した。ヨーロッパの搾取が異常なのは、それが露骨に商業主義だったことだ。オランダもイギリスも、そのアジア進出はそれぞれオランダ東インド会社、イギリス東インド会社が主導した。これらの会社は地元住民を犠牲にして自社の従業員が富を築くための手段だった。たとえばベンガルでは、イギリス東インド会社が徴税権を得て、税負担に耐えられなかった農民の多くを強制労働に追いやった。

長期的には、ヨーロッパ世界の拡大により世界システムが形成された。アメリカの銀がインド洋のスパイスを買うのに使われ、最終的に銀は硬貨が不足していた中国経済に流れ込んだ。1733年にマニラ沖で沈没したサン・フランシスコ・ハビエル号は、120万ペソ（の銀貨）という大金を積んでいた。[(12)] ヨーロッパ経済への銀の流入は16世紀のインフレの元凶と指摘されるが、あらゆる商品の需要を増やし、世界経済の金融の刺激策となった可能性もある。15世紀に「地金飢饉」が起こり、商取引が制限されたが、アメリカの銀が流入して問題を解決した。

ケネス・ポメランツはその画期的な著書『大分岐』で、ヨーロッパが近代、中国を追い越すことができたのは世界進出によりその力をつけたからだと主張している。[(13)] 植民地から材木や新種の作物などより多くの資源を得てヨーロッパの環境保全を図り、海外移住を勧めて人口圧力を緩和した（こうして「マルサスの罠」は回避された）。1790年には、アメリカ合衆国の人口は390万人に達しており、その約3分の2がイギリス諸島出身で、約5分の1がアフリカ系の奴隷だった。

ヨーロッパの成長はこれらの大陸の搾取に大きく依存していたと主張する人もいる。スヴェン・ベッカートはその著書『綿の帝国』で、16世紀に「奴隷、先住民の収奪、帝国の拡大、武力による貿易、起業家が人と土地の支配権を主張すること」により、「戦争資本主義」が台頭したと述べている。また、エリック・ウィリアムズは著書『資本主義と奴隷制』で、奴隷から得た利益が紡績産業に再還元され、イギリスの都市、ブリストルとリヴァプールは奴隷貿易から多大な恩恵を得たと述べている。[(14)] アジアでは、シャシ・タルールが、「イギリスの産業革命はインドで栄えていた織物生産など製造業の破壊の上に築かれた」と述べている。[15] ヨーロッパ人のアメリカ到達が先住民の人口に破滅的な影響を与えたのは間違いない。メキシコでは人口が90％減り、ペルーでは40％減った。戦争やポトシ銀山での残酷な扱いも一因ではあるが、最大の原因は疫病だった。アメリカの先住民は天然痘やインフルエンザ、はしかのウイルスにも、結核やコレラの細菌にも感染した経験がなかった。[16] これはコロンブス交換の負の面の最たるものだった。

ヨーロッパ人が来る前の中南米社会を美化しないように注意が必要だ。幾つもの文明が栄えては滅び、紀元後の最初の千年紀、いわゆる「古典」期の崩壊は生態系の変化もおそらく影響している。1500年、アステカとインカの文明は比較的最近に興り、技術的にはあまり進歩していなかった。車輪も船も、文章を記す文字もなかった。[17] 人身御供《ひとみごくう》と平民の重労働に強く依存した社会だった。そのため、スペイン人は反乱分子を集めるのに苦労しなかった。もちろん、地元の人々にとってただ支配者が変わっただけで、スペイン人が導入したエコミエンダ制という強制労働を課せられたのは苦い皮肉だった。概して、スペイン人とポルトガル人は北米の入植者のように小規模な農家ではなく、大規模農園主として定住した。これは南米の経済発展に長く影響を及ぼした。[18]

経済面で見ると、ヨーロッパの版図拡大は極めて重大だった。南北アメリカとヨーロッパ、アジアがつながったことにより、世界貿易は1500年から1820年のあいだに、GDPの成長の3倍のスピードで20倍に増え、現在の世界貿易の基礎を築いた。[19] ブリストルやリヴァプールといったヨーロッパの都市が国際貿易で繁栄したように、シンガポールやマニラなどアジアの港も栄えた。

文化交流

1500年頃は、ヨーロッパの大航海時代というだけでなく、芸術や建築、哲学が大きく花開いたルネッサンス期でもあった。これは中世文化の視野の狭いキリスト教文化からの脱却を意味していた。16世紀はまた、宗教改革の時代でもあり、マルティン・ルターらの思想が簡単に広まったのは、ヨーロッパに印刷機が導入されたからでもある。

これらの展開は心理的に重要な影響を与えた。中世のヨーロッパ人はギリシアやローマの古代の哲学者がすべての真理を発見し尽くしたと考えがちだった。しかし、古代の人々は南北アメリカについて何も知らなかった。その植生は今まで見たこともないものばかりで、その一部はヨーロッパの農業を一変させた。つまり、発見すべき未知のものがまだあり、一般の人々はそれらの発見の恩恵を得ることができた。

旧来の権力の源が脅かされた。プロテスタントは、カトリックが教義の絶対的権威ではないと主張した。科学者たちもまた宇宙への知識を深めた。コペルニクス、ケプラー、ガリレオは地球が太陽のまわりを回っているという地動説を唱えた。

科学史学者のデイヴィッド・ウートンが記したように「新しい発見があるという前提こそが、現代の科学技術を可能にし、世界を変えてきた」。(20) 17世紀、フランシス・ベーコンなどの哲学者は科学的調査について体系的に考える方法を示し、アイザック・ニュートンは人々の宇宙に対する見方を変えた。18世紀の啓蒙思想は信仰や権威の主張よりも、自由、寛容、理性を重視した。

これらの何が蒸気機関や織物生産と関係するのだろうか？　18世紀の科学の進歩と技術革新とのあいだに直接の結びつきはあまりない。最初に蒸気機関をつくった人々は、大気圧の概念と真空の性質から着想を得た。しかし、工業化の多くの先駆者は正式な教育を受けておらず、彼らの成功の鍵は発明の才と、試行錯誤を重ねたことだった。

それでもヨーロッパの社会は変化の可能性と、変化は実質的進歩に結びつくという考えを進んで受け入れた。ディアドラ・N・マクロスキーは、個人の出世と自由という「ブルジョアの価値観」が経済変革の原動力であると主張する。[21] 経済史家のジョエル・モキイアは、ブルジョアの倫理には「進歩の価値を暗黙に認めることが含まれる。人は勤勉と教育で暮らし向きがよくなる」と述べている。[22] 中世との決定的な違いは、人々が社会で出世できると考えていたこと、そして成功への道は商売にあると考えていたことだ。

制度

ダグラス・ノースの経済学派は、健全な制度が整備されていなければ産業革命は起こり得なかったと主張する。[23] 経済成長には、リスクを取る覚悟と長期的な資本投資の両方が必要だ。もし起業家が収益を没収されると恐れていたら、こうはならない。

小さな経済では、人は自分の知っている人と取引する。相手の信頼を裏切った人は、誰にも相手にされなくなる。海を越えた取引は、その土地の近い親戚と行われたのかもしれない。しかし、経済が拡大したり、人が町や都市に移り住んだりすると、もう知人だけでは成り立たなくなった。

法的な契約が生まれたが、その履行は公明正大な法廷にかかっている。これには商業の利点を理解している政府の存在が不可欠だった。ノースが述べたように「長期の所有権を保証するために信頼できる契約が成り立つには、寛容と自制をもって統治する支配者か、あるいは支配者が独断で財産を没収するのを防ぐ規制が必要だ」[24]

中世の商業革命の時代、ヨーロッパでは商人が国を超えて活動できるように、取引や金融の様々な仕組みが開発（あるいはコピー）された。数百年のうちに、これらの仕組みはさらに広く浸透した。フランス革命の頃には、為替手形による取引の量は硬貨の流通の5倍から6倍になっていた。[25] オランダとイギリスの東インド会社設立により、商人は世界交易網に容易に資金を提供できるようになった。

イギリスでは、1688年の名誉革命により専制主義者のジェームズ2世が廃位され、イギリスとオランダはオラニエ公ウィレムの下で一時的に統合された。オランダ共和国は17世紀には経済的に大躍進を遂げていた。1688年以降、イギリス王室の力は弱まり、議会が国の財政に大きな権力を持った。18世紀を通じて財政問題に悩まされた絶対王政のフランスとは明らかに対照的であった。

イギリスはそれからの2世紀に、経済発展を助長する様々な経済制度を設けた。通貨を保護する中央銀行、企業の資金調達のための商業銀行と資本市場、強力な保険市場、有限責任会社などだ。国は貴族が統治していたとしても、多くの名門の一族は地所で石炭が見つかった場合など、取引で得られる経済的機会に目を光らせていた。イギリス議会はおおむね産業を支持し、起業家はいつも新しいことに挑戦できた。対照的にフランスでは、生地の染色に317項目の規制があり、中世の生産技術の維持が重視され、各素材は最低6回の検査が必要という有り様だった。既存の独占権と利害が衝突するという理由で、新しい発明は制限された。(26)

エネルギー

前章で石炭の重要性を強調した。イギリスが先に工業化したのは、豊富な石炭資源に恵まれ、木(薪)が不足していたからだ。製鉄業では、エイブラハム・ダービーが鉄を精錬するためにコークス(石炭を蒸したあとの炭素の塊)を使った。これは木炭の代わりだった。鉄の生産量は燃料を木炭に頼らざるを得なかったら、19世紀にあれほど拡大しなかっただろう。(27)

鋳鉄により、より性能のよい蒸気機関をつくることができたし、エイブラハム・ダービーの孫によるシュロップシャーのコールブルックデールのセヴァーン川にかかる橋などの構造物も建設することができた。(28)

石炭、石油、天然ガスは暖房に使われ、モノをつくったり、人を輸送したりする機械の動力源に使われ、これらのエネルギー源が私たちの家を満たしている電化製品に電力を提供している。これらのエネルギー源がなければ、産業の変革はあり得なかっただろう。

技術革新

技術革新は経済成長の「X要因」である（第17章参照）。モノをつくったり生産を組織化したりする新しい方法がなければ、経済は進歩しなかっただろう。１５００年以前の人類の歴史には火の利用をはじめ、車輪や鉄の鋤、羅針盤、メガネの発明など、多くの技術の進歩があった。現代は、発明の膨大な数とそれが普及する速さという点において空前の時代である。

その理由は一部には、これらの発明が自己増幅型の性質をもっているからだ。たとえば、「飛び杼」の発明により、織工の生産性が改善された。その結果、原材料の紡ぎ糸の需要が高まった。確かに、ジェニー紡績機、水力紡績機、小型運搬車は１７６０年代から１７７０年代に登場し、紡績業者の生産性を大いに向上させた。織物生産の効率化が進むと、完成した製品の価格は下落し、これがさらなる需要を呼んだ。製造業者はスケールメリット（規模の経済性）の恩恵に与れた。

蒸気機関は水を汲み上げるために導入された。しかし、生産者は長年、粉挽きや織物の処理など、また別の目的に水力や風力を使ってきた。そこで、これらの作業に蒸気機関を応用できないかと考える人が自然に現れた。鉱山によっては、蒸気機関の燃料である石炭を坑口からレールに載せて運んでいるところもあり、これが蒸気機関をレールに載せて走らせる改造に結びついた。鉄のレールは木製よりも優れ、これが製鉄の需要を高めた。さらに基本的なことを言えば、印刷機の導入（これも技術の進歩）により、新技術の情報が従来よりも迅速に広まるようになった。

容疑者を絞る

経済的変化をひとつの要因に帰するのは、データにしても時期にしても、それが難しいことがわかる。奴隷制は富を生み、それによってヨーロッパは工業化したとするエリック・ウィリアムズの説を例にとろう。ポルトガルはイギリスの3分の2の奴隷を運んだが、製造業の分野は発展しなかった。フランスはカリブ海一帯でイギリスよりもはるかに多くの搾取に成功し、そして砂糖は18世紀スペインの国民所得の大きな割合を占め、イギリスのそれよりも多かった。(29) ベルギーやドイツなど他の地域は、当時、重要な植民地を所有していなかったが、工業化を成し遂げた。(30)

では、石炭はどうなったのか？　最初に工業化を進めた実業家の多くは石炭資源を持っていたが、蒸気機関は1800年まで使われず、紡績工場のほとんどは1820年まで水力に頼っていた。綿生産は1770年に経済生産高の3％以下だったのが、1830年には20％以上になり、(31) イギリスの発展に大きく貢献したが、他の国の経済はそれほど強く紡績業に依存せずとも工業化に成功した。

自由市場こそ発展の原動力であると主張する人は、なぜイギリスの高い税率（相対的な意味で）や、株式会社設立を抑制した1720年の泡沫禁止法などの法規制が国の発展を妨げなかったかを説明しなければならない。イギリスの制度は完璧とはほど遠かった。財産権はフランスや中国にもあった。(32) それに、イギリスは17世紀の市民革命を含め、多くの政治的混乱に見舞われていた。

したがって、これらの要因がすべて重なって産業革命が起こったと考えるのが妥当だ。それ以前の社会には、エネルギー供給源、高度な技術、労働力、あるいは変化を受け入れる制度のいずれかが欠けていた。これらが結びついたのは18世紀になってからだった。

全員が関わったという「オリエント急行」風に変化を解説すると説得力が増すのは、様々な要因が絡み合っているからだ。たとえば、ヤン・ド・フリースの造語、「勤勉革命」(33)の考えを例にとろう。つまり、茶とか陶器とか新しい商品が登場すると、人々は商品を買うために長時間働いて収入を増やそうとした。(34)もちろん、過去の労働時間を推測することは難しい。しかし、イングランドは1536年に49の宗教上の祝日を廃止し、それからの200年間に、同じくオランダ、フランス、オーストリアでも祝日の廃止があった。週末の過労から回復するために「聖なる月曜」を休む習慣も廃れた。(35)

ド・フリースは新しいテクノロジーとして時計を例に挙げている。これは出始めの世代には、高価な贅沢品だったかもしれない。すでに1700年には、召使いの13%、一般の賃金労働者の5%が腕時計を持っていた。18世紀末、彼らの遺産目録から判断して、哀れな貧民の40%は腕時計または置き時計を所有していた。製品の需要が生まれ——18世紀末には年間40万個の腕時計が製造されていた——それに伴い、雇用も生まれた。イギリスの生活が商業中心になる兆候は17世紀にあった。ロンドンの店舗数は1663年に50～60軒だったのが、1700年には300～400軒に増えていた。(36)

同様の傾向はヨーロッパのほかの地域でも見られた。フランスの遺言書の調査から、17世紀から18世紀のあいだに鍋や食器、タンスなど様々な家財道具の所有率が大幅に増えていたことがわかった。さらに、ヨーロッパの領土拡大により、紅茶や砂糖、ナツメグなど、新しい食品が広く手に入るようになった。

では、なぜイギリスなのか？　1500年にこの国を世界経済の中心と考える人はあまりいなかっただろう。情報に通じた当時の投機家なら、アメリカの植民地に富の基盤を築いているスペインを次の経済大国として投資先に選んだだろう。あるいは、1500年当時、ヨーロッパ経済の中心地であった低地諸国やイタリア北部を選んだかもしれない。これらの経済的競合国には政治的に混乱している国もあった。イタリア北部の諸都市は16世紀初頭の戦争で疲弊し、ビザンティン帝国の消滅により交易特権の一部を失っていた。イギリスとオランダの繊維産業は17世紀にイタリアを追い越した。そして、スペインは植民地の富を浪費するばかりで、製造業部門は旧態依然だった。

イギリスには原材料を入手できる植民地があり、商人を保護する制度的構造、イノベーションを生み出す文化、豊富な石炭資源があった。16世紀から17世紀にかけて、イギリスは完全に農業に依存した経済から徐々に脱皮していった。これは、新しい作物や新しい技術（土壌に石灰を混ぜるなど）、土地利用の形態により、イギリス農業の効率化に寄与した。中世の時代、イギリスの農家は地所を自分の思い通りに使う自由を着々と得ていった（あくまでも他国と比べて）。これにより、労働力を他に配分できるようになった。1700年には、人口の3分の1しか農業に従事しておらず、商人や店主、職人と同じくらいの割合になっていた。[37]対照的に、1840年、大陸に住むヨーロッパ人の半数以上は農民だった。[38]

イギリス人の教育レベルは上がった。自分の名前を書ける人は1500年には全体の6％に過ぎなかったが、1800年には53％に増えていた。そして、イギリスの豊かさを示すように、18世紀半ばのイギリス人男性はフランス人やイタリア人男性よりも背が高かったことが軍隊の記録からわかる。[39]さらに、14世紀のフランドル地方の織工にはじまり、イギリスには専門技能をもつ移民が増え、その恩恵を受けた。エリザベス1世が与えた55件の独占権付き特許権のうち、21件は外国人もしくは帰化した永住者に与えられた。[40]

16世紀、17世紀、イギリス最大の輸出品は羊毛だった。かつてはフランドルの毛織物業者へ原材料を輸出するばかりだったが、やがて高級な梳毛《ウーステッド》を使った毛織物を生産するようになった。この産業は、生産を家庭内労働者など主に女性に下請けに出す方式をとっていた。多くの農家はこれで副収入を得ていた。また、18世紀にイギリスの工場が綿製品を生産するようになったとき、この方式があったため円滑に進んだ。18世紀半ばには、ランカシャーに住む成人男性の半数以上が繊維産業から主な収入を得ていた。[41]

イギリス人は毛織物と綿製品との競合に気づいていた。インド産のプリント綿布、キャリコはヨーロッパの消費者にとても人気があった。軽くて毛織物よりも肌触りがよいからだ。1700年と1721年、イギリスでキャリコ禁止法が成立し、インド綿布の輸入は禁止されたが原材料は禁止の対象にはならなかった。このギャップを埋めるために、国内生産が増えた。

しかし、国内産業の保護が要点ではない。イギリスが綿製品の生産に革命を起こしたことは見逃してはならない。45キロの綿を紡ぐのにかかっていた時間を、5万時間から135時間に短縮できた。[42] この一部は、既存の技術の上に成り立っていた。時計職人の技術は多くの繊維機械の歯車製作に転用可能で、イギリスは時計産業が盛んだった。[43]

イギリスの発明家は機械製造の技術的な問題を克服するばかりでなく、自らの計画の資金調達もできた。多くは地元から調達していたが、18世紀には銀行制度が発展した。バーミンガムの製鉄業一族が設立したロイズ銀行は、今日まで続くブランドネームである。ロンドン以外の銀行の数は1784年の119行から1808年には800行に増えた。[44] 商人たちは、為替手形を通貨の代わりに使う独自の信用（掛け売り）制度をつくった。イギリスの繁栄は、政府に強い税基盤をもたらし、他国の政権が直面する問題を回避することができた。1788年、イギリスの税金は国民生産の12・4％を占めていたが、フランスでは6・8％だった。[45] 財政難にあえいでいたブルボン王家が1789年、議会を招集して金を集めようとすると、革命が起こった。

イギリスにはまた、資金を必要とする人のための活発なキャピタル・マーケットもあった。1701年、ダニエル・デフォーは投機家をひどく心配し、『株仲買人の悪事が発覚』という本を書いている。サー・リチャード・アークライトのような先駆者がたちまち富を築くのを見て、あとに続く人もいた。企業が株式を発行し、国債の償還を約束した南海泡沫事件は、会社組織の発展を1世紀以上後退させた。バブル崩壊はこの時代のスキャンダルだった。それでも、同時代のミシシッピ・バブルとは違い、イギリスの経済に大きな影響はなかった。

制度的には、17世紀のあいだに君主の権力は弱まり、イギリスはスペイン王家を支えていた貴金属の流入には恵まれなかった。(46) そこで、イギリスは海外貿易に励んだ。貿易額は１６６０年代から１７５０年代のあいだに１５０％増えていた。貿易は商船の新規建造を促し、イギリス商船の総積載量は１６６０年から１７０２年までに3分の2増えた。(47)

また、イギリスが工業化の先頭を行ったのは、他国に比べて賃金が高く、人力を機械に置き換える利点があったからと主張する人もいる。しかし、ロンドン・スクール・オブ・エコノミクスのジュディ・スティーヴンソンの近年の調査で、建築業におけるイギリスの賃金の以前の数字は大きすぎる可能性が指摘された。(48) 18世紀の生活水準に関する情報は少ないこともあり、この議論に決着をつけるのは難しい。経済学者はまた、他国の工場労働者の多くが賃金の低い女性や子供だったことも指摘している。(49) 理由がなんであれ、イギリスは他国よりもかなり早く新しい技術を取り入れた。蒸気機関は１７７０年代にはオランダやロシア、ドイツでも使われていたが、規模ではイギリスが突出していた。１８００年、蒸気機関の数で第2位の国ベルギーよりも25倍、多く使っていた。(50)

イギリスは早期に石炭を暖房に利用していたが、それは人口が急増したロンドン周辺で木（薪）が不足していたからでもある。ロンドンの人口は、１５２０年にはたったの5万５０００人だったが、１７００年には50万人に達していた。(51) １５８０年代から１６４０年のあいだに、イングランド北東部からロンドンへの石炭出荷量は年5万トンから30万トンに増えていた。(52) 要するに、繊維機械が発明されて工場方式が発展する前に、イギリスはすでに多くの変化を経て、実質経済が成長していたのである。

なぜ、イギリスで、あの時代に?

産業革命はもっと早くに、ほかの国で起こり得ただろうか? あるいは、言い方を変えると、なぜそうならなかったのか? 11世紀、12世紀の宋の時代、中国は水力織機を使っていたうえ、石炭資源もあり、木版印刷もあった(そのおかげで紙幣が誕生していた)。[53] 技術革新についていえば、中国は明らかにヨーロッパよりもかなり先に進んでいたし、イスラーム世界もまた、キリスト教世界よりも豊かで知的に進歩していた。

中国には優れた教育制度があり、商人階級が育ち、巨大な国際市場もあり、いくらでも新興産業のスケールメリットが生まれる余地があった。さらに農業の生産性が高く、ヨーロッパとは比較にならない高密度の人口を養うことができていた。しかし、中国にはヨーロッパのように外国や新しいものへの熱い関心があまりないようだった。鄭和の航海の中止については第4章で触れた。別の有名な事例といえば、イギリスの通商使節団に対して清の皇帝が国王ジョージ3世に送った親書である。そこには次のような文言が含まれていた――「天朝帝国にはあらゆるものが豊富にあり、国内で足りないものは何もない」[54]

ヨーロッパは多くの国が競い合っている状況だった。どの国も技術革新で他国を圧倒できると考え、反対に他国に先んじられて取り残されるのを恐れた。中国は周囲に有力な競争相手は存在せず、中国の指導者は経済的な変化を不安定要素と捉えていた。18世紀の中国には、イギリスのような技術の進歩を勢いづける兆候は見られなかった。それどころか、1800年には大運河や灌漑水路などの古いインフラの老朽化が進んでいた。[55] 中国は1750年当時と同様に、1850年になっても農業中心だった。[56] これは、ロバート・アレンが主張するように、労働力が比較的安く、エネルギーが高価だったからかもしれない。[57]

中国は外国との通商にほとんど関心がなく、自国の商人の利益を増やそうともしなかった。この点が、オランダやイギリスが東インド会社を通して富を増やしたのとは違う。中国にとって大きな問題は、石炭埋蔵地が（今も採炭が続けられている）北部にあるのに、最も豊かな地域は南にあることだった。中国はジグソーパズルのピースの一部は持っていたが、全部ではなかった。

中国同様、近代初期のイスラーム世界に経済的な変化の兆しはほとんど見られなかった。オスマン帝国の政治的権力は16世紀、17世紀に最盛期に達し、その後長い衰退期に入った。税収は投資家に分配され、長期的にはこれが国家の財政力を弱めた。外国との取引を望む商人を支援することには関心が払われず、歴史学者シェヴケト・パムクはイスラーム世界が西ヨーロッパよりも後れた理由として、地理や資源、文化よりも、このことが重要な要因であると考えている。[58]

1700年、西ヨーロッパの人口が4000万人だったのに対し、インドの人口は1億4000万人だった。すでに述べたように、インドには活発な繊維産業があり、沿岸の港を通して中東と東南アジアと中国を結ぶ重要な交易網ができていた。18世紀半ばのインドの織物職人の生活水準はイギリスの同業者のそれよりも高かったという試算もある。[59] インドはムガール皇帝が中央集権体制を敷いていた。しかし、ヨーロッパ人はインド亜大陸を少しずつ浸食し、イギリスは1640年にマドラスの支配者から領地を獲得し、1661年にはチャールズ2世がキャサリン・オブ・ブラガンザ（カタリナ・デ・ブラガンサ）と結婚してボンベイを手に入れた。イギリスは1657年にジャハン皇帝から交易の最初の許可を得て、インドの分裂傾向を逆手に取った。インドは650を超える藩王国に分かれていたのだ。[60]

イギリスの支配は東インド会社が主導し、それからの2世紀、同社は多くの富をもたらした。トマス・ピットもインドで財産を築き、その息子2人と孫は18世紀に首相となった。[61] 1739年、ペルシアのナーディル・シャーがデリーを略奪し、1756年から63年のフランスとイギリスが覇を競い合った七年戦争の頃にはムガール帝国は弱体化していた。インドは18世紀初頭、世界の綿布の25％を生産していたが、イギリスはそのインドの繊維産業を壊滅させた。[62] インドの輸出市場は閉鎖され、19世紀、その国内市場は安いイギリス製の輸入品で溢れていた。

イギリスの経済的成功が植民地主義に因るものかどうかはともかく、イギリスがインドの経済発展を妨げたことは間違いない。作家で国連職員のシャシ・タルールが指摘したように、インドはイギリス人が来る前の1700年、世界のGDPの25％を占めていたが、イギリスが去ったあとの1950年にはわずか4％になっていた。200年間の支配のあと、イギリスがインドに残したものは、平均寿命27歳、識字率16％、国民の9割が貧困ライン以下という状況だった。[63] わずかな見返りは、鉄道が敷かれたくらいのものだ（とはいえ、建設資金はインドの税金で賄われた）。

ヨーロッパでは、オランダがイギリスの機先を制したと言っていいだろう。オランダは国土が狭いため、農業の生産性を高める必要があった。オランダには非常に発達した金融部門があり、人口は都市に集中していた。オランダ人はイギリス人より早くアジア市場を奪い、強力な海軍を有し、1667年にはイギリスの埠頭を焼き払って屈辱を与え、1688年には英国王を追放するために軍を動員した。しかし、小国であるがゆえ、オランダは国内市場を充分発展させることができなかった。イギリスのように石炭資源に恵まれず、泥炭に依存し、領土拡大に突き進むフランスの影響をイギリスよりも強く受けた。

工業化は低地諸国南部（現ベルギー）でも起こったが、この地方は昔から紛争の被害に見舞われてきた。16世紀前半、世界交易の4割はアントウェルペンを経由していた。[64] しかし、スペインからの独立を求める長い戦争のあいだに、この都市は疲弊した。1576年にスペイン軍の略奪に遭い、かつての繁栄を取り戻すことはなかった。とはいえフランドル地方は織物産業を維持し、1790年代にイギリスの機械が密輸されてから機械化が進んだ。1810年には1万人の労働者が11万5000台の機械を動かしていた。鋳鉄生産も19世紀の最初の20年間に広がった。ベルギーは鉄にも石炭にも恵まれていた。[65] これは、ヨーロッパがイギリスに追いつけるかもしれない初期の兆候だった。

19世紀に経済的、政治的に大国となるドイツも、18世紀にはまだ国として統一されていなかった。その経済成長は1618年から1648年の三十年戦争で後退していた。この戦争で人口の3分の1以上が犠牲になり、[66] 地方は侵略軍によって荒らされた。

北米は19世紀に世界最大の工業国となるが、まだ先頭に立ってはいなかった。入植者の最初の群れが東海岸に定住し、農業や漁業に従事していた。人口が増えるにつれ、先住民の土地を侵食し始め、彼らを徐々に西へ追いやった。タバコが最初の主な輸出作物となり、1700年には輸出のおよそ8割を占めていた。(67)植民地は贅沢品と工場製品のほとんどをイギリスに頼っていた。初期の農園主の多くは収入を超えた分不相応な暮らしをして、イギリス人に借金をし、植民地政府への不満を募らせることになった。

もうひとつの問題は税金だった。特に1756年から1763年の英仏間の七年戦争のあいだ、植民地防衛に費用がかさみ、イギリス政府の債務は70%近く増えた。18世紀、平均してアメリカの入植者たちはイギリス人よりも50%ほど裕福だった。(68)だからこそ、多くのイギリス人が移民を望み、植民地は自費で防衛できるはずとイギリス人が考えたわけだ。しかし、植民地人に課税して費用を負担させせようとすると、激しい抵抗に遭った。おかしなことに、ボストン茶会事件の発端は税金が理由ではなく、東インド会社に独占権が与えられて安い茶葉が輸入されるようになり、茶葉をほかから買っていた密輸業者の収入が脅かされたからだった。

独立後、建国の父たちは経済面で国の方針をめぐって対立した。トマス・ジェファーソンとジェームズ・マディソンは銀行や財政支出に懐疑的で、農業国が望ましいと考えた。反対陣営のアレグザンダー・ハミルトンは外国資本にあまり依存しない国にしたいと考えていた。彼は国債の引き受けと中央銀行の設立を支持した。そして、成功する経済は「強制力のある契約を通して法律を整備し、私有財産権を尊重し、法的争いを仲裁するために信頼できる官僚制を構築し、特許権を与えるなど発明を推進するための保護を与えなければならない」と訴えた。1797年のジョージ・ワシントンの引退にともなってハミルトンは影響力を失ったようだ。そしてアーロン・バーとの決闘で亡くなったが、彼の経済的ビジョンは勝利を収めた。(69)

アメリカ初の繊維工場は、1790年にサミュエル・スレーターによって建てられた。彼は故国イギリスで機械の設計を学び、その後アメリカに移住した人物だ。1808年には、国内の工場の約半数がスレーターか彼の関係者、元従業員の所有だった。ナポレオン戦争中と、その後の1812年から15年の米英戦争中、トマス・ジェファーソンがイギリス製品の輸入を禁じたため、大西洋を渡る繊維の供給は途絶えた。1814年には、15州で243の工場が稼働し、ニューイングランドと中部大西洋沿岸諸州の労働人口の4分の1を雇用していた。(70)

アメリカ人の発明の才能はその頃から芽を出していた。1793年にイーライ・ホイットニーが綿繰り機を発明して綿の供給量を大幅に増やし、1807年にはロバート・フルトンとロバート・リヴィングストンが史上初の蒸気船による商業運航を開始した。

1803年、トマス・ジェファーソンがフランスからルイジアナを破格の1500万ドルで購入すると国土面積は倍になり、国が急成長する基盤が整った。イタリアの都市国家がイングランド、フランス、スペインの国民国家に追い越されたように、ヨーロッパ各国はやがて、大陸並みの国土を持つ超大国に追い越される。

分岐

厳密な意味での産業革命だったかどうかはさておき、近代の繁栄の基礎は1500年から

1820年のあいだに築かれた。機械が普及し、薪に代わって石炭や他のかたちの燃料が使われ、工場生産方式が登場したのはすべてこの時代だった。西ヨーロッパが他を引き離して急速に発展し、アメリカがたちまち追いついた。

他の時代にも技術革新はあった。しかし、この時代には、ある産業の変化が別の産業の状況に連動する自己持続的なプロセスが登場した。すでに見てきたように、蒸気機関は坑道の水を汲み出すために求められ、石炭（コークスという形態で）の使用により鉄の生産が向上し、質の良い鉄により蒸気機関の製造が向上する、などだ。人口が増え、豊かになると、商品の需要が生まれ、その結果、スケールメリットが得られ、技術革新が促された。石炭への転換が必要になると、運河や鉄道の建設が進んだ。ほかにもまだある。

もうひとつの変化は経済に対する体系的な概念の登場である。中世の時代、通貨の質や高利貸しの定義について様々な議論がなされた。アメリカ大陸から大量の銀が流入した結果のインフレと、ヘンリー8世のポンド切り下げにより、この議論が再燃した。「悪化は良貨を駆逐する」で知られる「グレシャムの法則」(71)の概念が浸透し始めた。人々が本来の価値の低い通貨で商品の代金を払い、純金や純銀に最も近い硬貨をしまい込むという意味だ。

しかし、批評家たちは経済活動についてもっと広く考え始めた。哲学者ジョン・ロックは貯金を促すために必要な「自然」利子があると主張し、通貨は量だけでなく流通のスピードも重要だという考えを示した。(72)これらの問題は理論上の議論にとどまらなかった。この頃から、人々が経済について考えることが実際の政策に影響を及ぼすようになった。したがって、経済学の歴史は当時の経済学者の考えを反映していなければならない。

この学問を創始したのはアダム・スミスと言われている。今では、自由市場の狭量な支持者として知られるが、これは彼の思想の曲解である。彼は著書『道徳感情論』に「人がいかに利己的であると言われようが、他人の運命を気にかけ、その喜ぶ様子を目にする以外に自分にはなんの得がなくとも彼らの幸福を心から願う気持ちが備わっているのは明らかである」と書いている。さらに『国富論』では、「社会の構成員の大半が貧しく惨めな暮らしをしている限り、その社会は繁栄しているとはいえないし、幸福でもない」と書いている。

アダム・スミスの真の狙いは、国の方針で特定の産業に独占権を与えて優遇することだった。『国富論』で彼は「消費とはすべての生産の唯一の目的である。そして生産者の利益は、消費者の利益を推進する場合に限り、配慮されるべきだ」と書いている。彼は交易を他国より多くの金を得るためのゼロサムゲームだと考える重商主義を批判した。反対に、交易の目的は、求められ必要とされている品物を輸入するためであるとした。

彼は専門化の利点を力説した。ピン工場の例を出した。作業工程を分け、異なる工員がそれぞれの仕事に集中することで生産性を向上させたという。そして、これは商取引にも当てはまる。常識的な人なら、店で安く買えるモノをわざわざ金と暇をかけて家で自分でつくろうとは思わないだろう。「どの家庭でも見られる思慮分別を、巨大な王国にあてはめると愚行となる場合がある」と彼は記している。スコットランドは温室と温床を使えば、ポルトガル産やフランス産輸入ワインの30倍高いワインを生産できるが、そんなことをしてなんになる?

それよりもスミスは競争の利益を強調している。独占権がなければ、生産者は消費者のニーズに応えるプレッシャーに常にさらされる。そこで彼の有名な言葉が生まれた。「私たちが食事ができるのは、肉屋、酒屋、パン屋の慈悲のおかげではなく、彼らが利益を求めているからである」

アダム・スミスは、高まる国際貿易の重要性、特定の産業を優遇する政府の介入など、当時の経済問題に取り組んだ。失業や景気循環、需要不足といった問題は取り上げなかった。これらの問題は後年の経済学者が取り組むことになる。この3つの問題はすべて、19世紀の成長を牽引した分野、すなわち製造業に関連していた。

第7章　製造――われらの造り主《メーカー》を崇拝し

シンガポールからマレーシアへ車で国境を越えると、景色は世界の富裕国から開発途上の世界へと一変する。しかし、港、空港、高級ビジネス街をもつシンガポールに隣接しているという点は、マレーシア南部のジョホール州にとって非常に有利だ。毎日、数千人のマレーシア人がシンガポールに通勤するため、その国境（ジョホール海峡を横切る狭い土手道《コーズウェイ》）は世界有数の混雑する検問所となり、交通渋滞を招いている。

また、この地区は製造の一大拠点となっていて、メキシコ＝アメリカ国境の南側のように工場が集まっている。マレーシアは企業誘致のためにイスカンダル開発地域を設けた。そこには多くの工場やオフィス街のほかにパーム油の農園もあり、（私が訪れたときは）車を運転中、20メートル先も見えないほどのスコールに見舞われるなど、熱帯の雰囲気も保っている。

この地区の中心に工業団地のスナイ・エアポート・シティがある。230エーカーの広さがあり、3200人が働き、娯楽施設もある。アメリカ、ドイツ、日本、スイス、オーストラリアの企業がここに入っている。ハーシーズのチョコレート工場はゲートのすぐ外に、掃除機やドライヤーで有名なイギリスのダイソン社は、そこから数キロのところに研究開発センターを構えている。

オランダのリサウンドGN社の工場では、ヘッドスカーフをつけたマレーシア人の女性たちが並んで座り、補聴器を組み立てている。個々の部品は非常に小さく（補聴器全体の長さが2、3センチ）、担当によっては顕微鏡をのぞき込みながら電子部品を取り扱う必要がある。ほかにも、ハンダごてで部品を固定するとか、補聴器が正しく機能するかを検査する担当に分かれている。これはアダム・スミスが説明したピン工場の極小版である。それぞれが専門の役を担い、1日当たりのピン（あるいは補聴器）の生産量を増やしている。

別の部屋では、工員が部品にレーザーでシリアルナンバーを刻んでいる。さらに奥の部屋では、それらに保護用の特殊コーティングを施している。補聴器には耳の外側につけるタイプと耳の中に埋めるタイプがあり、後者の場合、耳のかたちや大きさが人によって違うのでオーダーメイドになる。3Dプリンタでパーツはつくれるが、余分な部分を削り落とし研磨する必要がある。

この工程は決して未熟労働ではないが、かといってハイテクでもない。補聴器の電子部品はデンマークでつくられ、マレーシアの工場では部品を組み立てるだけだ。オランダの企業にとって、ヨーロッパの賃金（と、それに関連する税金）を払うより、マレーシアで補聴器を組み立てるほうがはるかに安くあがる。それに工場が空港に近いこともあり、完成品を48時間以内にオーストラリアやヨーロッパに出荷できる。

補聴器の工場から100メートルほどのところに、あらゆる種類の壜――コカ・コーラ、ライビーナ、ミネラルウォーター、食用油、ケチャップ、エンジンオイルなど――の蓋（主にプラスチック製）をつくるドイツのベリカップ社の工場がある。蓋によっては他より高機能のものもある。たとえば、エンジンオイル用の蓋、子供には簡単に開けられなくなっている医薬品の蓋などだ。2017年のマレーシア工場の年間生産目標は18億個だった。ベリカップ社が全世界の23の工場で生産するのは年間600億個だが、これは子供を含め、地球上の全員に約9個の蓋を提供している計算になる。

蓋は射出成形機でつくられ、ベルトコンベアで運ばれる。蓋を詰めた段ボールを閉じる作業員を除いて人間はいない。これは実にグローバルな事業だ。蓋をつくるプラスチックは韓国とインドネシアから輸入され、射出成形機は日本とスイスの会社のものだ。それから蓋は東南アジアやオーストラリアだけでなくヨーロッパにも輸出される。

これが現代の製造の中心地であり、それはアジアにある。2000年から2015年までに、世界全体の製造に占めるアジアの付加価値の割合は35・1%から47・5%に上昇した。(1) 中国のシェアは同時期に6・5%から23・6%へと激増している。アメリカの付加価値のシェアは25・1%から17・7%に、ヨーロッパのそれは12・1%から9・2%に下がっている。(2)

多くの西側の政治家はこの転換に衝撃を受け、欧米の製造業の仕事が奪われたと考えた。それに、アメリカの製造業の仕事の割合が1953年の32・5%から2018年8月には8・5%に減っていたのは事実だ。(3) しかし、この減少は、中国が「共産主義」時代を経て世界経済に再び加わるかなり前から始まり、実際には2010年以降、横ばい気味になっている。技術革新もこれらの仕事が減った一因となっている。アメリカの製造業の生産高は1980年から2015年のあいだに150％増えたが、この分野の雇用者数は3分の1に減っている。(4) 言い換えると、労働者の数は減っても生産性は向上しているのだ。これは農業人口の減少と同じだった。効率化が進むにつれて労働力のシェアは減少する傾向にある。これらの仕事が戻ることはないだろう。2014年、先進諸国では6300万人が製造業に就き、発展途上諸国では3億4000万人が製造業に就いていた。しかし、先進諸国の労働者は最終的に付加価値を3分の2上昇させた。価値の低い仕事はもう戻ってこないだろう。(5)

ふたつの歴史的テーマが際立っている。第一に、グローバルな製造分野におけるアジアの優位は、ヨーロッパの消費者がインド綿や中国陶器を求めた1700年以前の状況の再来を象徴している。第二に、1700年以後の時代は、当然のことながら製造業が経済の中心になった。結局、これは「産業」革命と呼ばれた。しかし工場の仕事は、マレーシアでつくられる壜の蓋のような製品に集中している場合、退屈で達成感が得られないだろう。

昔の事業

製造とは何かと言えば、原材料や部品を完成品に仕上げるプロセスというのがいちばん近い。その意味では、製造には数千年の歴史がある。人類は鉄、青銅、銅を鍛えて道具、器具、武器をつくった。綿、羊毛、絹を紡ぎ、編み、縫って衣類をつくった。そして粘土から実用と装飾用の陶器をつくった。

何千年ものあいだ、製造を担うのは主に個人か、少人数の工房だった。近代の概念である「製造所《マニュファクトリー》」は18世紀に紡績工場とともに生まれ、縮めて工場《ファクトリー》となった。その段階でも、ほとんどの繊維生産は問屋制家内工業方式で行われていた。企業家（問屋）が自宅に仕事場を持つ人のところへ紡ぐための繊維、あるいは織るための糸を届ける。数週間後、完成品が回収され、報酬は完成品の数に応じて支払われる——出来高払いである。この方式は企業家にとって多くの利点があった。機械や施設を用意する必要がなく、規格通りに完成した分だけを支払えばいいからだ。

では、なぜ賃料や建設費がかかる大きな工場に製造が移ったのだろうか？ その答えは、個人では買えない、大きくて一般の家には収まらない、新しい高価な機械が導入されたからだ。雇用主は機械を壊されたり、偽造されたりするリスクを負いたくなかった。スケールメリットを生み、専門化の最大利益を得るには工場の建設が必要だった。

新しい機械には動力源も必要だった。工場の初期段階では、水車を動力源としたため、特定の場所でしか使えなかった。19世紀初頭に先駆的な実業家ロバート・オーウェンが所有していたスコットランドの当時最新のラナーク工場は、現在はホテルになっているが、機械を動かしていた巨大な水車がまだ残っている。

労働者にとって、工場労働への転換は生活様式の劇的な変化だった。労働者は製品ごとの出来高払いではなく、時間で給料を支払われた。陶磁器業の先駆者ジョサイア・ウェッジウッドは工場にタイムカードと時計を導入した最初の人物だ。勤務時間は長く、12時間交替で、日曜日が唯一の休日だった。多くの労働者は時計を買う余裕がなく、工場長の「終業」という声がかかるまで働いた。その結果、雇用主が就業時間を延ばして昼休みを短くするなど、不正が行われやすかった。[6] 起きたい時間に起こしてくれる目覚まし時計を持っている労働者はほとんどいなかった。そのため、長い棒で上階の窓を叩いて起こしてくれる「ノッカー・アッパー」という職が生まれ、同様の目的で使われる豆鉄砲が登場した。これはディケンズの『大いなる遺産』にも出てくるし、20世紀まで存続し、1970年代になってもロンドンのイーストエンドにはまだ何人かの「ノッカー・アッパー」がいた。[7]

生産高ではなく時間で労働者に給料を払うとなると、彼らが怠けるのではないかと雇用主は案じた。そのため、労働者たちは工場長や監督の鋭い監視にさらされ、ちょっとした違反も見逃されなかった。多くの雇用主は従業員の賃金の6分の1をあらかじめ差し引いて貯めておき、これが善い行いの報酬として四半期ごとに支払われた。悪い振る舞いとしては、「悪事に関わる」ほか、飲酒による無断欠勤も含まれていた。[8] 初期の工場ではどこでも若い女性や子供が雇われていたが、それは従順で男性より賃金が安いからだった。

水力に頼っていた時代の紡績工場は小さな村や田舎につくられ、雇用主は従業員に住まいを提供する必要があった。ニューイングランドでは、工場は農家の娘を雇い、彼女らは家計を助けながら余った分を自分の結婚資金として貯めた。既婚女性はたいてい退職を求められた。女性にとって、それは規律正しく慎ましい生活であったが、召使いとして暮らすより、あるいは親の家に居続けるよりは好ましい人生だったかもしれない。

やがて、水力に代わって蒸気動力が登場すると、工場は19世紀に「コットンポリス」(綿の都)と呼ばれたマンチェスターなどの都市部につくられるようになった。工業都市の発展は、不衛生な環境におおぜいの人間がひしめき合い、空気が汚染され、死亡率が急上昇するなどの問題を招いた。1850年代のリヴァプールとマンチェスターの平均寿命はわずか31～32歳で、イングランド全体の平均より10歳も短かった。(9)

上流階級の工場主とその怯えた従業員こそ、やがて出現する「資本主義」の鮮明なイメージのひとつである。カール・マルクスが定義したように、重要な違いは労働者が自分の道具を使って自分のために働くのをやめたことだ。その代わり、労働者は、工場や紡績機を買うか資金を出した資本家のために働くようになった。それに、労働者は労働の成果のすべてを得られない。なぜなら資本家が利益や配当としてその一部をかすめ取るからだ。

なぜ労働者はこのようなことに耐えたのか？　最初から多くの不幸があった。1786年のイギリスのある工場の記録には、780人の見習いのうち、199人が逃亡、65人が死亡、96人が親または民生委員のもとへ戻されたとある。(10)成人労働者は賃上げと労働条件の改善を求め、組合をつくり始めた。イギリス政府は労働組合と団体交渉を禁止するために1799年と1800年に団結禁止法を成立させた。1811年から1816年にかけて、生活水準の低下に抗議する労働者たちが工場を焼き討ちし、機械を打ち壊すラッダイト運動が起こった。ラッダイトの反乱は裁判と軍事行動、機械の打ち壊しを禁止する法律で締め付けられた。

労働者の抗議にもかかわらず、さらに多くの人が工場労働に流れていった。それは、ほかに選択肢がなかったからでもある。人口が急増し、親は年端のいかない子供でも外で働かせたがった。年齢を偽って仕事に就かせるケースもあった。工場方式が広まるにつれ、大人が家で糸を紡いだり布を織ったりする仕事が減り、農業分野の効率化により農家の人手も余っていたからだ。工場労働は過酷で、過密な都市の暮らしは不健康だったが、(より高い賃金と自立という意味で)充分な見返りがあると考えて、新しい生活を始める人のほうが多かったのだろう。同様の期待を抱いて、中国ではここ数十年でおよそ2億人が地方から都会へ移り住んだ。

イギリスでさえ、工場が繊維産業の主な雇用形態となるまでには数十年を要した。1820年の時点でもまだ、24万人の手織機の職人がいて、工場労働者はその半分の12万6000人だった。[11] しかし、1850年には手織機の職人は4万3000人しか残っていなかった。

最終的に工場生産に切り替わったのは、そのほうが経済的だからだ。問屋制家内工業とは違い、工場主は仕事の速さと質を厳しく管理できた。また工場はそのコストを管理し、必要なときに原材料を多く仕入れ(または大量に発注して供給元に値引きを求めた)、売り上げが落ちると生産を減らし、運河や鉄道で製品を輸送して消費者に届けることができた。このすべては、当然、新しい織物機械による製造の進歩の上に成り立っていた。

織物用の糸の生産コストは1785年から1795年のあいだに9割も減り、[12] そのおかげで製造業者は完成品の価格を下げることができた。薄くて柔らかい綿織物、モスリンは1780年代初めから1830年代までに75%も安くなった。[13] そのおかげで綿の衣類やシーツが一般に広まった。需要が増えたため、工場はさらに多くのスケールメリットを達成できた。

製造業の生産性を大幅に高めた要因のひとつは、部品の標準化である。発端は、フランスの武器製造業者が武器の品質と信頼性を高めたいと考えたことだった。その後、アメリカの銃メーカー、ヴァージニア州のハーパーズ・フェリー社やマサチューセッツ州のスプリングフィールド社が標準化を採用した。この手法は機械部品など他の製品にも広がり、「アメリカ方式」と呼ばれるようになった。(14) 1851年のロンドン万国博覧会で世界経済の覇者として大いに浮かれ騒いでいたイギリス当局は、会場で披露されたアメリカの技術に驚嘆し、武器製造業に同様の手法を取り入れた。

部品の標準化により、製造を個々の職人に任せる仕事は減り、人々はますます工場へ追いやられていった。おそらく最初に標準化された商品はシンガー・ミシンである。機械式縫製の特許は1755年にイギリス当局が与えていたが製品は不完全で、1851年にアイザック・シンガーが(エリアス・ハウの特許をもとに)製造を開始して完成した。(15) シンガーはごく初期の多国籍企業であり、女性の時間と労力を大いに節約するその製品はたちまち人気を博した。1876年までに200万台が売れた。これは世界に通用する最初のブランド名となった。

もちろん、やがて様々な商品や関連する製造ブランドが開発され、輸送用のもの(車、自転車、バイク、スクーター)から、家庭用電化製品(掃除機、洗濯機、ラジオ、テレビ、オーブン)、タイプライターやパソコンなど職場と家庭で使われる機械がつくられた。

製造業者は多くの課題に対処した。実用的な製品をつくるだけでなく、消費者に魅力的に見えるように（そして家庭に合う大きさやかたちに）しなければならない。広告や宣伝を通して消費者に製品を知ってもらう必要がある。そして手頃な値段で買えるようにしなければならない。少数の大企業が多くの市場を制していったのは驚くに当たらない。小規模製造業者に残された道は、洗濯機や車の装置や電子部品を製造してグローバル企業に卸すサプライヤーになることぐらいだった。

規模が必要なため、工業化の最初期から会社同士の合併があった。鉄鋼業は溶鉱炉の建設など、巨額の投資を必要とする。そのため会社は巨大化した。フランスのル・クルーゼ製鉄は1870年に1万2500人の労働者を雇っていたし、ドイツのエッセン州のクルップは1873年に1万2000人を雇っていた。[16] 固定費用が高いときは、スケールメリットが求められる。装備投資を大量の製品に分配すると、生産量を増やしたときにかかる限界費用は減る。しかし、同様に高い固定費のため、鉄鋼業者は価格の下落に対して非常に脆弱だった。そこで、アメリカでは競合相手とカルテルを結んで価格を固定するようになり、最終的にUSスチールというひとつの巨大企業に合併した。ソ連には鉄鋼生産を目的とした「巨大化」が見られ、スターリンの五か年計画の下、世界最大の製鉄所を目指して1930年代にマグニトゴルスク製鉄所が開設された。1980年代末でも、まだ6万3000人の従業員を雇っていた。[17]

鉄と鋼は一般に「重工業」に分類され、そこにはある種の化学薬品の生産や、船舶や列車などの大きなものの製造も入る。これらは大量に人を雇う産業であり、第二次世界大戦後に工業化した多くの開発途上国が推し進めた産業だった。彼らは欧米に目を向け、巨大な製鉄所や自動車工場を見学し、懸命にそれらを模倣した。多くの国は西側の製品を締め出して国内のまだ若い産業を守るために輸入税を課した。いわゆる「輸入代替工業化」である（第12章参照）。

莫大な投資が必要であるため、これらの産業は政府主導で行われた。利益追求よりも雇用を守ることが優先された。分野によっては、これが慢性的な過剰生産能力となり、たとえば２００５年から２０１７年にかけて、世界の鉄鋼産業の過剰生産能力は2億トンから7億５０００万トンのあいだを変動した。これが価格低下につながり、鉄鋼は国家間の論争の的になった。(18)

重工業は、ときには都市に深刻な大気汚染をもたらした。１９４０年代のピッツバーグでは、大気汚染があまりにもひどく、正午に街灯が点されるほどだった。(19) 工場内部の状況はもっと危険だった。ある労働者が１９１９年に職場について次のように記している。

石炭の詰まった大きな袋を肩に担ぎあげ、白熱した１００トンの鉄が融けている取瓶《とりべ》に向かって走り、顔を火傷しない程度に近づき、全身の力を振り絞って袋を投げ入れる。その瞬間、炎が天井にまで吹き上がり、熱波が何もかもを吹き飛ばすため、急いでその場を離れなければならない。それからまた取瓶に駆け寄り、大急ぎでマンガンをシャベルですくって入れる。想像を絶する熱い作業だ。(20)

死亡事故は珍しくなかった。アメリカの鉄鋼王アンドリュー・カーネギーの伝記作家は、１８８０年代のピッツバーグの男性の死因のうち、20％が鉄工所の死亡事故だったと推定している。[21]

これらの巨大な工場では労使関係が荒れたのも当然だ。非常に多くの労働者が1か所に集まっていると、労働組合を組織しやすくなり、賃上げ交渉ばかりでなく組合員を労災事故から守るために労働環境の改善も要求もできるようになった。ベルトコンベアを導入している工場などは特に、工場全体を簡単に停止することもできた。最終的に労働者は条件の改善を勝ち取ったが、それは長い闘争の末だった。

マネジメント（管理法）

巨大な工場を稼働させるには細かい段取りが必要だ。機械の動力はシャフトやギアの複雑な仕組みを通して供給され、ここが故障すると製造が止まってしまう。原材料を工場の端から（あるいはひとつのフロアに）運び入れ、もう一端から完成品を運び出せるように設計する必要がある。労働者を訓練し、それぞれに特化した役割に応じて配置しなければならない。

工業化が進むと、これらの工程は非常に複雑になり、創業者（あるいは創業家）だけで管理するのが難しくなった。フレデリック・ウィンズロー・タイラーは「科学的」マネジメントを発案したコンサルタントだ。彼は26年間、ストップウォッチとメモ帳を手に労働の現場、主に鉄工所で労働者の行動を観察した。その結果をもとに、全工程を細分化し、作業に合わせて労働者を訓練し、目標を達成した者には報償を与えるようになった。ソ連の指導者レーニンはタイラー方式の熱烈な信奉者だった。[22] タイラーが目指したのは仕事の能率を高め、従業員が怠けるのを防ぐことだった。彼のやり方は労働者をロボットに変えるとして批判されたが、彼は批判をものともせず、典型的な製鉄労働者は「非常に愚かで、パーセンテージという言葉の意味も知らないので当人よりも賢い人間に訓練されなければならない」と主張した。(23) 明らかに強迫観念が強い彼は、引退後、完璧な芝生を求めて草の成長ぶりを観察して余生を過ごした。(24)

20世紀初頭にヘンリー・フォードが動く組立ラインを導入すると、この懸念はいっそう増した。労働者は1か所にとどまり、部品のほうがベルトコンベアに乗って流れてくる。タイラーが提案したように、労働者は一日中、同じ単純作業を繰り返す。1936年の映画『モダン・タイムス』で、チャーリー・チャップリンは労働者の境遇を風刺し、ある場面では文字通り機械の歯車のあいだに挟まれる。しかし、これらは比較的賃金が高い仕事だった。第二次世界大戦後、自動車の生産ラインの仕事は特に人気があった。西側諸国でこの分野の失業が問題になるのは、1970年代以降である。

アメリカとヨーロッパの製造業の競争相手として最初の脅威となったのは日本だった。日本のトヨタ自動車が開発した「無駄のない生産」方式（リーン生産方式）により、製造の仕組みに変化が起きた。これは大量生産と職人の技能を合体させるために編み出された方式だった。柔軟に対応できる従業員がチームを組み、誰かが異常を発見したら迷わず機械を止めるよう促された。その結果、労働者は以前より幸せになり、品質は向上し、マネジメント側は労働者の洞察力の恩恵を得られる。(25)

しかし、リーン生産方式は工業部門の雇用の減少を止めはしなかった。懸念されるのは、まともな給料の工場労働が、低賃金で条件の悪いサービス業の「マック・ジョブ」(ハンバーガー・チェーンの「マクドナルド」に由来)に置き換わっていることだ。これが、先進国における格差拡大の原因かもしれない。しかし、ある調査は「平均すると、1980年代から2000年代の不平等の増加のうち、製造業の仕事のシェアの減少に起因する可能性があるのは全体のわずか10分の1である」と結論づけている。[26]

サービス業で働く世界の労働人口は1991年には33・7%だったが、今やそれが半数以上になっている。[27]オフィスや店で働く人々は工場で働く人々と同じく「リアル」な仕事をしている。製造業とサービス業のあいだに厳密な区別もない。ブルッキングス研究所の推定によると、2140万人のアメリカ人が製造業関連のサービス業で働いており、純粋な製造業で働く1150万人のおよそ2倍である。[28]高性能車のソフトウェア(サービス業に分類される)のソースコードの行数は、2010年の1000万行から2016年には1億5000万行に激増した。2030年には車の価値の30%をソフトウェアが占めると予測されている。[29]対照的に、ボーイング787のコードはわずか650万行である。[30]アップルはiPhoneに搭載する部品を製造していないし、組立もしない。それでも、同社はデザインとオペレーティング・システムからその価値の大半を握っている。

製造業の雇用の減少の一因は、アウトソーシングの傾向から発した統計上の歪みである。工場は家庭やオフィスのように、掃除する必要がある。過去には工場主が独自に掃除人を雇っていただろうが、現在では契約した清掃会社に外注する。従業員食堂でも同じことが起こっている。これらの雇用の転換は製造業からサービス業への移行に見えるが、実際には前者の減少と後者の増加を誇張しているにすぎない。(31)

製造業がＧＤＰに占める割合で以前より重要ではなくなったもうひとつの理由は、皮肉だ。なぜなら効率化が進んで、製造品の価格が下落したからだ。生産性の向上はサービス業のほうが達成が難しい。経済学者ウィリアム・ボーモルが指摘したように、モーツァルトの弦楽四重奏を演奏するには、この作曲家が生きていた時代も現在も、同じ数の音楽家と時間を要する。(32)この問題には医療と教育が関わる。私たちは、医者や教師には急いで仕事をしてもらいたくない。１９７８年から２０１３年までにアメリカの平均物価は１１０％上昇した。しかし同時期に、医療費は２５０％、大学の費用は４４０％上昇した。(33)現在の傾向が続けば、医療費は２１００年までにイギリスのＧＤＰの50％、アメリカのＧＤＰの60％を占めているかもしれない。これは製造業など他の部門のシェアが小さくなることを意味する。

製造業の仕事の大部分は、本章の冒頭で紹介した補聴器のように、どこか他所でつくられたものを組立てるだけだ。しかし、価値の高い、あるいは高給の雇用がそこで生まれることはない。フランスでのエアバスの組立コストは、この航空機の価格の５％にすぎない。むしろ、価格は製品の設計あるいは精密工学を要する部品のコストを反映している。

したがって、最も価値の高いビジネスは、多くの人が従来、産業と考えているものとはまったく別のものであるかもしれない。高い付加価値の製造に関するケンブリッジ大学の報告は、最初の例として菓子メーカー、キャドベリー・シュウェップスを取り上げている。(34)

企業によっては製造業からサービス業への転換を余儀なくされたところもある。インターナショナル・ビジネス・マシーンの頭文字を社名にしているIBMは当初パンチ・カードを読み取る記録装置を製造していたが、その後、電動タイプライターやコンピュータへと事業を広げた。しかし、1980年代に安価なパソコンが登場すると、同社の事業形態は危機に陥り、1990年代から2000年代のあいだにパソコンやプリンタ、ディスクドライブを製造していたハードウェア部門を売却した。今ではグループの収益の大部分をサービスとソフトウェアの部門が生み出している。(35)

アメリカの個人消費のうち、形のある商品が占める割合は1950年の60％から2014年には36％に下がり、今ではサービスが全体の3分の2を占めている。西側の社会は「ピーク・スタッフ（限界消費）」に到達したと言われている。(36) 先進国の経済が豊かになるにつれ、個人消費に占める食料の割合が小さくなり、同様のことが形のある商品についても起こっている。人々が消費する商品の多くは、いまでは形のないものになっている。音楽は今や、LPやカセットテープ、CDで購入されることはなく、ストリーミング・サービス経由でダウンロードされる。かつてはDVDで買われていた映画やテレビ番組についても同じだ。仮にヴァーチャル産業があるとして、ビデオゲーム産業の2018年の収益は推定1380億ドルだった。(37) 将来、消費者はほとんど駐車場に置いておくだけの車を所有するよりも、必要なときだけ借りるほうを選ぶだろう。消費者は、休暇や友人とのパーティーなど、「経験」に金を使うようになるだろう。

反対に、開発途上国では「ピーク・スタッフ」の兆しはほとんど見られない。中国では、新車の販売数が2010年の1200万台[38]から2017年のほぼ2500万台へと増え、[39]まだまだ増加傾向にある。1000人当たりの車の台数は中国では131台、アメリカは850台である。[40]インドはさらに急速に伸びている。開発途上国の経済成長はS字カーブをたどるようだ。1人当たりの収入が1000ドルを超えると、一気に個人消費が増える。コンサルタント会社デロイトの調査によると、2015年から2025年のあいだに世界の中間層に新たに5億1000万人が加わる。[41]したがって、世界の製造業者は当分のあいだ消費者不足を心配しなくてもいい。

現代の製造業においては、デザインやブランドは主に富裕国（日本と韓国を含む）で生み出され、組立や製造はアジアの開発途上国やメキシコなど他の地域で行われる。この組み合わせは西側の製造業者に高収益を、その消費者には低価格をもたらす。しかし、多くの人はこのやり方に不満を持っている。アメリカやヨーロッパの労働者が失業を恐れるからだけではない。アジアの工場の労働環境も物議を醸している。2005年、靴メーカーのナイキが世界の700の工場の状況について詳しく調査した結果を発表した。なかには勤務時間中のトイレや水分補給を制限している工場もあり、半数以上の工場で週60時間労働が行われていた。[42]同社は条件を改善するため規則を設けたが、それでもまだひんぱんに抗議に遭っている。[43]2010年と2011年、アップルのiPhoneの部品を製造している中国企業、鴻海《ホンハイ》精密工業では、過酷な労働環境が問題視されていた最中、工場での自殺が相次いだ。[44]

西側の消費者の一部はフェアではない労働でつくられた商品をボイコットすると訴えた。しかし、多くの人はTシャツや靴や電化製品が安く買えるのを喜ぶばかりだった。そして、アジアの労働者は、欧米諸国のように工業化する機会を与えられるべきだと訴えた。多くのアジアの人々は農村での暮らしをやめて、いくらきつくても都会の工場に勤めたがる。開発途上国は、世界貿易を規制する機構である世界貿易機関が労働規制に乗り出すのを長年、阻止してきた。

また、どのような規制を設けるべきかについての議論もある。強制労働や奴隷労働を違法とすべきと合意するのは簡単だ。では、児童労働はどうだろう？　多くの子供が畑で働いている。工場労働はもっと厄介だが、その収入がなければ家族が困窮する。児童労働の割合は平均収入が上がるとたちまち減る傾向にある。[45] したがって、児童労働を減らす最も効果的な方法は、それらの国々が豊かになれるようにすることだ。そして、それが最も実現する可能性が高いのは、中国の例のように、世界貿易に参入することである。

チェーン

自動車産業は現代のビジネスがいかに互いに結びついているかを示す好例である。ゼネラル・モーターズとクライスラーが２００９年に破産を申請したとき、政府が救済に乗り出した理由のひとつは、自動車産業に（タイヤやヘッドライトなどの）部品を提供している企業の雇用も危うくなったからだ。[46] 自動車部品工業会（ＭＥＭＡ）は、２０１８年の時点でアメリカの雇用のうち、87万１０００件が乗用車やトラックの製造に関連していると推定している。[47]

さらに、これらのサプライチェーンは国際的である。アメリカやドイツの自動車産業といっても、これらのメーカーは世界のサプライチェーンに頼っている。完成品に組み立てられるまで、部品はいくつもの国境を越えてくる場合もある。[48]製造品の取引の30〜50％は個々の多国籍企業の中で行われている。[49]これに気づいた多くの途上国は関税を引き下げ、これらのグローバル・バリューチェーンに加わった。ＭＥＭＡはアメリカの自動車の全パーツのうち3分の1が輸入品で占められ、ドイツのそれは45％と推定している。[50]自動車メーカーはなぜそうしたのか？　もちろん、コスト削減のためだ。だからこそ輸入品への課税はどう転んでも国産車の価格を押し上げることになる。メーカーが関税を払って消費者にコストを転嫁するか、あるいはサプライチェーンを切り捨てて、国内でもっと高価な車を製造するかのどちらかだ。

このように相互に関連しているため、製造業の雇用が自動化に脅かされるのは西側だけではないことがわかる。全米経済研究所の報告書は、ロボット1台増えるごとに6・2人分の雇用が失われたと推定している。[51]産業用ロボットの販売台数は２０００年代半ばには年間10万台だったのが、２０１５年には25万台に増加し、２０１０年の終わりには40万台に達すると予測された。[52]お決まりのジョークに次のようなものがある。「未来の製造工場には1人の男と1匹の犬がいて、男の仕事は犬に餌をやること、そして犬の役割は男を機械に近づけないことだ」。そして、３Ｄプリンタが小さな部品をその場でつくり、サプライヤーから取り寄せる手間を省くだろう。

そうなると、途上国には20世紀の欧米あるいは現代の中国に見られる巨大な製造部門が生まれないかもしれない。中国を除けば、途上国世界における製造業の雇用のシェアは１９８０年代よりも低くなる。[53] 経済に占める製造業のシェアは、韓国では1988年に、インドネシアでは2002年にピークを迎えた。[54] これらの部門の一部には、賃金水準と雇用のあいだに避けられないトレードオフがある。実質賃金が上昇すれば、製造業者はコストの低い国に移転するか、あるいは労働者の作業を自動化する。マレーシアの中核にいたあの女性たちの仕事もいつか機械に置き換わる日がくる。

サービス業の分野も自動化が進むだろう。コールセンターのオペレーターはチャットボットに置き換えられ、アナリストは素早く正確にリサーチを行える人工知能プログラムに仕事を奪われるだろう。今後30年かけて、私たちは仕事を失わないためにまったく新しい職を発明しなければならない。しかし、これは前にもあったことだ。バリスタ、パーソナル・トレーナー、ソーシャル・メディア・マネージャーなど、これらはすべて、30年前には聞いたこともない職業だった。

第8章

第一次グローバリゼーション

1820年～1914年

19世紀、産業革命はイギリスを越えてヨーロッパの広い地域、北米、日本にまで広がった。グローバリゼーションは、かつては希少な奢侈品に限られていたが、一般人にも身近なものになっていた。ジョン・メイナード・ケインズが記したように、1914年には「ロンドンの住人は、ベッドで朝のお茶を飲みながら、電話1本で世界中の様々な商品を適切な分量だけ注文し、それが玄関先にすぐに配達されるのを当たり前と思っている」(1)

本章で取り上げる時代には、鉄道や蒸気船など輸送手段にも大変革が起こった。人間はかつてないほど、一度に大人数で世界を移動できるようになった（第9章参照）。もうひとつの重要な展開は、石油や化学物質、電気を基盤とする新しい分野の産業の登場である。これは「第二次産業革命」と呼ばれた。

世界には、真の意味で「大いなる豊かさ」に該当するところもあった。1820年、アメリカの1人当たりのGDPは（2011年のドルの価値に換算して）2080ドルだった。1914年にはそれが8101ドルになっていた。1820年の時点でイギリスは、1人当たり3241

ドルで、アメリカのはるか先を行っていた。１９１４年にはそれが７９７３ドルになり、少し後れた（それでもまだ１５０％の増加である）。フランスは実質所得を１８７６ドルから５３２４ドルに押し上げ、どん底からほぼ3倍にすることができた。これとはまったく対照的に、中国では１人当たりの所得が８５４ドルから７８６ドルに落ちた。(2) １９１３年、世界人口の20％を占める西欧と北米が世界生産量の51％を生み出していた。(3)

重要なのは、人口が増加したにもかかわらず、生活水準が向上したことだ。世界の人口はおそらく１８２０年には10億人に達し、第一次世界大戦前にはおよそ18億人になっていた。(4) 世界全体の平均寿命は１８２０年の29歳から１９１３年には34・１歳まで延びたが、ヨーロッパに限ると、同時期に35・６歳から46・８歳へと、著しく延びている。(5)

先進国世界は19世紀に都市化も進んだ。１８００年、イギリス国民の23％は人口５０００人以上の町に住んでいた。１９１０年にはその割合が75％に増えていた。ヨーロッパ全体では、都市人口の割合は同時期に12％から41％に増え、一方アメリカでは５％から42％に激増した。(6) 対照的に、１９００年、中国で町に住んでいる人はわずか６％で、３世紀前よりも少なくなっていた。(7)

また、別の変化は、労働者が組合を組織し、資本家に要求を突きつけるようになったことだ。「労働者階級」という用語や、社会を階級に分けることが一般的になり、「共産主義」と「資本主義」という言葉も使われるようになった。ビジネス分野では、共同出資の株式会社が誕生した。私企業は成長して途方もない規模と力を持ち（スタンダード石油やＵＳスチールなど）、多国籍企業になった。私たちが近代社会と考えるもののほとんどがこの時代に出現した。

比較的平和な時代

1815年、ワーテルローの戦いでナポレオンが敗れると、23年間に及んだヨーロッパの戦争の時代が終わった。大西洋貿易を妨げていた米英戦争も同年に終結した。次の世紀には、二度のアヘン戦争という恥ずべき出来事を含め、多くの紛争が発生する。アヘン戦争とは、中国当局がイギリスを儲けさせている麻薬取引の取り締まりに乗り出したため、イギリスがそうはさせまいと仕掛けた戦争だった。

とはいえ、ほとんどの戦争は局地的だった。1756年から63年の七年戦争（北米からインドまで広がった）、あるいは20世紀の世界大戦のような世界規模の衝突は避けられた。プロイセンが1866年にまずオーストリアに勝ち、1871年にフランスに勝利してドイツ統一を果たした戦争は幸いにも短期に終結した。19世紀に最も大きな破壊をもたらしたのは内戦だった。1850年代と60年代の中国の太平天国の乱では死者数は2000万人から4000万人と言われている。(8) アメリカ南北戦争ではおよそ62万人の兵士が戦死した。(9)

長引く国際的な戦争がなかったため、そしてイギリス海軍のおかげで海賊がほぼ一掃されたため、商人は国境を越えて自由に取引できるようになった。世界貿易のボリュームは1840年から1913年のあいだに7倍に増えた。起点をずらすと、1820年に世界のGDPの1%だった貿易は、第一次世界大戦直前には8%になっていた。(10) 経済学者ケヴィン・オルークとジェフリー・ウィリアムソンの説によれば、19世紀まで、世界貿易の大半は贅沢品だった。たとえば、1780年代のオランダ東インド会社の輸入品の3分の2近くは、スパイスや香水、茶葉、コーヒー豆などの品目が占めていた。(11) グローバル化が本格的に始まるのは、関税や輸送費の影響を除き、様々な国で価格がほぼ同じであるという意味で商品市場がひとつになるときだ。

輸送コストが下がるにしたがって取引は増えた。日本の長崎と中国の上海のあいだの石炭輸送コストは、1880年から1910年までに76%下がった。アメリカでは1830年、1トンの品物を荷馬車で160キロメートル輸送するコストは現在のドルに換算して174ドルかかっていた。1901年には、鉄道輸送によってその費用が8分の7の22ドルにまで下がり、所要時間も短縮された。蒸気船のおかげでシカゴからリヴァプールまで穀物を輸送するコストは、1850年代後半には1ブッシェル〔約35リットル〕につき、35セントだったのが、1912年には10セントになっていた。(12)

これは絶大な影響を及ぼした。アメリカの大平原で採れた小麦と、のちに冷蔵手段の発達のおかげでアルゼンチン産の牛肉がヨーロッパへ輸出されるようになったのだ。その結果、労働者は安い食料が手に入り、彼らの生活水準は向上した。イギリスでは自由党が1906年に選挙で地滑り的勝利を収めたが、その一因は関税に関する保守党の提案がパンの価格を高騰させるだろうと訴えたからだ。当時、自由貿易は「ポピュリスト」の政策だった。

実際、『エコノミスト』は関税反対運動のために1843年に創刊された。穀物法は、1815年にイギリスの農業を外国との競争から守るために施行された。穀物は国内価格が1クォーター

（２１７キログラム）４ポンドに達するまで輸入が禁止された。これは土地を所有する貴族に歓迎され、彼らはトーリー党を支持した。同党は１８３４年に保守党と改名された。しかし、アダム・スミスをはじめとする自由貿易主義者は、関税に反対した。これは工場経営者たちに支持された。食料が高騰すれば賃上げを要求されると思ったからだ。

１８４６年に穀物法が廃止されると、保守党は分裂し、イギリスの政策における自由貿易主義者の優勢が確立した。イギリスの関税は１８１５年から１８２７年のあいだにすでに70％下がり、１８２８年から１８４１年のあいだにさらに50％下がった。(13) それ以来、皮肉屋が指摘するように、自由貿易はイギリスに合っていた。なぜなら、イギリスは産業革命をいち早く達成したために、イギリス製の繊維や製造品が他国の市場に溢れていたからだ。ヨーロッパの国々は１８５０年代から60年代にかけて、イギリスのあとを追いかけた。１８６０年のコブデン＝シュヴァリエ条約により、ワインに対するイギリスの関税が80％削減され、イギリス製品に対するフランスの関税は上限30％と定められた。それでもまだ非常に高い関税率だったが、イギリスからフランスへの輸出は１８６０年代に倍増した。同条約は他国の手本となり、イタリアは１８６１年から１８７０年のあいだに24の貿易協定を締結し、ベルギーとフランスはそれぞれ19の協定に合意した。(14)

イギリス・モデルの成功を目の当たりにした他の国々は通商政策を緩和するだけでなく、金本位制を採用した。これはインフレを抑制して債権者の資本価値を保護するために考え出されたシステムである。国の銀行が発行できる通貨の量は金の保有量で決まる。顧客は銀行紙幣を同等の価値の金や銀といつでも交換できる。ドイツは1871年の統一後、金本位制を採用し、次いでフランス、イタリア、スウェーデンなども1870年代に採用した。アメリカは1873年に金本位制を採用したが、金銀両方を本位貨幣とする複本位制を支持する勢力と長く争うことになった。

金本位制は、イギリス以外の国では自由貿易への熱烈な支持よりもずっと長く続いた。1870年代になると、大西洋の向こう側からの食料輸入の影響がはっきりと現れてきた。1870年代初期から1890年代末のあいだに、イギリスの穀物輸入量は90%、肉は300%増え、19世紀最後の25年間はイギリスにおける農業大不況と呼ばれている。他の国々は同じ運命を受け入れる気はなかった。1879年、ドイツ宰相オットー・フォン・ビスマルクは穀類に関税を課し、最終的に小麦に33%、ライ麦に47%の関税を課した。フランスは農産物に10〜15%、工業製品に25%以上の関税を定めた。[15] そして、保護された項目は食料品だけではなかった。ヨーロッパの工業製品にかかる関税は1875年から1895年のあいだに2倍以上になった。[16] それでも、貿易額が増えていったのは、ひとつには経済が成長していたからであり、ひとつには関税の上昇を上回る速さで輸送コストが下がっていたからである。

植民地の拡大

19世紀後半は、世界を制するヨーロッパの力が最高潮に達した時代だった。1914年には、ヨーロッパはその植民地およびアメリカ合衆国などの元植民地（その住民のほとんどはヨーロッパ移民）を合わせて、地球上の陸地の85％以上を支配していた。(17) 領土拡大の主な動機となったのは当然、商取引である。ポール・バイロックが「植民地の契約」(18) と呼んだ制約のため、植民地の取引相手は宗主国に限られ、その産物は宗主国の船舶で輸送され、植民地は工業製品ではなく原材料の生産だけに従事させられた。その目的は各植民地をいつまでも依存状態に置いて専属市場をつくることだった。

なかには大きな収益をもたらす植民地もあった。１８５０年代、ジャワ島はオランダの国家予算の3分の1以上を生み出していた。(19) 利益は帝国主義政策の主な目的であったが、唯一ではなかった。威光と「取り残される不安」も同様に重要な動機だった。１８７４年から１８８０年までイギリス首相を務めたベンジャミン・ディズレーリは、帝国主義を有権者の支持を集める手段ととらえ、１８７６年にヴィクトリア女王をインド皇帝にした。１８８０年代、ビスマルクは植民地争奪戦が他のヨーロッパの強国との関係悪化につながると考え、「アフリカ争奪（分割）」を否定的に見ていた。１８８４～85年のベルリン＝コンゴ会議（ベルリン＝西アフリカ会議）で彼が領土拡大の誘惑に屈した理由は、国内的には帝国建設が支持されると考えたからでもある。しかし、１８８９年には「負担と費用」を理由にドイツ領南西アフリカを手放したがっていた。

ビスマルクの消極姿勢は、レーニンらが主張した典型的な植民地主義批判の問題を示している。彼らの見方によれば、帝国主義は資本主義の「最終段階」であった。ヨーロッパ内の不平等は、資本家が生産する製品の内需の低下を意味した。労働者が貧しく、物を買う金がないからだ。そこで資本家は国外の市場に目を向けざるを得なかった。

しかし、経済的恩恵はレーニンの主張ほど明確ではなかった。イギリス企業のある報告によると、1880年半ば以降、帝国が植民地に投資して得られる収益は国内で得られる収益よりも低下していることがわかった。植民地を防衛するコストは高く、報告の執筆者たちは「帝国がなければ、イギリスの納税者の負担はもっと軽かっただろうし、資源はもっと生産性が高い活動に使えただろう」としている。[20]しかし、第一次世界大戦で示されるように帝国主義はイギリスの軍事力を大幅に増強するのに貢献し、また、ヴィクトリア朝後期の帝国は「金を浪費していたようには見えない」と指摘する学者もいた。[21]

19世紀後半、とりわけ成功した経済強国はドイツとアメリカだった。ドイツはトーゴランドやナミビアなどアフリカにいくつかの保護領を持っていた。アメリカはフィリピンとハワイを植民地としていた。しかし、どちらも海外領土から莫大な利益を得ていたとは思えない。アフリカ分割はアフリカの人々にとってのみならず、過ちだった。なぜなら、アフリカの経済が未発達で、ヨーロッパ製品に対する大きな需要を生まなかったからだ。フランスはアルジェリアとインドシナで金を儲ける一方、熱帯アフリカの植民地では金を失っていたようだ。[22]

植民地拡大のもうひとつのテーマは、ヨーロッパ人は輸出には関心がなく、もっぱら原材料の入手に関心があったという点だ。最も悪名高い事例は、レオポルド2世の下、ベルギー領コンゴで輸出用ゴムの生産のために行われた現地人の強制労働である。ノルマを達成できなかった人は手や足を切断された。[23]南アフリカは、イギリスに金とダイヤモンドをもたらした。これは土地の人々の長時間の過酷な労働で採掘されていた。1870年代、キンバリーでダイヤモンド・

ラッシュが起こり、1886年にはウィッターウォーターズランドで世界最大の金鉱が見つかった。先住民の土地所有権は制限され、彼らは白人が所有する農園や鉱山で低賃金で働かされた。南アフリカの1人当たりの外国投資は、イギリスが他のアフリカ植民地に投入した金の11倍にものぼった。(24)

第一次世界大戦後にはコモディティ〔商品。特に原材料〕重視の方針が支持された。軍事用に不可欠となった石油が、地球上の数少ない場所にしかなかったからだ。イギリスとフランスが中東の覇権を競ったのはまさにそれが理由だった。

外国投資は1914年以前は非常に盛んだったが、植民地では必ずしもそうではなかった。フランスはロシア国債を大量に買っていたが、1917年の革命後、共産政府は債務不履行になり、その決断は裏目に出た。1914年のイギリスの海外投資を調べると、アメリカが最大の単一投資先であり、次いでイギリスの資産が少ない中南米だったことがわかる。ヨーロッパとオーストララシアやカナダなどのほぼ独立した自治領を除けば、植民地投資は全体の3分の1以下だった。ヨーロッパ、オーストララシア、北米など発展した国々の投資リターンは開発途上国のそれよりも年率1%高かった。(25)

急成長が見られたのは、イギリス帝国の現在の領土や旧植民地に限らなかった。メキシコは1876年から1910年のあいだに、年8%の成長率を達成し、人口は50%増えた。同国は金属などの主にコモディティの需要で経済が成長し、クーデターで権力を握った将軍ポルフィリオ・ディアスによって35年間支配された。(26)しばらくのあいだイギリスはアルゼンチンに特に積極的に投資し、アルゼンチンは１８８０年代、イギリスの対外融資のほぼ半分を占めていた。19世紀後半、アルゼンチンには大量の移民が押し寄せ（特にスペインとイタリアから）、農産物の輸出大国となった。１８８０年から１９１４年のあいだに５％の成長率を達成した。[27] 第一次世界大戦前には、アルゼンチンは１人当たりのＧＤＰで世界で10番目に豊かな国になっていた。[28] しかし、同国はすでに20世紀、21世紀に起こる経済的混乱の兆しを見せていた。１８９０年、イギリスのベアリングス銀行は、ブエノスアイレス上下水道会社の社債売却で損失を出したとき、破産しかけた。[29] ヨーロッパの投資家たちはそれ以上の損失を警戒してさっそく資金を引きあげた。

まるでヨーロッパ人の著述家が先祖の行いの言い訳をしているようだと思われないために、まず植民地支配の意図が無神経で悪意のあるものだった可能性を認めよう。宗主国は征服した国の国民にどのような影響を与えるかについてほぼ無頓着だったし、植民地の経済を発展させる努力も特にしなかった。インドの場合、イギリス統治は明らかに悪影響を及ぼした。この時代、ヨーロッパの飢饉はほぼ撲滅されていたのに、インドはイギリスに支配されていた19世紀後半、５度も大飢饉に見舞われ、合わせて１５００万人が犠牲になった。干渉しなかったことの言い訳にイギリス人がよく挙げるのは、費用、自由市場介入へのためらい、あるいはマルサス的な淘汰で人口が適切なレベルに下がると信じていたことなどだ。[30] しかし、文明国でキリスト教国を標榜する国にしては、これは情けない言い訳である。20世紀、スターリンや毛沢東の下で起こった飢饉は恐るべき犯罪と見なされている。ベンガルも同じカテゴリーに入る。１９４３～44年に起こっ

た飢饉では300万人が亡くなったが、イギリスはその時点でもベンガルから米を出荷していたのだ。(31)

イギリス支配下のもうひとつの大飢饉はアイルランドで起こった。原因は、アイルランドの主要作物となっていたジャガイモの葉枯れ病の流行だった。イギリスは当初、救済策を講じたが、それらは1847年に破綻した。飢饉のあいだアイルランドは食料の純輸入国となっていたが、この危機の最中も小麦は依然としてアイルランドからイギリスへ出荷されていた。イギリス当局は救済に1000万ポンドを拠出したが、(32)まったく焼け石に水だった。結果として、人口の8分の1(100万人)が死亡し、100万人が移民した。

搾取は別のかたちで行われることもあった。イギリスは中国の茶葉を大量に欲したが、それと引き換えに中国人が欲しがるようなモノをあまり持っていなかった。東インド会社がインドで芥子《けし》の栽培を許可したため、現地の人々は壊滅した繊維産業の代わりに、この作物(アヘンの原料となる)を栽培し始めた。イギリスの商人はアヘンを中国へ密輸し、常習性の強いこの麻薬のおかげで莫大な利益(1箱当たり2000%)を得た。

1839年、中国はアヘンを禁止し、2万箱、すなわち250万ポンド分の引き渡しを要請した。そして、これを廃棄した。歳入の喪失を心配し、激怒したイギリスは、中国を攻撃し屈服させた。中国の港を通商のために開かせ、香港を手に入れた。自国の政府の行動を批判するイギリス人はほとんどいなかった。未来の首相、ウィリアム・グラッドストンは「進んだ文明人でキリスト教徒である我々は、正義と宗教の両方に反する目的を追求している」と非難した。しかし、

彼は4期首相を務めたあいだにも英国領を中国に返還せず、その意味ではそれほど進んだ文明人とは言えない。(33)

債権者のルール

スエズ運河は19世紀の土木工学の奇跡である。地中海と紅海をつなげるという発想は古代からあり、ペルシア帝国のダレイオス大王が最初に試みた。このアイデアには、帝国主義の列強が多大な関心を寄せた。開通すれば、ロンドンからボンベイまでの航路を41%、上海までを32%短縮できる。(34) 運河の建設工事は1859年に始まり、1869年に完成した。エジプト政府は資金の半分と、1日17時間働くエジプト人労働者を40万人提供した。(35) なかには無給の労働者もいた。

綿花の輸出に強く依存していたエジプト政府は負債の支払いに行き詰まり、1875年、運河の株の44%を400万ポンドという安値でイギリスに売却した。これは急場しのぎにすぎず、翌年、債務不履行に陥った。これを口実にヨーロッパはエジプト支配に取りかかり、最初は英仏合同だったが、のちにイギリスの単独統治となった。1889年には、イギリスの船舶はスエズ運河を通る船の75%を占めていたのに対し、フランスはわずか8%だった。当時の『エコノミスト』は、スエズ運河は「イギリスの利益のために、フランスのエネルギーとエジプトの金を使って開かれた」と書いた。イヴリン・ベアリングがエジプト総領事に任命され、傀儡《かいらい》の王に代わって支配し、イギリスのくびきが完全に解かれるのは1950年代半ばだった。エジプトは正式にはイギリスの植民地ではなかったが、独立国でもなかった。(36)

同様のことがオスマン帝国でも起こっていた。同国は19世紀をほぼ通じて衰退の一途をたどった。1838年、不平等条約が結ばれ、イギリスや他の欧州列強はオスマン帝国内の通商で関税をわずか3%にする権利を得た。スルタンの財政状況は改善せず、1875年、オスマン帝国は国家財政の破綻を宣言する。(37) 1881年、ヨーロッパはオスマン債務管理局を設置した。管理局は最終的に9000人を雇うまでに成長し、ヨーロッパの債権者に返済するために、オスマン帝国の市民から税を取り立てた。これら「債権者のルール」のふたつの事例は、20世紀にも数多く繰り返されている。国民国家は自国の商人を支えるために軍事力を行使し、資本が世界を流れ始めると投資家にも同様の支援を与えた。

巻き返し

19世紀後半、イギリスは世界の産業を圧倒的にリードしていた。ロンドン万国博覧会を開催してその国力を誇示した1851年、イギリスはフランスの10倍の石炭を消費し、ドイツの4倍の鉄を生産し、フランスとドイツを合わせた2倍の蒸気機関を稼働させていた。(38) 1880年、世界の工業製品の23%をイギリスが占め、アメリカは15%、フランスとドイツとベルギーを合わせて18%だった。しかし他国も急いで追いついてきており、1913年には世界市場の33%をアメリカが占めていたのに対し、イギリスは15%だった(図参照)。(39) ドイツは第一次世界大戦までには、イギリスの鉄の2倍以上を生産していた。(40)

時には技術者が海外に移住したために、イギリスの工業化を支えた技術が移転したり真似され

巻き返し

1人当たりGDP（単位・2011年時点の1000ドル）

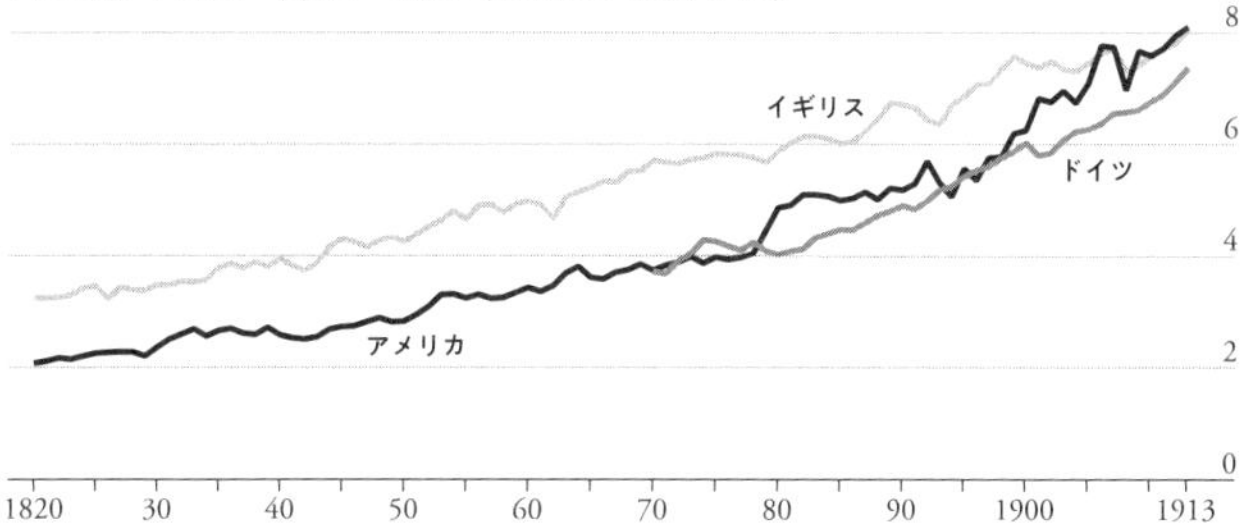

Source: Maddison Project Database

たりした。最先端技術をあとから取り入れるほうが得だった。イギリスは蒸気機関を開発し、紡績機や織機を発明するのに何十年も費やしたが、他の国はただその最新の改良版を取り入れるだけでよかった。

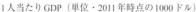

ヨーロッパ大陸の沖の小さな島国が首位を維持できないのは無理もなかった。他国はイギリスが通商で富を得たことに気づき、熱心にそれを真似た。アメリカは19世紀に大幅に領土を拡大し、大陸並みの力を持った。アメリカの人口は自然増と移民により、１８２０年の９６０万人から１８６０年には３１４０万人になっていた。これは、アメリカ経済が対外貿易のことをあまり心配せずに利用できる巨大な国内市場だった。実際には、アメリカ合衆国政府は１７９０年から１８６０年のあいだ歳入の90％を関税に頼っていた。１８２０年代には平均関税率は60％だった。数十年にわたって関税は減少していったが、南北戦争中にまた50％になり、19世紀のあいだはだいたいその数値にとどまった。[41]

これらの税にもかかわらず、アメリカは19世紀前半、まだ工業製品を輸入し続け、食品や原材料、なかでも綿花を輸出していた。19世紀半ば、世界の綿花の70％はアメリカ産だった。[42] しかし、製造業は重要性を増し、労働人口に占める製造業の割合は、1810年に8％だったのが、1860年には20％に増えていた。[43] 人口増加、原材料生産における搾取、産業の発展のコンビネーションにより、アメリカの実質GDPは1820年から1910年のあいだにほぼ4倍になった。[44]

アメリカ合衆国の国内市場を開拓するには、広い国土に関わるインフラ投資が必要だった。前章で見てきたように、運河や鉄道は莫大な投資だ。鉄道建設に必要な鉄のほとんどは海外から輸入されていた。しかし19世紀後半、アメリカは自国の天然資源を利用し始めた。1860年から1910年のあいだに、鉄の生産量は16倍に、石炭生産量は23倍になった。両方とも鉄道の運行に不可欠であり、総延長は同時期に5万キロから41万5000キロに延びた。[45]

同様に重要だったのは、1859年にペンシルヴェニア州タイタスヴィルで油田が掘り当てられて起こった石油ブームである（第5章参照）。そして、1880年代にはエジソンが電球を発明し、発電システムを構築するなど、アメリカは最早ヨーロッパの最新技術を真似るのではなく、イノベーションをリードする国になっていた。

ここで、イギリスが最初に工業化に成功した要因をおさらいしておこう。アメリカにはエネルギー資源があり、学習を推奨する文化があり、ビジネスを妨げない制度があった。建国の父たちは（たいてい）小規模農家の経済を支持していたが、あえて政府の権限を制限したため、企業には成長の余地がふんだんにあった。アメリカの制度の仕組みはあまりにもミニマリスト的だったという見方もできるだろう。南北戦争前のアメリカの銀行制度は「西部劇」のようで、ひんぱんに危機や詐欺があった。中央銀行を設立する試みは政治的反対にあって二度頓挫し、連邦準備制度理事会（FRB）が設立されたのは1913年になってからだった（第13章参照）。通貨が不足し、外国の硬貨がまだ通用していた。1848年にカリフォルニアで金が見つかると、その地域は急速に発展し、貨幣の流通量が増えて経済が活性化した。南北戦争中に発行された裏が緑色の紙幣《グリーンバック》は、19世紀の最後の数十年間、金（ときには銀）と交換できた。

おそらく、アメリカ経済の根本的な強さを示すのが、南北戦争の影響を克服したことだろう。これは政府が率先した。1862年のホームステッド法により、入植者は1区画160エーカーの土地を開拓すれば、所有権が与えられることになった。1914年までに、250万件の申請登録があった。これが一部影響し、アメリカ国土の農地の割合が1870年の16％から、1910年には39％に上昇した。[46] アメリカは（自由の女神が象徴するように）自由の国というだけでなく、男女問わず若者が豊かになれる国だった。さらに移民の大波が押し寄せ、人口は1910年には9200万人になり、この段階で経済はイギリスの2倍以上になった。[47] 大陸の強国として、アメリカがどのヨーロッパの国よりもはるかに大きな影響力を持つことはすでに明らかだった。

ドイツはこの時代を分裂国家として出発した。神聖ローマ帝国はついにナポレオンによって廃止され、戦争が終わると、38の政治的区域（それぞれ独自の関税があった）が出現していた。ドイツ諸邦は1818年、プロイセンを筆頭に関税障壁の撤廃に乗り出し、1834年に関税同盟を結成した。同盟はオーストリア・ハプスブルク帝国の領土を除外したが、その理由はドイツの覇権をめぐってプロイセンとオーストリアが戦い、前者の勝利で1866年に終結した戦争の影響もある。国全体は1870～71年の普仏戦争のあと、プロイセン皇帝の下で統一された。

統一のはるか以前、ドイツの一部は急速に工業化していた。1850年代が重要な10年となり、鉄道ブーム、株式会社や銀行の設立、鉄鋼産業の発達が見られた。(48) 石炭の生産量は1850年の200万トンから、1913年には1億1400万トンとなり、(49) その頃までにルール地方は国の石炭需要の60％を供給していた。(50) 肥料の助けもあって、ドイツの穀物収穫量は1845年から1914年のあいだに3・7倍に増加していた。(51) そのため、ドイツは増える人口を養うことができ、1871年の4100万人から1913年には6800万人に激増した。

アメリカ同様、ドイツも特定の産業でイギリスを追い越す方法を早急に見つけた。初の合成染料、モーヴは1856年にイギリス人、ウィリアム・パーキンが発明した。しかしドイツには経験豊富な化学者がおおぜいいて、主要製品であるアリザリンという赤色染料の開発を皮切りに、1870年以降、急速に染料工業を発展させた。バイエルンやBASFなどのドイツ企業が化学および製薬の分野で世界の首位に立った。

統一後のドイツはたちまち好景気に沸き、その後不景気になった。これは、フランスからの資本の流入に因るものだろう。1871年の戦争後、ドイツは賠償金50億フランを請求した。この数字は1919年のヴェルサイユ条約がのちに問題視されたことを考えて、頭に入れておく価値がある。1870年代の最初の3年間に、それまでの70年間と同様に多くの鉄工所、溶鉱炉、機械製造工場が建設された。[52] グリュンダーツァイトと呼ばれる株式市場のブームは、鉄道関連で多くの詐欺的な宣伝もあって１８７３年に暴落して終わり、同じ頃、アメリカも同様の金融危機に陥っていた。しかし、これは一時的な後退に過ぎなかった。第一次世界大戦の頃には、ドイツの平均収入は実質的に１８５０年の４倍になっていた。[53]

ヨーロッパの多くの国は工業化を進めた。第一次世界大戦直前、オーストリアはヨーロッパの石炭の12％近く、鉄の８％を生産していた。[54] スイスの特に亜麻布、綿布、刺繍生地など繊維産業の規模はヨーロッパでイギリスに次いで２番目だった。[55] 石炭がないため、水力に頼っていた。イタリアの工業化は北部に限定されたが、１９１３年には鉄道の総延長が１万９０００キロに達していた。[56]

一方、帝政ロシアは同時期にアジアで領土を広げたが[57]、工業化は後れた。支配する側が、工業化が進めば社会変革が起こり、自分たちの権力が脅かされると恐れたからだが、この予感は的中した。しかし、工業化しなければ大国の地位も失うリスクがあり、19世紀の最後の20年間、ロシアは少しずつ前進した。鉄鋼生産量は１８８０年から１９００年のあいだに10倍になり、工業の総生産高は１８８５年から１９００年にかけて年に５～６％増え、鉄道の総延長は１８９０年から１９０４年のあいだに２倍になった。[58] ロシアは天然資源に恵まれ、１９００年には世界の石油生産の３分の１を生産していた。同国の輸出の半分は穀物で、工業製品はわずか８％だった。[59] このような成長にもかかわらず、ロシアは大陸の他の国々から相当後れていた。１９１３年、ロシアの１人当たりのＧＤＰは、ヨーロッパの平均の60％だった。[60]

日本の台頭

誤った通念では、1853年にアメリカのペリー提督率いる黒船艦隊が東京湾に現れたとき、日本はまだ完全に中世の封建社会だったとなっている。実際には、日本は近代初期のヨーロッパ社会の特徴を多くそなえていた。18世紀日本で、都市に住む人の割合は、西ヨーロッパのそれよりも高かった。(61) 江戸時代（1603～1868年）の灌漑事業のおかげで農業の生産性が向上して人口も増え、1600年の1850万人から1850年には3200万人になっていた。1801年の日本の人口密度は2・6平方メートル当たり226人で、イギリスの166人よりも高かった。(62) 1850年の1人当たりの実質GDPは1072ドル、言い換えると、同時期の中国より50％高かった。(63)

日本の職人は、古いヨーロッパのギルドに似た仕組みの下、衣類や家具、金属製品（武器を含む）をつくっていた。繊維は問屋制家内工業（家内生産者に問屋が原料を提供する）に似た方法で生産されていたが、100人規模の工場もあった。18世紀末、三井家は東京の工場に1000人を雇っていたと言われている。日本の金融制度には、為替手形などの信用貸しがあり、穀物の先物取引も行われていた。(64)

15～16世紀、日本は盛んに外国との貿易を行い、商人たちはタイやインドにまで赴いていた。(65) ところが、外国人やキリスト教宣教師の破壊的な影響力を恐れて、1639年に鎖国に入る。それからの200年間、外国との貿易が認められたのはわずかな飛び地のみで、取引相手も中国人

漂う小さな生命のドラマを美しいクローズアップ写真で魅せる

ォトミュージアム]

プランクトンの世界

求の生態系を支える海中の奇妙な宝石たち

リック・ホイト／野口正雄訳

の海で輝く動物プランクトンの姿を写真家たちが撮影し、海洋物学者が案内するユニークな生き物たちの世界。160点あまりオールカラー写真により、プランクトンの魅力に迫る。
田敦氏（東京大学大気海洋研究所）、大塚攻氏（日本プランク学会会長）、鈴木香里武氏（幼魚水族館館長）推薦！

変型判（257×257mm）・180頁・5000円（税別）ISBN978-4-562-07278-1

トールキンのすべてがここにある

J・R・R・トールキン

自筆画とともにたどるその生涯と作品

キャサリン・マキルウェイン／山本史郎訳

「ホビット」「指輪物語」「シルマリルの物語」などで知られるトールキンに関する著作が（伝記、評伝、解説書など）網羅されており、美しい水彩画や地図が見開きで掲載されている箇所は見応えがある。トールキンファンとして知っておくべきことが過不足なく納められた「トールキン百科」の決定版！

変型判（266×245mm）・424頁・6800円（税別）ISBN978-4-562-07255-2

世界を
騙した
女詐欺師
たち

戦国を
生き抜いた男
浅倉徹

事でできるメンタルケア

ころを健康にする食事の科学

メアリー・ベス・オルブライト／大山晶訳

おいしい食べ物は体だけでなく心にも栄養を与えてくれる。何をどのように食べたら、日々のストレスをはねのけられ、メンタルが安定するのか。食べ物と感情の関係を最先端の研究から明らかにする。４週間のスタートプラン収録。

四六判・2200円（税別）ISBN978-4-562-07290-3

日新聞国際発信部による英訳も掲載！

文対照 天声人語 2023春［Vol.212］

朝日新聞論説委員室編／国際発信部訳

2023年1月〜3月分収載。6カ国転校生／SNS時代の自伝／「5類」への変更／若者たちの「折々のことば」／マフィアの伝達手段／テレビ放送70年／地図が好き／「はだしのゲン」を読む／松本零士さん逝く／チャットGPT／日銀総裁の器とは／マスクと卒業／ウィシュマさんの映像を見る／100年後の誰かのために／宇宙飛行士の卵 ほか

A５判・2000円（税別）ISBN978-4-562-07273-6

一線の専門家による最新の知見を集約！

ット世論操作とデジタル影響工作

「見えざる手」を可視化する

一田和樹、齋藤孝道、藤村厚夫、藤代裕之、笹原和俊、佐々木孝博、川口貴久、岩井博樹

第一線の専門家がそれぞれの視点から浮かび上がらせるデジタル社会の「見えざる手」。日常生活から政治・軍事にいたる手法や対応を、豊富な実例と図表を交えてわかりやすく総覧する。これからを生きるための必読書。

四六判・1800円（税別）ISBN978-4-562-07265-1

史」の本性は物語（ナラティブ）である

造と欺瞞の世界史 上・下

創作された「歴史」をめぐる30の物語

バリー・ウッド／大槻敦子訳

偉人の誕生や国家隆盛を支える「歴史」は、どのように解釈され「創作」され拡大していったのか。「物語」を求める人々の性（さが）が生み出した「歴史」の本性を、さまざまな角度から照らし直した話題作。

四六判・各2200円（税別）（上）ISBN978-4-562-07262-0
（下）ISBN978-4-562-07263-7

黒木瞳、桜井日奈子主演の話題作原作！

魔女の香水

宮武由衣

映画『魔女の香水』原作。「魔女」と呼ばれ の女性が創る香水の香りが、夢に挫折した 性を華やかな未来へと導く物語。「魔女」が 言葉で背中を押し、登場人物の未来を切り いく爽快なシンデレラストーリー。

四六判・1300円（税別）ISBN978-4-562-

ロシア、中国などさまざまな国際問題に取り組む「世界外交」の中心

アメリカ国務省

世界を動かす外交組織の歴史・現状・課

本間圭一

世界の外交の中心ともいえる国務省。そこにどんな歴史 どんな組織で、何をしているのか。日本の外務省とどう違 ……。「新冷戦」ともいわれる世界情勢に深く影響力を及 格の巨大組織の全体像を案内。世界の動きを知るための

四六判・2200円（税別）ISBN978-4-562-

NYタイムズ、ワシントンポスト他で激賞の全米ベストセラ

新しい権威主義の時代 上

ストロングマンはいかにして民主主義を破壊す

ルース・ベン＝ギアット／小林朋則訳

ムッソリーニ、ヒトラー、フランコ、カダフィ、そし チン、トランプへ。強権的な国家元首「ストロ ン」はどのように現れ、権威主義化を推し進めた そのプロパガンダ、「男らしさ」の政治的利用と

四六判・各2100円（税別）（上）ISBN978-4-562-
（下）ISBN978-4-562-

IT技術と陰謀論思考をもとに台頭した支配者たち

道化師政治家の時代

トランプ、ジョンソンを生み出したアルゴリズ

クリスチャン・サルモン／ダコスタ吉村花

トランプ、ジョンソン、ボルソナロ、サルヴィーニ デミックの時代、カーニバル化する政治状況下で 技術を駆使して大衆の中にある陰謀論思考や差 被害者意識を掘り起こし台頭した支配者たちを分

四六判・2000円（税別）ISBN978-4-562-

とオランダ人に限られた。中国とは違って日本には銀山があり、あまり輸出に頼る必要はなかった。しかし長く鎖国していたため、欧米列強の軍事力は相当な衝撃をもたらした。ペリー提督は1854年に日本に再びやってきて開国を迫り、1858年、幕府は5つの港を外国との貿易のために開き、フランスやイギリスと通商条約を結んだ。

その時点で、日本は一連の急激な改革に着手していた。強力な武士階級が廃止され、補償として公債を受け取った（その価値はのちのインフレで目減りした）。首都は江戸（東京と改名）に移され、そして1868年に天皇の権力が強化された。これらの出来事を明治維新という。欧米の社会について学ぶために使節団が派遣された。彼らが帰国すると、日本は西洋式の暦、メートル法の重量単位、新しい貨幣制度、株式会社を導入した。大蔵卿（大臣）の大久保利通は道路や鉄道の建設を推進し、官営の武器製造所、造船所、紡績工場がつくられた。[66]日本初の鉄道は1872年に開通し、その後急速に拡大して1910年には総延長8600キロに達していた。[67]

繊維産業は日本で最も成功した産業だった。低コストと急速に最新技術を取り入れたことが奏功し、世界の綿布市場の日本のシェアは、1877年の4％から1892年には36％に激増した。[68] 1870年から1913年のあいだに、日本のGDPに輸出が占める割合は、事実上のゼロから7％に上がった。[69]日本は非常に迅速に電力を取り入れ、1920年には、製造業の動力の52％は電化され、この割合はアメリカやイギリスよりも多かった。[70]

日本は1904年から05年の戦争でロシアに勝利し、第一次世界大戦が始まる頃には、非常に近代的な強国として台頭していた。日本のGDPは1885年から1914年のあいだに2倍以上に増加した。[71] 三菱などの巨大な近代的複合企業体のいくつかがこの時代に誕生した。三井、住友など他の財閥は多角的な事業を展開した。1945年以降の日本の高度経済成長は、すでにこの頃にぼんやりとした外郭が姿を現していた。

新しい企業の時代

初期の資本家は友人や家族から金を借りて、たいてい単独か小集団で事業を行った。しかし、19世紀に経済が発達すると、この形態は実情に合わなくなった。合弁企業や提携は古代からあった。イギリスやオランダの東インド会社のように国が支援する会社のモデルもあった。しかし、どんな会社を設立するにしても、いちいち王室や政府の承認が必要な制度は煩雑で、しかも悪用されやすかった。

18世紀初め、主に植民地の富を吸い上げるために新しい会社が続々と設立されると、株式投機がにわかに盛んになった。急激なインフレとバブル崩壊は企業設立の気勢を1世紀分、後退させた。1720年、イギリス議会は泡沫会社禁止法を制定し、国王の特許状を得ていない会社が株式を発行することを禁じた。しかし、19世紀に突破口が見つかった。有限責任会社である。経済ジャーナリストのジョン・ミックレスウェイトとエイドリアン・ウールドリッジは、有限責任会社の概念には次の3つの重要な面があったと主張する。会社は人間と同じようにビジネスをする能力のある「人工的な人間」である。会社は幅広く多くの投資家に株を発行することができる。投資家の責任は有限である。

この最後の点が特に重要だ。家や財産がすべて失われるリスクがあれば、他人が管理する投機的ビジネスを進んで支援する人はいないだろう。しかし有限責任会社の株を1000ポンド買えば、利益はそれより多くなっても、損失は最大でも1000ポンドまでだ。有限責任の構造は大きな損失のリスクをなくし、株式投資を促した。すると資本のコストが下がり、会社を設立する人が増え、これが長期的に経済成長を促進した。昔から非常に個人主義的な思想と思われてきた資本主義は、投資家が団結して初めて栄えるのだった。

有限責任の形式は、莫大な資本と労働力を必要とする鉄道建設に非常に役に立った。1891年、ペンシルヴェニア鉄道は、アメリカ陸海軍より3倍も多くの人を雇っていた。イギリスでは、会社設立にまだ議会立法が必要だった1840年代に鉄道熱が起こった。1846年の1年で246の鉄道法が成立した。[72] 最高値のときに鉄道株を買った人々はその世紀の末まで利益確定ができなかった。[73] それでも、あわよくばと他の市場に投資する人は絶えなかった。1898年のニューヨーク証券取引所で、発行済み株式の合計の60%が鉄道株だった。

有限責任会社は最初からすぐに普及したが、経済学者ロナルド・コースがその理由を説明する論文を発表したのは1937年になってからだった。要は、関連する業務が複雑であるからだと彼は主張した。業務によっては、簡単に実行できる——たとえば馬の蹄鉄を鍛冶屋に注文する。しかし製品が仕上がるまでに、幅広く様々な業務の完了と調整を行わなければならない。市場で一連の取引を介してこれを手配することは、複雑すぎるし金がかかりすぎる。またそのような製品やサービスを届ける契約は様々な付帯条項が必要になる。人を雇い、その人たちに様々に業務

を割り当てるほうが、市場を介してそうするよりも簡単で安上がりだ。会社が存在する理由はそれだ。(74)

有限責任会社は非常によいアイデアだったので、経済学者ティム・ハーフォードは「近代経済をつくった50のもの」に入れている。(75) しかし、この企業構造は普及したと思ったら、まもなく問題が浮上し始めた。すでに指摘したように、大企業はスケールメリットを得られる。しかし同様に、この購買力（と販売力）はある程度大きくなると市場をゆがめる可能性がある。

1859年にペンシルヴェニアで石油が発見されてまもなく、ジョン・ロックフェラーはエネルギー事業に参入した。しかし、彼は有望な土地で石油を掘り当てるリスクを冒さず、精製に目をつけた。石油は鉄道で運ばれるため、ロックフェラーは交渉して安い輸送レートを勝ち取り、競合他社を出し抜いた。他社が石油を輸送する際の手数料まで取った。多くの企業がロックフェラーと競うのをやめて彼に事業を売却した。そして1897年には、彼の会社スタンダード石油がアメリカの石油精製市場の90％を支配していた。(76)

別の実業家、アンドリュー・カーネギーは鉄道会社で働いたあと、鉄のレールを供給する事業を立ち上げた。1870年代に製鉄所を設立し、天井クレーンなどの最新技術を導入し、絶えずコスト管理に努め、業界のトップに躍り出た。(77) 1901年、事業を銀行家のJ・P・モルガンに売却する。これは10社を統合してUSスチールを設立する合弁の一環だった。USスチールは時価総額10億ドルを超える史上初の企業となった。(78) グループ全体で25万人もの従業員を雇い、アメリカの鉄鋼生産の3分の2を占めた。(79)

このような巨大企業の資金需要は一族のみで供給できる額よりはるかに大きく、したがって創業者は外部の出資者に株を売却せざるを得なかった。こうして大企業の経営と所有が分かれる長いプロセスが始まった。現代の経済では、株の所有は広く分散している。とはいえ、当然、富裕層は貧困層よりも大量の株を保有しているが、一般の労働者も年金受給資格や、子供の結婚資金など長期計画のための合同運用ファンドへの貯蓄というかたちで「資本」を所有している。

現代の経済学が取り組んでいる問題のひとつに、株主と仲介者の利害が完全に一致しない「プリンシパル・エージェント」問題がある。株主〔プリンシパル〕の利益を犠牲にしても自分たちの給与や特典を増やそうとする経営者〔エージェント〕、そして、顧客〔プリンシパル〕を確実に引き留めておくために短期的な利益を追求しがちなファンドマネージャー〔エージェント〕がこれに当てはまる。

しかし、19世紀後半の最大の懸念は独占だった。独占のリスクは、価格を押し上げるために企業がその立場を悪用することに尽きる。幸運にも、19世紀後半は技術の進歩により価格が急激に下がった時代だった。鉄鋼の卸売価格は1867年から1901年のあいだに83・5%下落し、鉄鉱石のアメリカの国内価格は1890年から1905年のあいだに半値になった。[80] 独占の被害は、消費者よりも競合会社のほうが多く受けた。

多くの巨大コングロマリットは、企業の統合の規模を偽装する企業合同《トラスト》だった。トラストの独占力を懸念する人々がトラストに反対し、その影響が政治家に及んだ。しかし、彼らを抑える努力は効果がなかった。議会は1890年にシャーマン反トラスト法を可決したが、ほとんど適用されなかった。オハイオ州最高裁判所がスタンダード石油を独占企業と判断すると、同社は持株会社を誘致していたニュージャージー州に移転した。１９０１年には、アメリカの全企業の3分の2が同州に本社を構えていた。[81]のちに、デラウェア州がさらに企業を優遇する条例を制定して企業誘致に励んだ。デラウェア州は税金と規制を最小限にした政策で今日もその魅力を放っている。２０１６年、フォーチュン誌が選んだ上位５００社のうち、その60％以上がデラウェア州の法人だった。[82]

トラストの強敵は予想外のかたちで現れた。セオドア・ローズヴェルトは企業寄りの共和党員だったが、彼はそれでも「個人と企業の莫大な資産、わが国の産業構造の特徴となっている莫大な資本の連合体」を危惧し、「国家、必要とあらば国民は、国家の創造物である大企業を監督し管理する権利を持たなければならない」と戒めた。[83]ローズヴェルトは、１９０１年に大統領に就任してまもなく、鉄道の持株会社ノーザン・セキュリティーズを反トラスト法で訴えた。そして１９０６年、のちにスタンダード石油の解体につながる訴訟を起こした。

ローズヴェルトはまた、他の分野でも企業の行き過ぎを制御するために動いた。食品産業の状況を改善するために、１９０６年に食肉検査法と純正食品・医薬品法を成立させた。[84]食肉梱包産業のお粗末な衛生基準と危険な労働環境は、アプトン・シンクレアの１９０４年の小説『ジャングル』で告発されていた。シンクレアに著書を贈られた大統領は食肉処理場を調査させ、本に描かれたとおりに劣悪な環境であることを知ったのだった。第一次世界大戦が始まる頃には、企業部門は重要な経済力として台頭していた。事業は多国籍となり、外国に工場を建設したり、外国の鉱山や農園を買い取ったりしていた。独占に傾いていった国はアメリカだけではない。イギリスでは一連の合弁によりユニ・リーバの前身であるリーバ・ブラザーズが石鹸市場を独占していた。ドイツには1900年までに275のカルテルができていた。(85)

1913年には、およそ400億ドルから450億ドル、つまり世界の投資の3分の1が外国直接投資（FDI）だった。(86) これらの企業の株は株式市場で取引され、株価の上下は経済の信用の兆候と見なされるようになった。ダウ・ジョーンズ工業株価平均は最もよく知られた（最善の設計ではないが）(87) 株価指数で、1896年に最初に発表された。ディスティリング・アンド・キャトル・フィーディング・カンパニー（蒸留・家畜給餌会社）やUSレザーなど、当初の構成銘柄の多くは今では独立企業として存在していない。ゼネラル・エレクトリック社は1907年からずっとダウ平均の構成銘柄であり続けたが、2018年にウォルグリーンズ・ブーツ・アライアンスと入れ替わった。強大なエンジニアリング企業が地味なドラッグストアに押しのけられたわけだ。

第二次産業革命

紡績、鉄道、石炭、鉄鋼――これらは工業化の第一段階に関わる分野である。いわゆる「第二次産業革命」は19世紀後半に起こった。誘因のひとつはドイツが主導した化学産業だった。しかし、特に重要なふたつの変化は内燃機関の改良と電力の利用だった。

これらの産業の最大の経済的影響が出始めたのは、かなりあとになってからだ。電力を最大限に利用するには工場をどのように設計すればいいか経営者が理解するまで、そして、家庭電化製品が開発されるまでには、しばらく時間がかかった。冷蔵庫やテレビが一般家庭に普及するのは第二次世界大戦後だった。多くの消費者が自家用車を買えるようになるのも時間がかかった。最初に新しいテクノロジーを採用したのは大量輸送の分野だった。1890年、イギリスはまだ乗合馬車や馬車鉄道を引くために28万頭の馬を使っていた。(88) しかし、1880年代から電気が馬力を駆逐し始めた。1917年、ニューヨークは最後の馬車鉄道の路線を廃止した。

しかし、自動車の普及、電気で明るくなった街灯、最初の飛行機の登場など、これらはどれも世の移り変わりを実感させた。最新の発明についていけない国は二流の国という感覚があった。これは、1906年から1914年にかけてイギリスとドイツが海軍力増強を競い合ったことが示している。イギリスは世界最強の海軍を自負していた。ドイツはその地位を奪おうとしていた。大口径砲を搭載し、蒸気タービンを推進機関とする新しい級《クラス》、ドレッドノート級戦艦が前世代の戦艦を海上から一掃した。(89) 西部戦線で大量の戦死者を出した大砲や機関銃、有刺鉄線の製造に役立った工業化の破壊的な面が現れようとしていた。

生活水準

1848年はヨーロッパ全土で革命が続けざまに起こった年だった。フランス国王ルイ・フィリップが廃位させられ、絶対王政を提唱したオーストリア貴族、メッテルニヒが失脚した。これらの革命を起こしたのは、立憲政府を求める自由主義者と、帝国君主の支配から逃れて独立を求めた人々だった。

この年は、カール・マルクスとフリードリヒ・エンゲルスが『共産党宣言』を出版した年でもあった。この小論文は「ヨーロッパに怪物が出没している――共産主義という怪物が」という有名な文言で始まり、プロレタリアート、すなわち労働者階級の運命について「機械がしだいに労働の差異を消し、ほとんど至る所において、賃金が同一の低い水準に引き下げられる」と非難した。続いて著者らは、労働者が「産業の発展とともに向上するどころか、自身の階級の存在状況よりもさらに下へ下へと沈んでいく。彼は貧者になり、貧困は人口や富の増加よりも速く進む」と書いている。

宣言が書かれたとき、労働者階級は確かに工業化の恩恵を受けていないようだった。イギリスの労働者の1人当たりの生産量は1780年から1840年のあいだに46%上昇したが、賃金は(インフレ調整後)12%しか上昇していないと推定されている。初期の工場の過酷な労働条件と都市の不健康な環境を考えると、これはまったく割に合わない取引だった。ところが、ちょうどマルクスが論文を書いていた頃、状況が変わり始めた。1840年から1900年の60年間に、イギリスの実質賃金が労働者1人当たりの生産高を上回り、実質賃金が123%、生産高は90%上昇した。[90]

経済史学者ロバート(ボブ)・アレンは、19世紀前半の高収益が労働を犠牲にして資本の所有者を増やしたために、このパターンが現れたと述べている。しかし結局、資本の所有者はこれらの収益を再投資し、生産性を向上させ、それが実質賃金を押し上げた。[91] 他の要因も関わっているだろう。労働者は実質賃金が高いアメリカやイギリスの植民地に移住できた。アイルランドの労働者はイギリスの農場の季節労働者となっていた。大飢饉後、彼らが一斉に外国へ移住したため、イギリスの実質賃金が上向くほどだった。そして、19世紀の最後の30年間、新大陸産の安い穀物が輸入されて食料価格が下がると、購買力が高まった。

労働者はまた、特に安価な衣料品など様々な恩恵を受けた。休日には低運賃の鉄道で旅をし、大都会を訪れたときはガス灯で照らされた通りを散歩した。これらは従来の統計には現れない生活水準の向上である。さらに、新技術の恩恵に与《あずか》った人の多くは、工場労働に耐える必要がなかった。たとえば、1851年のイギリスの国勢調査によると、およそ50万人の綿花労働者がいたのに対し、家事労働者は100万人、農場労働者は200万人だった。[92] 19世紀末、全フランス人労働者のうち半数は農場で働いていた。

不平等は19世紀に増えた。その主な理由は、GDPが高くなると、人口のごく一部が他の人々を飢餓に追いやることなく、高い生活水準を享受できたからだと思われる。不平等のピークは、イギリスでは1867年頃、アメリカでは20世紀初頭に達した。ピークを過ぎると、実質賃金はさらに急上昇し、労働者もついていけた。[93] 最終的に、ほとんどの人は経済成長の恩恵を受けることができた。

労働組合

工業化が世界に広まるにつれ、労働者は高い給料とよい労働条件を求めて団結した。イギリスの組合員の数は、1887年の67万4000人から、1905年には2000万人に増えていた。フランスでは1890年の13万9000人から、1902年には61万4000人に、ドイツでは1887年の9万5000人から、1903年には88万7000人になっていた。(94)

労働者と経営者の衝突は時には激しい暴力に発展した。1892年、アンドリュー・カーネギーは、ペンシルヴェニア州ホームステッド工場の労働者の賃金をカットした。労働者がストライキに入ると、彼らは閉め出され、代わりの者が雇われた。その後、ストライキ参加者とピンカートン探偵社の回し者の乱闘になり、前者の9人、後者の7人が死亡した。ついに8000人の州兵が送り込まれ、ストライキは鎮圧された。

労働争議はヨーロッパでもよくあった。およそ40万人のフランスの労働者が1906年、1日8時間労働を要求してストライキを決行した。ドイツのルール地方の炭鉱労働者は1905年から1912年にかけてひんぱんにストライキを繰り返した。イギリスでは1911年に初の全国鉄道労働者のストライキで運行停止となり、1912年に初の全国炭鉱労働者のストライキがあった。(95) これらの産業のストライキは、経済がそれらに依存するようになっていたため、特別に効果的だった。工場を動かす石炭がなければ、あるいは物資を運ぶ鉄道が止まれば、他の産業もすぐに停止に追い込まれる。1911年の鉄道ストではウィンストン・チャーチルがラネリーに軍隊を送り、6人が死亡した。この事件をきっかけに、労働運動に関わる多くの人が何十年も彼を恨むことになった。

女性労働者の待遇はさらに悪かった。イギリスのブライアント・アンド・メイのマッチ工場の女性労働者は、冬は午前8時から、夏は6時半から、朝食休憩30分、昼食休憩1時間をはさんで午後6時まで働いた。仕事中は立ちっぱなしで、週4シリング支払われたが、許可なく話したりトイレに行ったりすると3ペンスの罰金を取られた。(96) 1911年、ニューヨークのトライアングル・シャツブラウス工場の火災では、146人（うち、123人が女性）の従業員が亡くなった。盗難や不法侵入を防ぐために階段や出口に通じるドアは普段から施錠されていた。(97)

ヨーロッパ全土で組合運動が盛り上がり、各国政府は革命に発展するのではないかと警戒した。そのため、攻撃的な外交政策をとったり、愛国心を煽ったりして、労働者の関心を経済問題から逸らそうとする政府もあった。それが狙いだったとしたら、第一次世界大戦の混乱からロシアで本物の革命が起こり、他国の君主制の崩壊につながったのは皮肉だ。それより大きな疑問として、革命は必ず起こるというマルクスの予言はなぜ実現しなかったのか。

その答えは、19世紀後半にはほとんどの人に工業化の恩恵が充分に現れていたからである。農業生産量が人口とともに増加したため、工場労働者が飢えることもなかった。25か国の農業生産量を調査したところ、1870年から1913年のあいだに倍増していた。(98) ドイツとフランスは19世紀後半に脱穀機や刈り取り機の機械の使用を増やした。一方、ロシアは1860年代から1914年のあいだに穀物生産量を6倍に増やすことに成功していた。(99)

各国政府はまた、社会主義と共産主義の脅威を和らげるため、福祉手当を提供した。ビスマルクは1880年代、ドイツで健康保険、損害保険、年金制度を導入した。フランスは1890年代と1900年代に健康保険と育児支援を導入した。イギリスは20世紀の最初の10年に、年金と失業保険を提供した。

19世紀後半に平均寿命も大幅に延び始めた。その理由はひとつには、科学者たちが病気の原因は細菌であると考え、不衛生な環境の害に気づいたからだ。この学説が受容されるまでには時間がかかった。1847年、ハンガリーの産科医イグナーツ・センメルヴァイスは産褥熱《さんじょくねつ》は医者が原因であると突き止め、同僚に手を洗うよう強く求めた。ところが、出産後の死亡率が激減したにもかかわらず、彼の方法は周知されなかった。センメルヴァイスは精神を病み、後年自分の理論の正しさが認められることも知らずに、精神科病棟で監視員に殴られた怪我がもとで死んだ。(100)

コレラの伝染について記した医師ジョン・スノウは、1854年にこの疫病の流行はロンドンの給水ポンプに原因があると突き止めた。ポンプの使用を中止すると、コレラ患者は減った。(101) 1859年から1870年にかけて、ジョゼフ・バザルゲット率いるチームがロンドンの地下に885キロに及ぶ下水道を構築し、全体で2万1000キロの下水道網に連結した。この建設計画は議会で5回否決され、1858年の「大悪臭」後にようやく承認された。このとき庶民院のカーテンは悪臭を軽減するために石灰でコーティングされていた。(102) 下水道は、アメリカの都市では1850年代後半から整備が始まり、ドイツとフランスでは1860年代から始まった。フランクフルトの下水道は腸チフスによる死亡を減らすのに貢献し、1868年の住民1万人当たり80人から、1883年には10人に減った。(103)

労働者は健康になっただけでなく、教育も受けられるようになった。19世紀前半、各国政府は幼い子供たちにも教育機会を与えた。アメリカ北東部の複数の州は、1840年には就学率100％を達成し、1850年にはアメリカの5歳から14歳の白人の子供の61％は学校へ通っていた。これより就学率が高いのは、ナポレオン戦争に敗北してから学校制度を導入したプロイセンだった。1850年には就学率73％を達成していた。フランスとイングランドは50％前後だった。(104)

もうひとつの重要な社会変革は、中間層の出現である。ノルウェーでは、専門職の労働者の割合が1815年の6％から1914年には22％に増えた。イングランドとウェールズの事務員の数は1871年の12万9000人から1901年には46万1000人になっていた。(105)事務職ばかりでなく、より複雑になった新しい経済は多くの弁護士やエンジニアを必要とした。

この中間層の労働者は選挙権を求め、イギリスでは1832年と1867年の改革法で認められた。1870年以降、プロイセンでは25歳以上のすべてのドイツ人成人男性は選挙権を得たが、議会制度は貴族が有利になるように不正に操作され、事実上、君主が統治していた。男性の普通選挙権は1849年にフランスで導入されたが、ナポレオン3世の下で制限され、第三共和政になった1871年以降、正式に確立した。これらの選挙権の拡大は、特に1848年の出来事を考えると、革命を思いとどまらせようとするエリート側の施策であったかもしれない。(106)

中間層は都市の中心部を出て郊外に移り住んだ。通勤のコストを負担する余裕ができていた。それに、彼らは19世紀後半に登場した「小売り王国」の重要な顧客だった。百貨店は客を店内に誘い込むためショーウインドウをつくった。定期的にセールを開催して売り上げを伸ばし、エスカレーターやエレベーターなどの便利な機械を取りつけた。新しい店は巨大だった。1889年、パリのボン・マルシェにはセール中、銀の噴水がある香水売り場やレース売り場などを目当てに1日に7万人の客が訪れた。作家のエミール・ゾラはその様子を「狂気の欲望がすべての女を狂わせている」と述べた。(107)

アメリカでは1888年に、リチャード・シアーズがチラシを宣伝に使って、腕時計や宝石を売ることを思いついた。1894年には、彼は扱う商品を増やし、衣料品や楽器、自転車などをそろえ、「地球で最も安い店」と銘打った。(108) 郵便で発送される安価な商品カタログは、沿岸部の都会から遠く離れた国じゅうの僻地にある家庭まで届けられた。多くの人は田舎の農場に住み、近くにあるのは基本的な食料や道具を売る店だけだった。シアーズのカタログは広い世界を垣間見せてくれた。一時期、「ターザン」の作者エドガー・ライス・バローズが記事を書き、表紙は画家のノーマン・ロックウェルがデザインしていた。(109)

モノへの渇望はそこらじゅうで見られた。アダム・スミスは、消費は「すべての生産の唯一の終点であり目的である」と主張し、すでに述べたように、人々が茶葉や食器など新しいモノを買うために積極的に長時間働くという考えは、17世紀、18世紀の「勤勉革命」の原動力と見なされた。しかし、誰もがこの物質主義を認めたわけではなかった。1899年、ソースティン・ヴェブレンは『有閑階級の理論』を出版し、「誇示的消費」という新しい用語をつくった。(110) 消費者は、ニワシドリがつがいの相手を引き寄せるために巣を飾るように、己の富と地位を誇示するための商品を買う。その結果、商品によっては、他にはないというだけで所有する価値があった。

いわゆるヴェブレン財とは、価格が上昇するほど需要が高まる商品を指す。大量消費に関する一部のコメンテーターの態度には、いつもどことなく高慢な感じがあった。一般人にはモノを買う喜びなどあるのだろうか？　そこで思い浮かぶのは中世の奢侈禁止法だ。これは貴族が好む生地や色を、貧民が身にまとうのを禁じた法律だった。

工業化のとりわけ大きな恩恵は、市民にも買える値段で有用なものが購入できるようになったことだ。フランク・ウールワースはニューヨークのユーティカに「ウールワースの素晴らしい5セント・ストア」と名付けた店を開いた。これが失敗すると、彼は翌年ペンシルヴェニア州ランカスターで再挑戦した。成功のカギは、現代の1ドル・ショップや1ポンド・ショップのように、5セントか10セントで商品を（ファイヴ・アンド・ダイムと呼ばれた店で）売ることだった。チェーン展開が成功し、1912年には、合計596店舗で株式市場に上場し、翌年には当時、世界一の高さを誇ったウールワース・ビルがニューヨークに完成した。(111)後年の店主が「高く積み上げ、安く売る」と呼んだウールワース方式は20世紀に真似をする起業家が続出し、21世紀にはアマゾンというかたちで現れた。

世界的に有名なブランドのいくつかはこの時代に初めて登場した。コカの葉の主成分には刺激効果があり、南米の人々は昔からこれを噛んでいた。アメリカの薬剤師ジョン・ペンバートンはコカの葉を使って飲料をつくろうとしたおおぜいの中の1人である。彼は、刺激剤としてアフリカで使われていたコーラの実の抽出物とコカを混ぜてみた。1886年の最初のコカ・コーラにはコカインが少量含まれていた。ペンバートンの死後、エイサ・キャンドラーという男がこの飲

料を成功に導いた。1895年には、コカ・コーラはアメリカのどの州でも売れていた。(112)

砂糖を加えた飲料の誕生は、人類にとって大きな進歩ではない。しかし、人々はこれを気軽に飲んで楽しんでいる。コカ・コーラは、「OK」に次いで世界中で通じる言葉だと言われている。

サイクル

農業中心の経済は収穫量に左右され、作物の出来、不出来は「天災」によって決まるとされてきた。しかし、商工業が世界経済を支配するようになると、好況と不況という明確なサイクルが現れ始めた。このサイクルは1830年代以降、10年に1度の頻度でアメリカを中心にしたり、ヨーロッパを中心にしたりして現れた。このパターンには複数の原因が挙げられる。第一に、事業投資が関係している。(113) 工場を建設し、機械を購入するには、多額の初期費用が必要だ。これは労働者を雇い、原材料を買うのとはわけが違う。労働者は解雇できるし、原材料は売却できる。起業家はたいてい、商品に需要があると見込んだときに限り、設備投資のリスクをとる。すると、当然、好景気で高い利益が望めるときに投資することになる。全体として、この投資がさらに好景気を促進し、機械の発注と労働者の雇用を増やす。

しかし、やがて市場が飽和状態になり、価格競争のために利益が落ち始める。企業が労働者の雇用や原材料の購入に、より多くの費用を払うようになると、価格が上昇する。この悪化する状況に対応するため投資計画を延期したり、従業員を解雇したりする企業もある。破産する企業もある。こうして商品の需要が低下し、サイクルが逆になる。

当時、ほとんどの人はこのことをぼんやりと理解していた。しかし、最低限の社会福祉しかない時代に、不況の際にその犠牲となったのは解雇された労働者だった。彼らにとって、景気循環の仕組みは抽象的で残酷だった。第一次世界大戦の余波のなか、労働者が社会保障を求め始めたのは当然だ。

しかし19世紀後半、ヨーロッパの労働者には経済的困難を避けるための別の道があった。すなわち、新世界への移住だ。

第9章 移民

新天地を求めて

マンハッタン島の南端からエリス島行きの観光船に乗ると、みどころのひとつ、自由の女神像を間近に見られる。台座には次の文言が刻まれている――「我に与えよ、疲れし者、貧しき者、自由の空気を切望し、身を寄せ合う人々の群れを。住む家もなく、嵐に揉まれし者を我に送りたまえ。我は黄金の扉にて灯を掲げん」(1)

エリス島が最初の入国地点であった1892年から1954年のあいだにアメリカ東海岸に到着した人々も、この素晴らしい光景を目にした。1200万人を超える移民がここを通り抜けた。最初の検査所が1897年に焼失したあと、移民は、現存する巨城のようなヴィクトリアン様式の建物に入った。下船後、彼らが向かうのは荷物室だった。今では博物館となり、世界の移民の歴史をたどる展示ケースが並んでいる。移民たちは持てるだけの荷物を持ってきていた。ありったけの服を重ね着させられた子供たちは、まるまるとして今にも転がりそうだった。

しかし、新たに到着した人々は威圧的な階段をあがるとき、手荷物をホールに置いていかなければならなかった。その日、私のガイドを務めたダグ・トリームによれば、これが最初のテストだった。彼らが階段をのぼる様子を医師たちが観察し、今後自活していくために支障はないか判断していた。移民は10人に1人の割合で脇に避けられ、「生活保護の対象となる可能性有り」を意味する「ＰＰＣ」の印をつけられた。医師たちはボタンフックを携帯していた。失明につながる細菌性感染症のトラコーマの兆候がないか、移民のまぶたを持ち上げて診るためだ。病院に送られる人もいたが、10人のうち9人は無事に通過した。

健康チェックを通過した人は、法的検査に進んだ。検査官は31の質問を用意していたが、最も重要な質問は「あなたの名前は？」だった。それから個々人の名前が乗船名簿と照合された。展示されている名簿にはマリガン、ケリー、シュタインの名前が目立つ。私のガイドは否定したが、この過程で名前が間違えられたという話がいくらでもある。私の妻の祖父は生来の名はサリーだったが、アメリカに着いたときにソルになった。移民は当座の生活資金として最低15ドルを所持していなければならなかった。これは外貨両替所がない時代には容易ではなかった。聞くところによると、検査官のなかには、いつも15ドルを用意していて、これを審査前の移民に預け、彼らが無事に通過すると返してもらったという。いずれにしても、エリス島での拒否率はわずか2％で、その理由は健康上の問題と法律上の問題が半々だった。

無事に審査を通ると、階段を下りて手荷物を回収する。ここまでくればあとは切符を買ってアメリカのどこへでも行ける。エリス島を通過した人の3分の1はニューヨークのジャーマン・タウンやリトル・オデッサなど同胞の集まる一角に定住した。英語が上手く話せないまま到着したある人物は、マンハッタンのヒューストン通りへ行くはずが誤ってテキサス州ヒューストンまでの切符を買ってしまった。しかし、はるばる南部にたどり着き、そこで仕立屋として成功した。

別の移民は数奇な運命をたどった。彼は当局から目をつけられないように三等船室で旅をしたのだが、現金で4万ドルを所持していると申告した。彼は故郷ロシアでは、皇帝ニコライ2世おかかえの鬘師でメーク係だった。入国を許可されると、最初フィラデルフィアに落ち着き、やがて映画産業でメークの技を生かせるのではと思い立った。彼の名をマックス・ファクターという。

人類はアフリカ大陸を出て以来、絶えず移動してきた。洪水や干ばつから逃れるために、新たな農地を求めて、あるいは魚が捕れる海を求めて移動した。一族や部族のもとを離れ、新天地を求めて移動した。侵略軍や抑圧的な国から逃れるために移動した。大西洋奴隷貿易の犠牲になった1000万から1200万人のアフリカ人の場合、移動を強制された。ヨーロッパの植民地帝国やモンゴル帝国の場合、侵略するために移動した。そして、エリス島の多くの移民のように新世界での再出発を夢見て移動した。

人は皆、移民か、移民の子孫である。私たち、あるいは私たちの祖先が、現在住んでいる土地にいつ着いたかの違いだ。歴史を通じて、この流れは政治的にも経済的にも非常に大きな意味を持っていた。

「移民」と「移住」という言葉は、パスポート、査証、関税、国境検問所とともに、国民国家という考えと結びつく。昔の移動は今より容易でもあり、難しくもあった。規定の手続きや国境検問がないという点では簡単だった。しかし、困難でもあった。陸路を進むのは時間がかかった。

財産や食料というかたちでの資源は携帯できる分に限られた。所持品を他人に盗まれる危険があった。船での移動は、嵐や気まぐれな風向きや潮の流れに左右される危険があった。

そこで、人間は移動するときは集団で移動した。第1章で述べたように、この現象はローマ帝国滅亡の一因となった。問題はフン族とともに始まった。この集団の起源ははっきりわからないが、おそらく現在のカザフスタンだったと思われる。[2] フン族が西へ移動すると、彼らとローマ帝国のあいだの土地で政治的混乱が起こったようだ。376年、ゴート族のふたつの集団、テルヴィンギ族とグルツンギ族が避難場所を求めてドナウ河畔までやってきた。これはその後、35年間続く人口流入の始まりだった。この流入が西ローマ帝国を揺るがし、圧倒し、410年のローマ略奪につながった。ローマ人はこれまでと同じように異民族の移民を吸収しようとしたが、規模が大きすぎた。かつて皇帝に忠誠を誓っていた地方の領主は、異民族の権力者と対決することになった。重要な経済関係を含め、帝国の構造は徐々に崩れていった。[3]

ローマ帝国の崩壊は、帝国による統治が両刃の剣であることを示している。フランスの漫画『アステリックスの冒険』に登場する傲慢な統治者のように、ローマ人をひたすら植民地圧制者と捉えたくなる心情は理解できる。帝国を築くには無慈悲かつ残虐であらねばならなかったが、歴史学者イアン・モリスが指摘したように、帝国の解体は破滅的なものになる可能性があった。[4] 政府が秩序を保てなくなると、モノをつくって売るより、盗むほうが儲かるので商業は衰退する。ロナルド・レーガンが、最も恐ろしい言葉は「私は政府の人間です。あなたを助けにきました」であると語ったのは有名な話だ〔1986年8月、記者会見で〕。対照的に、イアン・モリスは、最も恐ろしい言葉は「政府などありません。あなたを殺しに来ました」であると述べた。

侵略というかたちでの移民は歴史的にありふれているため侵略者の子孫はそれがあったことを忘れている。イギリス人はアングロ・サクソンのルーツを誇っているが、そのアングル人がシュレースヴィヒ・ホルシュタイン起源で、サクソン人がドイツ起源であるという事実がすっかり頭から抜け落ちている。英語と英語の地名にはゲルマン、ヴァイキング、ノース人（その他）の言葉が入り交じっている。ロシア人の国を築いたルース人は、もとはスウェーデンからやってきた人々である。

人間は他の土地へ移り住むとき、それぞれの文化や制度を携えていった。イギリス人は北米を政治的に支配し、スペイン人とポルトガル人は中南米を征服した。大陸北部では、小規模の農家が財産所有制民主主義を発達させた。スペインとポルトガルの領土では、財産は少数の裕福な地主に分配され、民主化は後れた。[5] そして、ヨーロッパでは、12世紀、13世紀、ドイツの農民や鉱夫が東へ移住し、ベルリンなどの都市を築き、農業技術を伝えた。[6]

賢明な帝国主義者は国内の商業活動を促進すれば、税収が増えることに気づいた。ローマ人の侵略で西ヨーロッパにひとつの商業圏が築かれたように、7世紀と8世紀のイスラームの拡大により中東とアフリカ北部、アジアの一部にひとつの商業圏が生まれ、13世紀と14世紀のモンゴルの侵略では、中央アジアで同様のことが起こった。これらの帝国の内部では、商取引が増え、暮らしは豊かになった。農民にとっては、自分の作物を収穫できればそれで満足で、はるか彼方の土地で誰が王座に就こうがどうでもよかった。

ヨーロッパ人が南北アメリカ大陸とアジアの一部、アフリカを植民地にしたことで、巨大な世界市場が誕生した。言うまでもなく、その過程で彼らが侵略した国の先住民は、何世紀にも及ぶ恐ろしい犠牲を強いられたが、これはモンゴル帝国を含め、ほとんどの帝国の拡大について言えることだった。

強いられた移民

移民には、征服者としてやってきた移民もいれば、征服され、追放されて移民になった人々もいた。1972年、イディ・アミンによってウガンダから追放されたアジア人は、イギリスにその商才と労働観を持ってやってきた。[7] 経済的に非常に成功したもうひとつの集団は、1685年にフランスから追放された新教徒、ユグノーである。およそ20万人が国を逃れ、うち5万人がイングランドに落ち着き、彼らの絹織りの高い技術がイギリスの繊維産業を発展させた。[8] イングランド銀行の初代総裁、サー・ジョン・フーブロンはユグノー難民の子である。

もちろん、明るい話ばかりではない。スペインによる1492年のユダヤ人追放と、1609年のモリスコ（キリスト教に改宗したムスリム）追放、スターリンによる様々な民族集団のシベリア強制移住、第一次世界大戦後のギリシアのムスリムとトルコのキリスト教徒の住民交換、そしてインド・パキスタン分離独立に伴う住民の大移動。これらの混乱は人道に反する悲劇を生んだだけでなく、会社を放棄し、資産を残して出て行くことを強いられるなど、経済的損失も大きかった。
強制移住の最悪のケースは、もちろん、奴隷貿易である。本書の別のところでも述べたが、奴隷制度は多様な形態で古代からあった。強制労働はエジプトのピラミッド建設や、中国の運河および灌漑設備の建設に利用された。ローマ人やギリシア人は奴隷を大量に所有し、中国では12世紀初頭まで奴隷所有は富の証だった。[9] イベリア半島を征服したムスリムは土地の住民の一部を奴隷にした。そして、850年から1000年にかけて、およそ250万人のアフリカ人がアフリカの角の南、通称「奴隷岬」から船で送り出された。[10] また、ヴァイキングは東ヨーロッパの人々を奴隷にした（ごく普通のことだったので、スラヴ人［Slav］が奴隷［slave］の語源になった）。
大西洋奴隷貿易はその規模からして、まったく別のものだ。これは残虐行為の産業化だった。1440年代に始まり、19世紀半ばに廃止されるまで、およそ1200万人のアフリカ人がアメリカ大陸へ運ばれたと推定される。奴隷船での非人道的な扱いにより、輸送の途中で、おそらく150万人が命を落とした。奴隷1人分のスペースは長さ1・6メートル、幅1・32メートルだった。この過密状態では病気が発生するのは避けられなかった。船上の死因の3分の1は赤痢、2番目が天然痘だった。[11] 悪名高いケースでは、所有者が保険を請求できるように、132人の病気の奴隷を海に投げ捨てた事件があった。[12]
大西洋奴隷貿易の誘因は、征服ではなく経済だった。十字軍でパレスチナに攻め入ったヨーロッパのキリスト教徒はサトウキビ（甜菜糖が栽培されるのは18世紀）の味を知り、[13] この作物を故郷に持ち帰った。イスラーム帝国はアフリカ北部とスペインを含めた地中海一帯にサトウキビを栽培し、ヨーロッパ人がそれらの土地を取り戻したとき、彼らは栽培を継続し、最初は農民を強制的に働かせていた。しかし、ペスト禍の余波で労働力不足になり、その結果、特にクレタ島やキプロス島で奴隷労働が増加した。(14)

15世紀前半、ポルトガル人がアフリカ西海岸を探検し始め、マデイラ島とアゾレス島を見つけた。また、彼らは生地やヴェネツィアのガラス、ワインやシェリー、ナイフや刀などの金属製品といったヨーロッパの品物と引き換えにアフリカから奴隷を買うようになった。(15)そして、彼らはマデイラ島に砂糖のプランテーションを設立し、カナリア諸島やアフリカの奴隷を働かせた。マデイラの砂糖生産は1472年の280トンから1506年には2500トンに増え、1530年にはそれが90％落ち込み、空前の好景気と不景気を経験した。その間、木の島を意味するマデイラ島では、ほぼ森林を伐採し尽くしていた。砂糖生産は大量の燃料を必要とするからだった。(16)

アメリカ大陸が発見されると、ポルトガル人は1516年にブラジルで最初にサトウキビを植え、1550年以降、商品作物を生産し始めた。最初は、先住民の労働力に頼ったが、病気による死亡率が非常に高かった。そこで彼らは西アフリカからの奴隷に目をつけた。そこではコンゴとンドンゴ（現アンゴラ）の王が、奴隷の供給量を競い合っていた。(17)戦争の捕虜や運悪く襲撃されて捕らえられた人々を供給するアフリカの指導者にとって、これは非常に儲かる商売だった。

17世紀末には、砂糖生産はバルバドス、グアドループ、ジャマイカ、ハイチに移り、これらの土地が主な生産地となった。オランダ（ブラジルの一部を占領していた）が輸送し、イギリスとフランスがたちまち市場を席巻した。イギリス人の入植者が「白い黄金」と呼んだ砂糖は莫大な利益をもたらし、病気や虐待で現地人がほぼ死に絶えてしまったため、代わりの労働力として奴隷が求められた。

暑く、高い湿度の中での農作業は過酷だった。ヨーロッパ人はやりたがらなかった。砂糖工場での作業はもっとひどかった。サトウキビを搾り機に通し、集めた汁を煮詰める。機械に巻き込まれた人の腕をいつでも切断できるように、斧を手にした奴隷が傍らに立っていた。その時代のある報告書には次のように記されている。「搾り機に指を挟まれると体ごと引き込まれ、つぶされて砕ける。体のどの一部でも沸き立った砂糖液の中に入れると糊のように、鳥もちのようにくっついて、腕も命も救出は困難である」(18)

これ以前から奴隷制は多くの地域、多くの文化で存在していたが、大西洋奴隷貿易を際立たせていたのは、その圧倒的な規模、残虐性、過酷な労働の組み合わせだった。プランテーションの所有者はたいてい重労働に男性を求めた。対照的に、アラブの奴隷貿易（同じくアフリカ人奴隷）の3分の2は女性や子供が占めていた。(19) その多くは、家事労働のために買われ、プランテーションや砂糖工場の酷い労働には就かなかった。イスラーム法では、奴隷を公正に慈悲深く扱うことと定められ、奴隷を解放することは褒め称えられる行為と見なされていた。エジプトのマムルーク王はイスラームに改宗し開放された軍人奴隷だった。(20) アメリカの所有者の中には奴隷を解放する者もたまにいたが、自由になった元奴隷が社会で成功する見込みはほとんどなかった。

大西洋奴隷貿易は非常に儲かるため、17世紀末にはオランダ、イギリス、フランス、ポルトガルの各国が西アフリカに砦や交易拠点を築き、年に2万4000人の奴隷を輸送していた。(21) 1713年、ユトレヒト条約により、イギリスはスペインの植民地へ奴隷を運ぶ権利、アシエントを与えられた(同条約により、イギリスはジブラルタルを獲得した)。その権利は、1720年の有名な南海泡沫事件のもとになった南海会社にすぐに売却された。

18世紀までには、大西洋三角貿易の典型的なパターンが完成していた。ヨーロッパ人はアフリカに行って商品(主に繊維製品)と奴隷を交換した。奴隷はそれからアメリカ大陸に運ばれ、砂糖や綿花などの原材料と交換された。これらの商品はその後、ヨーロッパへ運ばれた。奴隷の多くはヨーロッパ人が自分で捕らえるのではなく、アフリカの地元の商人から買った。

のちにアメリカ合衆国となる植民地でも、奴隷制はあった。1703年、ニューヨークの家庭の42%は奴隷を置いていた。しかし、最も需要が高かったのは、砂糖やたばこ、綿花のプランテーションがあった南部の州だった。チャールズ・マンは、マラリア(感染したヨーロッパ人が持ち込んだ)が重要な意味を持っていたと主張する。(22) マラリア流行地域とそうでない地域の境界線は、奴隷州と非奴隷州とを分けるメイソン・ディクソン線と重なる。ヨーロッパ人は畑で働いているとたちまちマラリアに感染して病気になった。入植者が奴隷にした先住民も同じだった。しかし、西アフリカと中央アフリカの住人の97%は三日熱マラリア(一般的なマラリア)に免疫を持っていた。残念ながら、この遺伝性の強みが恐ろしい呪いであることがわかった。

いずれにしても、イーライ・ホイットニーが綿繰り機を発明しなければ、アメリカの奴隷制は自然に衰退していたかもしれない。綿繊維から種子を取り除くこの機械のおかげで、アメリカの綿輸出量は、1792年の62トンから、1820年には1500トンに激増し、奴隷労働の需要も著しく高まった。1800年から1810年のあいだにアメリカの奴隷の数は33%増え、次の10年も33%増えた。(23)

奴隷貿易についてヨーロッパ人の一部は18世紀後半から、良心の呵責を感じていた。これには影響がふたつあった。人権を訴える啓蒙運動とキリスト教の福音主義である。フランス革命後、国民議会は植民地の黒人に市民権を与えていたが、1802年にナポレオンが奴隷制を復活させた。イギリスは国としても、ブリストルやリヴァプールなどの都市も、奴隷貿易で大きな収益を上げていた。1790年、リヴァプールに寄港する船の4分の1は奴隷貿易に関わっていた。(24)しかし、福音主義のキリスト教徒が徐々に反対の声を上げ始めた。その一例が、奴隷船の船長を3度務め、出資者でもあったジョン・ニュートンである。彼が賛美歌「イエス君の御名は」や「アメイジング・グレイス」を作詞したのはこの時代である。(25)その後、彼は「奴隷貿易に関する考察」という小論文でこの貿易を非難し、ウィリアム・ウィルバーフォースが主導する奴隷廃止運動に加わった。

運動は成功し、1807年に国際奴隷貿易を廃止に追い込んだ。加えて、イギリス海軍が他国の奴隷船の妨害に乗り出した。それでも、1820年代におよそ50万人の奴隷がアフリカからアメリカ大陸へ運ばれた。イギリスの行動は奴隷の価格を上げ、残っていた奴隷商人の利益を増やす結果になったかもしれない。

アフリカ人の誰もがこの変化を喜んだわけではない。ガーナやナイジェリアなど西アフリカの多くの地域では、土地は共有だったため、奴隷は個人の資産として広く認められていた。[26] 戦いで捕らえられた人ばかりでなく、犯罪者や借金を返済できない人も奴隷になった。アフリカの統治者たちは奴隷貿易にやむを得ずではなく、進んで加わっていた。17世紀、ヨーロッパ人は現在のガーナでアフリカ人商人に4万人から8万人の奴隷を売った。[27] 19世紀にイギリスが奴隷貿易を取り締まると、ダホメイの王ゲゾは「奴隷貿易は私が民を支配する基盤であり、繁栄と富の源泉である」と不満を述べた。[28]

イギリスが奴隷廃止に方向転換したことを、かなり冷笑的に見るか、倫理的に賞賛に値すると見るかは、あなたの国籍によるのかもしれない。大英帝国では1833年まで奴隷制が廃止されなかったことは忘れてはならない。奴隷所有者には補償金が支払われたが、奴隷には支払われなかった。奴隷貿易が減り始めた1840年までに、アメリカ大陸に送られた奴隷の数はヨーロッパに送られた数の3倍にのぼった。[29] 奴隷制はアメリカ大陸で続けられ、最後まで残ったブラジルが廃止したのは1888年だった。

この忌まわしい貿易の影響は長く残った。アメリカ合衆国で廃止されたあとも、アフリカ系アメリカ人の権利はそれからの100年間、制限されたままだった。アフリカ諸国は、他部族の襲撃とおおぜいの若者の誘拐を伴うこの商売によって傷つけられた。ある研究によると、特定の国から連れ去れた奴隷の数と、その後の経済動向のあいだには負の相関関係が認められた。「今日、最も貧しいアフリカの国々は最も多くの奴隷を連れ去られた国々である」[30]

年季労働者

奴隷は最悪の扱いを受けたが、新大陸に渡った「自由人ではない」労働者は奴隷だけではなかった。17〜18世紀、アメリカへの渡航費は高くて、貧しい人には手が届かなかった。1650年、その費用は5か月分の賃金に相当した。[31] ほかの選択肢として、船賃をただにしてもらう代わりに、4年から7年の決まった年数を働くという雇用契約があった。その期間を無事に勤め上げたら、彼らは財産を所有できた。結局、植民地の人口は少なく、土地はいくらでもあったからだ(先住民の土地の所有権は無視された)。植民地化が始まった最初の世紀に到着したヨーロッパ人の3分の1から半分は、年季労働者だった。[32]

19世紀、この雇用契約の新しいタイプが現れた。アジア、特にインドと中国から来た年季労働者である。5000万人を超えるインド人と中国人が、東南アジア、アフリカ、オーストラリア、アメリカ大陸へ移住した。[33] 当時でさえ、これは奴隷制の代替と見なされた。奴隷貿易と同じように、仲介者や雇用主は年季労働者に配慮しなかった。中国人を運ぶ船は航海中に死亡する人が非常に多かったため、「棺桶船」と呼ばれた。年季労働者を乗せた船の死亡率は、同じ航路を行く旅客船よりはるかに高かった。[34] 着いたところの環境は劣悪だった。たとえば、トリニダードのインド人労働者は不衛生な過密状態の兵舎に入れられた。多くは赤痢やコレラ、マラリアにかかった。[35] キューバの年季労働者の半数は年季が明ける前に死んだ。[36]

これらの労働者が鉄道を建設し、波止場で荷を運び、鉱山で働いた。奴隷のように、彼らは地元住民がやりたがらない汚れる仕事、危険な作業に従事した。彼らはまた、奴隷と同じ罰を受けることもあった。年季が明ける前に逃げようとした者、あるいはただ監督に対して無礼だった者は、殴打されたり、手枷足枷をはめられたりした。[37] 労働者には賃金が支払われ、最終的に（8年か10年後）契約が終了したのは事実である。1870年代にモーリシャスから戻るインド人の労働者は、平均して4年分の年収に相当する現金を持って帰った。[38] しかし、このように幸運ではない人もいた。ときには、年季労働者は同じ雇用主に契約の更新を強制され、拒否すれば国外追放すると脅された。このシステムは奴隷制よりはましだったが、場合によってはそうでもなかった。

年季労働は多くの国の人口構成を変えた。インド系の人々はモーリシャスの人口の半分を占め、フィジーの半分以上、一部のカリブ諸島では3分の1を占めた。[39] インドの人権活動家、モハンダス・ガンジーが運動を始めたのは、南アフリカで同胞の人権のために立ち上がったときだった。華僑はシンガポールなどの東南アジア諸国に定住し、実業界の大物となって他国との連携役を担った。

身を寄せ合う人々の群れ

1820年までに新世界に移住した人の5分の4以上は、奴隷、年季労働者、受刑者など、自由人ではなかった。しかし、その頃から状況が一変した。1880年までの60年間に移住した人の5分の4以上は自由労働者だった。[40] これは歴史上、突出した大移動に数えられる。アメリカ合衆国への移民は1820年代には年平均1万3000人弱だったのが、1850年代には平均27万5000人と大幅に増えていた。19世紀のあいだに、6000万のヨーロッパ人が他の大陸へ移住した。[41]

この変化の背景には3つの要因がある。第一に、蒸気船の登場で大西洋横断の船賃が安くなった。イギリス＝ニューヨーク間の料金は1840年代初めから1850年代末にかけて71％も下がった。[42] その結果、1970年代からヨーロッパの労働者がツアーで海外へ出かけたように、低賃金労働者も移民するようになった。また鉄道の発達により、ヨーロッパの内陸部から大西洋や地中海の港に手頃な料金で行けるようになった。

第二の要因は賃金である。19世紀半ば、賃金が上昇すると、労働者は大西洋航路（もしくはオーストラリア航路）の旅費を以前より楽に払えるようになった。しかし、その高くなった賃金も、新大陸で労働者が稼げる収入には及ばなかった。1846年、アメリカ合衆国の実質賃金はイングランドのそれより89％も高かった。[43]

労働者の移民には、純粋な経済事情のほかにも要因があった。1840年代の大飢饉のあと絶望した多くのアイルランド人が大西洋を渡り、19世紀末、ロシアのユダヤ人は迫害と差別から逃れるために国を出た。

別の理由はもっと穏当なものだった。衛生面や食料事情が改善されるなどして平均寿命が突然延びたために、ヨーロッパにはおおぜいの若者がいる割には土地が少なかった。反対に、アメリカ合衆国、カナダ、アルゼンチン、オーストラリアや他の「新世界」では、土地が多い割には人が少なかった。移住するのが合理的だ。その結果、このギャップが徐々に埋まっていった。19世紀末にはヨーロッパの賃金はアメリカ合衆国のそれに追いつき、新世界の土地の価格は上昇した。(44)

やがて、移民の出身地が変わった。19世紀初頭はイギリスとドイツが主体だった。のちに、スカンジナヴィア、イタリア、オーストリア・ハンガリー帝国、ロシア、スペイン、ポルトガルからやってくる人が増えた。この人口移動の規模は驚異的だった。20世紀最初の10年で、イギリス、イタリア、スウェーデンの全人口の3%が移民し、スペインは5%、ポルトガルはなんと7%が移民した。同時期のアルゼンチンへの移民は当時の人口の43%に達した。(45)

当然のことながら、政治的反動が起こった。1850年代、アメリカ合衆国には秘密の入会儀式と合い言葉を用いるアメリカ党が台頭した。党員は何を聞かれても「何も知らない」(アイ・ノー・ナッシング)と答える決まりになっていたため、この集団はノー・ナッシング党とも呼ばれた。この党は、移民が市民権を得るまでの期間を21年とすること、および公職からカトリック教徒を排除することを求めた。最盛期には100名の下院議員、8名の州知事を輩出したが、のちに奴隷制をめぐって分裂した。(46)

人種差別は反カトリックよりも浸透していた(いずれにしても、反カトリックは、1850年以降、急増したアイルランド人とイタリア人の移民に対する反感からきていた)。大陸横断鉄道の建設に中国人労働者が雇われ、彼らのせいで賃金が下がると思った労働者のあいだに中国人嫌いが広まった。1871年のロサンゼルス暴動では17人から20人の中国人住民が殺害された。労働組合の圧力に押され、アメリカ合衆国は1882年に中国人排斥法を制定し、中国人労働者の移民を禁止した。同法律は、1892年に更新され、1902年に無期限に延長された。[47] ヨーロッパ人の入植者が定住した他の国も、1901年の「白豪主義」法など、同様の政策をとった。

こうした政策が、ヨーロッパから身を寄せ合ってやってくる人の群れを押しとどめることはなく、19世紀末から20世紀初頭にかけてエリス島やその他の土地に続々と到着した。1890年、アメリカの人口に占める外国生まれの割合は14・8％、1910年は14・7％だった。20世紀の最初の10年間に、外国生まれの人の総数は当時の記録で320万人にのぼった。[48]

要するに、これは史上有数の人口の大移動だった。北米の入植が世界最大の経済を生み出し、中部大草原や南米のパンパスが開拓され、蒸気船や冷蔵手段の発明が相まって、世界の食糧供給が一変した。

突然の停止

当然、第一次世界大戦中、移民は激減した。ヨーロッパの各国政府は若者に入隊を求め、彼らが海外へ渡るのを望まなかった。大西洋を越える旅は、イギリスとドイツの海軍が戦っているため非常に危険になった。

戦争が終わると、たちまち大量の難民が発生し、新しい国境線が引かれた。とりわけ大きな移動は1923年、ギリシアとトルコのあいだで160万人が入れ替わったことだ。しかし、戦前のような経済移民は復活しなかった。アメリカの産業は戦時中、ヨーロッパ移民が途絶えたため、代わりに女性や南部の田舎から出てきたアフリカ系アメリカ人を雇った。1916年から1970年のあいだに、600万人のアフリカ系アメリカ人がシカゴやデトロイトなどの北部の都市に移り住んだ。(49)

1920年代には、世界の移民は戦前のレベルよりかなり少なくなっていた。減少には多くの理由が考えられる。1900年以降、アメリカとヨーロッパの賃金の差が縮まり、世界恐慌に見舞われたあと、アメリカは職を求める人々にとってあまり魅力的な行き先ではなくなった。ナショナリズムが発展した時代でもあり、外国人に対する不信感が高まった。1930年代、国家間の貿易が中断したのと同様に、人の流れも止まった。

移民は第二次世界大戦後、再び増加する。人手不足に陥ったドイツは1950年代、ガストアルバイター（ゲスト・ワーカー、あるいは出稼ぎ移民労働者）制度を導入した。最大のグループはトルコからの移民だった。そして、フランスやイギリスなど植民帝国はふたつの世界大戦のあいだ、植民地から兵士や労働者を集めた。たとえば、未来のヴェトナムの指導者、ホー・チ・ミンはパリとロンドンの両方で働いていた。1945年以降、帝国が解体されると、植民地から本国へ戻るヨーロッパ人が増え、ときには政府が植民地の市民を歓迎した。ジャマイカからウィンドラッシュ号でイギリスにやってきた集団もそこに含まれる。彼らは、パンジャブやベンガルなど南アジアからの移民よりも数は少なかった。フランスの移民は主にアルジェリア、モロッコ、チュニジアなどアフリカ北部の出身だった。[50]

アメリカの移民政策は第一次世界大戦後、50年近く非常に閉鎖的なままだった。1921年の法律は移民の数を制限し、クオータ制度を設け、既存の（民族的にヨーロッパ人の）移民集団を優先するようにつくられていた。転機は1965年に訪れ、人種差別撤廃を目的とした公民権法の一環として、移民国籍法が制定され、[51]あらゆる国籍の移民がほぼ同等に扱われることになった。

この法律は長期的に途方もなく大きな影響を及ぼした。定住した労働者が親戚を呼び寄せるという移民の連鎖が起こったのだ。外国生まれのアメリカ市民の割合は1970年にわずか4・7％だったが、2010年には12・9％に増加していた。[52]1960年には移民の8人に7人がヨーロッパ出身だったが、[53]2010年にはその割合は8人に1人に減っていた。半数以上がメキシコおよび他の中南米諸国出身で、アジア出身は28％だった。[54]

もっと広い目で見ると、19世紀末の規模には劣るが、国際的な移民の大きな波があった。1960年、生まれた国以外で暮らしている人の数は7900万人にのぼり、[55]2017年にはその数が2億5800万人に増えていた。[56]アメリカは最も人気のある移住先で、2000年から2015年にかけて、年間100万人の移民を引き寄せている。しかし、ヴィクトリア朝時代と大きく異なるのは、ヨーロッパがもはや人間の輸出国ではなく純輸入国になり、スペイン、ドイツ、イタリア、イギリスが大量の移民を受け入れていることだ。

ある意味、移民は経済的チャンスに惹かれてやってくる。たとえば、実質賃金は常にアフリカよりも豊かな世界のほうが高い。しかし、経済は唯一の要因ではない。およそ1億1100万人が途上国で再定住したが、その多くは中東やアフリカでの紛争により、国外へ逃れざるを得なかった人々だ。

シリア内戦ではおよそ600万人が国外避難民となり、その半数はトルコへ、4分の1はレバノンやヨルダンなど近隣の小国（両国の人口は合わせて1450万人）へ逃れた。[57] しかし、メディアはヨーロッパに逃れたシリア難民や、航海に適さないボートで地中海を越えようとする悲劇的な難民の流入ばかりに焦点を当てている。地中海ではその過程で何千人もが溺死している。国連難民高等弁務官は、1945年以降の記録として、2016年の世界の難民の総数を6000万人と推定している。[58] 19世紀、20世紀初頭のように、政治的反動もある。移民に反対する党がヨーロッパで躍進し、ドナルド・トランプがアメリカ合衆国大統領に当選したのは、彼の反移民政策が支持されたからでもある。

移民の経済的影響

移民の流入は、先住の労働者の賃金に悪影響を与えると思われている。結局、条件が同じなら、供給の増加は価格の下落につながるからだ。しかし、条件は同じではない。労働者が増えると賃金が下がるのならば、世界の人口が10億から70億に増えたにもかかわらず、大量の貧困が生み出されなかったのはなぜか？　明白な答えは、それぞれの労働者が需要を生み出してもいるからだ。1人ひとりの移民は稼いだ金を地元の商品やサービスに使っている。

世の中にはすべき仕事が一定量しかないという考え方を、経済学用語で「労働塊の誤謬」という。この考え方は、男性の働き口を減らさないために女性は仕事に就いてはならないし、若者の雇用を生むために年配者は早めに引退すべきという主張の根拠にされてきた。

移民は非熟練労働者の実質賃金に影響を与えるかもしれない。ハーバード大学の経済学教授、クローディア・ゴールディンが19世紀末と20世紀初頭におけるアメリカ移民の影響について調査したところ、人口に占める外国人生まれの割合が1ポイント上がると、賃金が1%から1・5%下がる可能性があることがわかった。(59) また、アメリカの東部に住んでいた労働者が移民流入の影響で中西部や西海岸へ移住を始めたとも考えられる。

ところが、EU加盟国の増加により2004年以降に移民が急増したイギリスの調査研究では、全体的にも若年層など特定の集団でも、移民とイギリス人の雇用の変化に目立った相関関係は見られなかった。サービス業の単純労働者の賃金に、わずかな低下の影響が見られたかもしれない。この影響は10年間に合計で1%程度だった。地域レベルでは、移民の増加によって医療機関での待ち時間が長くなったことはなく、母語が英語の子供の学力低下を招くこともなかった。(60)

さらに、再定住のために世界を移動する人々はたいてい並外れた意欲と独創性を持っていた。いわゆる「ユニコーン」——評価額10億ドル以上だが、株式市場に上場していないアメリカの企業——を調べたところ、その半数以上が1人か複数の移民が創業した会社だった。(61)

世界経済全体を見れば、移民が大いに貢献していることは間違いない。貧しい国の労働者が豊かな国へ移住すると、はるかに高い生産性を発揮できる。よりよい道具を手に入れ、よりよい制度の恩恵を受け、その結果、正当な労働対価を得られる。途上国でよりよい制度を一からつくるより、ある国から別の国へ労働力を移すほうがはるかに簡単だ。ある研究の推定によれば、労働力の移動が完全に自由な世界は、78兆ドルも豊かになり、1人当たり平均1万ドルの得になる。(62) 政治がこれを阻んでいる。確かに、資本や商品の自由市場を熱心に訴える政治家でさえ、同様の自由を人間にはあまり与えたがらない。

第10章 世界大戦と世界恐慌 1914年〜1945年

近代の歴史で1914年から1945年の30年間よりも暗い時代を思い浮かべるのは難しい。第一次世界大戦で1900万人、第二次世界大戦では6000万人の命が奪われたと言われている。この数には、戦争に関連する飢えや病気で亡くなった人も含まれる。ふたつの世界大戦のあいだには、史上最悪の経済不況、世界恐慌もあった。

これは、グローバリゼーションが嫌われ、ナショナリズムが好まれた時代だった。1913年には世界のGDPに占める輸出の割合は14％、1929年には12％弱だったが、1935年にはそれが5％にまで落ち込んだ。これが世界恐慌前の水準に回復するのは、1974年になってからだった。(1) 実質的には、世界貿易は1914年から1944年にかけて停滞していた。(2) ヒトもモノもカネも、以前ほど自由に移動しなくなった。海外直接投資が全世界の生産に占める割合は、1913年の9％から1960年の4・4％に下がった。(3) アメリカは移民に冷たくなり、アジア人を排斥するために厳しいクオータ制を設けた。

第一次世界大戦勃発の原因については相対する説がいろいろあり、イギリス、ドイツ、フランス、ロシアに責任があるとか、帝国主義などの一般的な理由が挙げられている。最も説得力があるのは、陰謀ではなくドジを踏んだ結果と考える説だ。それぞれの国は他国が引き下がることを期待して強気の外交を行った。自信過剰にプライドが重なり、各国は「夢遊病者」のように戦争に突入した。(4)

ヨーロッパの指導者たちは、19世紀半ばの普墺戦争、普仏戦争が早々に決着したため、勘違いしていたのかもしれない。しかし、参考にすべき前例はアメリカの南北戦争だった。この戦争は、北軍が経済的にも軍事的にも優勢だったにもかかわらず、4年も続いた。

株式市場は投資家が自らの判断で先行きを判断するため、「群衆の知恵」によって導かれるものと思われた。しかし、歴史学者ニーアル・ファーガソンが指摘したように、戦争の気運を高めた1914年6月28日のオーストリアのフランツ・フェルディナント大公の暗殺に対して、市場はほとんど反応しなかった。投資家が反応し始めたのは7月21日になってからだった。このとき、オーストリアは暗殺の背後にセルビア人がいると判断し、セルビアを脅し始めた。7月27日には、オーストリアの市場は閉鎖に追い込まれ、続いてロンドンとニューヨークの市場も8月1日に閉鎖された。(5)

もしあの戦争が資本家の陰謀だとしたら、非常に奇妙な陰謀である。貿易と経済の市場はたちまち混乱した。1909年、経済学者のノーマン・エンジェルは、戦争の代償はヨーロッパの諸国が負うには大きすぎると訴えた著書『大いなる幻想』を出版した。代償に関する彼の主張は正しかったが、いずれにしろヨーロッパは戦争に突入した。ロスチャイルド家はヨーロッパ全土に銀行の利権を持ち、戦争回避のために奮闘した。彼らの苦労は反ユダヤ的な批判に悪用された。ドイツの実業家や銀行家のほとんどは戦争に反対し、[6]一方、ロシアの対外債務の半分以上はドイツ人の債権者が持っていた。[7]1914年に「グローバリスト」という言葉があったとしたら、まさに彼らの顔に投げつけられただろう。当然、武器製造業者は戦争に期待して喜んだが、1914年当時、彼らは産業の小さな一部でしかなかった。

大国を指揮する政治家は、貴族階級かアッパーミドル階級が多かった。彼らは経済よりも名声や権力を投影する問題に力を入れた。実際、戦費としてどの分野の税金を上げる必要があるかを彼らが知ったなら、戦慄しただろう。1914年から18年の戦争のあいだに、国家ははるかに大きくなり、以前のレベルには二度と戻らなかった。

戦争により、民間部門への政府の介入が以前と比べて格段に増えた。イギリスの政府支出はGDPの10％から最高70％まで増え、戦争にあとから参戦したアメリカでさえ、支出が1916年のGDPの2％近くから25％に増加した。[8]アメリカは自由市場主義を放棄し、1917年、生産割当と原料配分を決める権限を持つ戦時産業調整委員会を設置した。

ふたつの前線で戦うことになったオーストリア＝ハンガリー帝国とドイツの同盟国はさらに厳しい政策を余儀なくされた。1916年、ヒンデンブルク綱領に従ってドイツの軍部は軍需品の生産目標を定め、生産費用の支払いを約束し、生産者に一定の利益率を保証した。ドイツは食料供給に深刻な問題を抱えていた。1916年から1918年にかけて、イギリスの海上封鎖によりドイツの乳製品の輸入は80％、食肉の輸入は90％も減っていた。しかも、肥料に必要な窒素は弾薬製造に転用され、荷馬車用の馬は前線へ送られた。1915年、穀物と小麦の自由市場は禁止され、パンは配給制になった。1916年、配給制は様々な他の食物にも広がった。[9]戦争末期のドイツ人は、ジャガイモやオーツ麦、大麦、ときには藁も混ぜた「Kブロート」(戦時パン)という代用パンを食べていた。[10]

経済力が戦争の勝敗の決め手になったのかもしれない。協商国（英仏露）は、敵対するドイツとオーストリア＝ハンガリー帝国よりもはるかに大きな経済的資源を持って戦争に臨み、アメリカの援護という特大のボーナスもあった。協商国は機関銃や弾薬の生産量で同盟国を軽々と抜いていた。[11]

3つの強大な王家にとって、この戦争は栄光ではなく支配の終わりだった。ハプスブルク家は1273年に初めて神聖ローマ皇帝に選出され、15世紀以降、継続してその地位を独占してきた。オーストリア＝ハンガリー帝国の君主としてハプスブルク家はヨーロッパで2番目に大きな国を統治した。オーストリア＝ハンガリー帝国は1918年に解体された。ロマノフ家は1613年から、ヨーロッパ最大の国ロシアを統治してきた。最後の皇帝は1917年に退位し、その後、家族ともども処刑された。ホーエンツォルレン家は1701年からプロイセン王を継承し、その後1871年からはドイツ皇帝となった。1918年、ヴィルヘルム2世が退位し、オランダに亡命した。

戦争の規模は絶大だった。両陣営合わせて6500万人が動員され、[12]15億個の砲弾が費やされ、[13]イギリスだけで5000隻の商船が1300万トンを超える補給物資を輸送した。[14]19世紀に工業分野で芽生えた発明の才能が死の道具の開発に向けられ、大砲、ライフル銃、爆弾、弾丸、毒ガスが生み出された。これらは悲惨な結果をもたらした。

人的損耗だけでなく経済的代償も絶大だった。ドイツ、イギリス、フランスは戦争で1000億ドルを費やし、三国の債務の合計は700億ドルにのぼった。ヴィクトリア朝時代には厳しい財政再建政策によって低く抑えられていたイギリスの国債は、11倍も増加した。(15)

イギリスは大幅増税したにもかかわらず、この赤字を積み上げた。同国は海外、特にアメリカからの物資の輸入に大きく依存していた。代金を支払うための補助として、イギリスは戦前に保有していた外国資産のおよそ4分の1を清算した。フランスとドイツは戦時中の支出のほとんどを借金で賄い、戦争に勝ちさえすれば敗戦国からその費用を回収できると考えていた。

金本位制は、戦争中、停止されていた。イングランド銀行で紙幣を金貨に交換する仕組みはなくなり、二度と復活しなかった。これにより、政府は印刷機に活路を見いだした。イギリスの紙幣と貨幣の流通はほぼ2倍になり、フランスではほぼ5倍、ロシアでは12倍になった。当然、これは急激なインフレを招いた。物価はフランスとイギリスで2倍に、ドイツでは3倍に、オーストリア＝ハンガリーでは11倍以上に高騰した。(16)

経済的損害の一部は政府の措置によって抑えられた。アメリカ経済はヨーロッパの同盟国に物資を供給することで、戦争の最大の受益者となった。戦争が始まった頃、アメリカは不況だったが、景気が回復し、失業率は1914年の7・9％から1918年には1・4％に下がっていた。多くの健康な男性が戦争で不在となり、労働者は引く手あまただった。たとえば、ドイツの失業率は1918年初めに0・8%まで下がった。

多くの女性が初めて労働力に加わった。ドイツでは女性の雇用が45%増加した。[17] イギリスでは、女性の労働力参加率が1914年の24%から1918年には37%に上昇し、これは200万人が労働力に加わったことを意味した。1917年当時、イギリスでは女性が軍需物資の80%を製造し、バスや路面電車の車掌を務め、その他の26万人が農場で働くために「陸上の部隊」に加わった。[18] 彼女らの努力は報われ、1918年に30歳以上の女性に選挙権が与えられた。[19]

ヨーロッパ人の苦しみに追い打ちをかけるように、1918年、「スペイン風邪」と呼ばれるインフルエンザの大流行が大陸を襲った（中立国スペインは報道管制を敷かず、この件を最初に報じたためこの名が付いた）。少なくとも5000万人、もしかしたら1億人が死亡し、これは戦死者数の何倍にもなった。感染は兵士のあいだでたちまち広がった。彼らは狭い塹壕に寄り集まっていたし、休暇で一時帰郷したときに病気を持ち帰った。食料不足で人々の抵抗力が弱まっていた可能性もある。[20]

ようやく戦争が終わったとき、世界経済は様変わりしていた。ヨーロッパ列強は労働力を失い、フランスとベルギーは首都を破壊され、甚大な被害を受けた。ロシアでは内戦が勃発し、事実上、世界経済から退いた。アメリカ経済の優勢は盤石になった。[21]

砕け散った平和

戦時中のアメリカ合衆国大統領、ウッドロー・ウィルソンは14か条の平和原則を発表した。そこには、公海航行の自由、貿易のための経済障壁の撤廃も含まれていた。彼は1919年に、ヴェルサイユ講和会議のためにフランスに到着したとき、支持者たちから英雄として大歓迎された。しかし、ウィルソンの理想はふたつの障害に突き当たった。第一に、戦勝国フランスとイギリスはドイツが二度と脅威とならないように賠償金を払わせることにこだわった。第二に、平和の維持にはアメリカが引き続きヨーロッパに関わることが必要だった。ところが、ウィルソンがそれを望んだとしても、アメリカ国民が望まなかった。ウィルソンはアメリカの国際連盟（国際連合の前身）加盟を可決するよう議会に求めたが、承認されなかった。心労が重なって彼は健康を害し、後継には孤立主義を掲げる共和党のウォレン・ハーディングが選ばれた。

ヴェルサイユ会議は失敗だった。この条約は戦争を始めた国としてドイツに責任を負わせ、領土を没収したため、不公平だと感じたドイツ国民の恨みがアドルフ・ヒトラーの台頭を招いた。ヨーロッパは1939年、再び戦争に突入する。ジョン・メイナード・ケインズはその著書『平和の経済的帰結』で賠償金を批判している。連合国の経済は弱いドイツではなく、強いドイツによって最も効率よく支えられるだろうと彼は訴えた。しかし、憎しみがあまりにも強く、彼の警告は無視された。そもそもドイツは1871年にフランスに対して戦争の賠償金を強く求めたし、もし1918年に戦勝国だったら、おそらく再びフランスに賠償を求めただろう。

戦後まもなく、先進国の多くは急激なデフレ不況に悩まされた。全米経済研究所によると、アメリカでは1920年1月から1921年7月まで不況が続いた。(22) 生産高は9％落ち込み、失業率は19％に達した。(23) これは中央銀行としてのFRBが、戦時中のインフレを終わらせるために行った金融引き締め政策に対する反応だった。このように、政策はことごとく裏目に出た。消費者価格は13〜18%落ち込み、卸売価格は36%も下落した。戦時中の支出で膨れ上がった赤字を減らすため、財政政策も引き締められた。イギリスでは政府支出が1917〜18年の27億ポンドから1920〜21年には10億ポンドに減った。[24]

最終的にFRBが金利を引き下げ、アメリカ経済は急速に回復した。しかし、アメリカが「狂騒の20年代」を享受していたとき、他国はそれほど素晴らしい状況ではなかった。1921年6月、イギリスの失業者は200万人を超え、第二次世界大戦が始まる前まで100万人を下回らなかった。[25]労使関係も悪かった。戦時中、公営になっていた鉱山は民間へ返還された。1926年、鉱山経営者が賃金カットと勤務時間の延長を求めた。鉱山労働者がこれを拒否すると、現場から閉め出された。ゼネストが呼びかけられた。およそ170万人の労働者が参加したが、革命とはほど遠い雰囲気だった。警官とスト参加者がサッカー試合をするくらいだった。9日後、鉱夫を除いてストライキは終わり、鉱夫はそれから6か月、ストを継続した。しかし最終的には、鉱山経営者の条件を受け入れざるを得なかった。

戦間期のイギリスの経済実績は、近年の歴史学者により修正主義的な箔《はく》がつけられている。[26]1913年から1950年にかけて（戦時中のゆがみを避けるために選んだ時代）の労働者1人当たりの生産高の伸びは、アメリカやカナダよりも悪かっただろうが、フランスやドイツ、イタリア、オランダよりはよかった。[27]1920年代の実績の乏しさは、1930年代の比較的良好な実績によって相殺された。しかし、イギリスは輸出市場で1914年以前よりも苛烈な競争を強いられ、特にアメリカとの競争が激しかった。19世紀にイギリスの繁栄を牽引した産業――繊維、鉄鋼、造船――も海外の製造業者に脅かされていた。生産性でいえば、イギリスはアメリカにかなり先を越されていた。

ドイツの終戦直後の歴史は、ヴェルサイユ条約の屈辱だけでなく、左派の革命未遂や右派の純軍事組織の暴力沙汰にも傷つけられた。多くの元兵士を含む保守勢力は、ヴェルサイユ条約に署名した社会民主党を決して許さなかった。それに、新しいヴァイマル共和国は、無理難題に直面していた。ドイツ経済は戦争と領土喪失によって弱くなっていた。１９１９年の工業生産と穀物生産は両方とも戦前レベルの半分以下だった。(28) この乏しい資源をもとに、政府は復員兵の社会的支援と戦勝国への賠償金の支払いを並行して行わなければならなかった。支払いのために印刷機を使う（紙幣を刷る）という誘惑があった。悪手だ。物価が高騰し、通貨は暴落した。戦前、1米ドルは４マルクの価値があった。１９１９年の終戦時には、それが47マルクに、１９２１年11月には３６３マルクになっていた。(29)

こうして、あの悪名高いハイパーインフレが起こり、これはいまだに経済に対するドイツの姿勢に影響を与えている。ピーク時、労働者は賃金を運ぶために荷車と買い物かごを必要とした。物価が恐ろしい速さで高騰したため、食事を終わって請求書を受け取ると、食前に示された価格より値上がっていることもあった。１９２３年11月のある日、パン1個の値段が２００億マルクから１４００億マルクに1日で跳ね上がった。(30) その頃には、1米ドルが２３３０億マルクになっていた。この経済的影響は中間層の貯金をゼロにし、熟練労働者が得ていた割り増し賃金を目減りさせた。この憤懣《ふんまん》やるかたないふたつのグループは、ヒトラーの重要な支持母体となった。ポーランドとハンガリー、オーストリアも同様のインフレに悩まされた。

ハイパーインフレは、南北戦争中の南部など、以前にもあった。そして第二次世界大戦直後、ジンバブエやベネズエラなど現在の途上国でも起こった。最終的に、価値が下落した通貨は額面通りの価値がなくなる。人々は代わりの通貨、たとえばドルを求めるようになる。

ドイツが安定化に成功した要因は、新通貨ライヒスマルクを導入したことと、ドーズ案と呼ばれる国際合意だった。ドーズ案により、ドイツの債務返済義務は軽減され、外国の融資が組まれ、アメリカがその半分の資金を提供した。[31] この方式が１９２０年代の末まで続けられた。ドイツはアメリカの融資の助けを借りて苦境を乗り切り、賠償金を滞りなく支払うことができていた。しばらくのあいだ、ドイツの先行きは明るいと思えたし、１９２８年の選挙では、ヒトラーのナチスの得票率はわずか２・６％にとどまっていた。

フランスは労働力と資金の両方に大損害を被って終戦を迎えた。１９２０年代初期、復興費用は政府の借金で賄われ、フランス・フランは下落するいっぽうだった。１９２５〜26年には１ドル＝41フランに下落し、１フランはわずか2セント強だった。[32] １９１３年には１ドル＝５フラン、すなわち20セントの価値があった。[33] フランスの投資家たちが、赤字削減のため増税になると予想したため、資本の海外流出は止めようがなかった。

１９２６年、レイモン・ポワンカレ首相が富裕税を導入せずに赤字を削減したため、危機は回避された。フランは１ドル＝25フランで安定し、フランスには大量の金が集まり始めた。この「オーソドックスな」政策の成功により、フランスは金本位制に傾倒し、1918年に復帰した。

対照的に、アメリカは1920年代を何事もなく過ごしたように見える。1921年から1929年にかけて、平均実質成長率、年5％を達成していた。多くの家庭に電気が通じ、アイロンや掃除機、ラジオなどの家電、そしてもちろん自家用車が手に入った時代だった。工場労働者の実質賃金は1920年代に25％近く上昇した。(34)

これがすべて、インフレ圧力なしでも達成された。1920年代初めのデフレのおかげで、1928年末のアメリカの物価水準は、20年初頭の水準をはるかに下回っており、1921年末の水準と同程度だった。(35)したがって、1913年に設立された中央銀行であるFRBが金利を上げたり、信用条件を厳格化したりする必要はなかった。金融緩和と狂乱の経済が相まって株式市場は活況を呈した。ニューヨーク株式市場の取引高は1925年の1日170万株から1929年には410万株に増えていた。投資家の中には、購入価格の10％を支払うだけで株を取得し、残りの90％を借入で賄った。株式仲買人の貸付金額は1920年初めの10億ドルから、1929年のピーク時には85億ドルに増えていた。(36)

株を買うために借金をすることは、市場が上向いているときにはなんの問題もないように思える。ダウ・ジョーンズ工業平均株価指数は97・8で1924年の幕を開け、1929年の年初には308・95になっていた。株価は5年で3倍に値上がっていた。(37)ピークの381になったのは、1929年9月3日のことだった。企業部門は1920年代、まずまず好調だったが、極めて好調とはいえなかった。株式の長期的価値を計る最良の尺度は、周期的に調整された株価収益率であり、これは株価と企業が得た収益と比較し、経済循環の影響を入れるため10年の平均値をとる。１９２０年初めの指数６から、１９２９年９月には32・６まで上昇していた。つまり、もしあなたが株式のポートフォリオを購入し、それぞれの会社が投資家に利益のすべてを支払うとしたら、金を取り戻すのに33年近くかかることになる。このような比率は、収益の伸びについて非常に楽観的な見方を取り入れている。１９９０年代のドットコム・ブームまでこれを超えるものはなかった。(38)

１９２０年代のアメリカでは、株式市場が唯一の投機対象ではなかった。フロリダでは土地ブームが起こり、これもまた信用取引で資金を調達し、投資家は返金不可の頭金を払って、残りは30日以内に払えばよかった。(39)多くの投機家は、端から残金を払う気はなかった。30日の期限が来る前に誰か他の人に売れればいいと考えていた。いわゆる「大バカ」理論である。１９２６年にはバブルがはじけ、悪影響はおおむね地域内にとどまった。しかし、金融緩和はたいてい資産価格の上昇を招くという教訓は何度学んでも足りないようだ。

ソ連が選んだ別の道

ロシアは同じスラヴ系の国、セルビアを守るために第一次世界大戦に参戦した。ドイツはロシアの潜在的軍事力を恐れ、まず西部でフランス軍の側面を攻撃して早々に勝利をあげてから、東部に軍を向ける計画を立てた。しかし、そんなに心配する必要はなかった。皇帝ニコライ２世のロシアは膨大な兵力を有していたが、戦争を遂行するには絶望的に非効率だいうことがわかった。さらに悪いことに、皇帝は町に充分なパンを届けることもできなかった。戦争が長引き、終わりが見えないため、ストライキがそこらじゅうで起こった。ペトログラードの守備隊がストライキに加わると、(40) 1917年3月、皇帝は退位した。

臨時政府が樹立されたが、戦争を継続するという致命的な過ちを犯した。兵士たちは集団で逃亡し、多くは故郷へ帰り、かつて貴族のものだった農場を強奪した。経済危機は悪化し、1917年3月から10月のあいだに都市の物価は2倍以上に値上がった。(41) 臨時政府の信望のなさが露呈し、11月、ボリシェヴィキが比較的簡単に権力を掌握した。(42)

ボリシェヴィキの指導者、ウラジーミル・レーニンは権力強化に躍起になるあまり、ドイツが提示した厳しい講和条件を受け入れた。1918年3月のブレスト・リトフスク条約により、ロシアは穀物の半分と石炭、鉄を供給していた領土を失った。続いて反共勢力との内戦が起こり、病気と栄養失調で800万人が死亡した。1921年には、ドイツに奪われていた領土の一部が返還されたにもかかわらず、ロシアの工場生産高は戦前の水準の8分の1になっていた。

ボリシェヴィキは産業、銀行、運輸を国営化して、党の計画を推し進めた。(43) しかし、1921年に海軍が反乱を起こし、純粋な共産主義から一歩後退して、「新経済計画」を受け入れた。農民は収穫物の一部をとっておき、市場で売ってもよいことになった。また、人を雇うこともできた。個人商店の経営が許可され、軽工業の一部は民間に残された。こうして農業生産と経済全般が順当に復活した。

しかし、1924年にレーニンが死去し、新経済政策は彼の後継者ヨシフ・スターリンによって放棄された。スターリンは迅速な工業化と農業の集団化を望んでいた。被害妄想のスターリンは、クラークと呼ばれる裕福な農民が穀物を隠していると決めつけた。1930年、彼は6万人のクラークを労働収容所に送り、さらに15万人をシベリアやカザフスタンへ流刑にした。[44] 集団農場への参加を拒んだ人は近所の人から非難された。1930年代初め、ウクライナ産穀物の徴発と農民が食料を求めて移動することを禁じた政策により、ウクライナの人口の13%、400万から500万人が死亡した。いわゆる「ホロドモール」である。[45] 農業生産高は1929年から1932年のあいだに4分の1に減り、多くの農民は家畜を政府に差し出すよりは処分するほうを選んだ。[46] 農業生産が安定して1914年以前の水準に戻ったのは、1950年代半ばだった。[47]

ソ連の工業化計画は農業よりは、はるかに成功した。最初の五か年計画は非現実的な目標を掲げ、場合によっては1960年まで達成されなかった。しかし、工業生産は1928年から1940年のあいだに170%増加した。人民は強制的に農場から工場へ送られた。非農業人口は同時期に190%増えている。[48] ソ連は重工業、鉄鋼、コンクリート、トラクターに重点を置いた。投資は、1928年にGDPの8%だったのが、1939年には19%に増えた。ソ連が第二次世界大戦でドイツに勝てた理由のひとつは、領土を失いながらも膨大な量の戦車や弾薬を製造することができたからである。

多くの左派の評論家は、ソ連の工業の成長に感銘を受け、不況にあえぐ西側と比べてソ連を高く評価した。しかし、革命が起こらなければ、ロシアはもっと早く成長していたかもしれない。ある研究は、スターリン政権下の実績と1913年以前の傾向が帝国ロシアで続いていたと仮定した場合を比較している。その結果、1928年から1940年にかけての繁栄の損出（総消費量から算出）はおよそ24%であることがわかった。(49) しかも、この数字には強制収容所に送られた人的被害は含まれていない。

金本位制の復活

戦争は物理的な破壊だけでなく、経済と財政にも大きな破壊をもたらした。そのため政策決定者は戦前の状況に戻したいと切に願った。特に、戦時中の急激なインフレを経験したあと、金本位制への復帰を望んだ。終戦直後の物価の急激な乱高下は収まらず、変動相場制がこの不安定の原因と示唆された。さらに、固定相場制は、政府が債権者に価格の下落した通貨で返済してごまかすことを許さないため、好ましい制度と認識されていた。イギリスでは、ナポレオン戦争後に金本位制に復帰したことが、この国に19世紀の繁栄をもたらしたとする見方が多かった。

とはいえ、金本位制復帰には非常に厄介な問題があった。戦前に金本位制が上手く機能していたのは、アメリカ、イギリス、ドイツ（多少劣るがフランスも）といった経済大国のあいだでおおむね均衡が保たれ、協力して金本位制を維持していこうとする意思があったからだ。ところが、この協調性は賠償金と戦時負債をめぐる対立で損なわれた。金の地金はもはや均等に分配されていなかった。1923年、ヨーロッパの三大経済大国である英仏独の金準備高は戦前の半分

に減っていたのに対し、アメリカの金準備高は3国の合計の3倍になっていた。(50)

ヨーロッパの中央銀行は金が不足していたため、代わりに他国の通貨を保有した（この制度は「金為替本位制」とも呼ばれる）。1928年末、外国為替は合計準備高の24・5％になり、戦前の15・9％と比べると増えていた。(51)これが不安定要素になった。もし、ある国が金本位制を離脱したら、その通貨は下落し、他の国の準備高の価値が下がる。このような危機に直面すると、問題のありそうな国の通貨を売り払いたくなるもので、投機的な損害を被るリスクが高まった。

2番目の問題は、戦争で多くの国の負債が増え、物価水準が大幅に上昇したことだ。戦前の為替レートに戻そうということは、6か月間大食いを続けたあと、ぴっちりしたスポーツウェアに身を包もうとするようなものだ。特にイギリスは、ドルに対して戦前の為替レートに戻すことに躍起になった。しかし、アメリカ経済に対するその競争力は1913年以降、相当落ちていた。もうひとつの問題としてケインズは、1925年にイギリスが金本位制に復帰したとき、10％高すぎるレートだったため、これが10％の賃金カットに相当したと述べている。(52)

また、戦前の金本位制はかなりの部分、はったりが効いていた。イギリスの金準備高は国際貿易の重要な立場にしては非常に心細いものだった。1890年のベアリングス銀行の危機（第8章参照）などの難局に際して、イングランド銀行は他国の支援に頼った。この制度を維持するには、国際的な協力が不可欠だった。

戦後、これは達成が難しくなった。FRBは世界で最も重要な中央銀行になり、アメリカ経済に力を与えていた。しかし、アメリカは孤立政策をとり、FRBはアメリカの利益よりも外国の利益を優先していると思われないように慎重になった。1927年、FRBはポンドへの圧力を緩和するために金利を0・5ポイント引き下げた。これが株式市場に追加の刺激を与え、暴騰の発端となる。これは次の2年間に2倍になる。

それ以降、特にニューヨーク連邦準備銀行総裁で、イングランド銀行の緊密な盟友だったベンジャミン・ストロングが病に倒れて1928年に死去すると、協力は難しくなった。世界恐慌の種はその年にまかれたと言えるかもしれない。FRBは株式市場の投機を不安視し、金利を3・5%から6%へと4回にわたって引き上げ、金本位制の流動性を枯渇させた。フランスは金本位制に復帰したとき、3億ドルの金、すなわち金準備高の3%の金を手に入れた。[53]

当時、ケインズは手紙で警告している。「現在のリスクはすべて、不況の側にあるような気がしてならない。高金利で投機を抑制する試みが長引けば、新たな投資を抑制することによって、高金利が不況をもたらすことは大いにあり得る」[54]（彼は1929年の株の大暴落で大損をしたので、彼の予測は当てにならないとされた）。

アメリカの抑制策の最初の影響は海外で現れた。ドイツはアメリカの融資に依存していたが、高金利に引き寄せられ、株価が上昇したためマネーが国内にとどまり、融資は枯渇した。ドイツの失業率は1928年1月の130万人から翌年の初めには190万人に、その春には250万人に増えていた。[55] イングランド銀行はイギリスの金準備高が減ると、失業者が150万人いたにもかかわらず、1929年2月に金利を5・5%に引き上げた。同様の問題に直面したドイツの中央銀行は金利を7・5％に引き上げた。これが金本位制のロジックだった。堅調な経済よりも為替レートの維持が優先される。

ドーズ案に基づき、ドイツは1929年に賠償金の支払いを増やし、GDPの5％を支払うことになっていた。同年のそれより前に行われた会議はあやうく決裂するところだったが、ドイツが36年にわたって年5億ドル（GDPのおよそ4％）の支払いに同意し、さらに1987年にようやく終わる別の支払いを承諾して収まった。[56] このような長期の誓約はばかげている。その数か月後には、債権者が一時的な支払いの減額に同意するし、そのときすでにドイツが1930年分の賠償金を支払うには融資が必要だった。

恐慌とその後

金融引き締めが世界経済にブレーキをかけた。アメリカ製品の輸出は1929年3月に減り始め、アメリカの工業生産は7月にピークを迎えた。[57] 全米経済研究所によると、アメリカの不況はすでに1929年8月に始まっていた。[58] 株式市場のサイクルの最高値は、その直後の9月3日だった。同月、イギリス人の投資家クラレンス・ハトリーのビジネス帝国が崩壊し（彼は詐欺罪で14年の刑を言い渡された）、その結果起こったパニックにより、イギリス人投資家の中には、損失を埋めるためにアメリカ市場の持ち株を減らす者も現れた。[59]

ウォール街の大暴落は10月末に起こった。アメリカ市場は10月23日の水曜日に4・6％下落し、翌日の「暗黒の木曜日」に記録的な取引があり、市場は一時、11％下落した。翌週月曜日と火曜日にさらに大幅な下落を記録し、ダウ平均は、9月初めの高値を40％も下回る230ドルまで落ち込んだ。(60) 信用取引で株を買っていた人々は損失を減らすために必死で株を売った。

ウォール街の大暴落が世界恐慌を引き起こしたかどうかについては、いまだ議論の余地がある。この出来事は非常に劇的だったため、「このあとに、ゆえにこのために」の誤謬に該当するケースかもしれない。つまり、大暴落が最初に起こったからといって、必ずしもそれが世界恐慌を引き起こしたとは言えない。(61) 10月と11月に工業生産が落ち込むなど、さっそく経済への影響があったようだ。FRBは金利を引き下げ、銀行システムに流動性を注入するなどして支援に最善を尽くした。1930年4月には、有力企業や銀行の倒産はなく、株価は1929年初めの水準で取引されていた。(62)

最大の問題は株式市場ではなく、ナショナリズムの復活だったかもしれない。ウォール街の大暴落の以前から、アメリカ議会は関税をめぐって議論を続けていた。スムート・ホーリー関税法は、1028名の経済学者がこれに反対する声明文をニューヨーク・タイムズ紙に掲載したにもかかわらず、1930年前半に議会を通過した。この法は関税率を実質35・65％から41・14％に引き上げるだけで、それほど大きな引き上げではない。しかし、関税は一律に設定されていたため、その後のデフレで物価が下がると影響が大きくなった。実効関税率は59％に達した。(63)

スムート・ホーリー関税法が世界恐慌にどれほど影響を与えたかは定かではないが、これは不用の措置だった。1028人の経済学者が指摘したように、アメリカの工場はすでに国内で消費される工業製品の96％を製造していた。もしアメリカが戦時中の同盟国に借金の返済を求めるなら、それらの国にもっと商品を輸出する力が必要になるのに、関税はそれを難しくしたのだ。カナダ、イタリア、スペイン、ポルトガル、スイスはどこも独自の関税で報復した。貿易は下方スパイラルに陥った。

先進国が保護政策を強化するにつれ、当然、アジアや中南米の独立国はナショナリスト的で閉鎖的な方向に傾いた。これらの国々は外国人が所有する財産を没収し始め、1938年、メキシコはアメリカとイギリスの石油会社を国営化した。いまだイギリス支配下にあったインドでさえ、1919年に14%だった鉄鋼の自給を、1938年には70%に増やしていた。(64) この傾向は、第二次世界大戦後もそのまま続く。中南米の国々は世界恐慌で大打撃を受けた。この地域の10か国では輸出が半分以下に減った。チリの輸出高は83%減り、1人当たりの収入は3分の1に減った。(65)

この危機は1930年に激化し、イギリスでは工業生産高が20%落ち込み、ドイツでは25%、アメリカでは30%減った。(66) 銀行が倒産し始め、1930年の最後の2か月でアメリカでは600の金融機関が倒産した。最も深刻な消滅は、ニューヨークのブロンクス地区にあった合衆国銀行の破綻だった。破綻の一因は、主にユダヤ人が占める同行の40万人の預金者の救済に消極的と思われたからだ。

アメリカ政府はまだ預金保険制度を導入していなかった。したがって、銀行に金を預けている人にしてみれば、噂が本当だった場合に備えて問題のある銀行から預金を引き出すのが合理的な行動だった。この行動が予測通りの事態を引き起こした。そして預金をどんどん失っていた銀行は企業に貸付金の返還を求めざるを得なくなり、その地域で企業倒産の波が起こった。

ヨーロッパでも事態は悪化していた。1930年3月、ドイツでは社会民主党が失業手当の削減を拒否したため、連立が崩壊した。戦時中の将軍、ヒンデンブルク大統領はこの機会に、大統領権限の助けを借りて統治する「専門家の内閣」〔大統領内閣〕を立てた。この政権は、元陸軍将校で君主制の再建を望んでいたハインリヒ・ブリューニング首相が率いた。(67) ブリューニングはデフレ政策を推し進め、失業給付を含む政府支出を削減した。これは失業者の怒りの炎に油を注いだ。1930年9月の選挙で、ナチスは640万票を獲得し、議会で第二党となった。共産党と合わせて反民主主義の政党はほぼ3分の1の票を獲得した。

そして金融の混乱の影響もあった。1931年5月、オーストリアの主要銀行であるクレディト・アンシュタルトが倒産した。フランスは同行の国際的な救済を妨害した。ドイツとオーストリアの関税同盟を懸念していたからだ。7月、ドイツ第二の銀行、ダナート銀行も破綻した。アメリカの銀行の破綻と同様に、これは信用喪失につながった。

また1931年7月には、ある委員会がイギリス政府に対し、失業給付20%削減などで公共支出を減らし、財政赤字に対処するよう提言した。これは少数派の労働党政権に大きなプレッシャーを与えた。そもそもこの党は労働者階級を貧困に陥れるために選ばれたのではない。給付の10%削減など、提言された支出削減の半分ほどが閣議で合意された。これは典型的なイギリスの妥協案だったが、内閣は11対9でかろうじて可決した。

イングランド銀行は、投資家の信用を取り戻し、金本位制を維持するためにはさらなる削減が必要だと訴えた。しかし、同行は実際の金準備高を政府に伝えることを拒み、その変わり者の総裁、モンタギュー・ノーマンは7月29日、「具合が悪い」と言って早退した。ノイローゼだったのかもしれない。彼は何か月も執務に復帰しなかった。8月、プレッシャーのなか、労働党党首ラムゼイ・マクドナルドは保守党が優勢な連立政権に加わることに同意した。歳出削減が実行されたが、準備高は減る一方で、スコットランドのインバーゴードンでの海軍の反乱が警報を鳴らした。9月19日、イギリスは金本位制を停止した。労働党の元商務大臣シドニー・ウェッブは「そんなことができるとは知らなかった」と嘆いた。

これは非常に象徴的な顚末だった。イギリスは金本位制を採用していたからこそ成功しているのだと多くの国が思っていたからだ。あの国が闘いをやめたのなら、他の国が続けても無意味ではないか？　戦後の一時期、47か国が金本位制を採用していた。1932年末には、金本位制を維持していたのは7つの大国だけだった。(68) 民主主義国家において、少数の債権者集団の財産を守るために、経済的苦難に耐えてくれと有権者に頼むことは無理な話だった。

自国通貨を保護する必要性から解放され、金本位制を停止した国々は金利を引き下げることができ、実際にそうした。それだけでも景気回復を促した。通貨の下落は、競合国が通貨を切り下げない限り、輸出市場で有利になった。全体として、これは世界の金融政策を緩和し、世界の回復を助ける効果があった。

危機はまた、国家債務の問題についても常識を引き出した。1919年以来、アメリカは、ドイツが連合国に払う賠償金と連合国がアメリカ政府に負っている借金を関連付けることには頑迷に抵抗してきた。ところが1931年6月、評判とは違って干渉主義だったヒューバート・フーヴァー大統領が、債務支払いの全般的なモラトリアム（一時停止）を提案したのだ。フランスは、ドイツが金本位制離脱を強いられるまで、合意を遅らせた。フーヴァー・モラトリアムは1年後に期限が切れたが、1932年のローザンヌ会議で、イギリスとフランスは返済を停止した。ドイツはもう1ペニヒも払わなかった。フランスはアメリカに返済するのもやめた。

全体的に、戦間期の政治家は1930年代の危機に不意打ちされた。崩壊の規模は彼らの理解を超えていたし、どのような対策をすればいいのか見当もつかなかった。新しい指導者が求められていた。

ローズヴェルトとニューディール

1929年8月から1933年3月のあいだに、アメリカの工業生産は55％減少し、卸売物価は37％下落した。アメリカの失業率は1929年の4・6％から、1932年には24・9％に上昇した。(69) 自動車の生産も企業投資も3分の2に減り、GDPは4分の1に減った（図参照）。1930年から1933年まで、毎年1000を超えるアメリカの銀行が倒産し、(70) 預金は露と消え、マネーサプライ（通貨供給量）は3分の1になった。(71) 物価は特に大きな打撃を受け、小麦価格は2年で3分の2に下落した。(72)

これが、経済学者のアーヴィン・フィッシャーが「負債デフレ」と呼んだ問題を引き起こした。穀物価格に大きく左右される農家の収入は、およそ65％減った。(73) しかし、彼らの借金額は

大恐慌

アメリカの1人当たりGDP（単位・2011年時点の1000ドル）

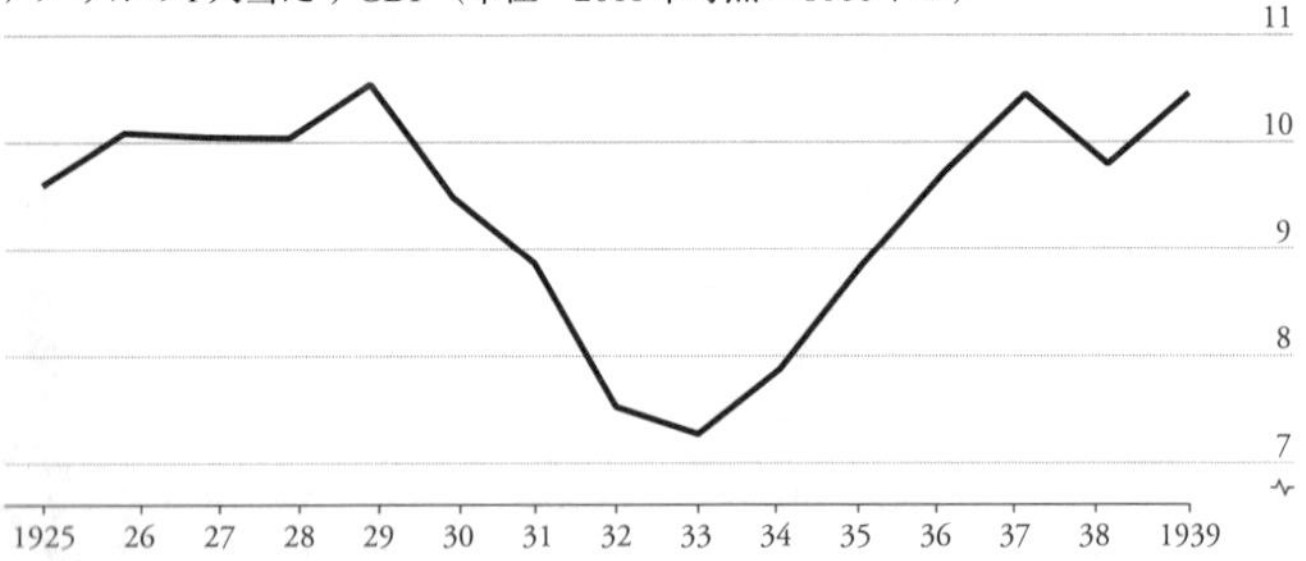

Source: Maddison Project Database

名目上、変わらない。同様のことは、不動産所有者にも当てはまる。家賃収入が減っても借金の支払額は変わらない。そこで資産を売却して借金の返済に充てようとする。しかし資産の処分大安売りは、価格低下を招くばかりでデフレを悪化させる。

同様の規模で経済的大惨事に見舞われたドイツは、ナチスに望みを託した。1932年7月、ナチスは37％の得票率を獲得して議会の第一党になった。1933年1月末、ヒトラーが首相に就任したが、保守派の政治家たちは彼を上手くコントロールできると思っていた。

対照的に、1932年11月、アメリカ人はまったく別のタイプの人物、フランクリン・ローズヴェルトに票を投じた。彼はアメリカの上流階級出身で、1920年代にポリオに罹《り》患《かん》したが、1929年から1932年までニューヨーク州知事を務めた。自分の判断に屈託のない自信を持っていたローズヴェルトだが、その政治的立ち位置は曖昧だった。1932年の大統領選のキャンペーン中、側近が彼にふたつのスピーチ原稿――ひとつは高関税支持、もうひとつは反対

――を渡し、「このふたつを織り交ぜて」と言った。(74) 彼の姿勢を的確にまとめているのが次の言葉だ。「私が風潮を読み違えてないのなら、この国には大胆で粘り強い実験が必要であり、またそれが求められてもいる。ある手段を講じて試すことは当たり前のことだ。それが失敗したら、そのことを認め、別の手段を試せばいい。しかし、肝心なのは、何かを試してみることだ」(75)

何もかもが上手くいったわけではなく、ローズヴェルトの政策には最高裁で覆されたものもある。それでも、彼には己の自信を一般大衆に伝える才能があった。大統領就任演説では「我々が恐れるべきものはただひとつ、恐れそのものである」と名言を残し、その後もラジオ番組「炉辺談話」で一般市民に政策について説明した。民主主義が揺らいでいるように思えた当時、ローズヴェルト政権は一般市民のために、最善を尽くそうと努める政府の輝かしい例となった。

彼の最初の仕事は銀行とやり合うことだった。ミシガン州知事はローズヴェルトが大統領に就任する前に、2月14日を州の銀行休業日（バンク・ホリデー）にすると宣言していた。クレジットカード、デビットカード、その他あらゆる電子決済がまだないこの時代、消費者と卸売業者には現金か小切手しか手段がなく、それを現金化するにはたいてい銀行が必要だった。他の州の預金者は自分の銀行がつぶれる前に、できるだけ早く現金を引き出そうとし、これがさらに財政状態を悪化させた。3月4日の就任日には、48州のうち28州がバンク・ホリデーを実施し、残りの10州は一部、休業した。(76)

ローズヴェルトは早速すべての銀行を閉鎖し、当分のあいだ経済は借用書で乗り切ることになった。独自の地域通貨を発行する都市もあった。9日後、銀行は3つのカテゴリーに分けられ、最初のカテゴリーの銀行が再開を許可された。最も強い銀行群が最初に再開し、その後、2番目に強い銀行群が政府の経済支援を得て再開し、最も脆弱な銀行群はずっと閉鎖されたままだった。ローズヴェルトはこのことを3月12日の「炉辺談話」で説明した。彼の話はわかりやすく、説得力があった。翌日、銀行が再開すると、人々は金を引き出すためではなく、預けるために列をつくった。(77)

ローズヴェルトは大統領に就任して最初の100日間、後継のどの大統領も及ばないほどの猛烈な勢いで仕事をこなした。貧困者に対して無料食堂や毛布配布の緊急支援を行い、雇用創出のための公共事業を実施した。テネシー川流域開発公社は困窮した地域に電力と仕事を提供する目的で設立された。さらに、農作物の価格下落を防ぐために農業調整法を成立させた。景気が回復し、ローズヴェルトの大統領就任からその年末のあいだに工業生産は28％増加した。(78)

最も大きなステップは、金本位制停止だった。ローズヴェルトは大統領に就任すると、金の輸出を禁止し、1933年4月に金本位制を停止すると発表した。側近の1人は「これは西側文明の終わりである」と公然と批判したが、それから数日のうちに、株式市場は15％上昇し、デフレ・スパイラルが終わった。ローズヴェルトの発表から1937年10月のあいだに、インフレ率は平均、年3・2％だった。(79)最終的に、ローズヴェルトは金価格を1933年以前の1オンス20・67ドルから大幅に引き上げて35ドルに固定した。これは実際には、ドルの大幅な切り下げだった。

しかし、ケインズが示唆したように、ローズヴェルトが経済に需要を注入しようとしていたのなら、彼には一貫性がなかった。初期のもうひとつの政策である公共支出の10億ドル削減には連邦職員の給与の15%カットも含まれていた。反対に、全国産業復興法は民間企業に最低賃金を引き上げさせることを目的としており、労働組合に賃上げの交渉権を与え、企業が製品の価格の下落を防ぐために価格協定を結ぶことを容認した。

全国産業復興法は、過去からの脱却を目指したローズヴェルトの方針を表している。カルヴィン・クーリッジ（在職期間1923～29年）など大統領の多くは、政府の干渉は最小限にとどめるべきと考えていたが、ローズヴェルトは直観的で積極的な行動主義者だった。彼は1935年の社会福祉法でアメリカ福祉国家の礎を築き、自営業者や農業従事者を除く65歳以上に年金を支給した。同法は失業保険も導入した。理論上、年金は労働者の賃金から差し引いた保険料を財源にしていた。実際には、人々が支払った金額は彼らがこの制度から受け取る額とは関係なく、社会保障信託基金は常に国債に投資してきた。これは将来の納税者の負担となる。しかし、ローズヴェルトは「我々が今、給与から差し引かれている分は、払った人が法的、道義的、政治的に年金や失業手当を得られるようにするためだ。そこに税金があれば、私の社会保障案をお払い箱にしようとする政治家は現れないだろう」と主張した。(80) 歴史が彼の正しさを証明した。

このほかローズヴェルトの重要な改革に、銀行の取り付け騒ぎを抑制した預金保険制度の導入、投資銀行と商業銀行を分離したグラス・スティーガル法制定、金融部門を規制する証券取引委員会設立などがあった。要は、銀行業務のうち、資産取引に関連する最もリスクの高い業務によって、預金や融資など通常業務に支障を来さないようにするためのものだった。ローズヴェルトの2期目はあまり順調ではなかった。法案が否決されることに苛立った彼は、最高裁判所判事を自分の仲間で埋めるつもりだと表明したため、これが反対勢力の結束を招いた。社会保障費の財源を賄うためもあって税金が上がり、FRBは金融引き締めを行った。(81) 1937年、景気は再び後退し、工業生産は1937年8月から1938年1月のあいだに30%減少した。(82) GDPは10%落ち込み、失業率は20%に跳ね上がるなど、これは20世紀で3番目に深刻な不況だった。再び金融政策が緩和された1938年、景気は回復し始めた。回復の早い時期の金融引き締めは危険だということが明らかになった。

ナチスの代替案

世界恐慌はヒトラーを権力の座に就けたかもしれないが、それはナチスが本格的な経済政策を掲げていたからではない。彼らは1932年の春まで、雇用創出を政策の肝に採用しなかった。(83) 1933年6月、公共事業計画が発表されたものの、それは前政権が提案した計画の延長に過ぎなかった。最初は主に地方の土地開墾が中心だったが、刺激策の資金の大部分が空港や兵舎など軍事的インフラの財源に転用された。

ヒトラーの経済的偉業としてよく引き合いに出されるアウトバーンも、部隊を迅速に国境へ運ぶためという軍事目的だった。1930年代、車を持っているドイツ人は非常に少なかった。ヒトラーは国民の車と宣伝しておきながら、彼の政権は民間人の顧客にフォルクスワーゲンを1

台も届けることはできなかった。[84]しかも、道路建設事業はそれほど多くの雇用を創出しなかった。1年後、道路建設に従事している労働者はわずか3万8000人に過ぎなかった。[85]

ドイツの生産高で1935年から38年のあいだの増加分の半分は再軍備によるものだった。それでもこれは雇用創出という意味では有効だった。1936年末には、失業者は4分の1減り、150万人になっていた。ドイツの航空機産業の雇用は1932年の3200人から1935年には5万4000人、1942年には25万人に増加していた。経済成長は消費財よりも重工業に集中していた。1935年の個人消費はまだ世界恐慌前の水準より少なかった。[86]

それでも、彼の外交政策の成功と(1936年にラインラントを再び占領)、失業率低下により、ドイツ国民のあいだにヒトラー支持者が増えていったのだろう。労働組合はつぶされ、多くの左翼支持者は強制労働収容所へ送られていたため、反対運動は非常に難しかった。ドイツの実業家は、労働者の力を削ぐために、熱心にナチスに献金した。彼らは税金と厳しい規制という代償を払い、産業界は価格協定を強いられた。輸出は補助され、輸入は制限された。輸入業は許可制となり、それを管理する役所の部門が創設された。実際には、戦時政権はすでにできていた。しかし、経済が回復し、外国との競争が制限されたため、利益が増えていた。1938年のドイツの輸入は世界恐慌前の水準を59%下回っていた。[87]

ドイツの失業率は低下したとはいえ、1938年の実質賃金はナチスが政権を取ってから下がり、牛乳、卵、肉の消費量は世界恐慌前よりも減っていた。[88]ゲッベルスとゲーリングが認めたように、バターよりも銃だった。さらに、この体制の凶悪さが早々に明らかになった。ユダヤ人との商取引のボイコットが1933年4月1日に発表された。ヒトラーを恐れて国から逃げようとしたユダヤ人は重税を課せられた。1934年、ナチスの左翼分子たちが「長いナイフの夜」で粛清され、数百名が殺害された。さらに悪い事態が続いた。1933年3月、ダッハウに強制収容所が開所した。わずか1か月後、4人のユダヤ人の囚人が「逃亡を試みた」ために射殺され、5月には突撃隊員によって4人の労働組合役員が殴り殺された。悪夢が始まった。

再び戦争へ

1939年の世界大戦勃発は、1914年の大戦ほど不意打ちではなかった。領土拡大というヒトラーの野望は最初から明らかで、それを警戒して他の強国も再軍備に取りかかっていた。アジアでは、日本が中国支配を計画して1931年に満洲に侵攻し、1937年には本格的な侵略を開始した。戦争に向かったのは経済的要因が大きい。日本は特に石油など、天然資源が乏しく、それが弱点であることは自覚していた。東南アジアは、石油に恵まれたインドシナや農作物の豊富な他の地域など、好ましい標的だった。

1941年7月、日本がフランス領インドシナに侵攻すると、アメリカは日本の資産を凍結し、日本の石油輸入を断つ禁輸措置をとった。対する日本は、アメリカの真珠湾を奇襲してその脅威を取り除こうとした。日本は当初、領土拡大に成功し、大蔵大臣賀屋興宣《かやおきのり》が今後日本は「いわゆる搾取的な政策を行うだろう」と述べている。最盛期、日本はインドシナのGDPの4分の1を奪った。(89)

ドイツの戦争目的のひとつは「生存圏《レーベンスラウム》」だった。併合した地域にドイツ人を定住させ（元からその土地に住んでいた人々は追放されるか、抹殺された）、そこから食料を供給させる領土拡大政策である。ドイツはまた、戦前の石油供給の60％を輸入に頼っていた。ソ連に侵攻した理由は、カフカス地方の石油資源を欲していたからでもある。これより一般的な戦利品も狙われた。ドイツが１９３８年にオーストリアを併合したとき、外貨準備高は2倍になった。(90)

ナチスは占領した国々を容赦なく搾取した。ある研究によると、ピーク時の１９４３年、ドイツはフランスのＧＤＰの55・5％を搾り取った。占領時代の総額はフランスの1年のＧＤＰの１１１％にもなり、戦間期にドイツが負った戦時賠償金をはるかに上回っていた。(91)他の研究は、ドイツが占領した国々から搾取した総額は、ドイツの税収入の40％に相当する額だったと推定している。ポーランドはドイツとソ連の両方に占領されるという悲運に見舞われ、戦争中に工場の65％、鉄道路線の3分の1、家畜の半分以上を失った。(92)

占領下のヨーロッパは食糧難に陥り、１９４１〜42年のギリシア、１９４４〜45年のオランダは飢饉に見舞われ、終戦間際と戦後のドイツでも同様の事態になった。１９４１年、占領下のポーランドでは1日の平均エネルギー摂取量が９００キロカロリーに落ちた（健康的な食事は男性２５００キロカロリー、女性２０００キロカロリーである）。(93)第6章で述べたように、ベンガルはイギリスの（誤った）統治下で、ひどい飢饉に見舞われた。

経済的資源が連合国の勝利に大きく貢献した。英仏だけでは（植民地を除いて）、日独伊の枢軸国のＧＤＰの70％だった。しかし、１９４２年、アメリカとソ連が連合国側について参戦した。これにより、ドイツがヨーロッパの大半を占領していたとはいえ、連合国のＧＤＰは枢軸国のそれよりも30％多くなった。軍需品については、連合国が枢軸国より１５０％多く製造していたため、さらに優勢になった。(94)

第二次世界大戦の戦場になった国では、経済に破滅的な被害を受けた。戦争初期、ドイツのＧＤＰは上昇したが、１９４５年には１９３９年の水準の20％に落ち込んでいた。同様の現象は日本にも当てはまり、１９４５年のＧＤＰは１９３９年の水準の22％以下だった。フランスではほぼ半分に減り、イタリアでは3分の1に減った。(95)

逆に、アメリカでは戦争は絶大な景気刺激になり、どのニューディール政策よりもはるかに大きな効果をもたらした。戦争関連の製造——航空機、船舶、戦車、銃など——はＧＤＰの２％から40％に増えた。実質ＧＤＰは１９３９年から１９４５年のあいだに50％以上増えた。失業率は１９４０年の14・6％から１９４５年には１・９％に減っていた。そして、政府の役割が１９３９年にはＧＤＰの９％だったのが、１９４３年のピーク時にはほぼ47％になり、大幅に拡大した。(96)

第一次世界大戦と同様に、１９３９年から45年の世界大戦で多くの女性が労働力に加わったが、それは主に徴兵された男性の穴を埋めるためだった。象徴的なアメリカのモデルは、政府の宣伝に使われた漫画のキャラクター、「リベット工のロージー」である。戦争が終わると、多くの女性はまた失業した。それでも、１９５０年には有給の仕事に就いているアメリカの女性の割合は１９３９年と比べて10ポイント高くなっていた。(97)その後の数十年間、非常に多くの女性が労働力に加わっていく。

朗報

1914年から45年は地政学的状況は最悪だったかもしれないが、新技術が発明され、以前のイノベーションが普及した時代だった。アメリカの工場は電力を利用するために再編成を行った。1930年代半ばには、航空会社が定期便を運航し、ライト兄弟が発明した飛行機より130倍も強力な旅客機が世界を飛び回っていた。(98) 史上初の合成窒素肥料が1920年代に販売され、農作物の収穫量を劇的に増やした。農業の生産性を高めたもうひとつの要因は、トラクターの普及である。1914年以前、トラクターを持っている農家はほとんどなかったが、1945年には、アメリカで200万台以上が使われていた。合わせると、1944年にはトラクターが17億人時《マン・アワー》（1人1時間の仕事量）の労働をこなしたことになる。(99)

この時代から、特にアメリカでは、消費者は様々な商品を選べるようになる。客が商品を自分で手にとるセルフ・サービス式スーパーマーケットは、ピグリー・ウィグリー・チェーンの創業者、クラレンス・サンダースが1916年に初めてオープンした。クラレンス・バーズアイが1925年に冷凍食品を発明し、冷凍食品は1930年代に販売されていた。(100) 最初の冷蔵庫は1916年に900ドルで販売され、フォード社のT型よりも高かったが、1937年までにはアメリカで毎年600万台の冷蔵庫が製造された。(101) 1914年以前に発明されていたエアコンは国中に普及し、1930年代末にはほとんどの映画館に備えつけられていた。第二次世界大戦後、エアコンのおかげでアメリカの南部や西部に人口が移動した。さらにアメリカ人の生活を快適にしたのが、屋内水洗トイレである。１９２０年には普及率20％だったのが、１９４０年には60％になっていた。(102)最初のテレビは１９２０年代に発明され、１９３０年代には視聴者はまだ非常に少なかったがいくつかの番組が放送されていた。

新しい素材が生み出された。デュポンは１９３９年にナイロン・ストッキングを初めて生産し、最初の４００万足は48時間以内に伝線した。しかしナイロンの供給は戦争で中断された。１９４５年に販売が再開されたとき、ピッツバーグではそれを求める4万人が列を成し、その長さは１・６キロに及んだ。(103)

第二次世界大戦はまた、ペニシリンの大量生産、（戦時中のゴム不足に対処した）合成ゴムの普及、レーダーやマイクロ波といった新技術の開発も見られた時代だった。生産性の大躍進は戦時体制下で達成された。カリフォルニア州リッチモンド造船所で1隻の船をつくる時間は３５５日から12日に短縮された。戦後、これらの生産技術は日用品に応用された。

最後に、労働者もまた、両世界大戦期に労働条件の改善を勝ち取ることができた。ヨーロッパでは第一次世界大戦前は週56時間労働だったが、１９２９年に48時間に減り、年2週間の休暇が当たり前になった。(104)職を失わなかった労働者にとっては、デフレは世界恐慌のあいだ実質賃金がおおむね上昇したことを意味した。(105)

経済学の再考

世界恐慌は従来の経済学の理解に対する挑戦だった。短期の経済低迷は以前にもあったが、経済の仕組みがその衝撃に順応することが示されていた。フーヴァー政権の財務長官を務めたアンドリュー・メロンが述べたように、仕組みから「腐敗」が一掃されるのだ。効率の悪い会社が破綻しても、新しい会社が生まれて解雇された労働者を雇う。もし価格が高すぎたら、買い手が見つかるまで価格は下がる。賃金が高すぎたら、労働者が仕事を見つけるまで賃金は下がる。

世界恐慌は、これが自動的に起こるのではないことを証明した。ケインズは１９３６年の著書『雇用、利子および貨幣の一般理論』で、その理由を説明している。企業が労働者を解雇するか賃金をカットすると、労働者が消費にまわす金が減る。それが経済全体で起こると、需要の全般的な減少につながる可能性がある。

では、なぜ新しい会社が次々と誕生してその解雇された労働者を雇わないのだろうか？　問題は、経済の先行きが不透明で、投資の採算がとれるかどうか、わからないことだった。この不確実性は経済が低迷しているとき、いっそう大きくなる。企業は金利水準がどうであれ、投資をためらうようになる。借金を返済するか、現金を保有するほうを選ぶだろう。ケインズはこれを「流動性の罠」と説明した。

そうならないために、政府が介入して需要を高めるべきだとケインズは主張した。短期的には、投資家はたいてい国債を安全資産と見なすため、政府の借入能力には実質的な限度がない。政府は、たとえば建設事業などに人を雇用すればいい。この労働者たちは賃金をほかで使うので、民間部門の商品の需要が高まる。つまり、労働者がどのように雇われようが関係ない。政府は5ポンド紙幣を埋め、それを民間部門が掘り出すのを待っているだけでいいのだと彼は皮肉った。この政府支出は「乗数効果」を生み、増えた需要は刺激策の規模よりもはるかに大きくなる。実際にこれは起こったが、残念ながら、世界恐慌を終わらせた最も効果的な手段は、再軍備の支出だった。

オーソドックスな経済学者たちは、ケインズの説を大いに批判したが、それは政府に対して以前よりもはるかに大きな役割を負わせることを彼が訴えていたからではない。批判者は、政府支出は非効率であり、民間部門を「押し出す」ことになると主張した。後年の理論家は、1930年代の政策の誤りは財政刺激策の欠如ではなく、中央銀行が銀行の倒産を防げず、マネーサプライの縮小を防止できなかったからだと主張した。ほかには、消費者が減税あるいは公共支出のニュースに反応し、それを支払うために将来、税金が上がることを心配したからだとする説もある。これは「合理的期待」論として知られる。しかし、経済学者ではない人がこのような考え方をするとは到底思えない。

ケインズの本はニューディール政策が実施されたあとに刊行された。だが、彼の考えは戦後の風潮を決定づけるのに大いに貢献した。政治家たちは1930年代を繰り返してはならないと思い、ケインズ経済学はその代替案を提供していた。また、ふたつの世界大戦を経て、政治家たちは経済への政府の介入という考えを以前より受け入れるようになった。

スカンジナヴィアではすでにその傾向が定まっていた。1930年代、スウェーデンは雇用創出計画のほか、失業手当と健康保険、出産育児手当、学校給食補助、より高額な年金を実施していた。(106)そして戦後の時代、スウェーデン・モデルはアメリカ・モデルよりもヨーロッパ人に支持された。

第11章 輸送——必要不可欠なネットワーク

ニューヨークのグランドセントラル駅の壮大な大理石ホールの高いところに、ガラス張りの通路が通っていて、そこから日々この駅を通過する75万人を見下ろすことができる。誰もがそれぞれの目的地に急ぐのを眺めていると、蟻の巣の慌ただしい動きを思い浮かべずにはいられない。ランダムな動きに見えても、それぞれの蟻が目的を持って動いているように、常連の通勤客は、通路やトンネルが入り組んだこの49エーカーの構内を迷わず進んでいく。朝のラッシュアワーには、47秒ごとに列車が到着し、通勤客をマンハッタンの職場へと送り出している。

グランドセントラル駅の大聖堂のようなホールは、もし過去の所有者たちが思い通りにしていたら、現在のようなかたちでは残っていなかっただろう。1961年、彼らは天井を4・5メートル低くして、そのスペースに3層のボウリング場をつくる申請許可を求めた。(1) 通勤客（そして映画監督たち）にとって幸いなことに、申請は退けられた。

ニューヨークは（北部から乗客を運ぶ）グランドセントラル駅、そして（ニュージャージーやロングアイランドからフェリーの通勤客を運ぶ）その姉妹駅、ペンシルヴェニア駅がなければ機能しないし、広域をカバーする地下鉄網がなければ立ち行かないだろう。マンハッタンの街路はすでにトラックや配達のライトバンで混み合い、ここに数百万台の自家用車が加われば麻痺するだろう。

自分たちの毎日の移動のために行われている調整に思いを馳せたことがある通勤客はまずいないだろう。彼らの頭上、グランドセントラル駅の6階には管制官の部屋があり、42本ある番線の列車の発着を監視している。私が訪れたときは、方向転換のために駅を1周する「環状」線へ列車を進めているところだった——めったにないことだ。

しかし、経済の面から見ると、この通勤を可能にするために無数の段階が踏まれている。車両は日本の川崎車両と、カナダのボンバルディアのふたつの企業のものを使っている。信号系統はフランスの多国籍企業アルストム社製、線路脇の電源装置はスウェーデンとスイスの多国籍企業グループＡＢＢ社のものを使っている。これはほんの一部でしかない。主要なコンコースの天井に壮麗な12星座を描いているのは東芝製のＬＥＤライト、床の大理石はイタリア産で、１９９０年代の改装時にもイタリアから専門家が呼ばれた（それまでは、天井は煙草のヤニで黒ずんでいたし、駅自体がホームレスのたまり場として悪評がたち、ここで時間をつぶそうとする通勤客はいなかった）。今ではグランドセントラル駅は観光客の人気スポットとなっている。毎日、１万人が電車に乗るためではなく、昼食をとるために駅にやってくる。

このライト、車両、電力会社はすべて、鋼鉄やアルミニウム、銅線など、地下から掘り出した原材料に頼っている。座席カバーの生地を含めて、誰かが車両の座席を設計し、製造しなければならない。駅に電力を供給する発電機（地下深くに設置）を製造しなければならないし、もちろん電気は化石燃料（地中から掘り出す必要がある）からつくらなければならない。駅で提供される食事は世界中で生産された材料を使用している。そして、すべての材料は船かトラックで駅まで運ばなければならず、関連項目は芋づる式にどんどん増える。船やトラックのほか、モノを運ぶためのコンテナを製造しなければならない。荷揚げのための港を建設し、トラックが走れる道路を建設しなければならない。全体を眺めてみると、1人ひとり、すべての通勤者を職場へ運ぶために無数の労働者がおそらくどこかで関わっている。

現在の世界の輸送システムは人々の通勤に使われるだけでなく、休暇へ行くのにも、親戚を訪ねるのにも、世界中のモノを取り寄せるのにも使われる。世界に富が広がると、多くの人々が移動できるようになった。2017年には40億人が旅客機を利用し、2005年の水準からほぼ2倍増えた。(2) 列車に関しては、毎年、3兆輸送人《じん》キロ〔輸送人員×乗車距離〕になり、中国とインドではそれぞれ1兆輸送人キロを超える。それに、どちらの数字も車の利用に比べればたいしたことはない。平均的なアメリカ人は車で年に1万8000キロを移動する。(3)

輸送の変化は世界および経済の発展に途方もなく大きな影響を与えた。6万年以上前、人類は舟を漕いでアジアから太平洋の小島にたどり着いた。(4) 数千年間、舟または船による輸送はかさばるモノを運ぶ手段として最も安上がりだった。第4章で見てきたように、船は段階的に進歩し、大三角帆や方向舵、羅針盤などが付け加えられていった。中国の造船技術は12世紀には非常に進んでいた。鉄釘を使い、水密隔壁を備えた二重船体で、救命ボートまで積んでいた。(5) 船と航海技術の進歩により、ヨーロッパ人は15世紀後半から16世紀にかけてアジアやアフリカを訪れ、インド洋交易を支配した。

鉄道と蒸気船が、アメリカの農産物をヨーロッパへ運び、ヨーロッパの移民をアメリカ大陸へ運んだ。鉄道の到来により、人間は初めて休暇のために移動できるようになった。列車は労働者に郊外への引っ越しを促した。人が遠く離れた職場に通う「通勤」という発想が生まれたのはヴィクトリア朝時代になってからだ。

最初の通勤列車は1836年、ロンドン南東部のグリニッジとロンドン・ブリッジのあいだで運行開始した。「通勤」(commute)という言葉は、アメリカの鉄道会社が定期的な利用者の運賃を軽減(commutation)して販売したことに由来する。しかし、最初の頃、ロンドンの通勤者の多くは列車ではなく、馬が引く乗合馬車を利用していた。(6)

自動車は都市の拡大に新たな弾みをつけた。郊外に住むアメリカ人の割合は1940年の20%から1960年に33%に増え、1948年から1958年のあいだに新築された1300万棟のうち1100万棟が郊外に建てられた。巨大なコンテナ船がモノを安く運び、世界貿易のスケールメリットとグローバリゼーションを促進した。飛行機が旅行者やビジネスマンを世界中に運び、多国籍企業の発達を促した。そして、これらの輸送は莫大なエネルギーを必要とし、さらなる経済的変化を推進している(第5章参照)。

人類の歴史のほとんどは、モノやヒトの輸送方法がふたつしかなかった。ひとつは徒歩、あるいはラクダや馬、ラバなど荷役動物を利用した陸上輸送である。モンゴル帝国の駅伝制の急使など特殊なケースを除いて陸上輸送は鈍く、費用がかかり、危険だった。もうひとつは川や海、運河を利用した輸送手段である。これも遅く、海賊や難破など危険が多かったが、陸上よりは安価で、船には大きな荷物も積めた。

鉄道、内燃機関、航空機など動力による輸送手段の発展は真に画期的だった。大都市はグランドセントラル駅が毎日行っているように混乱を最小限に抑えながら、数百万の人を自宅から職場へ送り、職場から自宅へ帰す必要がある。職場の近くに住み、徒歩で通勤できる幸せな人もたまにはいるかもしれない（また、自転車で通勤する人もいるだろう）。しかし、大多数は車やバス、列車、地下鉄、フェリーを使わなければならない。輸送の混乱は経済の心臓麻痺に匹敵する。この本の調査のため、私は吹雪のときにボストンにいた。オフィスも多くの店も閉まっていた。通りで動いている車は除雪機だけで、それが夜明けから日暮れまで果てしない作業に追われていた。

鉄道の発達と産業革命と呼ばれる経済の変革は絡み合っていた。蒸気機関に動力を供給するには石炭が必要であり、列車は鉄（のちに鋼鉄）のレールの上を走るため、鉄道の発達が、鉱業と鉄鋼業の両方を発展させた。まさに、石炭産業が鉄道の発達を促したのである。

人間または馬は、1350年頃から木製のレールを使ってモノを運んでいた。レールの上で荷車を動かせば、凸凹道で荷を引くより6分の1のエネルギーで済む。(7) 蒸気機関は最初、坑道に溜まった水を汲み出すために発明された。そのとき、コーンウォールのエンジニア、リチャード・トレヴィシックが蒸気機関をレールに載せるという名案を思いついた。彼は時速8キロで

9トンを輸送することに成功した。[8] 石炭は1か所（炭鉱）から都市へ輸送する必要があるため、石炭の産出は輸送手段を改善する大きな誘因となった。[9] 一般に鉄道の発明者として有名なジョージ・スティーヴンソンは、ストックトンからダーリントンへ石炭を運ぶために独自の蒸気機関車を製造した。フランス初の鉄道（馬が引いた）は石炭産出地に敷かれた。

当時躍進した産業は石炭のほかにもあった。リヴァプール＝マンチェスター鉄道は、前者の港から後者の工場へ綿花を輸送するために敷設された。鉄道はまた、別の画期的なテクノロジー、電信の発展に結びついた。１８４８年、イギリスの鉄道線路の約半分は、電信装置と併走していたのだ。[10]

石炭や綿花を運ぶのと人間を運ぶのはわけが違う。高速で移動したら目にダメージを負うとか、頭がおかしくなるとか心配する人もいた。初の鉄道事故は早くに起こった。１８３０年、リヴァプール＝マンチェスター鉄道が開通した時、内務大臣ウィリアム・ハスキソンはウェリントン公爵（アーサー・ウェルズリー）に話しかけようとして線路に入り、通りかかったスティーヴンソンの蒸気機関車ロケット号に轢かれて死んだ。

だが、人々はすぐに「鉄の馬」に対する恐怖を克服した。リヴァプール＝マンチェスター鉄道開通後の最初の1年間に、競馬大会の特別列車の乗客を含め、50万人が利用した。鉄道は瞬く間に普及した。バルティモア＝オハイオ鉄道は１８３０年に開通し、ベルギーとドイツは１８３５年に、オーストリア帝国は１８３８年に、イタリアとオランダは１８３９年に鉄道の運行を開始した。[11] その結果、モノの輸送費は格段に安くなった。ドイツでは１８５０年、１トンの荷物を鉄道で輸送する費用は、1800年に道路で輸送していた費用の4分の1になった。これは経済効率を大幅に改善し、国中の商取引を大いに魅力あるものにした。(12)

投資家が新しい鉄道にどんどん資本を注ぎ込んだため、多くの国に「鉄道狂時代」が到来した。1830年代のある時点で、イギリスの鉄道計画への投資はGDPの8%に匹敵した。あまりにも路線が増えすぎ、競合する線もあり、すべて成功とはならなかった。1845年以降、鉄道株の価値は3分の2に減り、1835年以前の水準に下落し、損をした人の中にはチャールズ・ダーウィンやブロンテ姉妹もいた。(13)

アメリカの鉄道建設は、露骨なごまかしと政府の支援という異様な組み合わせで進められた。連邦議会は鉄道が経済成長をもたらすと考えていたが、費用を有権者の税金で賄うのを嫌った。そこで政府は、企業を支援するために土地を無償で与えた。鉄道会社はレールを1マイル建設するたびに、1万2800エーカーの土地だけでなく、その地下にある鉄鉱石と石炭の資源をひっくるめて手に入れた。ユニオン・パシフィック鉄道はニューハンプシャーとニュージャージーを合わせた面積に匹敵する土地をただで手に入れた。(14) 土地はもともと先住民から奪ったものだったため、政府の損はなかった。

南北戦争後、大規模な鉄道ブームが起こった（南部は鉄道網があまり発達しておらず、戦争に不利だった）。国の総延長は1865年の5万6000キロから1873年にはほぼ11万4000キロに達し、その間、大陸横断鉄道がユタ州プロモントリーで連結され、東岸と西岸が象徴的に結ばれた。しかし、イギリス同様、投資家は需要を過大評価していた。1873年

の金融危機で債務不履行が相次ぎ、1878年には鉄道株は60%下落していた。(15)

時計の時間を合わせよ

鉄道は人間の移動方法に影響を与えただけではない。鉄道は私たちの時間の計り方そのものを変えた。鉄道運行が始まったとき、時間は天体観測に基づく全国標準時ではなく、その土地の時間に合わせられた。イースト・アングリアの時計はロンドンの時計よりも数分先に進んでいた。イングランド南西部のプリモスは20分遅れていた。当時、これは特に問題ではなかった。腕時計を持っている人は、目的地に着いたら町の時計台を見て時間を合わせればいい。しかし旅客鉄道は予定を立てるために時刻表を必要とし、鉄道会社は(グリニッジ王立天文台が定める)全国標準時を採用した。しばらくのあいだ、多くの土地は現地時間と「鉄道時間」を使い分けていたが、1880年、議会が「時刻法」という素晴らしい名前の法案を成立させ、全国的に同時刻になった。(16)

アメリカにもかつて同様の複雑なシステムがあり、イリノイとミシガンにはそれぞれ27のタイムゾーンに分かれていた。非常に長い距離を走るアメリカの列車はこれらのタイムゾーンに対処するだけでなく、未発達の技術に加え、多様な地形と気候という固有の問題に対処しなければならなかった。そのため、鉄道はまったく当てにならなかった。「時刻表のように嘘をつく」という言葉は常套句だった。(17) アメリカのタイムゾーンを4つ(カナダは5つ)とした標準時に鉄道会社が合意したのは1883年だった。議会が追いついたのは1918年になってからだった。(18)

鉄道の旅は最初、一般の労働者が利用するには高すぎた。料金を下げるため、イギリスは鉄道会社に特定区間の料金を1マイルにつき1ペニーとするよう求めた。のちに、軽便鉄道もしくは市街電車が多くの都市の中心部に敷設された。これらは列車よりも安く、バスよりも多くの人を乗せられた。市街電車や列車の発達で、通勤がより安く、より容易になったため、労働者はヴィクトリア朝時代の都市をむしばんでいた窮屈で不健康な環境から逃げ出すことができた。

ロンドンは1863年1月に世界初の地下鉄を開業した。開通して最初の1年間に、メトロポリタン線は片道1ペニーの料金で950万人の乗客を運んだ。地下鉄は蒸気機関で動き、換気が悪かったため、当初の乗り心地は不快極まりなかった。ハンガリーが地下鉄を開通させた2番目の国となるのは、それから30年ほど後だった。ブダペストの地下鉄は1896年に開業した。[19]

鉄道はアメリカで最初の輸送革命ではない。イギリスと同じく、運河建設の熱狂が先にあった。運河は古代からあるテクノロジーで、中国では5世紀頃から輸送の大部分を担っていた。1681年、フランスはビスケー湾と地中海を結ぶ全長240キロのミディ運河を開通させた。その目的はスペインをまわり込む長い航路の代替だった。[20] そして、産業革命が運河建設の新たな誘因となった。かさばるものを遠くまで運ばなければならない。ブリッジウォーター運河は石炭をブリッジウォーター公爵の鉱山からマンチェスターへ運び、同市の石炭価格を50%安くしたとされている。[21] 鉄道ができるまで、水上輸送は陸上輸送よりもはるかに安上がりだった（道路は18世紀後半に改良され、ロンドンとエジンバラ間の所要時間を半分にした）。[22]

アメリカで最初の巨大インフラ事業は、五大湖とハドソン川、そしてニューヨークを結ぶエリー運河の建設である。これはニューヨーク州知事デウィット・クリントンが議会から資金を引き出した政府主導の事業だった。全長580キロのルートには丘陵地もあり、高低差が180メートルもある工事は難航を極め、「クリントンの愚行」とまで言われた。しかし、事業は大成功だった。1825年に運河が完成する前は、40ドルの小麦1トンを陸路でバッファローからニューヨークに輸送する所要時間はおよそ3週間で、費用は120ドルかかっていた。運河輸送ではそれが8日間、6ドルで済んだ。(23) ニューヨーク港と市は運河の開通で大きな利益を得た。

運河は大きな荷物を運ぶ方法として安かった。イギリスの運河は総延長3000キロに及び、アムステルダムやブリュッへ、ヴェネツィアの運河は観光の的となっている。しかし、運河も鉄道の速さには敵わず、1850年に運河輸送の黄金時代は終わった。

自動車

鉄道が19世紀に輸送革命を起こしたとすれば、自動車は巨大な製造部門を創造し、都市部の配置を変え、ドライブイン・シアターやドライブスルー・レストランなど車を中心としたサブカルチャーを構築し、20世紀に大変革をもたらすテクノロジーとなった。世界初のガソリン・エンジンの自動車は1885年、ドイツのマンハイムでカール・ベンツが製造した。同じ頃、同じくドイツ人のゴットリープ・ダイムラーが、ガソリン・エンジンを専用のフレームに取りつけたオートバイを発明した。(24) 初期の乗物は原始的だったが、そのアイデアは瞬く間に広まり、フランスのアルマン・プジョーやエミール・ルヴァソールなど他の先駆者が改良を進めた。最初、自動車は貴族や裕福な実業家の道楽だった。車が巨大市場となったのは、ヘンリー・フォードがT型を発売してからだった。

フォードは初期の他の自動車業界のリーダーと同様に、先見の明のある実業家であるとともに非常に嫌らしい人物だった。1920年、彼は「国際ユダヤ人——世界の重要な問題」と題した小論文シリーズを発行し、アドルフ・ヒトラーの『我が闘争』に名前が載るくらいだった。1939年の時点でも、フォードはヒトラーの誕生日に5万ドルの小切手を贈り、翌年には「国際ユダヤ人の銀行家」が戦争を引き起こしたと主張した。ルイ・ルノーも反ユダヤ主義者でナチスの協力者だった。イギリスの自動車メーカー、ウィリアム・モリスは、イギリスの「総統」志望者であるサー・オズワルド・モズレーに資金を提供し、フィアット社のジョヴァンニ・アニェッリはムッソリーニの支持者だった。(25)

急成長する産業の先駆者には、誇大妄想を生む何かがあるのかもしれない。しかし先駆者の成功には技術同様、運も重要だった。ヘンリー・フォードの最初の自動車会社は失敗し、彼は2番目の会社（のちのキャデラック・モーター・カンパニー）から解雇された。3番目の会社ではT型に集中した。これはかなり粗雑な車だった。しかし低価格で、フォードが製造組み立てラインを導入してからはさらに安くなった。彼は前年、大手小売業のシアーズの搬送システムを視察し、商品の流れを速くするために使われていたベルトコンベアを見てこれを思いついたようだ。(26)フォードはもともと1種類の、シンプルな車を製造していたため、組立ラインの導入で大幅に効率が上がった。1台の車体を組み立てる時間は748分から93分に短縮された。(27)

フォードは好循環に気づいた。生産スピードが速まるほど価格は低下し、価格の低下は売り上げの増加を招き、その結果さらに価格が下がるといった具合に。T型フォードの定価は80％下がり、販売台数は年間1万台から、1925年には200万台を超えていた。(28) T型フォードは合計1650万台売れて、1972年にフォルクスワーゲン・ビートルに追い抜かれるまで最多販売台数を誇っていた。(29)

フォードは最初、従業員を大切に扱うことで知られていた。クリスマス・ボーナスを出し、1913年には1日5ドルの賃上げをした。だが、これはファウスト的取引のようなものだった。労働者は工場では座ることも、雑談も許されず、会社の幹部が彼らの振る舞いをチェックするために家にやってきた。1930年代には、フォードの雇ったゴロツキが組合の活動家を叩きのめし、銃撃することさえあった。(30)

その頃までには、フォードは自動車業界の首位の座を明け渡していた。消費者の好みは徐々に洗練されていった。垢抜けない単色のT型フォードとは別のものが求められた。(31) 競合企業グループが、ゼネラル・モーターズの旗の下に初期のブランドの多くを結集させた。GMのボス、アルフレッド・P・スローンは新しいタイプの社長だった。パイオニアではなく、ゼネラル・マネージャーだった。彼はあらゆる顧客を取り込むために、シボレーからキャデラックまで、いくつものブランドを生み出し、広告に金を使い、顧客の購買意欲をかき立てるために毎年モデル・チェンジを行った。(32)

巨大な国内市場を持ち、世界一繁栄した経済大国であるアメリカは自動車産業を席巻した。

1950年、アメリカは世界の全車の4分の3を生産していた。しかし、他の国々はフォルクスワーゲン・ビートル、シトロエン2CV、イギリスの「スウィンギング・シックスティーズ」の象徴であるMINI（ミニ）など、大衆市場のモデルを開発した。

車はすぐにモダン・カルチャーに欠かせなくなった。アメリカの10代にとって運転免許の取得は親の支配から逃れて自由を得るための通過儀礼だった。アイコニックな車種はポピュラー音楽で歌われた。ビーチ・ボーイズは「ファン・ファン・ファン」でフォードのサンダーバードを引き合いに「彼女の親父がTバードを取り上げるまで」と誓い、プリンスは「リトル・レッド・コルヴェット」を賛美し、チャック・ベリーは「どこかに行くあてがなくても」ドライブは楽しいと歌っている。車は多くの人にとって、個人的な声明であった。スポーツカーは気ままな快楽主義を象徴し、ロールスロイスやキャデラックは社会的成功の証だった。

車が普及するためには、多くのインフラが必要だった。アメリカでは1905年に給油所が登場し、最初のサービス・ステーションが開業したのは1913年、ペンシルヴェニア州ピッツバークだった。(33) 最初のモーテルは1925年にカリフォルニアにできたが、その用語が一般に普及するのは1945年以降だった。1951年、住宅建設業のケモンズ・ウィルソンは休暇先の宿泊施設が少ないことに不満を感じていた。彼はフレッド・アステアとビング・クロスビーが主演した映画にちなんで「ホリデー・イン」というホテル・チェーンを創業した。客室にエアコンとテレビを備え、レストランとプールの両方がある最初のホテルだった。このアイデアをフランチャイズ化することで、国中に広がり、1970年代初めには、同チェーンの合計客室数は

20万室を超えていた。(34)

ドライバーには宿泊施設も必要だが、何か食べられる場所も必要だった。最初のドライブスルー・レストランは1947年、ミズーリ州に登場し、ドライブスルーのハンバーガー・チェーン、「ジャック・イン・ザ・ボックス」は1951年に開業した(マクドナルドがドライブスルーのサービスを開始したのは、1975年)。(35)専用駐車場を備えたショッピング・センターはすでに1907年頃からあったが、初の屋内ショッピングモールは1956年、冬は酷寒になるミネアポリスにできた。1987年にはショッピングモールはアメリカの小売支出全体の半分以上を占めていた。(36)娯楽を提供するため、1933年に初のドライブイン・シアターがオープンしたが、本格的に普及したのは1950年代になってからだった。2500台の車を収容できるシアターもあった。(37)

こうした事情から、アメリカの都市でよく見られる配置が生まれた。長く延びた街道に沿ってガソリンスタンドや車のディーラー、ファストフード店、小規模の商店街がある。これらの店舗が郊外に住む数百万人にサービスを提供する。郊外のショッピングセンターの数は1946年には8か所だったが、1950年代末には4000か所以上に増えていた。(38)しかし、これは町の中心部の空洞化を促した。車に乗る人が渋滞や駐車スペースの少なさを考えて避けるようになったからだ。貧しくて車を持てない人や運転できなくなった高齢者にとっては不便だった。アメリカには公共交通の発達していない都市が多い。

何よりも重要なのは、車の時代は非常に多くの道路を必要としたことだ。1919年、若きアイゼンハワー陸軍中佐は陸軍の大陸横断の車列に加わり、62日間かけて端から端まで走破した。途中は未舗装の道や山道が多かった。第二次世界大戦で連合軍最高司令官となったアイゼンハワーはドイツのアウトバーンに強い印象を受けた。そのため1953年に大統領に就任したとき、国の道路の改良は、国防のためにも主な優先事項になった。1956年、彼は州間高速道路網を建設するための法案を成立させ、建設費は税金で賄われた。最終的に7万4000キロの道路が建設され、ヒトもモノも大陸中に輸送できるようになった。[39]

こうした初期の道路建設は、政府資金によるインフラがいかにして経済成長を促進するかの典型的な例だった。しかし、ある時点で収穫逓減《しゅうかくていげん》が始まる。ロサンゼルスのような近代都市の多くは車を中心に考えてつくられたが、交通渋滞に悩まされた。開発途上国での急激な車の増加も同様の問題に突き当たった。タイ、インドネシア、コロンビア、ベネズエラなどすべてアメリカよりも渋滞がひどいし、モスクワ、サンパウロ、ボゴタはいずれも、交通渋滞のひどい都市ランキングで10位以内に入っている。[40]

もっと道路を建設することが解決策に思えるが、研究によると、それはかえって渋滞を悪化させることがわかった。ある都市が1980年から1990年のあいだに道路のスペースを10％増やしたところ、交通量も同じくらい増えた。[41] これは「共有地《コモンズ》の悲劇」の一例である。各自の利己的な行動により、渋滞が起こる。世界の大都市で車を運転する人は渋滞に巻き込まれることで年に1000ドル近くの損失を被っている。[42]

実際、私たちと車との親密な関係は1950年代から少し冷めてきた。多くの車愛好家は50年代を黄金時代と捉えている。当時、ガソリンは安く、アメリカの車設計者たちは思うままに工夫を凝らして、鮫《さめ》の歯に見えるフロントグリルにロケットに似たテールフィンをつけた怪物のような車をつくっていた。その後の数十年間の状況を見ると、車への熱が冷めているのがわかる。1965年、ラルフ・ネイダーが『どんなスピードでも自動車は危険だ』を刊行し、多くの車の欠陥を指摘した。現在では標準装備されているシートベルトやエアバッグなど当時はなかったのだ。1967年、イギリスは運転する人のアルコール消費を規制する法律を設け、続いてアメリカの諸州も1970年代末に法を整備した。アメリカでは交通事故による死者数は1960年代後半、年間5万5000人で絶対数がピークに達していたが、これらの対策により確実に減った。1マイルごとの死亡率は、この時代以降半減した。(43)

大きな変化は1970年代にも訪れた。アラブ諸国対イスラエルのヨムキプール戦争をきっかけに石油価格が高騰し、低燃費の車が求められるようになった。フォードやGMの「ガソリンを食う」大きな車は、日本の小さな輸入車に市場のシェアを奪われた。政府は自動車メーカーに燃費を改善するよう発破をかけた。小さな車の時代はあまり長く続かなかった。1990年代に石油価格が再び下がると、消費者はSUVやミニバンなど大きめの車を購入した。しかし、これらはかなり「箱に近い」車で、1950年代に流行した派手な車とはかけ離れていた。

ここ数十年の大きな変化といえば、中国など開発途上国で急速に車が普及したことだ。2017年の世界の自動車販売台数は7900万台で、1990年代の平均の2倍以上に増えた。(44)とはいえ、この潮流は富裕国では逆の方向へ進んでいるようだ。経済的に車を所有する余裕のない若者は、Ｕｂｅｒなどのタクシーや、必要なときだけ使うカーシェアリングを利用している。将来、自動運転の車が別の選択肢を提供するかもしれない。

もちろん、自動車だけが道路を走るモーター付きの車両ではない。大小のトラックが小売店や家庭の玄関先に商品を運ぶために活躍している。全米トラック協会によると、アメリカだけで３６０万台の大型トラックが走っていて、年間１０５億トンの貨物を輸送しているが、これは国内を移動する全商品の71％にあたる。(45) 他の国も同様にトラック輸送に依存している。本書を執筆中、ブラジルではトラック運転手が燃料の値上げに抗議して道路を封鎖し、経済が打撃を受けた。(46) ２０１５年、ケニアのモンバサで豪雨により道路が一部流され、その結果、停止したトラックの列が50キロ近くに及び、解消されるまでに３日かかった。(47)

多くのモノを詰めた箱

第二次世界大戦後、トラック業界の大実業家が均一サイズの金属コンテナというシンプルな発明で国際貿易を飛躍的に発展させた。これがなければ、本書の冒頭で紹介したフェリクストウやシンガポールの港は今ほど効率よく運営できなかっただろう。古い波止場は荒っぽいやりかたで運営されていた。商品は船倉にごちゃごちゃに積み込まれ、同じ方法で荷揚げされた。すべての荷を下ろすには１週間かそれ以上かかったかもしれない。

沖仲仕（あるいは荷揚げ人足）の仕事は高く評価された。しかし仕事は危険なうえに不安定だった。男たちは仕事を求めて毎日、ゲートに並んだ。そのうえ、労使関係が悪く、ストライキは珍しくなかった。沖仲仕の賃金が海上輸送費用の半分を占めることもあった。[48] 実際、ある研究によると「第二次世界大戦後の貨物の取り扱いは、ヴィクトリア朝時代の初期と同じく、人間の労働力に依存していた」[49]

1950年代、マルコム・マクリーンという実業家がこの産業の非効率性を解消しようと思った。彼は自社のトラックで運ばれてきたコンテナをそのまま船に積みたいと考えた。しかし、それには船の設計、ドックの運営、沖仲仕の条件など全体的に変える必要があった。労働組合に反対されるのは目に見えていた。そこで彼はマンハッタンの対岸、ニュージャージー州ニューアークに新しい港を建設した。1956年4月26日、最初のコンテナ船、アイデアルX号がテキサス州ヒューストンに向けて出港した。コンテナ用に設計された船にコンテナを積んだり下ろしたりできるクレーンの導入が必要だった。コンテナのサイズ規格について合意をとりつける必要があった。当初、積載量は長さ20フィート〔6メートル〕のコンテナ1個分を1単位（TEU）として計算したが、現在は長さ40フィート（2TEU）のコンテナも使われている。

コンテナにモノを積み込み、荷役・輸送すること、いわゆるコンテナリゼーションが本格的に普及したのは、1960年代半ばだった。ヴェトナム戦争がこれを後押しした。コンテナを利用すれば輸送コストが半分で済むとアメリカ軍が気づいたからだ。長期的には輸送コストはさらに削減され、1トンにつき5・86ドルから16セントまで下がった。しかも、丸1日とかからず荷揚げを完了できるため、不稼働時間が減った。軽微な盗難が減り、保険料が安くなるだけでなく、運航に必要な人員を減らすこともできた。1966年以後の10年間、工業製品の国際貿易は、製造業の生産高や世界のGDPの倍以上のスピードで成長した。(50) 20世紀後半に国際貿易が増大したのは、関税削減の国際協定よりも、コンテナ導入のほうが影響が大きかったと推定する人もいる。実際、コンテナ船を採用した先進国間の貿易は20年のあいだにほぼ9倍になったとする分析がある。(51)

労働組合はこの変化に抵抗したが、無視された。フェリクストウ港が急速に成長したのは、組合がロンドンの港でのコンテナ取り扱いを禁止したからだ。そのため製造業者は大都市の港のそばに賃貸料の高いスペースを借りる必要がなくなり、移転した。その結果、マンハッタンやイースト・ロンドンなどのエリアで肉体労働者の仕事が大幅に減った。

コンテナリゼーションがなければ、多国籍が関わるグローバル・サプライチェーンのようなものは成立し得なかった。また、コンテナがなければ、企業が在庫レベルを低く抑えることもできない。なぜなら、最小限の在庫さえあれば、すぐに供給できるとわかったからだ。このすべてを金属製の地味な箱が叶えたのである。

ジェット族

もし私たちの曾々祖父母を時間的に先へ移送できるとしたら、彼らは何にいちばん驚き、恐れるだろうか？　道路を行き交う車の量とスピードかもしれない。だが、最も驚愕する光景は、見たところ推進手段もないのに頭上を移動している金属製の巨大な物体に違いない。

オーヴィルとウィルバーのライト兄弟が1903年、ノースカロライナ州キティホークで世界初の動力飛行に成功したとき、その飛行距離はわずか37メートルだった。飛行機が1キロ飛べるまでにはさらに5年かかった。しかしその後、急速に進歩し、ルイ・ブレリオが1909年7月、ドーヴァー海峡を越える約50キロの飛行に成功した。第一次世界大戦中、軍部は飛行機が偵察に能力を発揮することに気づき、そして最初の戦闘機や爆撃機もこのとき登場した。

航空機の商業利用は、戦後すぐには始まらなかった。初期の航空機は乗客を運べるほど丈夫ではなかった。航空郵便は1925年に始まり、大西洋横断単独飛行を成し遂げたチャールズ・リンドバーグが1929年、パンナムの南米への第1便を操縦した。1930年代末には、座席数21の旅客機DC－3が登場した。ハリウッドの子役、シャーリー・テンプルが航空便の寝台券を購入した最初の乗客になった。(52) 初期の航空会社は、トーマス・ペッツィンガーが「航空経済の第一のルール」と呼ぶものに気づいた。どこへ向かうにしても航空機が飛び立つなら、追加の積荷は乗客であろうが物品であろうが、ほぼ純粋な利益になる。(53)

民間航空の黎明期、空の旅はまぶしく輝いていた。人々は飛行機に乗るためにドレスアップした。しかし、金持ち以外には無縁の世界だった。事情が一変したのは1970年代である。1978年、ジミー・カーター大統領が航空規制緩和法に署名し、それまで40年間、政府が厳重に航路と料金を管理していた時代に終止符が打たれた。1960年、アメリカの航空会社は6200万人の乗客を運び、2017年にはほぼ10億人を運んでいた。(54)

イギリス初のパック旅行は、ロシア移民のウラジーミル・レイツが1950年に企画した。給油のための寄港を含め6時間でコルシカ島のキャンプ・サイトに到着する企画だった。(55)

1960年代、クラークソンズがスペインまでの安価な航空券を売り始めると、コスタ・ブランカ（白砂の海岸）の開発が一気に進んだ。イギリス人が国外へ持ち出せるのは50ポンドまでだったため、最初は市場が抑制されていた。しかし、波が来ているのは明らかだった。ボーイング747などの大型旅客機の登場により、航空会社も旅行会社も経済規模を拡大した。

航空産業は大幅に成長したかもしれないが、収益はあまり多くなかった。おそらく世界一儲けた投資家、ウォーレン・バフェットは「先見の明のある資本家がキティホークに居合わせていたら、その人はオーヴィルを撃墜して後継者に多大な利益をもたらしただろう」と軽口をたたいている。(56) 航空機には莫大なコストがかかっている。航空機を買い（あるいは借り）、メンテナンスしなければならない。空港に滑走路、おおぜいのスタッフも必要だ。燃料費は大きく変動する恐れがあり、旅客数は景気の悪化やテロ事件の影響を受けやすい。航空会社は定期便の時刻表を出しており、その便が満席か否かにかかわらず飛ばさなければならない。

最初に登場した航空会社の多くはもう存在していない。パンアメリカン航空は破綻、消滅し、トランス・ワールド航空は他社に吸収され、英国海外航空も他社と合併してブリティッシュ・エアウェイズとなった。イージージェット、ライアンエアー、ジェットブルーなどの格安航空会社が従来の旅客ビジネスに食いこんできた。ドバイを拠点とするエミレーツ航空や中国南方航空など、欧米以外の会社も台頭した。今日、多くの乗客にとって、空の旅はもう華やかでもなんでもない。すぐに思い浮かぶのは、狭い座席と超過手荷物料金である。

とはいえ、この産業の経済的影響は絶大だった。航空機はただ乗客を運ぶだけではない。フェデラル・エクスプレス、UPS、その他の物流会社が世界中で膨大な数の小包を運んでいる。ケンタッキー州にあるUPSのルイヴィル物流拠点には17秒に2000個の小包が到着し、全長250キロのベルトコンベアの上を流れていく。毎日およそ250機が飛び立ち、驚異のオートメーションを駆使して積み込みと積み下ろしを20分以内に済ませている。[57] これらのハブのおかげで、私たちは世界中の商品を数日で取り寄せることができる。こうしてインターネット通販が拡大し、従来型の小売業者は危機に瀕している。

一足飛びに大西洋を越えられる航空機は、少なくとも4日かかっていた大洋航路船を廃業に追い込んだ。しかしジェット旅客機の到来で、一般人も海外旅行を楽しめるようになった。毛沢東の時代、国外に出られる中国人は、特権を持つごく限られた人だけだった。2000年の時点でさえ、海外へ出かけた中国人は1050万人だったが、2017年には1億4500万人に達していた。

誰もがグローバル・ツーリズムの成長を喜んだわけではない。航空機は燃料消費や飛行機雲などで、地球温暖化の原因になっている。行楽客の大群が人気の観光地に押し寄せ、景観を壊し、野生生物を追い出している。美しかった海岸線がコンクリートとネオンの街道に変えられてしまった。航空時代はSARSのような感染症を簡単に広める。とはいえ、この分野の経済的影響は非常に大きい。2016年に世界旅行ツーリズム協会がまとめた報告によると、旅行・観光業は1億9000万人分の雇用を創出し、世界全体のGDPへの直接貢献額は2兆3000億ドルにのぼる。[58] 何億人もが仕事のストレスから逃れ、太陽を浴び、他国の文化や料理を楽しむために毎年の休暇を心待ちにしている。ほんの50年前、これはほとんどの労働者にとっては夢のまた夢だった。

実際、車、トラック、列車、航空機、コンテナ船の組み合わせによって、以前より職場から離れたところに住み、休暇には遠くへ行けるようになり、遠くから商品を取り寄せられるようになった。グローバリゼーションは文字通り動的である。さらなる変化がやってきている。自動運転による無人の車やトラックの利用が進めば、陸上輸送の死亡事故が減るだろう。電気自動車は町の汚染を減らすだろう。ドローンや配達ロボットが商品を届けるだろう。そして、在宅ワークが増えれば、毎日の通勤が不要になる。私たちの孫の世代は「ラッシュアワー」がなんのことか、わからないかもしれない。

第12章　繁栄から沈滞へ　1945年～1979年

第二次世界大戦後の30年間は、西側世界では繁栄の時代だった。フランスでは「栄光の30年」、西ドイツでは「経済の奇跡」と呼ばれた。失業率は低く抑えられ、景気低迷はまれだった。先の50年間に発明された消費財がついに一般家庭にも普及するようになった。

そうなったのも、先進諸国が第一次世界大戦後の過ちを繰り返すまいと考えたからだ。1943年の時点でドイツの敗北は目に見えており、連合国は戦後について話し合いを始めた。最初に合意がなされた問題には通貨制度も含まれていた。アメリカ経済が前にも増して支配的になっていたため、完全な金本位制への復帰は論外と思われた。とはいえ政治家たちは、混乱を警戒して変動相場制の導入をためらっていた。

そこで、ニューハンプシャー州の山裾にあるブレトンウッズ・ホテルで正式に協議が行われた。アメリカの財務長官ハリー・モーゲンソーは開会の挨拶で「我々は今日、現在の戦争の前にあった通貨切り下げの競い合いや貿易の破壊的な障壁など、経済の悪を避ける手段を考えるために集まりました」と述べた。[1] イギリスの代表は経済学の重鎮ジョン・メイナード・ケインズ、アメリカの代表はハリー・デクスター・ホワイト財務官僚。ＫＧＢの記録によれば、ホワイトはソ連に機密情報を漏洩していた（ホワイトは共産主義者ではないが、ひたすら世界平和のためによかれと信じてそのような行動をとったと思われる）。

ケインズは、金本位制下で貿易赤字国にすべての圧力がかかった事態を避けるべく、赤字国と黒字国がともに抑制を受け入れるという野心的な案を出した。貿易収支の清算はモノポリー・ゲームの銀行家のような清算同盟を通して行い、同盟がシステムを監督する。この同盟の会計には、ドルの支配を避けるために、バンコールという代用通貨を使う。大きな赤字を抱える国は自国通貨の切り下げを要請され、黒字国は通貨切り上げを求められる。

しかし、アメリカはこの案に反対した。当然アメリカは黒字国となり、イギリスを含め他の多くの国々が貿易赤字を出すのは明らかだった。ケインズ案はまるで、アメリカから商品を買って代金を偽札で払う方法のように思えた。

代わりに登場したのが国際通貨基金（ＩＭＦ）である。その役割は、貿易赤字に苦しむ国が最後に頼る金貸しになることだった。ホワイトはＩＭＦの規模をケインズの希望よりもはるかに小さくするよう働きかけた。アメリカはこの点でもまた、ＩＭＦの規模を大きくすれば、アメリカが他の国々に資金を提供することになると警戒したのだ。

この会議でもうひとつ決まったのが世界銀行の創設で、当初の目的は戦後の復興資金を貸し付けることだった。この役割はマーシャル・プラン（後述）が担うことになり、世界銀行はもっぱら途上国のインフラ整備資金を貸し付ける役を担った。世界銀行総裁にはアメリカ人が選出され、ＩＭＦ代表（専務理事）にはヨーロッパ人が選出されるという慣例が早々に定着した。

このとき採用された為替相場制は金本位制よりも柔軟だった。多くの通貨はドルに固定され、金1オンス＝35ドルと定められた。各国の中央銀行は保有するドルをそのレートで金と交換できる。重要なのは、各国がこの制度から離脱することなく、自国通貨の切り下げ（あるいは切り上げ）を行う柔軟性が得られたことだった。これにより、１９２０年代から30年代初めに政策立案者を悩ませていたジレンマ、すなわち自国通貨を守るために厳しいデフレ対策を行う必要があるという事態を避けることができた。当然のことながら、戦後の混乱の最中、輸出向け商品を生産できなかったヨーロッパ諸国は、１９４９年に一斉に通貨を切り下げた。

すべての通貨制度にはトリレンマがついてまわる。この場合、各国は3つの選択肢のうちふたつしか選べない。３つの選択肢とは為替相場の安定、金融政策の独立性、自由な資本移動である。金本位制の下では、通貨は固定され、資本は自由に移動できた。だが、固定相場制を維持するためには金融政策を調整する必要があり、国内の経済状況にかかわらず金利が上がったり下がったりした。

ブレトンウッズ体制は異なる組み合わせを選んだ。為替相場は固定だが、各国は独自の金融政策に合わせる自由を（制限付きで）得た。このような制度が機能する唯一の方法は資本の移動を規制することだった。そうしなければ、投資家は最も金利の高い国へ資本を自由に動かしただろうし、切り下げによる通貨の損失を避けられると安心していただろう。為替管理により、この種の投機は阻止された。

連合国は、戦間期の保護主義に回帰するのではなく、自由貿易を目指した。1947年、23か国の代表が最恵国待遇原則に基づく「関税及び貿易に関する一般協定」（GATT）に署名した。これは加盟の二国間で合意された貿易障壁の削減・撤廃が、すべての加盟国に適用されることを意味した。1949年、1951年にもGATTの交渉が行われ、その翌年には、ヨーロッパと北米の国々の輸入関税は戦前レベルの半分近くになった。[2]

戦後ドイツは、アメリカ、イギリス、フランス、ソ連がそれぞれ占領する4つの地区に分断された。のちに西ドイツとなる西側の地区に金銭による賠償は課せられなかった（特許や商標の一部は没収され、アメリカはヴェルナー・フォン・ブラウンをはじめとする一流のドイツ人科学者を引き抜いた）。[3] ドイツによる占領で過分に苦しんだソ連は、東ドイツから多くの物品を持ち出し、アメリカ同様、科学者を連れ出した。

もうひとつの重要な展開は、アメリカが世界の役割を担ったことだ。これは1920年代から30年代の孤立主義とは正反対だった。ヨーロッパが豊かになれば、アメリカの輸出産業にとって儲かる市場になるとの思惑があった。また、西ヨーロッパの経済が崩壊すれば、共産主義に付け入る隙を与えると警戒していたこともある。ハリー・トルーマン大統領の下で国務長官を務めた元将軍、ジョージ・G・マーシャルがヨーロッパ支援計画を提案した。西ヨーロッパ諸国は熱心にこれを受け入れたが、東ヨーロッパ諸国は、ソ連の指示に従ってこれを拒否した。マーシャル・プランは1948年から1952年のあいだにアメリカのGDPのおよそ5％に相当する130億ドルを提供した。[4] 事実上、アメリカはヨーロッパに彼らの貿易赤字分の資金を貸し、そしてヨーロッパはその金でアメリカから商品を買っていたのである。

日本では、アメリカはカルタゴの平和〔敗者に厳しい和平条約〕を課すことを拒否した。広島と長崎を壊滅させた原爆投下をはじめ、戦争による破壊は凄まじかった。日本は船舶の80％を失い、工業機械の3分の1、陸上輸送機能の4分の1を失った。(5) アメリカは天皇制の維持を許可したが、軍人を追放し、平和主義の憲法を導入した。大地主と小作農の制度を解消するため農地制度改革が行われ、女性にはより多くの権利が与えられた。(6) 財閥解体案は骨抜きになり、国の工場を解体する計画も廃案になった。経済はしばらく苦戦し、戦後の3年間で物価は13倍になった。(7) しかし、1950年から53年の朝鮮戦争で日本は米軍に装備を売り、経済が活気づいた。アメリカは1952年に日本占領を終えたが、依然として米軍基地は存在し、特に沖縄に集中している。

ヨーロッパの回復

終戦直後の状況は悲惨だった。ハンガリーで起こったハイパーインフレは、ヴァイマル共和国のそれをも上回った。一時、ハンガリーのインフレ率は4190兆（419のあとにゼロが15個）％に達し、中央銀行は100京（1のあとにゼロが20個）ペンゴ紙幣を発行した。

ベルリン、ハンブルク、ドルトムントを含めドイツの都市の多くでは住宅の半数以上が破壊された。1800万人から2000万人が家を失った。混乱により飢餓が蔓延していた。1947年の春、ドイツの都市住民は1日に800キロカロリーしか摂れていなかった。(8) ソ連では3万2000棟の工場が破壊され、ユーゴスラヴィアは産業資産の3分の1を失った。[(9)]1945年、ドイツでは1700万人が難民となり、その3分の1はナチス政権下で強制労働に就かされていた外国人労働者だった。戦後、およそ1170万人のドイツ人が、それまで住んでいたポーランドやチェコスロヴァキアの家から追い出された。[(10)]

徹底的に破壊されたことには利点もあった。軍事的野望は（少なくともヨーロッパ大陸では）なくなり、極右政治家は一世代分の信用をなくした。数百万人が除隊して、もっと生産的な仕事に就いた。農場を離れる人もいた。1950年、スペイン、ポルトガル、ギリシアの労働人口の半数は農業部門で雇用されていた。オーストリア人の3分の1、フランス人労働者の30％、そして西ドイツ人のほぼ4分の1も農業に従事していた。[(11)]これらの労働者が工業やサービス業に移ると、彼らの生産性が格段に高まった。さらに西ドイツは終戦直後に800万人の労働者を受け入れ、1961年に東ドイツがベルリンの壁を建設するまでに、さらに380万人を受け入れた。

ヨーロッパはまた、戦時中の投資の機会逸失の反動から巻き返し成長《キャッチアップ》を享受した。1949年には、マーシャル・プランに参加したすべての国（西ドイツとギリシアを除き）の工業生産は1938年よりも増えていた。破壊され老朽化した設備の買い換えによる投資ブームが起こった。西ドイツでは戦前の総固定投資額はGDPの11％だったが、18％になった。同時期のフランスでは12％から17％に増えた。[(12)]

西ドイツは戦争後の通貨の混乱を解消する必要があった。そのため、1948年にライヒスマルクに代わってドイツ・マルクを導入した。これは四半世紀で2回目の新通貨の発行だった。この改革により、主な消費品目の配給制が緩和された。効果は劇的で、工業生産はその年の下半期に50％上昇した。ヨーロッパは経済が1950年代に加速すると、生産性が大幅に向上してアメリカの技術や方式に追いついた。西ドイツは50年代に平均年6・4％、イタリアは5・9％、フランスは4・3％成長した。(13)

多くの資源は国防に費やされ、ヨーロッパの消費者は車など非常に多くのアメリカ人が享受している商品を購入することができなかった。実際、1950年のヨーロッパの住宅の多くには屋内配管さえなかった。そのため、購買意欲と需要は非常に高まっていた。西ドイツ人の車の保有台数は1948年には20万台だったが、1965年には900万台にのぼった。(14)

西ドイツ経済は資本財の生産に牽引され、輸出マシーンと化した。ドイツでは大手製造業者が「ミッテルシュタント」と呼ばれる中小企業のサプライヤー集団と強く結びつき、これが経済を支えていた。フランスの経済はドイツよりも計画に力を入れ、シトロエン、プジョー、ルノーなど自動車製造業が特に成功した。イタリアは自動車製造業のフィアット、モンテディソンなどの化学薬品メーカー、ファッション産業が強かった。オランダにはフィリップス、電子機器メーカー、成功した化学薬品産業があり、1950年代末にはガス景気に沸いた。こうして西ヨーロッパの繁栄は広まった。

共同市場

20世紀初頭、ヨーロッパ人は世界の覇者を自負していた。彼らの力に対抗できるのはアメリカだけだったが、そのアメリカも主にヨーロッパ移民が住む国だった。1945年以降、状況が大きく変わった。東欧はいまやソ連に支配されていた。ロシアはそれまでもヨーロッパの強国の中では比較的よそ者だったが、少なくとも帝政ロシアの王家は他の王室と縁戚関係にあった。スターリンははるかに異質で威圧的な指導者であり、もし西欧がアメリカの核の傘に守られていなければ、すぐにでも圧倒できる強力な軍隊を持っていた。またソ連とその衛星国は大陸じゅうにスパイ網を広げ、その中には西ドイツ首相ヴィリー・ブラントの個人秘書として潜入した著名なスパイ、ギュンター・ギヨームもいた。

したがって、ヨーロッパの復興には各国の協力が不可欠だった。その第一歩として、一時的な貿易赤字の資金を援助するため、アメリカに勧められて1949年に結成した機構が、ヨーロッパ決済同盟である。翌年には、欧州連合の前身となる欧州石炭鉄鋼共同体により、さらに画期的な発展を遂げる。共同体の目的はこのふたつの重要な資源の「共同市場」をつくることだった。ベルギー、フランス、イタリア、ルクセンブルク、オランダ、西ドイツの6か国が共同体に加わった。この6か国はローマ条約にもとづき、1957年に欧州経済共同体（EEC）を設立した。

この条約の目的は、6か国の域内関税を撤廃し、共通の対外貿易政策――関税同盟――を結ぶことだった。実施までには時間がかかり、域内関税が完全に撤廃されたのは1968年だった。[15] ＥＥＣは最初から複雑な政治的構造を持っていた。ブリュッセルに置かれた委員会（事務局）、ストラスブールとルクセンブルクで交代で開かれる議会、規制を施行する欧州司法裁判所、[16] そして各国政府の合意をまとめる評議会があった。

ＥＥＣは経済だけでなく政治的目的も持っていた。ヨーロッパ経済を密接に結びつければ、国家間の戦争はあり得ないものになると期待された。また、ドイツとフランスの駆け引きもあった。ドイツは製造業者の免税を求め、フランスは農家への経済支援を求めた。これが１９６２年の共通農業政策（ＣＡＰ）の発足につながり、食料生産者に補助金を提供し、域外からの輸入に対して保護政策をとった。ＣＡＰはヨーロッパの政策でとりわけ大きな論議を呼ぶものとなった。消費者や納税者は高い農産物を買わされ、１９７０年代の「バターの山」「ワインの湖」など、ときには過剰生産に結びついた。

イギリスは、英連邦（かつて帝国の一部だった国々）やアメリカに親近感を持っていたこともあり、当初、ＥＥＣには加盟しなかった。さらに、イギリスはどちらの世界大戦でも国土を侵略されなかったため、共同安全保障の必要性をそれほど強く感じていなかった。１９６０年、イギリスはオーストリア、デンマーク、ノルウェー、ポルトガル、スウェーデン、スイスとともに欧州自由貿易連合（ＥＦＴＡ）を設立した。[17] ＥＦＴＡの目的はＥＥＣ同様、域内関税の撤廃だったが、政治的志向はなく、純粋に貿易協定だった。

とはいえ、ＥＦＴＡは経済圏としてはＥＥＣの競争相手ではなかった。ＥＦＴＡ加盟国はポルトガルを除いて、域内の貿易よりもＥＥＣ加盟国との貿易を盛んに行っている国ばかりだった。1960年代前半、イギリスとEECとの貿易は他のEFTA加盟国との貿易よりも急増した。[18] そのため、イギリス政府は1962年にEEC加盟を申請したが、フランスのシャルル・ドゴール大統領の反対に遭って実現しなかった。[19] イギリスは生活水準がヨーロッパよりも低いことに悩み、1967年に再び加盟申請したが、またしてもドゴールに拒否された。イギリスがようやくヨーロッパ連合（EU）に加盟できたのは、ドゴールが退いたあとの1973年だった（このときデンマークとアイルランドも加盟）。これは景気低迷に歯止めをかけるためだった。1950年、イギリスの1人当たりのGDPは設立時のEEC6か国の平均を3分の1近く上回っていたが、1973年にはそれが10％下回っていた。[20]

戦後まもなくの時代、イギリスは配給制で国内消費を制限し、対外貿易に重点を置くなど、復興に注力した。1950年には、世界の製造業の輸出品の22％を生産していた。[21] それでも、イギリスは国際収支の問題や英ポンド危機、労使関係の脆さが足かせになっていた。この時代の終わり頃には、「ヨーロッパの病人」とまで言われ、1976年に国際通貨基金（IMF）に緊急融資を求めるほど切羽詰まっていた。

社会的市場経済

戦後の政治家たちは、世界恐慌のような悲惨な事態を繰り返してはならないと決意して経済政策を練った。まず、失業率を低く抑えることに尽力した。第二に、社会の最貧困層を救済する仕組みをつくった。政府の干渉を広げるこの方針転換は超党派のコンセンサスによって進められた。1953年、政権を奪回した共和党の大統領ドワイト・アイゼンハワーは、ローズヴェルトが導入した福祉政策を引き継いだ。

戦後ヨーロッパでは、キリスト教民主党が主要政党として台頭した。キリスト教民主党はアメリカとの同盟に賛成する一方で、自由貿易は破壊的な分断をもたらすとともに共産党支持者を増やすのではないかと懸念した。フランスとイタリアでは戦後40年ほど、共産党が盤石の支持を得ていた。

ヨーロッパのやり方は、オランダやスウェーデンなどの小国では戦前から実施されていた。その一環として、主要な企業と労働組合が国全体に関わる賃金交渉を行い、無駄に損失を出して憎しみを煽るばかりの労使紛争を回避していた。主要銀行と企業が密接に結びつき、それぞれの取締役に代表を送っていた。個人事業の運営も認められてはいたが、偏りを規制するためと、福祉国家を支える資金のために、税金が高かった。この方式は制限付きではあったが、個人資産を保有する権利を保護した。賃借人は地主から一方的に立ち退きを迫られることなく、賃貸料の値上げは抑えられた。あるドイツ人歴史学者はこの方式を次のように表現している。「配分のメカニズムとしての市場は、社会的容認を得るために、変動する」[(22)]

ヨーロッパ各国の政府は産業の大きな部分を所有していた。イギリスでは鉱山と鉄道は戦後、国有化され、発電所や鉄鋼部門も国営になった（のちに民営化と国営化を数回繰り返す）。郵便局と主要航空会社はすでに国営だった。フランスは公益事業を国営化し、ルノーの経営者がナチス協力者であったとして、その報復のために同社を国営化した。1960年代、多くの国々は、ヨーロッパとアメリカの差を縮められると信じて、航空宇宙やエレクトロニクスの分野で「国のチャンピオン」の強化に重点を置いた。ある意味、これが英仏共同開発の超音速旅客機コンコルドに結びついた。巨大企業のスケールメリットを期待して合併が推奨された。[23]

ドイツの経済学者アルフレート・ミュラー＝アルマックは、社会主義と自由放任主義の中間にあたる構造を表現するため「社会的市場経済」という新語をつくった。この構造は、経済効率と所得の再配分のバランスを目指した。[24]社会福祉制度が、このバランスの重要な部分だった。

オーストラリア、カナダ、ニュージーランドなどイギリス人が入植した植民地では、様々な社会的市場経済が出現した。植民地時代のオーストラリアはイギリスに羊毛を輸出して経済が繁栄し、19世紀後半には次々と鉱脈が発見され、金、鉛、亜鉛、銅の輸出が増加した。オーストラリアでは年金制度は第一次世界大戦前からあり、第二次世界大戦中に失業保険を含む社会福祉制度が取り入れられた。

カナダ経済は魚や毛皮、木材、のちに小麦など原料を基盤にしていた。世界恐慌で打撃を受けたが、第二次世界大戦の軍需（米軍基地を含む）で盛り返した。アルバータ州で油田が見つかった影響もあり、戦後も好景気は続いた。カナダ政府は無料保育や老齢年金などの福祉政策を進め、南の隣国アメリカの民間による医療保険とは対照的に、1957年と1966年に成立させた法案で公的医療保険制度を整えた。

ニュージーランドは経済協力開発機構（ＯＥＣＤ）のなかで1人当たりのＧＤＰが5番目に高い。[25]1938年に、失業手当や疾病手当など様々な福祉制度を整えた。英連邦の自治領だったこの3国にはイギリスから多くの人が移住し、どの国も戦後景気のなか、原料を先進国へ輸出することで潤った。

大圧縮

戦後、欧米諸国では社会格差が急速に縮まった。人類は狩猟採集から農耕へと移行して以来、常に格差に直面してきた。ウォルター・シャイデルの暗い見方によれば、社会格差が縮まるには通常、4つのショックのうちのひとつを必要とする――すなわち戦争の大量動員、革命、国家の崩壊、壊滅的疫病である。[26]言い換えると、不平等を是正するのは病気を治すよりも難しい。

産業革命の初期の段階は格差が広がるように思えた。経済全体が成長したとき、収益の大半は資本家や紡績工場、炭鉱からもたらされた。フランスの経済学者、トマ・ピケティは、格差を広げる基本法則は、資本利益率（r）が経済成長率（g）よりも高い場合と主張する（彼の公式ではr＞g）。ここでいう資本とは富のことだ。土地や設備、金融資産の所有から得られる利益がGDPの成長よりも大きければ、金持ち（資本のほとんどを有する人々）はますます金持ちになる。[27]

しかしこの傾向は工業化が進むにつれて変わるようだった。イギリスの格差は1867年頃にピークに達し、アメリカでは20世紀初頭に達した。[28] GDP測定法（付録参照）を考案した経済学者、サイモン・クズネッツは、社会が豊かになればなるほど格差は縮小すると主張した。より多くの人が教育を受けて高技能の職に就けるようになり、所得の再配分に関して自分たちに有利な政策を求めるようになる。

ふたつの世界大戦の資金源となった高い税金は確かに、格差を減らした。イギリスは１９１４年以前から相続税を課し、壮麗なカントリーハウスの一部は戦時中に接収されて学校や病後保養施設に転用された。フランスでは、１９１４年から１９４５年のあいだに国内の不動産のうち上位０・01％の資産価値が90％下落した。１９４５年からアメリカに占領された日本では、最高税率90％の固定資産税が課され、最も裕福な５０００世帯の資産の70％が国に渡った。(29)

戦後、税金は高いままだった。アメリカの所得税の最高限界税率は１９６２年でも91％で(30)、１９７０年代末のイギリスの最高税率は83％だが、投資所得に対する税率15％を加えると、合計98％になった。この時代、富裕層の多くは税金を逃れるために多大な努力を払っていた。ローリング・ストーンズは「メインストリートのならず者」の録音のためにフランスに逃れ、スイスの銀行はその秘密保護法により、隠し財産を置いておく理想の場所になった。

格差を縮小した要因は税金だけではない。労働市場では１９４５年以降、学歴、職歴、地域、職種を問わず、賃金格差は縮まった。おそらくその主な原因は、非熟練労働者に対する需要が（経済成長と失業率低下によって）高まり、熟練労働者の供給が（教育のおかげで）増加したことだ。(31)

全体的に、アメリカの人口の上位１％の所得シェアは１９２９年にほぼ50％でピークに達し、その後、１９４２年から１９７０年代後半にかけて、だいたい30～35％に下落した。この時代の末に、格差は再び広がり始めた。(32)

超大国の情勢

公民権を認められていなかったアフリカ系アメリカ人を除き、一部のアメリカ人は戦後の時代を黄金時代と振り返る。アメリカの経済的優勢は圧倒的だった。終戦直後の時代、世界の製造業生産高の半分を占め、世界の石油の62％を生産し、世界の車の80％を製造していた。(33) 戦前と比べると、めざましい成長だった。アメリカ経済は１９４６年から１９７３年のあいだに年３・８％成長した。(34)

戦時生産で習得した技術が民間部門で利用され、生産性はまだいくらでも向上する余地があった。アメリカは自由貿易と海外援助という賢明な政策のほか、復員兵援助法（復員兵の学資や住宅資金を補助する）や大学の拡充といった施策により、より優秀な労働力が育成された。１９７０年には１９５０年と比べて学位取得者が2倍に増えた。

アメリカ人がテレビ、冷蔵庫、レコードプレイヤーを手に入れた時代だった。郊外に移住し、ショッピングモールやファストフード店に車で乗り付け、今までになく精巧な車が人気を集めた時代だった。有給休暇をとり、フロリダのリゾートやニュージャージーの海岸まで車で行った。自動車産業や鉄鋼産業で働く肉体労働者は家族を養いながら、自分の家を買えるほどの収入を得ていた（１９５０年、女性の就業率は29％だったが、１９７０年にはその割合が42％に増えていた）。そして社会保障制度が始まり、退職を控えた労働者は公的年金を当てにできたし、多くの人は企業年金も受給できた。映画やポップ・ミュージックに描かれるアメリカのライフスタイルは、世界中の消費者のモデルとなった。

日本の奇跡

日本の敗戦には一筋の光明があった。西ドイツ同様、軍国主義は否定された。平和憲法により、日本は防衛をアメリカに任せ、経済の建て直しに集中できることになった。政府は成長を市場に委ねるつもりはなく、活動を調整するため、1949年に通商産業省（通産省）を設立した。1950年代、通産省は石炭や鉄、鋼鉄といった従来の重工業に重点を置き、1960年代には電子機器や車など他の産業を優遇した。優遇された企業は減税され、最高の立地を与えられ、他のグループよりも早く成長できた。(35)

経済学者のあいだでは、通産省が経済成長に重要な役割を果たしたかどうかについては議論がある。官僚は、規制する対象の企業に嫌われ、特に後年その傾向が強まる。今や世界で特に成功した自動車メーカーのホンダは、自動車産業への新規参入を通産省に邪魔された。(36) しかし、日本のコンセンサスの伝統により、このような揉め事が表に出ることはめったになかった。戦後の時代の大半を通じて自由民主党が政権をとってきたため、首相の平均在任期間がたったの2年という短さにもかかわらず、政治は非常に安定していた。

成功は多方面に及んだ。1950年から1965年までに、日本の鉄鋼生産は8倍に増えた。1950年代、ソニーはトランジスタ・ラジオの開発を端緒に、長期にわたって人気の新製品を次々と発表した。1967年から68年にかけて日本はフランス、イギリス、西ドイツを追い抜

き、自由世界で第二の経済大国になった。(37)

しばらくのあいだ欧米では「メイド・イン・ジャパン」は「安かろう、悪かろう」の代名詞だった。しかし、日本人はW・エドワーズ・デミングという経営学の第一人者の影響を受けた。デミングは、製造業が統計的変動による品質低下の影響を受けやすいことを強調した。この変動の削減に注力した経営は製品の全体の質を向上させる。製品の質の向上は、労働者のグループあるいはサークル（第7章参照）に任せたほうがいい。(38) 1970年代までに、日本製品の質は格段に向上したため、アメリカの競争相手は完全に不意を衝かれた。1950年、アメリカの自動車産業の労働者は日本のライバルより3倍も生産性が高かったが、1980年には日本人に追い抜かれていた。(39)

毛沢東と中国

19世紀、20世紀は中国にとって暗い時代だった。経済は欧米に追い越され、アヘン戦争に負けて屈辱的な条約を呑まされ、開港を強いられた。1911年、幼い皇帝が退位させられ、共和国樹立を宣言する。残念ながら、これは民主国家とはならず、長いあいだ中央権力が不在のまま「軍閥政治」の時代が続いた。その中で蔣介石《しょうかいせき》と彼の国民党が頭角を現す。蔣介石は情け容赦ない指導者だったが、日本の侵略と共産勢力の反乱により、権力維持に苦戦した。それに伴い、経済は打撃を受けた。また、第二次世界大戦中、物価が高騰した。1946年の上海の生計費は、対日戦争が始まった頃と比べて900倍になった。(40)

第二次世界大戦後の国共内戦で蔣介石は徐々に支配地域を失っていき、１９４９年、毛沢東率いる共産党が権力を握った。毛沢東が引き継いだのは疲弊しきった国だった。１８２０年、中国人の収入はヨーロッパ人と同等だったが、アンガス・マディソンの推定によると、１９５０年には中国人の収入はヨーロッパの水準の、10分の1になっていた。(41)

毛沢東は残虐な夢想家だった。その正体が最初に露見したのは、上海の実業家の99%が少なくともひとつの罪状で有罪宣告を受け、５００人が処刑されたときだった。革命後の死者数は80万人から５００万人のあいだと推定されている。(42)「おおぜいを殺すほど、革命的である」と毛は述べた。一歩先を行っていたスターリンと同じく、毛も迅速な工業化と農業の集団化を望んだ。１９５５年から１９５６年にかけて集団化された農家の割合は、14%から92%に増加した。(43)

毛沢東の致命的な愚策のひとつは、１９５８年に始まった大躍進政策である。これは早急に工業生産高を増やして西側諸国に追いつく計画だった。そのため地方の農村にまで原始的な溶鉱炉がつくられ、農家は鍋釜やドアの取っ手まで溶かした。農民が強制労働に動員されて畑が放置されたため、飢餓が広がった。米と小麦の生産高は１９５７年から１９６１年のあいだに約40%減少した。(44)大躍進政策には正気の沙汰とは思えない補足政策もあった。穀類を食べる害鳥スズメを退治するために、大きな音を立ててこの鳥が休めないようにするのだ。こうしてスズメは減ったが、スズメがいなくなったため穀物を食べる害虫が激増した。中国の記録を調べた歴史学者フランク・ディコッターは、４５００万人が死亡したと推定している。人々は人肉を食べ、土を食べた。このような事態にも毛は平然と次のように述べた。「食料が足りなければ、人は飢えて死ぬ。半分が死んで、残りの半分が腹一杯食べられるならそれでいい」[45]

追い打ちは1966年に始まった。毛は「ブルジョアと修正主義」の分子を党から追放するために文化大革命を発動した。若者が紅衛兵に入り、土地の指導者をつるし上げたり、投獄したり、都会から田舎へ追放したりした。紅衛兵は毛語録にまとめられた毛沢東思想を熱狂的に信奉し、いたるところに毛の肖像が掲げられた。つまり、毛は中国の歴史を通じて最も強力な、恐ろしい皇帝になったのだ。

修正主義者の一部は毛を讃え、彼の時代は経済成長率が3%近かったと指摘する。しかし、そのほとんどは20世紀前半のひどい停滞からの巻き返しだった。1950年から1973年のあいだ、中国の1人当たりのGDPは87%上昇した。蔣介石が亡命政府をつくった台湾では、同時期それが4倍に、日本では6倍に上昇した。[46] 中国が同等の成長率を達成するのは、毛の後継者の時代になってからだった。

ソ連と東欧

ソ連はナチスとの戦いで最大の被害を受け、およそ2600万人が死亡し、そのうち1100万人は強制労働や飢餓で命を奪われた占領地域の住民だった。ところが、国内の体制も残虐で、戦争中60万人が労働収容所に送られたが、その中にはアメリカ製のジープを讃えるといった些細なことで有罪になった者もいた。[47]

ソ連の市民が、戦争に勝てばスターリンの締め付けも緩むはずと期待していたとしたら、その考えは甘かった。政策の重点は依然として農業よりも工業に置かれ、消費財よりも投資財が優先された。農民には重税が課され、1952年の都市の平均賃金は1928年の水準と変わらなかった。スターリンが没した年、1953年、ソ連の550万人の市民がいまだ労働収容所に入れられていた。(48)

戦後、ソ連はそれまで占領していた東欧地域を支配し続け、チェコスロヴァキアのように独立へ向かう兆しが見えた国には共産主義政権を樹立させた。ソ連は占領地域で工業化に力を入れ、各国は五か年計画の推進を求められた。マーシャル・プランに対抗して、スターリンは1949年に経済相互援助会議、いわゆる「コメコン（COMECON）」を創設し、東欧諸国との結束をはかった。それからの40年間、共産圏の国々は主に圏内で取引した。

西側と同じく、戦後復興期があり、ほとんどの国は1949年までに戦前の工業生産の水準を上回った。(49) 労働者は石炭、鉄、鋼鉄が戦後も好調だった事実上の戦時経済へ動員されたため、失業者は激減した。しかし長期的な問題は、ソ連陣営の各国が同じような商品を生産していることだった。いったい誰に売ればいいのだろう？　製造側が価格シグナル〔消費者が価格をもとに製品の質を判断すること〕を発信できないなら、消費者の求める製品をつくるインセンティブはない。1950年代、ハンガリーの靴メーカーは16種類の靴を生産していたが、それは需要があるからではなく、簡単につくれるからだった。(50)

場合によっては、地域の会社経営者に権限を与え、価格の自由競争を認めるといった改革も試みられた。しかし、民間市場の発展が奨励されることはほとんどなかった。実際、経営者は、品質を無視しても大量の商品を生産することを求められた。改革が行き過ぎたと見なされたとき、あるいは共産主義の勢力や原則に反すると判断された、たとえば1953年の東ドイツ、1956年のハンガリー、1968年のチェコスロヴァキアなど、変革の動きは圧殺された。

東側陣営の軍事力、そして重工業や宇宙開発競争の成功に惑わされ、実際よりも強いと考えたがる識者は多い。ポール・サミュエルソンはこの時代のとりわけ著名なアメリカ人経済学者だが、彼は一貫してソ連の経済力を過大評価してきた。彼は大学生に向けて書いた教科書の1961年版で、ソ連の国家収入は1984年か1997年にアメリカを追い越すだろうと予測し、1980年版では2002年か2012年には、と書いている。(51) ソ連の豊富な天然資源は、1970年代に石油価格が高騰したときになど、好景気をもたらした。それでも東側陣営の消費者のライフスタイルと西側のそれとのあいだに大きな開きがあることは歴然であった。

開発途上国

韓国も台湾も、戦後すぐに急成長したわけではない。1950年、韓国の1人当たりのGDPは854ドル(1990年のドル換算)で、台湾のそれは924ドルだった。(52) 韓国はまもなく北の侵攻を受け、3年の戦争に突入する。台湾は亡命してきた新しい政府に順応しているところだった。1960年代初めでさえ、韓国の平均収入はハイチやエチオピアのそれよりも30%低かった。1950年代、韓国は経済成長にはあまり効果がないが国内産業の発展に結びつく輸入代替戦略を採用した。重要な方針転換は、1962年に輸出促進へ舵を切ったことだ。1962

年から１９７９年のあいだ、韓国の輸出はほぼ34％の年率で増加し、ＧＮＰも年平均９・３％上昇した。製造業と鉱業は１９５０年代半ばに経済全体の12％だったのが、１９７０年代後半には30％を占めるまでになり、農業のシェアは半分以下に減った。韓国の製鉄、造船、自動車産業は急速に発展した。

これは自由市場の展開ではない。政府はインフラに多額の投資を行い、補助金を出し、減税や低金利の貸し付け、特定の産業を保護する輸入制限などを行った。産業界には政府と密接に結びつく巨大コングロマリット、財閥《チェボル》がいくつも生まれた。また、経済成長は韓国が民主化される前に達成されたことも忘れてはならない。おそらく成功の主な要因は外国に目を向けた重点政策、官民の連携、そして高い教育を受けた労働力であろう。[53] アセモグルとロビンソンが指摘したように、[54] 経済政策の効果において、韓国と北朝鮮ほど対照的な例は他にないだろう。朝鮮戦争前まで、半島は古来、共通の文化と言語を有し、産業は北に偏っていた。韓国は世界有数の豊かな国になり、最終的には民主国家になった。北朝鮮は弾圧と飢餓、貧困に見舞われた世襲制の独裁国家となった。

韓国と同じく、台湾の高度成長も１９６０年に始まる輸出景気が後押しした。最初、輸出は衣料品や靴など素朴な商品が占めていたが、のちに半導体や電子機器など最先端の製品を生産するようになる。[55] 輸出ブームは政府の19項目の計画によって推し進められた。それは主に日本モデルを真似るとともに、アメリカの援助に代わる新たな資金源を確保することに重点が置かれた。その結果、１９６０年代から70年代にかけて、経済成長率は年におよそ10％上昇した。[56]

イギリス（そして、のちにマレーシア）から独立したシンガポールと、１９９７年までイギリスの支配下にあった香港は、どちらかといえば韓国や台湾よりも成功した。両国の成功は、企業の発展を優先し、外に目を向けた政府の貢献が大きい。両方とも貿易の中心になり得る巨大な港をもっていたため、これは当然といえば当然だ。しかし、日本とともにこの両国は、繁栄を目指す他の国々の魅力的なモデルを形成した。１９５０年、アジアの１人当たりのＧＤＰは、中南米や東欧の３分の１以下で、アフリカよりも少なかった。１９７３年にはアジアのＧＤＰは実質４倍に増えた。(57)

戦後インドの経済の歴史は非常に複雑である。１９４７年にイギリスからの独立を果たしたが、その混乱の中でインド亜大陸は３つに分断された。インド、ムスリム中心の西パキスタンと東パキスタンである。東パキスタンは最終的に西パキスタンと分かれてバングラデシュとなった。３国とも独立後、人口が急増し、インドの人口は１９４７年の３億４５００万人から１９９９年には10億人に増えていた。(58)第２章で述べたように、１９６０年代後半から、この地域は「緑の革命」が実を結び、ノーマン・ボーローグが開発した品種と化学肥料の大量投入によって生産性が向上した。インドでは１９５０年から１９６８年のあいだに、コレラなどによる病死が減ったため平均寿命が32歳から51歳へと大幅に延びた。

インドの戦後の指導者、ジャワハルラール・ネルーは計画経済の熱烈な支持者で、１９５１年に一連の五か年計画の第一弾を発表した。彼の目標は重工業を発展させ、国が経済の「管制高地」を掌握すること、すなわち最重要産業の国有化だった。インドと韓国および台湾との大きな違いは、ネルーが対外貿易に関心がなく、必要不可欠な輸入資金には外国の援助を当てにした点だ。新興企業は過剰な規制（ライセンス支配と呼ばれた）にも直面した。[59] これらのすべての要因により、インドの成長は「東南アジアの虎」はもとより、中国からも相当後れた。１９５０年代後半と１９６０年代後半、インドは年２％を超える１人当たりの成長率を達成した。ところが、１９６０年代初め、そして１９７０年代を通して、年間所得の成長率は１％に満たなかった。[60] 経済学者ジャグディーシュ・バグワティーの主張によれば、インドの社会主義的計画経済はより多くの人にモノやサービスを手に入れる機会を与えなかったばかりか、強いコネを持つ人に横入りを許しただけだった。[61]

中南米の戦後の歴史は、軍事クーデターとポピュリストの政治家に特徴づけられる。第７章で述べたように、支持された政策は輸入代替工業化だった。その目的は、西側に繁栄をもたらした製造業を発展させ、価格が激しく変動する原料への依存度を減らすことだった。産業は補助金で支えられ、政府の役割は増えたが、中間層の雇用が創出された。[62] この戦略がある程度成功したのは、資源を農業から製造業へ移したからだった。１９５０年代と１９６０年代ともに、年５％を超える成長率が達成された。[63] ところが、人口が急増し、特に都会で増えたため、１人当たりの成長率でいうと２・６％程度だった。そして輸入代替工業化により、粗悪品を製造する非効率な企業が生まれた。１９７３年には、台湾が国内で生産した製品の50％を輸出していたのに対し、中南米のそれはわずか３～４％だった。[64]

戦後の中南米は、不平等の問題にも悩まされた。人口の上位20％が収入の60％を得ていたのに対し、先進国ではその割合は45%だった。(65) 1959年にカストロの共産党が政権を取ったキューバを除き、土地の再配分（農地改革）が試みられたケースもあったが、ほとんど成果がなかった。キューバでは上位10%が得る収入の割合が1960年代に40%だったのが、23%に減った。(66)

中南米の問題がはっきりと表出し始めたのは1970年代だった。1970年、サルバドール・アジェンデが票の36%を獲得してチリの大統領に選ばれた。彼は銀行業を含め国有化を早急に進め、大地主の土地接収を加速した。賃金が大幅に上がり、公務員の雇用は3年で40%増えた。1971年には公共部門の赤字はGDPの15%になっていた。これに紙幣増刷で対処したため、1973年には赤字がGDPの30%になり、インフレ率は600%に達した。(67) その後、軍事クーデターが起こり、空軍機が大統領宮殿を爆撃した。アジェンデは自殺し、アウグスト・ピノチェト将軍が権力を握った。

アルゼンチンも似たような経緯をたどった。陸軍大佐フアン・ペロンはこの地域で特に有名なポピュリストだったが、1945年から1955年まで国を支配し、クーデターで失権した。1973年の選挙で権力を取り戻したが、これが暴動を引き起こし、最終的に1976年、彼の寡婦（後継の大統領）イサベルに対するクーデターが起こった。この段階で、インフレ率は750%に達していた。(68) チリ同様、新しい政権は反対勢力を容赦なく弾圧し、多くを拷問し処刑した。残された家族は「失踪者」の消息を必死で探すことになった。

アルゼンチンの悲劇が際立つのは、この国が1914年には世界で10位以内に入る豊かな国だったことだ。しかし戦争と恐慌が主要産業である食肉と穀物の輸出に打撃を与え、1945年、世界が再び貿易を開始したとき、ペロンが国の方針を保護主義に転換した。この100年間、アルゼンチンはハイパーインフレを数回経験し、債務不履行を繰り返してきた。

1970年代の終わりには、中南米モデルの欠陥は明らかだった。多額の債務、非効率な産業、過剰な国家管理である(1979年、ブラジル政府は国の上位大企業30社のうち、28社を所有)。[69] これらの欠陥が1980年代に大惨事を引き起こす。

アフリカは残念なことに、この時代に経済的な成功はほぼ見られなかった。大陸のほとんどは、植民地時代の主人であるヨーロッパ人を追い出すことに成功し、例外は南アフリカとジンバブエ(前ローデシア)だけだった。しかし、新しく独立した国々はコモディティの輸出に依存し、多くは国の富を奪う独裁者に支配されていた。1950年から1973年の1人当たりの成長率は2%で、世界の平均より低く、西ヨーロッパの成長率の半分だった。

ブレトンウッズ体制の崩壊

1960年、経済学者ロバート・トリフィンはアメリカ議会に対して、ブレトンウッズ体制はやがて崩壊するだろうと述べた。彼の論点はドルの国内的、国際的役割の矛盾を指摘していた。他国の通貨が固定されるドルはブレトンウッズ体制の基軸通貨だった。つまり、世界の中央銀行は外貨準備の一部としてドルを蓄えた(危機になれば、為替レートを支えるために、ドルを売って国内通貨を買う)。

しかし、中央銀行はどうやってドル準備金を集めればいいのだろう？　答えは経常収支黒字国になることだった。買うより多くのモノを売れば、海外からドルを得られる。あらゆる国がこれをやれば、アメリカは経常収支赤字国となる。しかし一連の貿易赤字が海外のドルの安定性に対する信用を損なうため、システムが崩壊する。(70)

おおざっぱにいうと、危機はこうして始まる。ブレトンウッズ会議によりアメリカ以外の中央銀行は持っているドルを金と交換する権利を得た。しかし１９６６年には、外国の中央銀行と政府は外貨準備金として１４０億ドルを保有していた。アメリカは金準備金として１３２億ドル持っていたが、外国に払えるのは30億ドルだけだった。残りは国内の通貨供給（マネーサプライ）のために必要だった。(71)

当時、アメリカはリンドン・ジョンソン大統領がヴェトナム戦争の戦費に加え、医療保険制度《メディケア》や医療扶助事業《メディケイド》を含む「貧困との戦い」の資金を確保するため、拡張的な財政政策（税収を上回る支出）をとっていた。アメリカ当局はドルの流出を食い止めようと様々な方策を試みた。アメリカ人投資家の外国証券購入に歯止めをかけるため、１９６３年に利子平衡税法案が提出され、同法案は１９６４年に可決された。しかし、この変革は外国人が互いにドルを貸したり借りたりする新しい金融市場を発展させただけだった。このユーロダラー（米国以外の銀行に預金されている米ドル）市場はたちまちグローバル資本の中心となり、ロンドンが世界の金融センターとして発展する主な要因となった。

ところが、１９６６年から問題が生じ始めた。民間の投資家がドルと金の交換を求めた。

1967年には、貿易赤字に苦しむイギリスがブレトンウッズ体制下で二度目のポンド切り下げを行った。翌年、アメリカが民間の保有するドルと金の交換を停止した。IMFはドルの代替として新しい仮想通貨、「特別引き出し権」を創設した。それでも圧力はかかり続け、海外の投資家は金と交換できないために、持っているドルをドイツ・マルクや日本円と交換した。(72)

ある意味、これは避けられない事態だった。ブレトンウッズ体制がつくられたのは、ヨーロッパと日本の経済が壊滅し、アメリカが優勢になった戦争直後だった。最終的に、ドイツと(特に)日本は回復し、両国の為替レートはこの変化を反映するはずだった。ドイツ・マルクとオランダ・ギルダーは1961年に切り下げられたが、それでもまだ足りず、1969年に再びマルクの再評価があった。ブレトンウッズ体制のアンカーとして、アメリカは伝統的な金本位制の制約を受けていた唯一の国だった。しかし、アメリカの政治家たちは有権者の不興を買ってまで、国内政策を引き締めようとか、国際合意を維持しようとは思わなかった。

1971年、リチャード・ニクソン大統領は他国に通貨を切り下げさせる方法として、金の兌換を停止し、輸入品に10%の追徴金を課した。同年の末、スミソニアン合意によりドルが切り下げられ(金の価格が1オンス=38ドルに上昇)、他の国々はドルに対して域内での変動が可能になった。しかし、ニクソンはスミソニアン合意が有効に働くようにアメリカの政策を調整するつもりはなく、側近に「リラのことなど、知るもんか」と、かの有名な暴言をつぶやいた。(73)

1973年にはドルは他の通貨に対して変動していた。

ヨーロッパは変動する通貨という考えがまったく気に入らなかった。共同市場をつくった動機はヨーロッパ経済をひとつにまとめ、互いに取引しやすくするためだった。それなのに、輸出業者も輸入業者も通貨が変動したら、前より取引が困難になる。ドイツから部品を輸入するフランスの製造業者は、マルクに対してフランの価値が下落したら、価格高騰に直面するかもしれない。

1972年、EECに加盟する6か国は変動幅のあいだで互いの通貨を動かせる「スネーク」制度を設けた（名前は、蛇のようにくねくねと通貨が変動する動きを予想して）。イギリスが加わり、2か月後に離脱した。スネーク制度の問題は、西ドイツ経済がグループの中で最強で、当然、マルクの価値が上がる傾向にあったことだ。マルクは二度、切り上げられたが、フランスはスネーク制度から1974年に離脱し、〔1975年に復帰した後〕1976年に再離脱した。[74] ヨーロッパの為替レートを調整する最初の試みはこうして失敗した。

アメリカの経済学者ミルトン・フリードマンは、変動するレートがインフレを抑制できる政策を伴っていれば、変動相場制は固定相場制よりも優れていると主張した。第一に、彼は自由市場を大いに支持していた。自由市場なら、中央銀行や政治家よりも適切な為替レートを確立する可能性が高い。第二に、固定相場制は賃金や価格に対して多くの調整を必要とする。「内部の価格構造を構成する多くの価格の変動に頼るよりも、ひとつの価格、つまり外国為替の価格の変動を可能にするほうが、はるかにシンプルだ」と彼は書いている。[75] だいたい1970年代に、巨大な世界通貨、すなわちドル、円、マルク（のちにユーロ）は変動相場制に移行した。

ブレトンウッズ体制の崩壊は世界経済の分水嶺となった。金と銀は何千年も通貨の役割を果たしてきた。紙幣は理論上、これらの貴金属の引換券だった。今や、その最後のつながりが消えた。それぞれの国は「不換紙幣」を持ち、貨幣は政府がこれだけの価値があると言えばその価値があるのだ。債権者はもはや、同じ価値のコインで払い戻されるかどうかわからない。

実のところ、この変化は時間の問題だった。FRBは発行されたドルすべてを裏付ける金を持っていなかった。したがって、人々がほんの少しの金の裏付けしかない通貨を使うことに満足していたなら、金の裏付けがまったくない通貨を使うことはそれほど大きな飛躍ではなかった。

さらに、世界通貨の量がなぜ鉱夫の掘り出す金と銀に関連付けられるべきなのかも、よくわからなかった。イギリスの貴族、アディソン卿は「南アフリカの土の中から金を掘り出し、精製してアメリカの地下金庫に埋めることが、実際は世界の富を増やすことになるとは思えない」と述べた。(76)

しかし、固定相場の制約から解放された政府が自国の通貨の価値を下げ、インフレを引き起こすのではないかという懸念があった。金の価格の観点で見れば、それが実際に起こっていた。1970年、金の価格が35ドルだったとき、1ドルで35分の1オンス買えた。本書を執筆中の時点で金の価格は1232ドルとなり、したがって1ドルの価値は1000分の1オンスに満たない。

石油輸出国機構（OPEC）とインフレ

ブレトンウッズ体制が崩壊するとすぐに、多くの人が恐れていたインフレが起こった。アメリカではインフレ率が1970年の5・8%から、1974年には11・1%に、1980年には13・5%に上昇した。(77) イギリスでは年間のインフレ率が1970年の6・5%から1975年には22・7%に上昇し、5%未満に落ち着いたのは1983年になってからだった。(78) 日本のインフレ率は1974年に23%に達した。(79)

この物価上昇の原因は何だろう? これは中央銀行が独立性を獲得する以前の時代であり、FRB議長アーサー・バーンズはニクソン大統領の反対に遭って金融引き締め政策を実行できなかった。アメリカのマネーサプライの増加は1971〜72年に12%を超えていたが、1973年から1979年にかけての実質短期金利はマイナスだった(インフレ率が金利より高かった)。イギリスでは、銀行の貸し付けと信用創造の規制が緩和され、特に不動産業への貸し付けが爆発的に増えた。マネーサプライの増加は1973年に23・6%、1974年には25・5%だった。イギリスの実質短期金利は1970年から1979年にかけてマイナスで、1975年にはマイナス13%だった。(80)

多くの政府は、財政あるいは金融の引き締め政策ではなく、賃金と物価の法的もしくは自発的な抑制を選択した。1971年、ニクソン大統領は90日間の凍結を実施した。一方、イギリスは一連の所得政策を実施し、労働組合との交渉で練り上げた政策もあれば、強制的な政策もあった。その目標は、経営者と組合のあいだで産業全体の合意を取りつける西ドイツの例を模倣することだった。ところが、このアプローチには多くの問題があった。海外のサプライヤーが提示する価格をコントロールできる政府などない。したがって、輸入品に頼る多くの小売業者や製造業者は価格の値上げを受け入れるしかない。それを受け入れる余力がなければ、製品を提供できなくなる。すると、いたるところで品不足になるだろう。その対策として、政府は一部の企業に免税措置を行ってもいいし、またそうしようとした。しかし、これは労働者の怒りを買うばかりだった。物価は上がるのにそれを補うだけの賃上げが見込めないからだ。ストライキが頻発した。さらに、所得政策は短期的にインフレを抑制したかもしれないが、対策が緩和されると物価と賃金が再び上昇した。

インフレは経済学者が「外生的イベント」と呼ぶものによっても引き起こされた。1973年10月6日、ユダヤ暦の祭日、ヨムキプール（断食と贖罪の日）に当たるこの日、エジプトとシリアはイスラエルに対して同時に攻撃を開始した。これに先立つ1967年、第三次中東戦争でイスラエルはガザ地区、シナイ半島、ヨルダン川西岸、シリアのゴラン高原を占領していた。このときから占領に反対するパレスチナ人の抵抗が始まり、今日も続いている。

1973年の戦争では、イスラエル軍は不意を衝かれ、アメリカに支援を求めた。これが中東のアラブ諸国の怒りに火をつけ、その多くはOPECの加盟国だった。彼らはまず、親イスラエルのアメリカとオランダへの石油の輸出を禁止した。また石油価格の引き上げを要求した。3か月後には、価格は4倍に跳ね上がっていた。(81)

これは西側の石油消費国にとってたいへんなショックだった。アメリカでは、それまでずっとガソリンは安いものだったため、人々はガソリンを食う大きな車を運転することに慣れていた。ガソリンスタンドには行列ができたが、常連客にしか売らないスタンドもあった（この危機は日本の自動車メーカーにとっては好機であり、その燃費のよい小さな車がマーケットシェアを獲得し始めた)。速度制限が時速88キロに下げられ、ニクソンは家庭のエアコンの設定温度を冬は20度にするよう求め、クリスマス・イルミネーションを自粛する町もあった。イギリスでは、鉱山労働者のストライキでさらに事態が悪化し、週3日操業制を取り入れた。

政策立案者にとって、OPECの行動は難しい問題を示した。明らかに、石油価格の高騰が総合インフレ率を押し上げた。典型的な対策としては、インフレを抑制するために金利を上げることだろう。しかし、値上がった石油価格は西側の消費者にとって税金でもあった。マネーがヨーロッパ人とアメリカ人の財布から抜き出され、中東の石油生産者の金庫へ納まった。その結果、企業と消費者は国内で使える金が少なくなった。これは西側諸国を不況に陥れた。アメリカは1973年半ばから1975年春にかけて、インフレ率が急上昇した時代に、5期にわたってGDPが下落した。(82)

景気停滞と物価上昇というこの組み合わせからスタグフレーションという混成語が生まれた。そして経済学者は自分たちの見解を再考し始めた。それまで彼らは失業とインフレの関係をトレードオフとして考えていた。これは発案者にちなんでフィリップス曲線と呼ばれる。第二次世界大戦後の30年間、政策立案者の目標は物価を上げずに失業率をなるべく低く抑えることだった。

このあと第16章で触れるが、この危機はやがて経済政策の方向転換につながり、それを一部後押ししたのは通貨主義者とミルトン・フリードマンの小さな政府の構想であった。また、ケインズ経済学の後退にもつながった。1976年、労働党の会議で英首相ジェームズ・キャラハンは次のように宣言した（原稿は彼の娘婿で経済学者のピーター・ジェイが書いた）。

私たちはかつて、減税し政府支出を増やせば、不況から抜け出して雇用を増やせると考えていました。率直に言って、その選択肢はもう存在しませんし、たとえ存在したとしても、戦後、毎回経済に大量のインフレを注入し、次のステップとして高い失業率という犠牲を払わなければ効果がなかったのです。

沈滞

戦後30年間は急成長の時代だったが、それで有権者が幸せになったかというと必ずしもそうではなかった。1960年代に成人した若者たちは抵抗運動に励んだ。1968年のフランスの学生運動や山猫ストは過激で、ドゴール大統領が一時、ドイツの軍事基地に避難するほどだった。アメリカにはふたつの大きな流れがあった。アフリカ系アメリカ人の公民権運動は1950年代に始まっていた。かつての奴隷州で選挙権もなく、食事も移動も教育も劣った施設の利用を100年近く強いられた末の行動だった。これらの不正は1960年代に是正されたが、アフリカ系アメリカ人の多くは依然として人種差別に遭っていると感じていた。ふたつ目の原因はヴェトナム戦争だった。アメリカの多くの若者が正しいと思わない大義のために徴兵され、アジアでの戦争に送り込まれていた（裕福な白人は徴兵を逃れることができたため、アフリカ系アメリカ人の割合が不均衡に増した）。１９６８年の民主党全国大会で、抗議集会の参加者がシカゴ警察により殴打された。カンボジア空爆に抗議していたケント州立大学の非武装の学生４人が州兵に射殺された。

この時代、アメリカでは3件の暗殺があった。１９６３年にジョン・F・ケネディ大統領、１９６８年に彼の弟のロバート、そして公民権運動の指導者、マーティン・ルーサー・キングが暗殺された。そしてテロリズムは各地で激化した。北アイルランドでは多数派のプロテスタントから二級市民として扱われてきたカトリックが抗議を開始した。まもなくそれが長期にわたる武装闘争に発展し、アイルランド共和軍暫定派と敵対するプロテスタント集団による銃撃戦や爆破事件が頻発した。パレスチナ人は多くの旅客機をハイジャックし、ミュンヘン・オリンピックではイスラエルの選手を殺害した。イタリアでは、テロリストがアルド・モロ元首相を誘拐して殺害するなど、多くの犯行を繰り返した。西ドイツには「バーダー・マインホフ・グルッペ」と呼ばれたドイツ赤軍、アメリカにはウェザーマンとシンバイオニーズ解放軍といった過激派組織が存在した。

政治家たちはこうした状況の対処に苦戦した。結局、福祉国家を建設すれば、労働者を不安定な景気循環から保護し、大衆の不満を解消できると考えた。すでに述べたように、当時は近代で最も経済的格差が縮まった時代だった。また、「権利」を主張する時代でもあり、アメリカの公民権運動だけでなく、フェミニズムや当時「ゲイ解放」と呼ばれた運動が台頭した。多くの人が社会的地位の向上を目指し、自分らしい生き方を追求するようになったため、物質主義では物足りないという感覚が浸透していた。

環境保護運動もこの時代に始まった。そのきっかけは、農薬が自然界に与える悪影響について警鐘を鳴らしたレイチェル・カーソンの1962年の著作『沈黙の春』だった。近現代の工業化がもたらす環境汚染も深刻な問題になっていた。1956年、命を脅かすスモッグが頻発したため、イギリスは清浄空気条例を可決し、都市で石炭などの汚い燃料を燃やすことを制限した（ロンドンは常に霧に包まれているというイメージはなかなか払拭できなかった）。アメリカは同様の法案を1963年、1967年、1970年に成立させた。水質汚染の問題もあった。1967年、大型タンカー、トリー・キャニオン号がコーンウォール沖で座礁し、英仏海峡に流出した10万トンの原油が付近の海岸に流れ着き、汚染した。[83] 2年後、米オハイオ州クリーヴランドのカヤホガ川は廃油による汚染がひどく、ついに火災が起こった。[84] ニクソン大統領は汚染対策のために環境保護庁を設立した。

環境汚染と同様に、多くの人は資源の枯渇を心配した。1972年、ローマクラブというシンクタンクが『成長の限界』と題した報告書を発表し、21世紀に資源が枯渇し始め、世界は「人口、産業ともに、突然の制御不能な衰退に向かう」と予言した（この本はのちに、なにかと嘲笑の対象になったが、破滅は2070年頃に起きると予測していたため、執筆者たちが間違っていたとはまだ証明されていない）。[85] 1968年刊行の書『人口爆弾』〔ポール・R・エーリック著〕は、1970年代から1980年代にかけて大飢饉が起こるであろうと、さらに差し迫った悲観的な予測を立てていたが、当然、これは間違っていたことが証明された。識者の面々がここから学べる教訓は、予測が誤っていた場合に備え、事が起こる時期を遠い未来に設定しておくことだ。そうすればもうこの世にいないので、自分の過ちを知らずにすむ。

労働組合は戦後の時代に最も力を持ったが、それは失業率が低く抑えられ、組合を組織する権利が国に支持されたからだ。1960年代、アメリカではゼネラル・モーターズやクライスラーでストライキがあり、ニューヨークやフロリダでは教師のストがあった。イギリスでは、郵便局員や建設労働者、鉱山労働者によるストが頻発し、1974年に保守党が政権を失う要因となった。当時、イギリスはもう制御不能の国だとしきりに言われていた。

1979年、ジミー・カーター大統領は国民に向けて、政治家が好んで訴える肯定的なメッセージとは正反対の演説を行った。「自信喪失の危機であります。私たち国民の意思、心、魂、精神を直撃する危機です。この危機は、私たちが人生の意味について疑念を深め、国民が団結する意味を失う中に見ることができます」。(86) これは「沈滞《マレーズ》スピーチ」として知られ、カーターの人気にはひとつも貢献しなかった。イデオロギーの流れが変わり、西側の経済は新しい方向へ進んでいた。権力は政治家から遠ざかり、中央銀行を統べるテクノクラートへと移っていった。

第13章

中央銀行——マネーとテクノクラート

私たちは何かの宗教を信仰しているか否かにかかわらず、日々、何かを信じて行動している。仕事に行くのは、週末か月末に給料が支払われると信じているからだ。給与が支払われるとき、それは紙の形態、あるいはもっと一般的に、コンピュータ入力による銀行振込というかたちで行われる。そして私たちがその金を、現金か、カードか、銀行預金からの振り込みで使うとき、店のオーナーはそれらの紙、プラスチックのカード、コンピュータによる入金に価値があると信じている。(1)

私たちが集団でマネーの価値を信じているのは、このシステムが機能し、それが正しいと証明されているからだろう。誰もが紙やプラスチックを喜んで受け入れるのは、ほかの誰もがそれを喜んで受け入れるのを知っているからだ。この信仰体系の大司祭に相当するのが各国の中央銀行である。童話『3びきのくま』で「熱くもなく冷たくもない適温のスープ」を選んだ少女ゴルディロックスのように、彼らはマネーが多すぎてインフレにならないように、少なすぎて不況にならないように「ちょうどよい」量を見極めている。

2008年の金融危機から10年間に、中央銀行の力は増した。経済活動を復活させるために何兆ドルもの資産を買い入れた。FRB議長や欧州中央銀行総裁、イングランド銀行総裁の発言は、投資家にとって聖典のように一言ひとこと、深く考える材料となる。彼らの予測が金融市場を動かし、その政策の変更は住宅購入者や企業への貸付コストに影響し、預金の利回りにも影響を与える。世界経済の方向性に関して、巨大な中央銀行の総裁は首相や大統領よりも大きな力を持っている。

これは簡単な仕事ではない。中央銀行は過度に金融を引き締めて経済を低迷させたとか、堕落した銀行を救済したとか、資産価格を上げて富裕層の富を増やしたなどと責められ、批判される場合もある。ある意味、こうした批判は根底にある問題を映し出している。政府が中央銀行に複数の目標をいっぺんに達成するよう求めたのだ。中央銀行は通貨を安定させ、インフレを抑制し、金融システムを保護し、経済を回復させるよう求められた。これらの目標を同時に達成することはほぼ不可能であると、これまでたびたび証明されてきた。

史上初の中央銀行は1668年に設立されたスウェーデン国立銀行である（1968年、設立300周年を記念してノーベル経済学賞が創設された）。しかし、現在の中央銀行の雛形となったのは、イングランド銀行だ。これは金融危機に対処するために創設された。1689年の「名誉革命」により、オラニエ公ウィレム（ウィリアム3世）がイギリスとオランダの両方の統治者になった。ウィリアム3世がイギリスに招かれたのは、カトリックを復活させようとするスチュアート家の王、ジェームズ2世を廃位するためだった。ジェームズ2世は、オランダと敵対するフランス王ルイ14世と同盟を結び、対するウィリアム3世は喜んでイギリスの経済力と軍事力を行使することにした。しかし、金が足りなかった。

ウィリアム・パターソン率いる銀行家たちは、イングランド銀行設立と銀行券発行の権利と引き換えに、ウィリアム3世に120万ポンドを貸し付けることに合意した。国王との結びつきは、支払い手段としての銀行券の受け入れを促し、今日も中央銀行の「効力」として残っている。通貨が受け入れられるのはそれが国と結びついているからだ。こうした例は、支配者が自分の顔をコインに刻印するようになった紀元前7世紀にさかのぼる。コインに顔を刻むことは権威を示すひとつの方法であったが、それが通貨として機能したのは、王にはコインを受け入れさせる力があると誰もが認めていたからでもある。だから、たとえば納税などにコインを使った。当時の巨大な勢力や国家が発行したコイン――アテネのフクロウ、ローマのデナリ、ビザンティンのベザント――は外国でも通用した。

国と通貨の関係は両刃の剣でもあった。初期のコインはたいてい貴金属を鋳造して発行された。王の顔を刻印するのは質の良さを示すひとつの方法だった。しかし金に困った王家は、コインの鋳造で稼げることに気づいた。額面10のコインに金や銀が8しか含まれていないとしよう。残りの2が利益になる。

金や銀は持ち歩くには重く、しかも危険だった。紙幣の本来の機能はコインを持ち運ぶ煩わしさを取り除くことだった。紙幣は銀行の金庫内にある金や銀と引き換える権利を表していた。紙幣（そして手形などの他の形状の紙幣）は非常に便利なので、銀行は所有する金銀のほとんどを金庫に保管したままであることに気づいた。1日に引き出されるのは、そのほんのわずかだ。銀行は「予備の」金を貸し出して、利益を得られる。これが「部分準備」銀行制度の本質であり、現在の銀行システムである。

中央銀行も同様の余裕をもって運営できた。18世紀初めから1914年までのほぼ全時代を通じて、イギリスは金本位制を採用していた。顧客は紙幣を金貨にいつでも交換できた。他の国は19世紀に金本位制に加わった。顧客がそれらの交換を商業銀行で行っているあいだ、中央銀行がそのシステムを支え、金庫に金貨準備を保管していた。商業銀行で金が足りなくなると、彼らは中央銀行に助けを求めた。しかし、中央銀行は発行された紙幣すべてに対して、その価値に相当する正確な金の量で裏付けることはなかった。そうする必要もなかった。

ある意味、長期的にはこの柔軟性が金本位制の弱点となった。アメリカでは1913年から、発行される紙幣の40％はFDRが保管する金の裏付けが必要になった。つまり、60％は金の裏付けがないが、このシステムは大恐慌までは上手く機能していた。しかし、40％の金の裏付けで大丈夫なら、20％でもいけるんじゃないか？　もしかして5％でも？　金の裏付けがなくなっても、人々は紙幣を使い続けた。結局、通貨が受け入れられるために重要なのは、中央銀行（そしてその後ろにいる国）への信頼だった。

「表券《ひょうけん》主義者」と呼ばれる経済学者の一派は、政府が選んだ通貨での納税を市民に求める権限があるため、国は巨大な権力を持っていると主張する。国はまた、その通貨が国内唯一の法定通貨であると命じることもできる。これにより、市民はその通貨の保有を強いられ、実際、彼らはほぼすべての取引にそれを使う。これは、通貨が本質的な価値（たとえば金との結びつき）を持つ必要がまったくないことを意味する。(2)

健全なマネーの守護者

中央銀行の歴史で最初の2世紀、彼らはそのような考えを異端と見なしただろう。彼らの主な仕事のひとつは、マネーの健全性を保つことだった。マネーは金や銀などの貴金属に裏付けされてこそ、健全である。そのような裏付けがなければ、政府や銀行は好きなだけ紙の金を刷るだろう。最終的に、そのようなマネーは価値がなくなる。第4章で触れたように、モンゴル帝国時代に世界で初めて紙幣を試した中国でそれが起こった。

中央銀行の最初期の試みのひとつがそれを証明している。ルイ15世（在位1715〜74年）の治世の初期、ジョン・ローという名の山師がフランスの摂政を説得し、ある勅令を出させた。これにより王立銀行が設立され、税金と歳出はすべて王立銀行券で支払うことになった。その狙いは、借金まみれのフランス王家にかかるプレッシャーを和らげることだった。それから銀行は国債を引き受け、投資家たちは国債をアメリカにあるフランスの植民地で事業を展開していたミシシッピ会社の株式と交換するよう勧められた。

これは金融工学の初期の例である。ミシシッピ会社の株価は急騰した。このとき「ミリオネア」という言葉が生まれた。ジョン・ローはフランス社交界の花形だった。彼の計画のポイントは、株式を分割で購入でき、したがって最初は少額の支払いで多額の株を買えることだった。しかし分割払いの期限が来るたび、バブルの試練を受けた。投資家たちがもっと金を出しても大丈夫だと信じていなければならない。すべては株価上昇にかかっている。上昇がストップしたら、投資家は次の期限に払う気をなくし、株を売り払いたくなる。

そもそも組織体系が砂上の楼閣か、もっと正確にいえば湿地の上に立っていた。フランスのミシシッピ植民地には黄金も貴重な産物もないのに、蚊だけはたくさんいたのだ。ローは浮浪者に道具を持たせて街頭を行進させ、植民地に向かうところを演出して見せるなど、窮余の策を講じた。しかしいったん株価が下がり始めると、システムが崩壊した。ジョン・ローは国外に逃亡し、それからフランスは多額金融取引に根強い不信感を持つようになり、黄金を好む傾向が強くなった。

イギリスでも同様の事件が起こったが、これは長期的にイングランド銀行の権限を強める結果となった。イングランド銀行と競合する金融機関である南海会社が株式と引き換えに国債を買い入れることに同意した。同社は確かに有益な資産をひとつ持っていた――アメリカ大陸のスペイン領に奴隷を売る権利である。しかし南海会社の株価はフランスの同類とそっくりの軌道をたどった――ロケットのように上昇し、棒きれのように落ちた〔棒（stick）には「大量の売れない株」の意味もある〕。サー・アイザック・ニュートンでさえ、このバブルに巻き込まれ、「私は天体の動きなら計算できるが、群衆の狂気は計算できなかった」と述べた。

南海泡沫事件のあと、イングランド銀行は国内随一の金融機関として不動の地位に就いた。そして18世紀にイギリスが世界の大国となるにあたって重要な役割を果たした。イギリスとオランダの健全な財政は、両国が低金利で金を借りられることを意味し、これにより軍事費の資金調達が容易になったうえ、産業界は少ない資本で運営できた。

イングランド銀行の財政状況は非常に健全であったため、ジョージ・ワシントンは独立戦争中もその株を売らなかった。彼の副官アレグザンダー・ハミルトンはイギリスの「絶大な信用の構造……それだけで我々の独立を脅かしているのです」と書いている。(3) 独立後のアメリカの財政状況は混迷した。最初の通貨コンティネンタルは、ハイパーインフレの影響を受けた。ハミルトンは中央銀行を含め金融構造を改革すれば、安定した通貨の発行や借入コストの低減が可能になり、経済（そして新興の工業部門）が成長しやすい環境を整えられると考えていた。

ところが彼の敵対勢力が、銀行は大きすぎる力を持ち、北部の債権者のために働くだろうと反対した。中央銀行設立の憲章に賛成票を投じた議員は南部州では3名だけで、北部州で反対票を投じたのは1名のみだった。

中央銀行については、この新しい共和国が誕生してから最初の50年間、特に激しい論争の的となった。最初の銀行憲章は１８１１年に更新され、そして１９１６年に第二合衆国銀行が設立されたが、これも多くの人に嫌われた。ポピュリストのアンドリュー・ジャクソン大統領は１８３６年の更新に対して拒否権を行使した。これにより、アメリカは１９１３年まで中央銀行なしで過ごした。

イギリスに話を戻すと、イングランド銀行の役割は19世紀のあいだに変わった。第一段階はナポレオン戦争後に現れた。戦争の財源を考えて、政府は銀行券の金兌換を停止していた。多くの議論を重ねた末、1819年に以前のレートで兌換が再開された。

国内の銀行預金者は金本位制があるために安心していたが、外国人も同じだった。彼らは1ポンドが決められた量の金に値することを知っていた。金本位制を維持することで、イングランド銀行は通貨としてのポンドの安定を担っていた。そのためポンドは保有資産として有望になり、なかでも金本位制を採用していない国に住む富裕層にとって魅力的な通貨になった。長期的には、他の通貨がポンドに比べて弱くなるように思えた。したがってポンドを買うことは資産を守る手段になった。

実際、金本位制を維持する動機付けのひとつは、債権者の利益保護だった。金本位制の下では、債券や貸付金など債権者の資産の実質的な価値が保たれる。誰かに1000ポンドを10年間貸して、10年後、返してもらうとき、その金《かね》で以前と同じ量の金《きん》が買えるのだ。債権者の階級が国を統治していた19世紀イギリスで、経済システムが彼らの利益を考慮に入れて設計されていたことは少しも驚きではない。選挙権は資産家の男性に限られていた。投資収入で暮らす不労所得者にとって、いい時代だった。

その結果、19世紀には長期インフレはなかった。辻馬車の料金はイングランド銀行設立時と19世紀末でも同じだった。(4) しかし経済が衝撃を受けると、金本位制には厄介な問題が生じた。衝撃の顕著な例のひとつは、商業銀行の破綻だった。

部分準備銀行は危機に陥りやすい。銀行はもともと矛盾をはらんでいる。預金者に借金があり、預金者はいつでもそれを引き出せる一方、収支決算書の別の側では、長期にわたって個人や企業に金を貸している。もし多くの預金者が一斉に預金を引き出そうとしたら、経営が上手くいっている銀行でもトラブルになるだろう。いったん取り付け騒ぎが起こったら、止めるのは難しい。もし預金者が銀行は倒産するかもしれないと心配になったら、ただちに金を引き出すのが合理的な判断であろう。しかし、この信用の喪失は、危機を悪化させるだけだ。

この時点で、中央銀行が介入し、弱った銀行に金を貸して危機を乗り越えさせることができる。イングランド銀行がこの責務を担うまでは時間がかかった。同行は1947年まで民間企業であり、初期の頃、その頭取たちは当然、自分たちの利益確保に関心があった。理屈の上では、銀行家なら誰でも、危機に際して金を貸すのをためらうだろう。

19世紀には金融パニックが何度も起こった。1825年、閣僚のウィリアム・ハスキソンは経済が「24時間以内に物々交換状態に陥ってもおかしくない」と評した。(5) なぜなら取り付け騒ぎの影響が広く波及するからだ。預金者が一斉に現金を引き出しに来るのを警戒して銀行が貸し付けを渋るようになると、正常な商業活動に支障を来す。ところが経済の多くの部分――商店、工場、建設会社――は融資が頼りだ。融資を断られたら、倒産する。倒産すれば銀行に借金を返せなくなる。すると預金者はさらにパニックに陥り、悪循環が続く。

1825年の金融危機をきっかけに、イングランド銀行と大蔵省のどちらが制度の緩和に責任を負うかで揉めた。結局、政府が勝ち、以後イングランド銀行が「最後の貸し手」になる慣例が成立した。1866年の別の金融危機のあと、当時『エコノミスト』の編集長だったウォルター・バジョットは著書『ロンバード街』の中で、この原理を次のように定義した――中央銀行は、高金利で優れた担保を提供できる支払い能力のある銀行には限りなく融資すべきである。この提言は広く受け入れられたわけではなく、ある元頭取は「これまでの金融銀行界の発言で最も迷惑な原理」と述べた。[6] しかし、安全装置の役割を担うことで、中央銀行は金利をコントロールする手段を得た。

毎日、銀行は「金融市場」と呼ばれるところで互いに（そして他の機関から）貸し借りをしている。ある銀行の帳簿にちょっとした不均衡が生じると、中央銀行が融資の特権を行使してそのギャップを埋める。このときのレートが市場で他の貸し出し金利の標準となる。なぜなら、商業銀行は金を貸すときの金利よりも高い金利で借金をして損をしたくないからだ。したがって、中央銀行が公定歩合を上げるか下げるかすると、それが市場に波及する。

「最後の貸し手」になった中央銀行は両方から批判を浴びた。反応が遅いと、回避できたはずの危機を招いたとして非難された。逆に、銀行を救済すると、助ける必要もないのに余計なことをしたと非難された。批判家たちは、２００８年の救済措置はそれまでに巨額の報酬を懐に入れていた銀行家を守るために納税者の金を危険にさらしたと責めた。まさに利益の民営化、損失の国有化の事例である。長期的リスクは「モラルハザード」だった。中央銀行が毎回救済してくれると思えば、民間銀行はリスクの高い投資をいくらでも実行できる。

理想としては、流動性に問題のある銀行と支払い能力に問題がある銀行とを中央銀行が見分けられることが望ましい。どの銀行も流動性に問題を生じる可能性はあるが、充分な時間的猶予があれば、全額を預金者に支払うことができるだろう。しかし、中には本当に支払い能力のない銀行もあるかもしれない。つまり、返済能力のない人に金を貸した銀行だ。そのような銀行は救済すべきではない。この見極めは理屈のうえでは簡単に見えるが、危機が広範囲に及び景気が低迷しているとき、全体的に破産のリスクが跳ね上がる。実際、中央銀行が何もしなければ、破産の可能性が高くなる。

銀行危機はまた、金本位制下の中央銀行にさらなる問題をもたらした。外国の債権者は国内の債権者と同様に警戒し、現金を引き出して金と交換するので、中央銀行の金準備が減る。金準備が減っていくと、中央銀行は通常その対応策として金利を上げて預金を増やそうとする。しかし銀行危機の最中、高金利は借り手にとって事態が悪くなるばかりで、ますます借金の返済が困難になる。「最後の貸し手」と「通貨の守り手」の役割は矛盾することになる。

このふたつはイングランド銀行の役割に含まれていた。3つ目は国の債務を管理し、政府ができるだけ安く資金を調達できるように手を貸すことだった。たびたび危機に陥ったが他国はイギリスの経済的モデルを成功と見なした。

連邦準備制度の創設

アメリカ人が中央銀行を承認する方向へ傾いたきっかけは、1907年の金融危機だった。このときはもっぱらJ・M・モルガンの才覚で危機を脱した。議会は危機の解決を1人の個人に頼るのを嫌っていたが、金融権力に対する長年の恨みを考えると、中央銀行設立の承認は難しかった。ネルソン・オルドリッチ上院議員の一派がジキル島で秘密の会合を開き、計画を練った。

様々な意見をすり合わせた結果、新しい連邦準備制度は各地域の民間銀行と、政府に任命された中央の理事会〔FRB〕という、いびつで扱いにくい構造を持つことになった。

連邦準備制度は1913年に設立された。それから1年後、第一次世界大戦が勃発し、世界の金融構造は崩壊した。戦前、各国の中央銀行は互いに協力して為替レートの安定に努めていた。たとえば、1890年のベアリング恐慌の際には、フランスとロシアの中央銀行がイングランド銀行に救いの手を差し伸べた。

戦争により、国内経済のニーズが国際的な約束よりも断然、優先されるようになった。国から金が流出して敵国の金庫に収まるのを静観できる中央銀行はない。イングランド銀行は個人が紙幣を金銀に交換する権利を一時停止したが、この権利は二度と復活しなかった。

戦争の莫大な資金需要により、中央銀行は投資家の国債購入意欲を喚起するといった本来の仕事に集中した。国の通貨を守る役割は放棄せざるを得なくなった。戦争により、マネーサプライが大幅に増え、急激なインフレが起こった。

第一次世界大戦が終わる頃には、ヨーロッパの強国は政治的、財政的に疲弊し、経済力は確実にアメリカに移っていたため、アメリカは戦後の金融システムの中心にならざるを得なかった。これは生まれたばかりの連邦準備制度に大きな負担をかけ、ニューヨーク連邦準備銀行総裁の立場から事実上のトップとなったベンジャミン・ストロングが難しい舵取りを迫られた。第10章で述べたように、中央銀行は大恐慌の際、経済を復活させる必要性から、健全な通貨の番人という使命を果たそうと努めたができなかった。

大恐慌は失敗として中央銀行をずっと悩ませてきた。彼らは通貨の均衡を保つことも、金融システムを守ることもできなかった。特にアメリカでは数千の銀行が倒産した。初代イングランド銀行総裁モンタギュー・ノーマンは退官にあたって、自身の業績とベンジャミン・ストロングのそれを振り返り、「世界のためになることを、私はひとつもしなかったし、あのベンもほとんどやっていない――何かやったとしたら、おおぜいの哀れな人々から金をかき集めて四方の風に飛ばしたことぐらいだ」と語った。(7) のちのFRB議長ベン・バーナンキは、大恐慌は銀行のせいだと言った経済学者ミルトン・フリードマンの90歳の誕生祝いのスピーチでこう述べた。「おっしゃるとおりです。私たちが間違っていました。たいへん申し訳ないと思っております。とにかく、あなたに感謝します。あんなことは二度としません」(8)

言いなりになって

第二次世界大戦中、中央銀行は政府の債務管理者という以前の役割に甘んじた。1945年以降は、経済を立て直すために世界の金利は意図的に低く抑えられた。FRB議長がいくらか独立を取り戻そうとすると、ホワイトハウスの抵抗に遭った。1951年から1970年までFRB議長を務めたウィリアム・マクチェスニー・マーティンは、朝鮮戦争でインフレになっていたにもかかわらず、金利を低く保つようハリー・トルーマンから圧力を受けた。彼はこれを拒否した。トルーマンは退職後、町でマーティンとすれ違ったときに「裏切り者」と一言放った。(9)

リンドン・ジョンソンはもっと率直だった。FRBの方針に怒ってマーティンをテキサスにある自分の牧場に呼び出して怒鳴りつけた。「若いもんがヴェトナムで死んでるというのに、ビル・マーティンはなんとも思わないのか」。リチャード・ニクソンはいかにも彼らしく卑怯な手を使い、ＦＲＢ議長アーサー・バーンズが50％の報酬増額を要求しているとデマを流した。マスコミに責め立てられたマーティンは譲歩し、金利を低く保った。これが１９７２年のニクソン再選を後押しした。(10)

ＦＲＢは他国の中央銀行よりも独立性を得ていた。多くの国では財務省が金利を決定し、中央銀行は金融の安定とブレトンウッズ体制で固定された為替相場に責任を負うだけだった。ブレトンウッズ体制が１９７０年代初頭に崩壊すると、インフレになった。さらに悪いことに、多くの国は同時に高い失業率にも悩まされた。この危機は中央銀行が現在持っている権限を発展させるチャンスになった。明らかに方針転換が必要だった。現代の中央銀行の最初のスーパースターは、１９７９年にＦＲＢ議長に任命されたポール・ボルカーである。彼はマネーサプライの伸びを抑制するために、積極的な金融引き締めを行った。この政策は不人気だった。農家はワシントンのＦＲＢ本部前で抗議し、自動車販売業者は売れない車のキーを詰めた棺桶を送りつけた。

マネタリズム（第14章参照）の試みが失敗したあと、経済学者たちはインフレと戦うカギは「信用」であると主張した。消費者や企業は中央銀行が低インフレにしてくれると信じる必要があった。そうすれば、彼らは大幅な賃上げを求めず、製品の価格をゆっくりと上げるだけになる。その結果、目標が達成される。

独立性

信用を得るには、中央銀行の独立性を高めることが不可欠であり、その動きは１９８９年のニュージーランドに始まり、イギリス、日本、ユーロ圏が続いた。それらの銀行はインフレターゲットを与えられ、どう達成するかは任された。中央銀行はおおぜいの経済学者を雇い、新しいデータを探し、企業や消費者に聞き取りをして彼らの見通しの裏付けを行い、成長や失業、インフレに関する詳細な予測を発表した。

長いあいだ、この取り組みは完璧だと思われていた。１９９０年代から２０００年代初めにかけては「大いなる安定」と呼ばれた時代で、低インフレで経済が安定していた。ボルカーの後継者グリーンスパンは「マエストロ」と呼ばれ、大統領にいじめられることもなく、大統領のほうが彼の了承を求めるほどだった。

ヨーロッパの最大の進展は、１９９８年の欧州中央銀行（ＥＣＢ）の設立だった。これは新しい単一通貨、ユーロの金融政策のために設立された。以前、ＥＵ加盟国はそれぞれの中央銀行を通じて自国の通貨と金融システムを維持する責任を負っていた。ＥＣＢはフランスとドイツの妥協の産物だった。フランスは統一ドイツをＥＵに結びつける単一通貨を望み、一方、ドイツは単一通貨にすれば浪費の多い政府を救済することになると危惧していた。ドイツを安心させるため、銀行の本部をフランクフルトに置き、主な目標を物価の安定に掲げ、加盟国政府の救済を禁止すると明言した。

中央銀行が万能ではないという最初の兆候は日本に現れた。１９８０年代末、それまで40年間続いた高度経済成長が突然止まった。１９９０年にバブルがはじけた直後の日本銀行の対応は非常に遅かった。

欧米の経済評論家は、日銀がもっと早く金利を下げ、銀行再編に取り組むべきだったと批判した。ところが、同様の危機がアメリカやヨーロッパで高まっていた。１９８２年以降、インフレ時代の高い水準から利回りが低下したため、金融市場は長期の強気相場になっていた。１９８７年10月の「ブラック・マンデー」のように市場が動揺すると、中央銀行は素早く利下げを行った。対応が遅れた１９３０年代の過ちを繰り返さないためだった。しかし、その間に市場はＦＲＢの助けをすっかり当てにするようになっていた。ＦＲＢ支援の信頼感は、当時のＦＲＢ議長グリーンスパンと、投資家の損失をカバーするオプション取引のひとつプット・オプションにちなんで、「グリーンスパン・プット」と呼ばれた。評論家は中央銀行が投機を煽っていると非難した。

問題は、株式市場の投機を抑制するために金利を上げれば、経済全体にダメージを与える可能性があることだった。そして、中央銀行はマクロ・レベルで金融の安定化をはかる役目を担っていたにもかかわらず、民間銀行の監督は必ずしも彼らの手に委ねられていなかった。ＦＲＢは頭文字で示される様々な政府機関と責任を分け合っていた。イギリスでも同様の混乱があり、１９９７年、イングランド銀行に代わって金融サービス機構が金融を監督することになった。

それでもやはり、中央銀行は21世紀初めに債務レベルの急激な上昇に配慮するのを怠ったとして批判されるだろう。彼らの言い訳は３つある。第一に、彼らの最優先すべき役割である物価の安定に関して、上昇の兆しは見られなかった。第二に、債務の増加はある意味、経済が進化した証である。消費者と企業がやがてその支出を調整できるようになるからだ。第三に、どの債務も債権者の貸借対照表上では資産になる。世界の純債務はゼロである。しかも、債務の多くは年金基金や保険会社など、債務不履行のリスク対応に適した機関が所有している。

2007年と2008年に信用バブルがついに崩壊したとき、中央銀行は数百年にわたって繰り返されてきたジレンマを抱えた。銀行システムの内部崩壊が目前に迫ると、モラルハザードに関する懸念はたちまち消えた。中央銀行は際限なく金を貸し出し、史上最低まで利下げし、マイナス金利政策さえとった。量的緩和策を発表し、これにより資金量を増やし、証券や他の資産を買い入れる資金に使った（第18章参照）。

しかし、これらの行動は批判を浴びた。量的緩和により、富裕層が不釣り合いに大量に保有している金融資産の価値を押し上げたからだ。中央銀行のクラブである国際決済銀行の論文は、量的緩和は株価を押し上げることで不平等を広げたと結論づけている。(11) 高齢の預金者の多くは低金利により退職後の収入が目減りしたと不満を述べた。

アメリカではこうした動きにより、なんだかんだ言っても中央銀行は中西部《ハートランド》の経済よりも富裕層を優遇するのだという昔からの批判を復活させた。メイン・ストリートよりもウォール・ストリートというわけだ。量的緩和策を、1920年代にドイツのハイパーインフレを招いた紙幣増刷政策の再現であると懸念する声もあった（とはいえ、まだインフレにはなっていなかった）。

ヨーロッパでは欧州中央銀行が別の方向から責められていた。債権国、特にドイツを優遇し、ギリシアのような債務国を懲らしめているとなじられた。最大の問題は、２００８年の危機以降、中央銀行が政治的議論に巻き込まれたことだ。そうなったのは、世界経済を立て直すために中央銀行が多くの重荷を背負ったからでもあった。その結果、選挙で選ばれたわけでもない中央銀行が、この集団からあの集団へと資金を再配分するといった、経済的に大きな決断を下すことになった。

中央銀行にこうした権限が与えられたのは、彼らが専門家で、政治家よりもよい判断ができるテクノクラートだからだ。これは、彼らはその専門知識により選挙で選ばれた政治家よりも賢いことを前提としていた。しかし危機になってみると、中央銀行も間違いを犯しやすいようだった。彼らは厳しい批判にさらされた。

銀行救済に巨額の資金が使われると、アメリカの右翼は銀行がどのような投資をしたかを検証するため「ＦＲＢを監査せよ」と訴えた。ドナルド・トランプは大統領選挙戦で、ＦＲＢ議長ジャネット・イエレンの超低金利政策を「恥ずべきこと」と批判した。イエレンを交代させたあと、トランプは後任のジェローム・パウエルについて、金利を上げるのが早すぎると批判した。イギリスでは、ＥＵ離脱支持者たちが、ＥＵ離脱の経済的影響に関するイングランド銀行の予測が暗すぎると非難していた。

左派の側では、経済学者の一部が中央銀行は非常に臆病なので、経済を復活させることはできないだろうと批判していた。現代貨幣理論（ＭＭＴ）を支持する人もいた。これは、自国の通貨を印刷する政府が破産することはあり得ないし、したがって財政赤字を心配する必要もなく、政府はインフラや社会保障にいくらでも支出できるという考えだ。(12) ただしMMT支持者も、インフレがこのプロセスを制限することは認めている。

それでも、賢い中央銀行にとっては、これは財政赤字の「マネタイゼーション」であり、そしてヴァイマル共和国とか、最近ではジンバブエやベネズエラが経験したハイパーインフレにつながる類いのものである。もし先進国の政府がこの理論に従えば、中央銀行との対立が生じるか、あるいは中央銀行の独立性が失われる可能性が高い。

中央銀行の専門性を前提に政策の決断を委ねることには根本的問題がある。経済学は社会科学である。化学のように正確な予測を導き出すことはできない。分析する変数があまりにも多く、特に経済予測を発表するだけで、人々の行動が変わることがある。この10年、政治家が取り立てて不満を述べるほどのことは起こらなかった。中央銀行は利下げを行い、国債を買い、政治家が公約を守るための資金を確保しやすくした。金利が上昇し、購入した債券を中央銀行が売却しようとしたら、政治家はあまりうれしくないかもしれない。そうなれば大きな衝突は避けられないだろう。

第14章 第二次グローバリゼーション 1979年〜2007年

近現代の歴史で決定的な転換点となった4つの出来事は、1970年代末の12か月のあいだに起こった。1978年12月、中国の最高指導者となる鄧小平《とうしょうへい》が経済改革を推し進めると宣言した。この転換がなければ、今日、中国が世界第二の経済大国になることはなかっただろう。

1979年1月には、イランの皇帝が亡命した。その後の革命により、イスラーム政権が誕生した。これはイスラーム世界と西側諸国との長い闘いの始まりとなっただけでなく、アメリカ大使館占拠事件によりジミー・カーター大統領の再選の見込みがなくなった。その結果、自由市場経済を強く支持し、反共主義者でもあるロナルド・レーガンが大統領になった。1979年5月には、同じく自由市場を支持するマーガレット・サッチャーが英首相に就任した。

ロナルド・レーガンの選挙戦はポール・ボルカーの反インフレ政策で、さらに有利に運んだ。前章で述べたように、ボルカーは1979年8月にFRB議長に選任され、早急に金利を思い切り引き上げた。ボルカーは近代で初めて大きな権限を行使した中央銀行家だった。そして最後に、1979年12月、ソ連がアフガニスタンに侵攻した。これはソ連の体制を弱体化させたう

グローバリゼーションのふたつの波

GDPに占める世界の輸出額の割合（%）

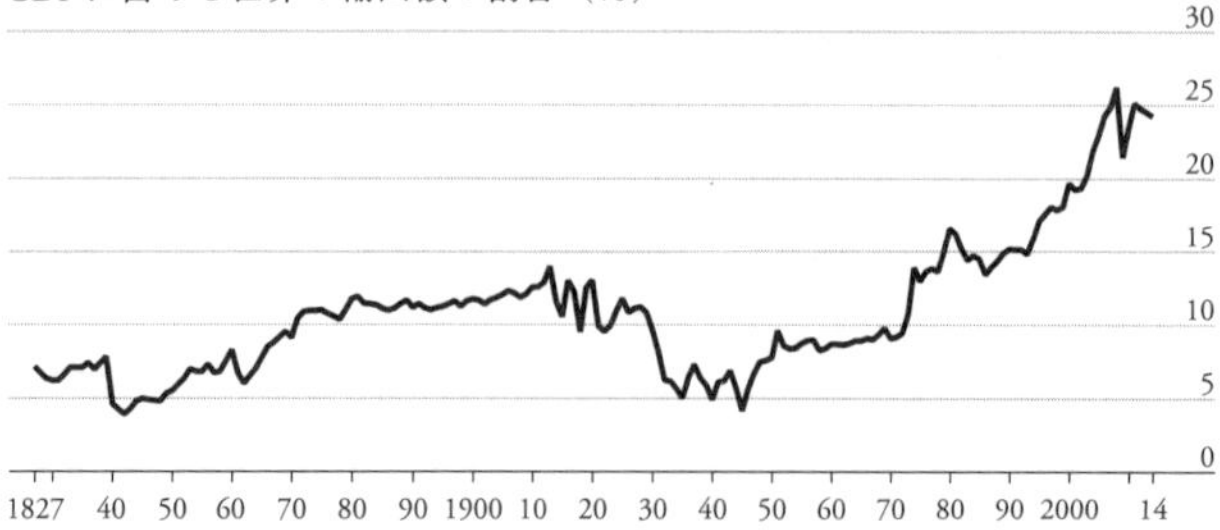

Source: IMF Direction of Trade Statistics

え、イスラーム過激派が勢力を増すという破滅的な結果を招いた。

要するに、12か月のあいだに、世界は中国の経済成長の始まり、現代のイスラーム主義の激化、独立した中央銀行と自由市場右派[1]の台頭、ソ連の終わりの始まりを見たのである。そしてソ連が崩壊し、中国が市場経済へと移行したことにより、19世紀後半のグローバリゼーションに次いで史上2番目に大きなグローバリゼーションの波が起こった。モノもカネも世界中を移動した。グローバリゼーションが加速する中、１９９６年から２０００年にかけて海外直接投資は年に40％の割合で増加した。[2]

グローバリゼーションで得をするのは、金持ちのエリート層だけと思われがちだ。しかし、１９７０年代末からの40年間に世界中で貧困が大幅に減り、平均寿命が延びた。アフリカの平均寿命は１９７３年には47歳だったが、エイズの流行にもかかわらず、２０１５年には60歳まで延びていた。つまり、アフリカ人は１９２５年と比べて2倍も長く生きられるようになった。世界的には、平均寿命は１９７３年から２０１５年のあいだに11年も延びた。[3] 平均的な人から見れば、第二次グローバリゼーションは福音だった（図参照）。

この時代には非常に多くの出来事があり、テーマをふたつに分ける必要がある。本章では富裕国の推移を取り上げ、開発途上国については第16章で取り上げる。

新たな石油危機と不況

1979年当時の文脈からは、この展開は予測できなかった。世界経済が注力すべき喫緊の課題は新たな石油危機だった。1979年のイラン革命の影響で、イランの石油生産は日量480万バレルに落ち込み、世界生産量も7％減った。多くの石油消費国はその対策として備蓄を増やそうとしたため、追加需要が生まれた。そして、1979年12月にOPECが値上げを発表し、切迫感が増した。これらの要因が重なった結果、石油価格は1979年4月から1980年4月のあいだに2倍以上に値上がった。[4]

アメリカの総合インフレ率は1979年末には9％まで上がっていた。アメリカの金利はポール・ボルカーがFRB議長に就任する前から11％あったが、彼がさらにそれを押し上げ、1981年のピーク時には19％になっていた。[5] 他の中央銀行も同様の経過をたどった。金利はカナダで21％、イギリスでは17％に達した。この金融引き締めに直面し、アメリカは1980年前半と、1981年7月から1982年11月にかけての短期間に、二度の景気後退（2四半期の生産高が減少）に見舞われた。[6]

インフレが1980年の13・5%から、1983年には3・25%に下がったため、ボルカーは金利を引き下げることができ、1982年後半には景気回復が始まった。しかし、アメリカとヨーロッパの状況には大きな違いがあった。アメリカでは失業率が1980年の7・1%から1982年には9・7%に上昇し、1985年には7・2%に下がった。欧州経済共同体（EUの前身）では、失業率は上がり続け、1980年の5・8%から1985年には11・2%になっていた。しかも、失業率が非常に低い西ドイツが平均を引き下げていただけで、イギリスやイタリア、オランダでは1985年の失業率はまだ12%以上あった。[7]

この差の原因は何だろう？　1960年代、ヨーロッパの失業率はアメリカの水準より低かったが、1980年代は一貫して高かった。1975年から1985年にかけて、アメリカが2500万人の雇用を創出したのに対し、同時期ヨーロッパの雇用は減った。過剰な規制によってヨーロッパの成長が鈍化したとする「欧州硬化症」が取り沙汰された。1986年、オリヴィエ・ブランシャールとローレンス・H・サマーズは「ヒステリシス」に関する論文を発表した。ヒステリシスとは科学用語で、過去に加わった力の影響を受ける現象を表す。[8]今回のケースでは、失業者と就業者のあいだにはっきりと線が引かれているとブランシャールらは仮定した。一度労働市場からこぼれ落ちた失業者は仕事を見つけるのがますます難しくなる。なぜなら、雇用者は1年以上失業している人を雇いたがらないからだ。その結果、労働力プールが小さくなり、就業者がより高い賃金を交渉できるようになる。インフレ率と失業率がともに上昇する可能性がある。

この分析について、ヨーロッパの問題は労働市場の硬直性にあると指摘する経済学者もいた。労働者を雇うのに(余分な費用や税金のため)金がかかり、いったん雇ってしまえばなかなか解雇できないからだ。(9) そこで「構造改革」が求められるようになった。雇用主が労働者をもっと柔軟な契約で雇えるようにし(保守派の要請)、労働者の権利(左派の要請)を少なくする政策である。この時期、イギリスはいち早くアメリカのやり方に倣い、ある程度の成功を収めた。2000年、イギリスの失業率が5%に減ったのに対し、ドイツのそれは10%だった。(10) この差に対して、ドイツ社会民主党党首で首相のゲアハルト・シュレーダーは「ハルツ改革」として知られる一連の改革を行い、失業者の再就労を促した。以後、ドイツの失業率はヨーロッパの平均よりもかなり低く抑えられたが、それは構造改革の結果というより、中国や新興市場への資本財の輸出が成功したからだろう。(11)

労働市場を柔軟にする改革はその後長引く議論を呼んだ。低賃金で権利も少ない就職口しかなくても、それで失業者を減らすほうがよいのだろうか? アメリカではその種の仕事はファストフード部門やコールセンターに集中していた。この問題は、製造業の雇用が全体的に減少し(第7章参照)、新規雇用の大半がサービス業で創出されている状況に関係していた。

この時代の経済成長の重要な要素のひとつに、女性が労働力に加わったことが挙げられる。1948年、アメリカの成人女性の就業率は30%余りだったが、2000年にはその割合が60%になっていた(以後、男性の就業率とともに少し下がっている)。他の先進国でも増加傾向が見られた。開発途上国では、女性は農業に従事していたため、いずれにしても女性の就業率は高かった。経済が成長し、自給自足があまり重要ではなくなると、就業率は下がった。しかし、女性が高い教育を受けるようになると就業率は再び上昇し、出産の先延ばしや核家族化につながった。

2017年の国際労働機関の報告は、2025年までに男女の就業率の差が4分の1に縮まれば、世界のGDPは5兆8000億ドル、つまり3・9％増加すると推定している。[12]

保守派の復活

労働市場の柔軟性を求める動きは、第二次世界大戦後から浸透していた政策合意への反発でもあった。1970年まで、急成長を維持する経済政策が成功していたため、保守勢力は全体的に後退を強いられていた。右派政党は福祉国家の存在を受け入れ、失業率を低く抑える政策に理解を示した。しかし1970年代半ばのスタグフレーション、すなわち景気低迷と物価上昇の同時進行により、戦後の政策はもはや有効ではないことが示唆された。高い税金により有権者は不満を募らせた。その最も顕著な例が、昔から左寄りのカリフォルニア州で、固定資産税に上限を設けるために1978年に（住民投票で）可決された「プロポジション13」である。

この保守派の復活は様々なところから刺激を得ていた。1944年、フリードリヒ・ハイエクは著書『隷属への道』で、社会主義に必要な、そして社会民主主義に必要な計画経済は、最終的に専制政治につながるだろうと論じた。計画の策定に当たる中央の権力が無数の個人の要請や要望を聞き入れることなど不可能だからだ。それどころか、政府が承認した産業での労働や、政府が承認した製品の受け入れを市民に無理強いするだろう。これは高圧的であるうえに、非効率でもある。資源の配分は、どの製品に人気があり、どの製品に人気がないかを生産者にはっきり知らせる価格システムによって、最も効率的に達成されると彼は主張した。[13]

共産主義批判としては、ハイエクの主張は正しかった。しかし社会民主主義については彼は明らかに間違っていた。スウェーデンを独裁政権の国と見なす人はどこにもいない。ケインズが指摘したように、ハイエクも自由放任主義が極端なかたちで実現することはあり得ないと認めていた。ケインズはハイエクに宛てた手紙に次のように書いている──これを認めた途端「あなたは終わりです。なぜなら、私たちを納得させるために、あなたが1インチでも計画経済に近づけば、必ずや滑りやすい道に足を踏み入れることになるからです。その道の先は切り立った崖です」[14]

ハイエクと同様に保守派の活動家たちは、1970年代のインフレは政府の失策の結果であると主張したミルトン・フリードマンからヒントを得た。政府は景気循環を管理するという決意のもと、財政と金融の景気刺激策を繰り返してきた。しかし、そこには「自然失業率」があり、これを無視することはできなかった。失業率を自然失業率よりも低く抑える試みはインフレを加速するだけだった。

またフリードマンは、合理的な個人は生涯にわたって消費を均すという「恒常所得仮説」を示した。不況になると、人々はいつか不況は終わると予測し、収入よりも支出を減らす。そこで、ケインズが述べたように、政府は歳出を増やすことによって介入する必要がほとんどなくなる。

フリードマンも、金融政策によって雇用が増えるのは、インフレ率の上昇が予想されないときに限ると主張した。しかし労働者は実質賃金が目減りするのを知れば、賃上げを要求するだろう。その結果、生産高や雇用が増えることはなく、インフレ率が上昇する。均衡失業率が社会的に受け入れられない場合、その対策はマネーサプライを増やすことではなく、労働市場をより柔軟にすることだとフリードマンは主張した。[15] これは、需要を重視するのではない「供給側」の経済学だった。

インフレ制御に関しては、フリードマンは、インフレとは「いつ、いかなる場合も貨幣的な現象である」と述べた。[16] その答えは、政府または中央銀行がマネーサプライの年間伸び率を制限すること、すなわちマネタリズムと呼ばれる考え方である。これにより、ニクソン大統領が導入した物価賃金の法的統制の類いは不要になった。

ヴァイマル共和国などが経験したハイパーインフレの場合、紙幣増刷と高インフレ率が関係していたのは明らかである。しかし、中央銀行と政府がミルトン・フリードマンの理論を実践しようとすると問題に突き当たった。マネタリズムの基礎となる理論は方程式、MV＝PTである。Mは流通する貨幣の量（money）、Vは貨幣の流通速度（velocity）、Pは価格水準（price）、Tは取引量（transaction）を示す。この方程式に基づくと、マネーサプライ（M）の上昇は、VとTが変わらなければ、同等の価格（P）上昇を招く。

ところが、この方程式は正しくなかった。マネーが動く速度、すなわち貨幣の流通速度（V）を正確に予測することは難しい。アメリカでは１９７７年から１９８１年のあいだにVが14％

上がり、その後、再び落ちた。さらに1987年から1997年のあいだに大幅な上昇があり、2006年に落ちた。[17]この後者の低下は、1930年代にケインズが危惧した現象の一例である。経済の見通しに不安があると、人は現金を貯め込む傾向にある。

マネタリズムのさらなる問題は、「マネー」とは何かを定義することが難しい点だ。紙幣や硬貨は流通しているマネーの一部でしかない。消費者は預金口座や短期貯蓄口座にもマネーを預けていて、クレジットカードの未使用残高もある。多くの金融イノベーションと同じく、マネタリストの政策も試みられたため、マネーの性質が変わっていった。経済学者は最初、どの金融政策が最も重要かを議論し、そしてマネーサプライの伸びとインフレには関係がないようだと判断すると、その政策を完全に放棄した。

今にして思えば、マネタリズムは理論上は説得力があり、数学的な裏付けもあるが、現実世界の複雑さに直面すると崩れてしまう経済政策案の典型に見えた。これは、スポーツファンの振る舞いに似ている。プロの選手のプレイをあれこれあげつらうことはできても、実際にピッチに立たせてみると、こてんぱんにやられるのだ。

政治家のニュー・ウェーヴ

マーガレット・サッチャーとロナルド・レーガンの両名が当選したのは、前任者が残した混乱のせいでもある。両政治家の最初の改革は減税、特に高額所得者の減税だった。1970年代末、所得税の最高限界税率はアメリカでは70%、イギリスでは83%だった。サッチャーとレーガンが退いたときには、アメリカは28％、イギリスは40％になっていた。[18]

レーガンは元映画俳優で、多事多難のカーター政権のあと、その明るい性格は選挙で有利だった。彼の大統領任期は１９８０年代半ばの（ボルカーによる）金融緩和と減税によって生まれた好景気と重なった。レーガンは財政赤字や政府支出の増加を気に病むような人ではなかった。就任１年目の１９８１年、彼は議会を説得し、国の債務の上限を当時は信じられないほど巨額と思われた1兆ドル超の数字まで認めさせた。彼がホワイトハウスを去った１９８９年には、財政赤字は2兆６０００億ドルになっていた。[19]

サッチャー首相の1期目は、高い失業率と製造業の崩壊、ストライキ、都市部の暴動に悩まされた。南大西洋のフォークランド諸島に侵攻したアルゼンチン軍をイギリス軍が撃破したあの戦争がなければ、１９８3年の再選はなかったかもしれない。また、敵対する労働党が分裂していたことにも救われた。

サッチャー政権の2期目は、1年間続いた炭鉱ストとその敗北に特徴付けられる。これは労働組合の衰退を象徴していた。また、この時期に公共部門から民間部門への事業移転、いわゆる民営化が加速した。電気通信事業とガス事業は、一般国民向けのマーケティング・キャンペーンの助けを借りて民営化された。この「大衆資本主義」のゴールは、株式と資本の所有者で社会主義の主張に抵抗感がある階級を創造することだった。

結局、サッチャー政権下で国営航空会社や空港管理会社、主要鉄鋼企業、水道事業など合計50社が民営化されるか売却された。電力と鉄道はサッチャーの後任であるジョン・メージャーの下で民営化された。これは大きな転換だった。サッチャーが首相に就任したとき、イギリスのGDPの12%を国営企業が生み出していた。1997年に保守党政権が倒れたときには、その割合がわずか2%になっていた。[20] やがて、この考え方はヨーロッパにも広がり、フランスとドイツはともに電話通信事業を売却し、スペインは国営航空会社を民営化した。ヨーロッパで、民営化で調達された資金は1990年にはおよそ100億ドルだったが、1998年には1040億ドルに増加していた。[21]

民営化は確かに政府に多額の資金をもたらし、その結果、減税したり公共サービスの支出を増やしたりして有権者を喜ばせた。しかし、民営化の趣旨は組織運営の効率化であった。国営企業は消費者よりも内部の人間（経営者や労働者）の利益を優先していると言われていた。彼らは競争力を維持するために必要な市場規律に欠けていた。それに当時は、政府の財源に対して多くの対立する要求があったことを考えると、投資もできない状態だった。

今では、電話通信事業は民営化で改善されなかったとか、競争で航空運賃は下がらなかったという人はほとんどいない。電力や水道、鉄道など自然独占〔その産業分野の条件や技術的特性によって、必然的に独占状態になること〕と思われる分野が民営化で改善されたかどうかについての議論は終わった。人々が電気や水道や交通機関を手頃な価格で利用できるようにすることは、明らかに公共の利益になる。そのため民営化された産業は政府の干渉により価格規制に直面することがしばしばあった。それで喜ぶ人はあまりいなかった。国民は、その分野で競争が起きないことにも、投資に回せるはずの収益が投資家に流れることにも不満だった。

企業の力

小さな政府、低い税率、規制緩和は企業のロビー活動によって進められた。銀行とともに、企業部門が政治力を行使したのはこの時代だった。1971年に最高裁判事に任命されたルイス・パウエルは、同年の覚え書きに「アメリカ経済は攻撃されている」と記し、企業は「それに対し、せいぜい妥協するか、無駄なことをするか、問題を無視することしかできない」と付け加えている。彼は「今日のアメリカ社会で、アメリカ人実業家、企業、数百万人もの企業株主ほど政府に影響を与えない実体はほとんどない」と彼は主張し、企業のスポークスマンに「以前と比べものにならないほど積極的になれ」と呼びかけた。(22)

この戦いはアメリカの商工会議所とヘリテージ財団、アメリカン・エンタープライズ研究所などの右翼系シンクタンクのあいだで行われた。イギリスでは同様の役割は、経済問題研究所やアダム・スミス研究所、政策研究センターが担った。これらの集団の基本的な主張は、政府の干渉は経済成長を妨げるが、減税と規制緩和は企業を解放し、雇用を増やすというものだった。

こうしたシンクタンクの動きにより、アメリカでは選挙資金が激増した。企業やロビイストが自分たちの意見を聞き入れる政治家を当選させようと莫大な資金を投じるようになったからだ。2018年の中間選挙の支出はおよそ50億ドルだが、1998年のそれは16億ドルだった。(23)その金の多くは企業のロビイストから出ていた。1983年、企業はロビー活動に2億ドルしか使っていなかったが、2000年には16億ドル、2017年には33億ドルを使っていた。インフレ調整後でも、これは大幅な増加である。(24) 1998年から2012年にかけて、ロビー活動に最も多くの費用を支出した組織の90~95%は、労働組合でも環境保護団体でもなく、企業だった。2018年、最も多くを出費した私企業はアルファベット（グーグルの親会社）、通信事業のAT&T、防衛・航空宇宙企業のノースロップ・グラマンだった。(25)

企業のロビイストにおもねる気持ちは、政治とロビー活動のあいだにある、いわゆる「回転ドア」によって強まるばかりだった。2016年の調査によると、アメリカの上院議員の約半数、下院議員の3分の1は議員を辞めたあとロビイストになっていた。1970年代の5%未満と比べると大幅な増加だ。多くは転身で収入が5倍に増えるという。(26)

その結果、金持ちの有権者は貧しい有権者よりもはるかに多くの訴えを聞いてもらえる。政治学者ラリー・バーテルズの研究によると、アメリカの上院議員は、有権者のうち最も裕福な3分の1の人々の要望を中間層の3分の1よりも優先し、最も貧しい3分の1は眼中にないという。(27) それは、金持ちの有権者が選挙運動に貢献するからだけではない。彼らは他の層よりも投票に行くからだ。アメリカでは（収入により）最も裕福な10分の1の層の80%が投票するの対し、最も貧しい10分の1の層の40%しか投票しない。(28)

グローバリゼーションはまた、富裕層や企業分野にとって有利に働いた。最も優秀な被雇用者が自由に転職できる世界では、そして企業が生産を他の国に簡単に移転できる世界では、政治家が税率を大幅に上げるのは難しい。

金融が覇を唱える

ブレトンウッズ体制の下では、固定相場制を維持するために資本の動きは制限されていた。しかし、通貨が自由に流れるようになると、これらの制限を維持する必要はなくなった。アメリカ、カナダ、ドイツ、スイスは早速、規制を廃止した。イギリスはサッチャー政権の下でそれに続いた。

この流れはミルトン・フリードマンが唱えた哲学にぴたりと当てはまった。もし資本が自由に動けるなら、世界の最も収益性の高いものに投資するだろうし、長期的には、それが経済成長を促すだろう。投資家はまた、浪費癖のある政府に対して規律を正す役目も担い、金を貸し付ける前に高い利回りを要求した。政治家は「債券自警団」を恐れるようになった。

アセットマネジメント（資産管理、資産運用）業界はこの時代に成熟した。ファンドマネージャーが個人や団体の金を管理し、多様化の利益を提供する。資産をプールして、ポートフォリオを様々な証券に分散させ、1件の投資が失敗するリスクを減らせる。ファンドマネージャーの多くは、インデックスに勝って市場全体で利益を上げる技能を持っていると主張するが、常にそれができた人は例外中の例外である（定義上、平均的なマネージャーは平均的なリターンを上回る成果は出せない）。しかも、手数料を引くと、顧客のリターンは市場の標準価格を下回るだろう。

ファンドマネージャーは運用管理する資産を所有しているわけではないが、権力を持っている。嫌いな会社の株を売ることによって意思表示できるし、また実際に年次総会で投票して業績をあげていないと判断した幹部を排除できる（めったに起こらないことだが）。これは、ジョン・ロックフェラーなどの権力者が自身の会社を支配していた19世紀のシステムとは異なり、権力が分散されたシステムである。「受託者資本主義《エージェンシー・キャピタリズム》」とか「金融資本主義《フィナンシャル・キャピタリズム》」と呼んでもいい。

1982年、最も有名なアメリカ株式市場の指標であるダウ・ジョーンズ工業株価平均は、1965年に初めてつけた1000ドル前後の水準で取引されていた。その間に起こったインフレの規模を考慮すると、これは実質的には非常に悪いパフォーマンスだ。しかし、1982年に始まった強気相場は、金融業界で働く多くの人に多額の報酬をもたらした。アメリカの「最も優秀で聡明な」大学卒業生がモルガン・スタンレーやゴールドマン・サックスなどの投資銀行に就職するために列に並んだ。

この好景気は低金利と企業収益の増加によるものだった。1982年に財務省が販売した30年債は利回りがほぼ14・6％で、このリターンは当時、たいへん魅力的だった（振り返ってみると、非常に収益性が高かった）。しかし債券利回りが低下すると、株式の競争力が高まったように見えた。強気の相場にも波乱はあった。1987年10月19日、ダウ平均株価が1日で23％も下落し、史上最大の下げ幅を記録した。このとき、1929年の大暴落が思い出され、世界は再び恐慌に突入するのかと危惧された。

下落の理由はよくわからない。その年、アメリカ経済は3・5％成長していた。しかし大暴落は「ポートフォリオ・インシュアランス」として知られる運用手法によって悪化したようだ。投資家は相場の下落に備え、先物市場で契約を売って損失を少なくしようと努める。しかし、その結果、先物価格の下げが現物市場の下げを呼び、さらに先物を買い入れるという自給式の循環が起きる。これは金融派生商品の初期の現れであり、投資家のウォーレン・バフェットはのちにこれを「金融の大量破壊兵器」と呼んだ。

中央銀行はこの市場の大幅な急落に対抗して金利を引き下げた。FRBが低金利を維持する理由は他にもあった。貯蓄貸付業界の危機である。貯蓄する人から金を預かり、家をローンで買う人にその金を貸し付けるこれらの機関は1980年に規制緩和された。彼らは金を貸し続け、金利が上がって借り手が借金を返済できなくなり、ついに大惨事になった。合計して純資産5190億ドルの機関が破綻した。(29) 低金利はしばらくは効果があったようだ。アメリカ経済は1988年と1989年に成長し、株式市場は一時的な低迷から回復した。

1980年代と1990年代には、通常借入金で行われる企業買収が盛んになった。T・ボーン・ピケンズ、カール・アイカーン、アイヴァン・ボウスキーといった乗っ取り屋は、「グリーンメール」と呼ばれる手法で企業の株式を大量に購入して話題を呼んだ。この手法は、既存の経営陣が利益を得て株を買い取るか、他の買収者が取引材料として彼らの株を利用するかのどちらかだ。このプロセスは映画『ウォール街』に描かれ、マイケル・ダグラスが演じたゴードン・ゲッコーは「強欲は善だ」と言い放つ。

企業買収の波の主な役割は、コングロマリットを解体し、企業を単一の産業に集中させることだった（その根拠は、コングロマリットは非効率であり、株主は様々な企業に投資を分散することで利益を得られるからというものだった）。(30) 1980年代、アメリカの企業買収の総額は

1兆3000億ドルで、1980年のアメリカの大企業上位500社の28%が80年代の終わりまでに買収されていた。

企業買収を流行らせた別の要因は、「プライベート・エクイティ・ファンド」（PEファンド）と呼ばれる新たな投資手法である。これらのファンドは年金基金や保険会社など従来の機関から資金を集めた。そして経営難に陥っている企業を、借入金を使って買収し、「非中核事業」と思われる部門を売却して借金を返済し、会社の経営陣に株式によるインセンティブを与えた。PEマネージャーは擁護する側にとって、事業を効率化する方法だった。批判する側から見れば、彼らは労働者を解雇し、短期的にしか物事を考えない「アセット・ストリッパー」（資産の切り売り人）だった。1980年代末には、PEファンドがアメリカの企業買収の20%以上を占めていた。最も有名な例が、タバコと食品の企業グループ、RJRナビスコの買収だ。競合するPE集団が争い、その模様は『野蛮な来訪者』（ブライアン・バロー、ジョン・ヘルヤー共著）で明らかにされた。

PEファンドは、負債の利払いを税金の控除対象にするアメリカの税制の恩恵を受けた。また、安い費用で取引ができるため、金利が低いときに流行った。1990年代に金利が高くなると、多くの取引は失敗し、数年間、PE熱は収まっていた。

PEマネージャーは（自分たちにとって）気前よく報酬額を決めた。年間手数料2%に加え、合意されたベンチマーク（投資の目標とする指標）を上回った分の5分の1の報酬を受け取る（したがって、ベンチマークが4%で、ファンドが9%収益を上げたとしたら、マネージャーはさらに1％受け取る）。この分野で頭角を現していたヘッジファンドも同様のやり方だ。ヘッジファンドは、アルフレッド・ウィンズロー・ジョーンズという名のジャーナリストが考えた仕組みだ。彼は株式市場が全体としてどっちへ向かおうが、ファンドマネージャーがリターンを提供できる方法はないかと探していた。彼は好きな株を買うだけでなく、嫌いな株を（値が下がることに賭けて）「空売り」した。証券の選択を間違わなければ、市場が上がろうが下がろうが、彼は金を稼ぐことができる。１９８０年代と１９９０年代、最も有名なファンドは「マクロ」戦略をとり、通貨、証券、一次商品の市場を出たり入ったりした。

こうして「他人の金」の面倒を見ることは、手っ取り早く金持ちになる方法になった。２０１７年、上位25人のヘッジファンド・マネージャーは平均して6億１５００万ドル稼いでいた。一方、『フォーブス』誌によると２０１８年、資産額10億ドル以上のビリオネアが金融界に３１０人いて、全体の14％を占めていた。２０１８年には金融界のビリオネアがどの業界よりも多かった。古いジョークに「ファンドマネージャーが朝、窓の外を見ないのはなぜか？」というのがある。答えは、（朝）それをやってしまったら午後に何もすることがなくなるから」。１９８０年代以降、このような日々は終わりを告げる。

日本の前兆

金融の過熱は長期的な問題を抱え込むという最初の兆候は、日本に現れた。１９８０年代、日本の製造業の成功は著しく、アメリカは競争に負けるのではないかと危惧し始めた。１９８０年代半ばには、アメリカの自動車市場の30%は外国のメーカーで占められ、レーガン大統領は日本に車の輸出を制限すると約束させた。[31] その対応策として、日本はアメリカ国内に工場を建設し始めた。ホンダ、日産、トヨタはアメリカの数か所に工場を持ち、それらは主に、労働組合があまり強くない南部に集中していた。

アメリカは自国の企業が日本の市場になかなか食い込めないことを恨んでいた。日本で流通している製品のうち、わずか9%が輸入品だったが、アメリカのそれは32%だった。[32] 貿易黒字を続ける日本は、アメリカ国債を大量に購入し、ニューヨークのロックフェラーセンターやハリウッドのコロンビア・ピクチャーズなどの民間の資産を買収した。このような情勢を背景に、マイクル・クライトンの『ライジング・サン』やトム・クランシーの『日米開戦』など、世界経済が日本に乗っ取られるという被害妄想のスリラー小説が生まれた。[33] これらの空想小説は、多くの人が貿易を「ゼロサムゲーム」と捉えている証拠だった。つまり、一方が勝てば、もう一方は負ける。日本人のおかげでアメリカ人は車や電化製品を安く購入でき、借入コストも安くなったという事実は見過ごされがちだった。

通商交渉のもうひとつの焦点は、ボルカーの高金利策に端を発する1980年代初期のドル高だった。これによりアメリカの輸出競争力が低下し、日本のそれはさらに低下した。1985年、プラザ合意（会場となったニューヨークのホテルにちなむ）のもと、日本とドイツは内需拡大に努めると約束し、アメリカは金利を引き下げてドル安に誘導した。この合意は通貨に関しては成功した。1986年末には、円はドルに対して46%高くなっていた。円高は日本の輸出と経

済成長にブレーキをかけ、日本の当局は利下げと減税で対処した。(34)

しかし、日本では1920年代後半のアメリカの好景気のときと同じように、不動産価格と株価が高騰した。投機的投資が過熱し、日本の大企業がファン・ゴッホやルノアールの名画を記録的な高値で落札するといった散財もあった。日本では不動産は非常に高額で、理屈の上では、日本の土地の値段はアメリカの平均的な土地のおよそ100倍だった。(35)

1990年にバブルがはじけたとき、日本銀行は最初はのんびり構えていた。しかし1991年の下半期、西側世界全体が沈滞したこともあり、日本経済も不況に陥った。これにより、借り手はローンの返済が苦しくなった。1930年代のような悪循環が始まった。借り手はローン返済のために資産を売却する。すると価格が下落し、借り手はさらに返済が困難になった。日本の銀行はつぶれかかった会社を倒産させるより、延命するほうを好んだが、この「ゾンビ」企業が経済の足かせとなった。リソースが解放されないため、より効率のよい事業に移せなかった。さらに、銀行のバランスシートに悪い赤字が並んでいることを誰もが知っていた。銀行への信頼が失墜した。日本は未だこの景気後退から完全に立ち直れていない。

天の采配

1997年と1998年に新興市場で危機があり、それぞれ東南アジアとロシアの債務不履行が関係していた。その危機に捕まってしまったのが、ロングターム・キャピタル・マネジメント（LTCM）というヘッジファンドで、ウォール街の最も著名な債券トレーダーたちが運営し、ロバート・マートンとマイロン・ショールズという2人のノーベル賞経済学者を顧問に迎えていた投資運用会社だった。ＬＴＣＭはリスクの裁定取引の方針に従い、借入金で流動性の低い資産を購入していた。ある時点で、資本の30倍の借入金があった。(36)これは市場が下落したときに大惨事となるため、銀行は同ファンドに金を貸し続けることを拒んだ。民間部門による資金援助が実施され、ＦＲＢが再び利下げを行った。

しかし、市場が動揺するたびにＦＲＢが行った対策により、「モラルハザード」の問題が生じた。トレーダーたちは、市場の危機には中央銀行が急いで利下げをして救済してくれると考えるようになっていた。だとしたら、投機を煽ったのはＦＲＢかもしれない。

ＬＴＣＭが崩壊に向かっているとき、別のバブルが生まれた。これはインターネットに関連し、業界刷新を掲げるスタートアップ企業が次々と誕生していた。20代の誰もがウェブサイトで何かを始めるアイデアを持っているようだった。これらの企業の多くは株式市場に上場し、企業が収益を上げていないにもかかわらず、投資家は先を争ってその株を買った。１９９９年から２００２年にかけて、株価は高騰し、再び急落した。このバブルは負債ではなく株式に基づいて生まれたため、多くのバブルよりダメージは少なく、銀行にも影響はなかった。

実際、インターネット・バブルはウォール街の繁栄に傷をつけなかった。ゴールドマン・サックスやモルガン・スタンレーといった大手投資銀行は企業買収に助言を与えた。彼らは企業が債券や株式を発行するのを手伝い、その債券や株式を取引していた。彼らの一部は投資ファンドを管理した。手数料やコミッションを稼ぎ、あるいは取引の過程で利益を上げ、最高のパフォーマーは年に数百万ドルのボーナスを受け取った。

こうした動きのすべてが社会の役に立ったかどうかは、また別の話だ。ポール・ボルカーはかつて、現代の金融改革で唯一役に立っているのは現金自動支払機、ATMであると述べた。高頻度取引はこれとは別の進歩だが、それが恩恵をもたらしたのかどうかはよくわからない。これは、あらゆる株の売買をミリ秒〔1000分の1秒〕で行うコンピュータ・プログラムを使って、わずかな価格差から利益を得る方法である。金融の役割とは最も有望な企業に長期的な資本を提供することとした思想とはかけ離れている。金融業界には、取引コストが低下したのはこの手法によって効率化が進んだからだと指摘する人は多い。しかし、個別の取引のコストが低下する一方で、マネーの所有者は前よりひんぱんに入れ替わる。ニューヨーク大学のトーマス・フィリッポンの研究によると、金融取引の仲介の全体のコスト（金融業界の取り分）は19世紀以降、1・5％から2％で推移していた。(37)

数兆ドルの取引規模なら、わずかな割合でも多くの富が生まれ、富は影響力をもたらす。サイモン・ジョンソンとジェームズ・クワックは共著『国家対巨大銀行』で、商品先物取引委員会（CFTC）のブルックスリー・ボーン委員長が1998年、いかにして金融派生商品の規制を求めたかを描いた。彼女は、当時の財務長官ラリー・サマーズから、次のように告げられた。「私のオフィスに今、13人の銀行家が来ているが、彼らが言うには、もしきみがこれを先へ進めたら、第二次世界大戦以降、最悪の金融危機になるということだ」。ボーンは先に進めなかった。バランスシートがおかしなことになっている銀行にも営業を許す金融部門の規制緩和は、

2007年に経済の大惨事をもたらすことになる。

ユーロ

1970年代、ヨーロッパ各国はブレトンウッズの固定為替相場システムに代わって、独自のシステム、スネーク制度を試みていた（第12章参照）。それは上手くいかなかったが、ヨーロッパ各国政府は再び試みることにした。1979年、欧州通貨制度（EMS）が導入され、加盟国の通貨を中心レートの上下2・25％の変動幅にとどめることを原則とした（一部の通貨に6％の変動幅が認められることもあった）。実際には、域内最強の通貨であったドイツ・マルクとの関係が中心になった。西ドイツは戦後、インフレ抑制が評価され、他国はドイツ・マルクと連動してその方針を「輸入／移入」したいと願っていた。ある意味、これは金本位制ならぬ「マルク本位制」だった。

しかし、欧州為替相場メカニズム（ERM）と呼ばれるこの体制は、スネーク制度とよく似た問題に直面した。ヨーロッパの経済は各国通貨が相互に自然に安定するほど充分に統合していなかった。1980年代初め、EMS加盟国間のインフレの差異は、非加盟国を含むヨーロッパ全体との差よりも大きかった。そこで、1979年から1987年のあいだに、11回の通貨調整が行われた。(38)

1990年には3つのことが起こった。まず、ドイツが統一され、西ドイツは一対一のレートで東ドイツ・マルクとの交換を許可した。ドイツ連邦銀行はこれによるインフレへの影響を懸念し、金利を上げた。次に、EU内に残っていた資本規制が緩和された。これは、経済を密接に統合することを目的とした単一市場への移行プロセスの一環だった。その結果、弱い通貨に対する投機的な攻撃が容易になった。そして、インフレ抑制に必要な規律が達成されると期待して、イギリスがERMに加わった。

ドイツ統一後の金融引き締め政策は、1990年代初期の景気後退を悪化させた。アメリカは1990年7月から1991年3月にかけて緩やかな低迷に見舞われたが、これは金利上昇と、湾岸戦争に伴うオイル・ショックの影響だった。(39) イギリスの金利はERM加盟中はだいたい2桁に保たれ、これは国内経済に大きな痛みを与えた。ヘッジファンドマネージャーのジョージ・ソロスをはじめとする投資家たちは、ポンド下落に賭け、イングランド銀行の準備金は減り始めた。

1992年9月16日、イギリス政府はなんとかしてポンドを支えるために金利を12%に引き上げ、それから15%に引き上げた。しかし、この戦略は失敗し、ポンドは下落を続けた。イギリスはその夜、ERMから離脱した。この件で傷ついた保守党の評判はその後、長く尾を引くことになる。(40) プレッシャーがかかっていたイタリア・リラも同様の道をたどった。それからの12か月のあいだに、他の国々は通貨の設定水準を再評価するか廃止することを余儀なくされた。ついに1993年6月、ERMの変動幅は15%に広げられたが、広すぎて通貨の動きに制約がなくなったも同然だった。サッチャーの「市場に逆らうことはできない」という言葉は正しかったようだ。

通貨安定に対するEUの次の手は、はるかに大胆だった。もし欧州為替相場の安定が不可能ならば、いっそのことすべてやめてしまおうということになった。単一通貨――ユーロ――があれば、ベルギー・フランとイタリア・リラの交換、あるいはオーストリア・シリングとスペイン・ペセタの交換が不要になる。これで加盟国間の取引が容易になるだろう。

しかし、これは大きな賭けだった。アメリカにはドルという単一通貨があるが、アメリカはひとつの言語、ひとつの法制度と税制度を持つひとつの国であり、労働者は州から州へ簡単に移動できる。ヨーロッパは国民国家の複雑な集合体であり、多くの言語と、インフレ率や雇用形態も様々な長い歴史があり、中央銀行も別々にあった。ドイツ人は単一通貨になったら、EU内の浪費癖のある他国を救う役目を担わされるのではと危惧していた。そこで、最終的な合意により、新体制の要である欧州中央銀行がドイツ連邦銀行のように規律正しく運営されることを期待して、本部をフランクフルトに置くことが決まった。そして、財政赤字をGDPの3%までとした財政テストに合格した国だけが、ユーロ参加資格を得られた。

厳密にいえば、ユーロの生成は成功した。1999年から為替レートは連動しており、新しい紙幣と貨幣は2002年から特に問題なく導入された。しかし将来の危機の種はすでにまかれていた。一部の国は予算テストに合格するために会計の改竄に手を染め、もうひとつの基準――債務残高がGDP比60%まで――は事実上、無視されていた。のちに見ていくように、域内の金利の下落が投機バブルを勢いづけた。

危機の高まり

この時代を終わらせた危機は予想外の場所から始まっていた。アメリカの住宅市場である。1990年代後半から2000年代初めにかけて、アメリカの住宅価格に起こっていたことは、極めて異常だった。イェール大学のロバート・シラー教授は長期にわたるアメリカの住宅価格の履歴を調べ、1890年から1997年のあいだの実質価格の上昇率がおよそ12％だったと推定した。それから、1998年から2006年の8年間に、それが85％上昇したことを突きとめた。こんなことはこれまでなかった。これは安定している人口増加によって引き起こされたものではないし、建設費のせいでもなかった。住宅不足が原因とも考えにくい。もしそうなら、賃貸料も同様に急上昇しているはずだ。しかし、家を借りるコストと比べて、家を買うコストは1997年から2006年のあいだに2倍になっていた。[41]

ほかでも似たような住宅ブームが起こっていた。オーストラリアでは、1995年から2005年にかけて住宅の実質価格が年6％上昇した。それまでの50年間の上昇率が2・5％だったのと比べると大幅な上昇だ。[42] アイルランドでは、1996年から2006年のあいだ新築住宅の平均価格が250％上昇した。このブームの中、アイルランドは過剰に住宅を造っていた。同様の投機的な建設ブームはスペインでも起こった。2007年、スペインはイギリス、フランス、ドイツ、イタリアを合わせたよりも多くの住宅を建設し始め、労働人口の13％が建設業界で働いていた。[43]

アイルランドとスペインの両ケースでは、根本的な問題は単一通貨圏に付随する「フリーサイズ」金融政策にあったかもしれない。両国ともユーロに加わる準備を始めるまではドイツよりもはるかに高い金利だった。金利が下がると、借金は非常に少なく見えた。そして、急激に値上がりしている不動産を買うために金を借りることは、当然のことのように思えた。

このバブルの背景には、債券利回りの水準が非常に低かったこともひとつの要因にあげられる。これは1990年代後半の危機に対するアジア諸国の対応からきていた。アジア諸国は貿易黒字を計上し、外貨準備を積み上げ、そして、それらをアメリカの国債に投資した。2006年にFRB議長に就任したベン・バーナンキの考えでは、これは利回りを低く抑える「過剰貯蓄」につながった。(44)

2006年、これらのすべては世界経済にとって上手くいっているように見えた。自由市場経済――福祉国家、自由市場、盛んな金融業界の組み合わせ――が先進国世界で採用され、ビル・クリントンやトニー・ブレアのような中道左派の政治家だけでなく保守派にも受け入れられた。トニー・ブレアは2007年6月にイギリス首相を退任した。彼の名声は2003年のイラク戦争で傷ついたが、経済に関しては、彼は成功したように見える。彼はフランス王ルイ15世のように「我が亡き後に洪水よ来たれ」とは言わなかった。いずれにしても、今にも雨が降りそうだった。

そうなると、政治家の仕事ははるかにややこしくなる。財政が悪化するにつれて、彼らは国と銀行業界の関係、および公共支出の水準について、かなり難しい選択を迫られた。

第15章 政府――常に存在する力

イギリスのサウス・ヨークシャー州にある先端製造業研究センター（AMRC）は近代産業の輝かしい殿堂である。見学者はガラスと金属でできた低層の広々とした建物群に取り囲まれる。ボーイング社、エアバス社、レーシングカー・メーカーのロールス・ロイスやマクラーレンなど、ハイテク製造業の最大手がここに入居している。(1)

ここは民間部門の長所が最もよく現れているように見える。しかし、その歴史はかなり複雑だ。1984年、ここで「オーグリーヴの戦い」と呼ばれるイギリス史上有数の警官隊と労働者の激しい衝突が起こった。ピケを張っていた鉱山労働者がコークを運ぶトラックを妨害しようとして暴力沙汰に発展した。鉱山労働者の側が負け、1990年代後半には現場は荒れ地になっていた。地元の実業家エイドリアン・アレンとシェフィールド大学のキース・リッジウェイ教授が、この地域を復興させようと、先端技術製造業の拠点とする計画案を出した。(2)

新しいセンターの設立には、創設時のテナントにもなったボーイング社が大々的に支援した。しかし、それだけでは足りず、イギリス政府の商務庁、地元のロザラム市議会、ヨークシャー・

フォーワード（地域開発公社）、大学からの援助も必要とし、これらはすべて公共の機関だった。加えて、同センターは創設時よりイギリス政府から7000万ポンドの補助金を受け取り、さらにEUからも7000万ポンドを受け取った。ここはイギリス政府の優先事項であるエンジニアリング業界の見習い訓練所として重要な拠点だった。

では、このセンターは民間主導なのか、それとも公共部門主導なのか？　明らかに、そのどちらでもある。政府なしでは、何も始まらなかったかもしれない。民間部門なしでは、製造業界で高技能職に就きたいと願う見習いの訓練所となることはなかっただろう。そして、ここには経済史の多くが投影されている。政府が民間の成長を罰したり、妨げたりすることもあった。民間が深い泥沼にはまり、政府が救いの手を差し伸べざるを得ないこともあった。政府が最初に開発したイノベーションをもとに民間が富を築いたこともあった。双方の利益はたびたび絡み合った。

最も基本的なこととして、企業が運営を続けるためには適切な法と秩序が必要だ。もし工場に輸送される途中で品物が盗まれるとか、支払いを拒否した顧客が罰せられないとしたら、事業を続ける意味がない。商取引には契約をめぐる紛争において公正な裁定ができる独立した司法制度が必要だ。ビジネスは公共インフラに依存している。原材料を運び入れ、完成品を運び出すために必要な道路や橋、トンネルなどだ。インフラの一部が民間の所有だとしても、それらは公的支援に依存しているかもしれない。たとえば、民間が運営する空港や航空会社も、公共の航空管制システムに依存している。

ほとんどの国では、ビジネスは公共部門によって教育された労働者に頼っているし、彼らの健康は公的な保険制度によって保たれている。火災や洪水などの緊急時には、公共部門が最初に対応する。インターネットを含むテクノロジーの多くは、公共部門の研究によって開発された。

これらの公共サービス——防衛、警察、裁判、輸送、教育、健康など——は資金を必要とし、たいていどこの国でもその資金は民間部門が収める税金で賄われている。もちろん、20世紀には、国が民間部門を直接支配し、これらの事業の資金を得ようとする社会が数多くあった。しかし混合経済のもとで、経済は最も急速に成長し、公共部門に金が多く流れることがはっきり示された。北朝鮮と韓国、あるいはポスト毛沢東時代の改革前と改革後の生活水準の違いを見ればわかる。

過去100年間、とりわけ白熱した経済の議論は、経済における国の役割についてだった。共通の神話に、かつて「楽園」があり、そこでの政府の役割は法の執行と国境警備だけだったという話がある。エジプトのピラミッド、中国の大運河など、古代プロジェクトの多くが国に強制された労働によって建設されたことはすでに述べた。そして、ヨーロッパの封建制の下、農民は国から権限を与えられた土地の貴族に仕えることを強いられた。17〜18世紀、イギリスとオランダの商人はスパイスを求めて国を発ち、世界の大部分を征服したが、彼らは国公認の組織で働いていた。フランスのルイ14世をはじめとする絶対君主は、国の資産と歳入を好きなように使える自分の金と考えていた。

近代初期の政府は、経済とは国の防衛（と宮廷の贅沢品）に使える金を生み出す仕組みか何かとしか考えていなかった。これが重商主義という思想として現れた——貿易とは、自国の国庫の金銀を増やし、他国の金銀が減ることを目的としたゼロサムゲームである。そのため、政府は他国の商人を犠牲にして自国の商人を優遇するようになった。

キリスト教福音主義の影響により、政府は貴金属という富を増やすためだけでなく、福祉という社会全体の利益のために経済に干渉し始めた。市場が必ずしも社会の利益にならないことはすでに認識されていた。特に、経済学者が「外部性」〔ある経済活動が市場を経ずに、無関係の他の主体に影響を与えること〕と呼ぶ問題があった。化学工場が川に毒性物質を廃棄したり、大気中に放出して汚染しても市場のペナルティを科されることはない。このような暴虐を止められるのは政府だけだ。

ヴィクトリア朝時代でさえ、イギリスは民間部門が好き勝手にできる完全な「自由放任主義」経済ではなかった。他国の政府はそれよりはるかに深く関わった。すでに述べたように、アメリカの鉄道建設は連邦政府が気前よく土地を与えたことが助けになったし、フランスのナポレオン3世は銀行制度と鉄道の両方の発展に尽くした。

経済が発展するにつれて、政府は自らが担う役割を大幅に拡充した。1880年、ドイツとイギリスの政府支出はGDPの10%程度で、アメリカの政府支出はそれより少ない2%ほどだった。ふたつの世界大戦で支出が大幅に増加し、平時になると政府は後退したものの、支出は圧倒的に増加傾向だった。1970年代には、ヨーロッパの政府の多くがGDPの50%を支出していた。1980年代と1990年代にいくらか減ったが、極端に増減したケースもあった。スウェーデンのGDPに占める公共支出の割合は1955年の25%から、1965年から1985年のあいだに58%に上昇し、金融危機の最中の1993年には、最大値の77%に達した。(3) しか

し、２０１７年には47％に減少した。(4)

民主主義の役割

ある意味、世界貿易への国民経済の開放は、やがて訪れる不況の打撃を和らげるためにも社会支出を必要とした。民間部門は長期的に見れば成長をもたらすかもしれないが、短期的な市場の変動の影響を受ける。大恐慌は、民主主義と資本主義が全体的な経済低迷を防げなかったとき、それ自体が危うくなることを明確に示した。１９４５年以降に登場した政治家の世代はこの教訓を学び、社会保障制度を拡充した。

政府支出の増大は明らかに民主主義寄りの政策転換と関係している。貴族や豪商が国を牛耳っていたとき、彼らは当然、自分たちの経済的利益を守るほうへ政府を導いた。国家の規模を小さくして、税金を低く抑え、金本位制により通貨の価値を保った。税収はほとんど関税で占められ、富裕層よりも労働者の所得に大きな割合で影響を与えた。選挙権を持つ労働者が増え、より多くのサービスを求めるようになると、歳入を増やす手段として所得税が徐々に重要性を増した。所得税率が最も高かった時代――世界大戦中と１９６０年代から70年代――これは格差の縮小に一役買った。

超富裕層の所得税率は１９８０年代に下がった。背景のひとつには、非常に高い税率が労働意欲や起業意欲を削ぎ、これが経済成長に悪影響を与えると思われたからだった。それだけでなく、１９８０年代からヒトもカネも以前より簡単に世界を移動できるようになったからだ。そのため税金の高い地域は、企業や高技能労働者を税金の低い地域に取られるリスクがあった。たとえば、アイルランドは2000年代に入ってから法人税率を12・5%に引き下げ、多くのアメリカの多国籍企業の誘致に成功した。

1990年代の好景気により、政府の財政はおおよそ健全に見えたため、当初はこれがリスクになるとは認識されなかった。しかし長期的な問題は、法人税引き下げ競争が税の土台を侵食する一方で、政府の財源に対する需要が増え続けていたことだった。

歳出のうち最大部分を占めるのが、社会福祉（高齢者や失業者などに支給される給付金）、教育、保健、国防、治安、住宅だった。対照的に、一部の右翼がたびたびやり玉に挙げる対外援助はアメリカの国家予算の1%程度で、イギリスでは2%足らずだった。しかし、ここでは、伸び率が最も著しい3つの主なカテゴリーに絞って見ていこう。

社会福祉

製造業とサービス業の上に築かれた経済は農業中心の経済よりもはるかに複雑だ。農業中心の経済では、最大の不安は食料不足だった。第1章で述べたように、穀類は蓄えられる作物であり、蓄えを取り仕切る人物が権力を握った。ローマ帝国はすべての市民に穀物を配給し、ヴェネツィアは包囲に耐えられるように食料を備蓄した。選挙制度がなくとも、臣民を食べさせられない王家は墓穴を掘っているようなものだった。フランス革命はパンがなかったことも要因のひとつである。

ある意味、不作は経済循環でいうと「景気後退」期を示す。ほとんどの統治者や政府は、恵まれない人々を何らかの方法で救済しなければならないことは渋々ながら承知していた。8世紀半ばから13世紀半ばにかけて、中東地域の大部分と北アフリカを支配したイスラーム帝国のアッバース朝は困窮者を救うための税を課し、喜捨はイスラーム信仰の5つの柱のひとつになっている。

農業経済では、失業は季節によって自然に増えた。仕事は収穫期にはあるが、冬のあいだはない。たいていどの家庭も自分の家族の面倒を見て、菜園や養鶏などで得た食料を自分たちで分け合っていた。一族の土地を離れると、このセーフティーネットが得られなくなった。イングランドの救貧法は16世紀後半に可決され、高齢者や病人に救済が施された。19世紀までに、これらの法律は修正され「経済的援助に値する」貧者と「値しない」貧者を区別する制度に変えられた。健常者はその気になれば仕事を見つけられるはずという考えをもとに、救済措置をなるべく不快なものにするため、受給者を貧民収容施設に閉じ込めたりした。

産業部門が成長するにつれ、ストライキによって経済を麻痺させられる工場労働者の権力も増した。政府は工場によってもたらされる追加の富と軍事力強化を喜んだが、労働者がやがて社会主義や共産主義の魅力に惑わされるのではないかと危惧した。そこで政府は彼らを買収する方法を模索した。ドイツ宰相オットー・フォン・ビスマルクは社会民主党の台頭に危機感を覚え、左翼政党を禁止する一方、社会主義のお株を奪って老齢年金や健康保険、傷害保険を導入するという二面性のある政策を行った。イギリスでは、1906年に初めて政権をとった自由党が、失業者に仕事を紹介する職業安定局を開設するなど、同様の改革を行った。自由党の政治家たちは社会改革に対してビスマルクよりも誠実な信念を持っていた。しかし、それは労働党を出し抜いて選挙で勝つためでもあった。

第一次世界大戦では男性人口の大部分が動員された。そのような状況で、1918年に彼らが帰還したとき、選挙権を与えないわけにはいかなかった。政治家は我先にと、よりよい暮らしを兵士たちに約束した。兵役で不在の男性の穴を埋めるために女性が労働力に加わり、(すべてではないが)多くの国で女性にも選挙権が与えられた。政治的エリートは、1917年のロシア革命に怖じ気づき、労働者階級に支持される政策を講じるようになった。

とはいえ、経済における政府の関与という意味では、転換点になったのは大恐慌だった。GDPの落ち込みとそれに伴う失業者の激増を前に、政府は対策を迫られた。市場が自然に修正するだろうという意見は空虚に聞こえた。従来の説に従えば、賃金が下がるところまで下がれば、雇用者は労働者をもっと雇いたくなるはずだったが、大恐慌でそうはならないことが証明された。1930年代、ドイツやソ連のような全体主義国家は国民に職を与えるために動いていた。両国の経済は成功しているように見えたため、これらの体制の残虐性——強制収容所や労働収容所、数百万のウクライナ人を死に追いやった1932年から33年にかけての飢饉——を一部の人は無視し、これを否定した。民主主義体制は失業者を減らすのに、はるかに多くの時間がかかり、ローズヴェルトのニューディール政策の下でもそうだった。皮肉にも、最終的に経済を刺激したのは、ヒトラー・ドイツの脅威に対する軍備増強だった。

第二次世界大戦が広範囲にもたらした苦痛から、１９４５年以降、社会は新規まき直しを図るべきという気運が高まった。イギリスの自由党の政治家ウィリアム・ベヴァリッジの有名な報告に、政府は５つの「巨大な悪」――窮乏、無知、病気、不潔、怠惰――に対処しなければならないと書かれていた。西ヨーロッパの大半の地域では、社会民主主義政党と「キリスト教民主主義」諸派の右翼政党が交互に政権を執り、どちらも社会福祉手当を喜んで提供した。

福祉支出には「あちらを立てればこちらが立たず」といったトレードオフの問題がいろいろある。まず、全員に給付するか（定年に達した人全員を対象とした国民年金など）、あるいは資産調査をして最も困窮している人に支給するか。全員給付は当然、より費用がかかる。しかし、資産調査に基づく給付は政治的に人気がない。最も救済する価値があるのは誰かを決めるには膨大な役所仕事が必要になり、その手続きは非常に煩雑で恨みを買う可能性もある。規則の適用を誤り、人が無駄に苦しむケースが出てくるに決まっている。さらに給付金の支出は、働いている人から金を巻き上げて、働いていない人に与えると思われる恐れがある。資産調査に基づく給付にすると、給付金の財源を支えている納税者の多くがそれを受け取れない。全員給付にその問題はない。したがって、多くの給付計画は、労働者が今払った金をあとで取り戻す保険制度として売り込まれた。

もうひとつのトレードオフはインセンティブに関係していた。有償労働と比べて給付水準のほうが高かったら、人は家でごろごろしているほうを選ぶだろう。しかし給付金が少な過ぎると、家族が苦しむ。この問題を避けるひとつの方法は、仕事に就いている人にも支給できるようにすることだった。しかし、この路線は難しかった。給付が打ち切られると、理屈の上では、労働者は100％を超える限界税率を課せられる可能性がある。収入が1ドル増えるごとに1・1ドル失うのだ。給付の範囲が複雑になればなるほど、意欲喪失の可能性が高まる。

複雑な問題であるため、別のトレードオフが生じた。受給者全員に一律の支援をする必要はない。生活費が高めの都会に住んでいる人もいれば、安い田舎に住んでいる人もいる。子供や高齢の親を扶養している人もいれば、そうでない人もいる。1人の大人（通常は父親）に給付金の全額を与えると、当人がその金をすべてパブで使ってしまい、妻子が現金を手にできなくなるかもしれない。そこで、給付は様々なかたちで行われた。たとえば、フードスタンプは食料品購入に限定したクーポンで、家族全員が充分に栄養を摂れるよう配慮した結果だ。このほかの取り組みに無料の学校給食がある。しかし、明白に対象を絞ったこの種の給付は、受給者に不名誉な烙印を押すことになりかねない。もうひとつの問題は、政府が住宅給付金というかたちで家賃支援を行うときに生じた。受給者がより高い家賃の住宅を借りるようになれば、最大の受益者は借り手よりも、むしろ大家だ。

政治的には、左派は不正防止対策としての給付基準が厳しすぎて、本当に支援の必要な人が取りこぼされているのではないかと案じた。右派は困窮している人を助けるために考え出された給付基準が緩すぎて、不正と怠惰の温床になっているのではないかと案じた。ヨーロッパの国々は給付に関しては寛大なほうだった。数年前、ドイツ長期政権の首相アンゲラ・メルケルは、世界人口の7％を占めるヨーロッパが、世界のGDPの25％を生み出し、世界の社会的費用の50％

を負担しているとして、憂慮を表明した。[5] 社会保障費を削減するために多くの対策がとられたが、社会の高齢化が進んで年金や医療費の支出が増えるため、なかなか上手くいかなかった。

教育

1800年の時点で、世界の識字率はおよそ12％だった。[6] 農民の多くは字が読めなくても生活に不自由しなかった。書籍は高価で新聞はまだ珍しく、仕事は実際の作業が中心で、人は見よう見まねで仕事を覚えた。1900年には、この識字率が21％まで上昇していた。1950年にはさらに上昇して35％となり、現在ではおよそ85％に達している。

これは仕事の質が変わったからでもあり、会社に雇われた人は指示書に従うか、コンピュータを介して同僚や顧客とやり取りする必要がある。読み書きができなければ、就ける仕事も限られる。児童労働は著しく減り、多くの国では、親は子供を学校に行かせる義務がある。

教養ある官僚は中央集権国家の運営に常に欠かせない存在だった。たとえば、中国は最も優秀な人材を選抜するために605年から試験制度を整えていた。合格までに膨大な時間と資源を要するため、役人は上流階級の子弟が多かった。中世のキリスト教会には、聖書と（もちろん、ラテン語の）典礼を理解できる聖職者が必要だった。商業分野では、為替手形を取り扱ったり、法的提携関係を結んだりするのに書類の読み書き能力が必要だった。

プロイセンは1763年に義務教育を導入したが、他の国々で一般教育が始まったのは19世紀だった。これは、より高い教育を受けた労働力が求められたからでもある。理論上、土地を所有する上流階級は識字率の向上が政治的反乱を助長すると警戒して、教育の普及に反対したと思われる。ところが、実際には経済の需要が優先された。たとえばスウェーデンでは、地元のエリートが治めている地区は、権力が均等に分配されている地区よりも、初等教育にかなり多くの費用をかけていることが調査でわかった。(7)

かつて多くの親は、子供に農作業を手伝わせたり、工場で働かせたりして稼ぎ手になることを求めた。しかし、ヴィクトリア朝時代の改革者が児童労働禁止に取り組んだ。イギリスでは１８７０年から１８８０年にかけて成立した一連の法律により、イングランドとスコットランドで教育制度を管理する委員会が設置され、５歳から10歳までの子供に教育が義務づけられた。アメリカでは、義務教育は１８５２年のマサチューセッツ州を皮切りに州ごとに徐々に導入され、１９１８年、最後のミシシッピ州で完了した。

その間、教育の年齢幅は広がり、多くの国では早くて15歳まで、国によっては18歳まで学校に通うよう義務づけている。(8) 20世紀には、大学教育も大幅に広まった。１９００年には大学に通う人の割合は１％だったが、２０００年にはそれが20％に増え、１億人が大学に通っていた。(9)

国によってはこの割合が目立って高い。２０１５年、アメリカの25歳から64歳までの就業者の40％が大卒で、14％が大学院卒だった。若者にはより高い教育を受ける意義がいろいろある。高卒の労働者は大卒と比べると時給換算で５分の３、大学院卒の半分しか稼げない。(10)

この教育は私立学校でも受けられる。しかし政府は、低技能の仕事が機械に置き換わり、アジアの低賃金の地域に移転しているため、教育を拡充することは国益にかなうと見ている。

子供たちを救え

乳幼児死亡率、世界人口に占める割合（単位・%）

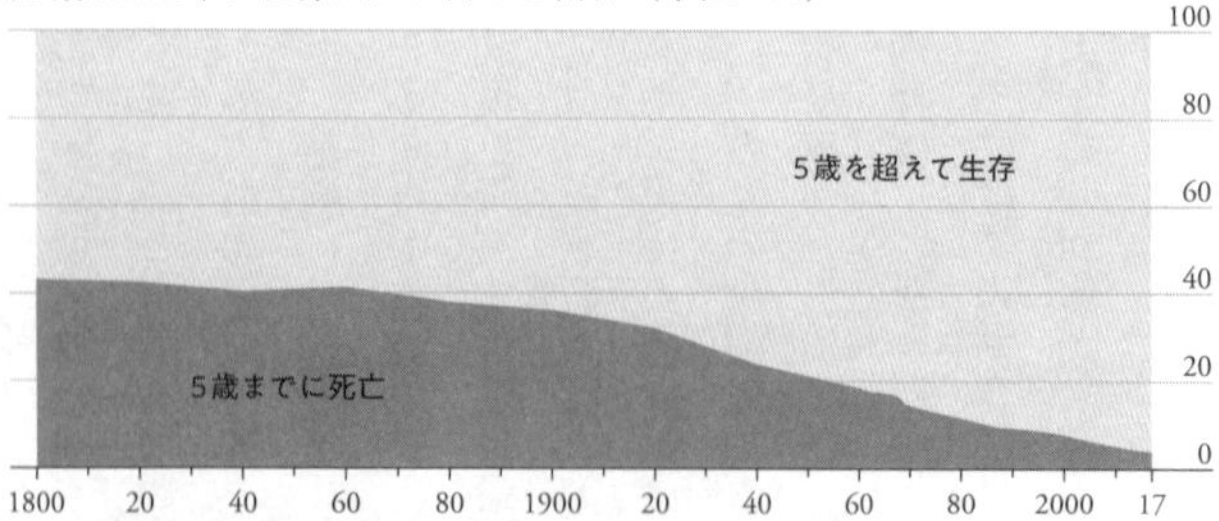

Sources: Gapminder; World Bank

保健

1820年の時点で、出生時の平均余命は世界全体で29歳、ヨーロッパで36歳だった。1913年には世界で34歳まで延びたが、ヨーロッパとアメリカは40代半ばだった。1970年には、世界の平均寿命は60歳になり、ヨーロッパ人は70代まで生きられるようになった。[11] 2015年には、世界の平均寿命は71・4歳になり、1世紀前の2倍以上になった。[12]

これは途方もない、そして見過ごされがちな偉業達成である。平均寿命の伸びは、幼い子供の死亡率が著しく低下したことも影響している。世界の乳幼児の死亡率は1960年代の18%から、今日の4%に減った（図参照）。[13] 政府はこの減少に大きな役割を果たした。これは病院を建てて医師を増やしさえすれば達成できることではない。政府は各家庭に清潔な水を届け、衛生観念を広め、医学研究や公衆衛生活動を支援した。ワクチンもそこに含まれる（現在では、世界の子供の88%は何らかのワクチンを受けている）。[14]

しかし、医療費は増える一方で、1970年にヨーロッパの

GDPの5・5％だったのが、2012年には9・4％を超えた。(15)アメリカでは、さらに急速に増加し、1960年にGDPの5％だったのが、2016年には17・9％に増えていた。(16)人が長生きするようになると、糖尿病や心臓病といった慢性疾患が増え、これは長期の継続治療を必要とする。癌や脳卒中の患者は何年も生き延びるケースがある。これにはすべて金がかかる。そして、先進国では社会が高齢化するにつれ、この費用が増えていった。2015年、アメリカの医療費総額の半分以上は、55歳以上の人に費やされた。(17)

これらの費用を捻出《ねんしゅつ》する方法は国によって異なる。民間の保険を契約する経済的余裕のある人は自己負担分を保険金で賄う。イギリスのように患者が負担する医療費が無料の制度では、医療サービスの需要を抑えられないとする意見もある。世界で最も高額な医療制度は主に民間部門が占めるアメリカのシステムで、アメリカはヨーロッパの多くの国よりも平均寿命が短く、乳幼児死亡率が高い。(18)

医療費は3つの目標を同時に達成できないトリレンマの典型だ。この場合の目標は、3つの「C」――コスト（cost）、選択（choice）、適用範囲（coverage）である。コストを管理し、患者に治療法の選択肢を与え、全員を適用範囲に含むことはできるが、3つすべてはできない。イギリスの制度は国民全員を適用範囲に含めるが治療法は限られる。アメリカの制度は選択肢は多いが高額で、そのために治療を受けられない人もいる。2015年のギャラップ調査によると、前年、アメリカ人のほぼ3分の1が医療費のために治療を遅らせた。(19)

ここにもまた、トレードオフ問題がある。公的支給の素晴らしい点は、金のあるなしにかかわらず誰でも医療を受けられることだ。また、公的医療は患者と医療従事者の利害を一致させる。担当の医師が金儲けを優先するあまり、手抜きをするとは誰も思いたくない。それに、人々が健康で働くことができたらそれは経済にとっても好ましい。しかし公共部門が充分に需要に応えるのは難しく、すると医療サービスが限られ、患者は治療を受けるまで長く待たされることになる。保険に基づく制度にも問題はある。保険は強制加入でなければ、逆選択〔保険会社が被保険者を選ぶこと〕が起こり得る。若くて健康な人は保険に入ろうとしないが、高齢で病気の人は入りたがる。するとコストが跳ね上がる。加えて、無保険の人をカバーする必要性は常にあり、医者には交通事故で怪我をした人を拒むことなどできないはずだ。

マクロ経済の影響

20世紀に政府支出と課税額が増えたのは、単に福祉と医療と教育の分が増えたからではない。政府は深刻な不況を避ける経済運営を試みていた。彼らは１９３０年代の教訓とジョン・メイナード・ケインズの教えから、不況は需要の収縮によって起こると学んでいた。そのような状況下で、予算の収支を合わせるために増税や歳出削減を行うのは最悪の手だ。実際、経済にとって福祉支出は「自動安定装置（ビルト・イン・スタビライザー）」となる。つまり、失業者に給付金を支払うことによって、彼らも消費活動を続けられるため、就業者が生み出すモノやサービスの需要を維持できるのだ。

１９５０年代と60年代、ヨーロッパの政府は財政政策（税や支出の決断）を通して景気循環に対処し、中央銀行が独立していない国では金融政策（金利水準を変更し、信用貸しの緩和や引き締め）を通して景気循環に対処した。その後の1970年代、この目的のための財政政策はいくぶん衰退し、金融政策が中心になった。とはいえ、ビル・クリントンが当選した1992年の大統領選挙戦で「要は経済なんだよ」という標語が流行ったように、有権者は経済管理を政府の主な役割のひとつととらえていた。

経済政策の主な目標は数十年で変化した。終戦直後、大恐慌の記憶はまだ新しく、主な目標は失業率を低く抑えることだった。1970年代に政府の関心は失業からインフレに移った。1980年代以降、政府は需要を刺激するよりも供給を増やして長期的な成長を目指す方向へ転換した。中央銀行がインフレ対策の責任を負うようになると、この傾向はさらに強まった。前章で述べたように、これら供給側の改革の狙いは、労働市場をより柔軟にすることだった。その根拠は、税や社会保障のコストが高いと感じると企業は労働者を雇うのをためらうだろうし、状況が悪化しても人員削減できないというものだった。柔軟ではない労働市場では、スペインとフランスで起こったように、生涯職に困らないインサイダーと長期失業を経験したアウトサイダーとのあいだに亀裂が生じるリスクがあった。

政府は経済全体の運営に取り組む前から、特定の分野を支援し、他の分野を妨害して産業に介入してきた。イギリスは17世紀に航海条例を制定して自国の海運業を奨励し、18世紀には、羊毛産業を保護するために外国産キャラコ（綿織物）の輸入を禁止した。

政府が特定の事業を優遇する方法はいろいろある。外国からの輸入品に関税を課す（もしくは全面禁止にする)。国内生産を奨励するための補助金を出すか減税する。あるいは、東インド会社のように特定企業に独占権を与えるなどだ。このような政策は第二次世界大戦後、多くの開発途上国で支持された。政治家は「幼い」産業が充分に育つまで外国の競争相手から守らなければならないと主張した(第12章で取り上げた輸入代替工業化である)。また、産業によっては戦略的に重要でもあった。国は、独自の鉄鋼供給を確保し、外国の生産者に供給を絶たれないようにしなければならない。

しかし、この方法の危険性は明らかだった。第一に、保護される企業は効率化を進めることも、消費者の需要に応えることも怠りがちになる。その結果、割高な製品や質の悪いものができる。共産主義体制下の東ドイツ人が買わされていたトラバントがよい例だ。第二に、このような制度は簡単に腐敗する。生産者は補助金を担当する政治家に報酬を与える大きなインセンティブがある。このような方法が合法的で透明性が保たれているとしても、改革は非常に難しい。アメリカの砂糖の補助金は1934年に最初に導入され、現在もまだあるが、そのために消費者は年に数百万ドルの費用を負担している。[20] しかし、この制度はフロリダ州の砂糖生産者に支持されている。彼らは大票田の政治的に重要な州で政治家に多額の寄付を行っている。補助金は少数の生産者にとって大きな価値があり、そのコストは数百万の消費者に分散されるため、消費者側に反対する機運は起こりにくい。

政府と技術的変化

本章の冒頭で取り上げたシェフィールド・センターのように、政府が研究やイノベーションを支援して産業を活性化する方法についてははるかに肯定的な事例を示すことができる。多くのイノベーションは政府の研究を叩き台にしており、特に防衛産業のために開発されたものがそれに該当する。インターネットもGPS（車の衛星測位システムを可能にするもの）も軍が開発した。第二次世界大戦によってコンピュータが飛躍的に進歩し、電子レンジはレーダー開発の副産物である。グーグルの検索アルゴリズムは国立科学財団の助成金を得て開発され、タッチスクリーンの技術は公的支援を受ける大学の研究者が開発した。[21]

ユニバーシティ・カレッジ・ロンドンの経済学者マリアナ・マッツカートは、政府はいつも不器用で官僚的だという社会通念があるが、実際は製薬や技術開発など投資リスクの高い分野における国の支援は不可欠だったと主張する。[22] 2013年、OECD諸国は公的支援を受けた研究開発に400億ドルを費やしたうえ、300億ドル分の税制上の優遇措置を与えた。[23]

政府による投資の長期的な成果を評価するのは難しい。マッツカートは多くの成功例を挙げているが、政府が「白い象（維持費ばかりかかる厄介者）」プロジェクトを支援したケースはいくつもあった。たとえば、超音速旅客機コンコルドやコストが高い原子力発電所だ。もちろん民間部門も間違いを犯すことはある。しかし政府がこうした厄介なプロジェクトに取りかかったが最後、政治家が間違いを認めて損害を減らすことは非常に難しいらしい。

とはいえ、長期に及ぶ研究開発への支援が公共の利益になることは明らかだ。民間企業は元が取れるまでに何十年もかかりそうなプロジェクトには尻込みするか、もしくはそれだけの力がないかもしれない。それに、めずらしい病気や貧しい国特有の病気を治療する製薬開発には資金を出さないかもしれない。政府はそこに介入して足りない分を埋めることができる。

実際、これが政府の介入を支持するとりわけ強い根拠となっている。民間部門だけに任せていたら、すべての問題は解決しないし、独自の問題が生じることもある。19世紀後半のスタンダード石油の独占では、消費者が高い石油を買わされた（あるいは、他の生産者が市場から不当に閉め出された）。化学薬品会社が汚染物質を河川や空気中に放出するといった「負の外部性」もあるだろう。消費者や労働者が大企業と対等に公正な条件を交渉できるわけがなく、情報や権力の偏りもあるだろう。そのような場合、規制が必要になる。

アウタルキーと独裁的資本主義

これまで説明してきたのは、西側の民主主義体制の混合経済についてである。しかし、これは世界的に受け入れられたモデルとはほど遠い。左右の独裁体制は昔から、政府の利益を民間部門の利益より優先すべしという考え方だ。このような姿勢の根拠はイデオロギー的だったり、実際的だったりした。

共産主義体制下の政府は「生産、分配、取引」を支配した。その根拠はふたつあった。第一に、その目的は、利益、配当、利払いのかたちで資本家が利益の大部分を吸い上げることなく、労働者が労働の成果をすべて受け取れるようにすることだった。第二に、民間部門が非効率であり、適切な量の製品を確実に生産するには計画経済以外の道はないという主張だった。

絶対君主の一部は、工業化に懐疑的で、それが経済に悪影響を及ぼし、自分たちの地位が脅かされると危惧した。ロシア革命で労働者が果たした役割を考えると、この感覚は完全な間違いではない。20世紀、独裁政権は敵対勢力になり得る民間部門を警戒し、外国の影響をもたらす貿易に疑念を抱いていた。しかし、ヒトラーのドイツと大日本帝国は、国家が自国の資源を支配することは極めて重要と考え、国内でその代替品を製造するか、征服によってそれらの資源を併合する道を選んだ。

厳密にいえば、アウタルキーとは自給自足国家という考え方である。戦争中、国はたびたび外国からの供給を絶たれるため、それが好戦的な政権の目標になるのは当然だ。ナポレオン戦争中、英仏は相手の補給線を遮断しようとした。今日でも、各国は憎らしい敵国に対して経済制裁を科している。

現在、自給自足経済を目指す国はほとんどない。現代のモデルは「独裁主義的資本主義」とも呼べるものだ。ロシアでは、共産主義の終焉のあと、民営化の波が起こり、産業はオリガルヒの一団に支配された。これらの新興財閥は金持ちにはなったが、政府の意のままという立場に変わりなく、石油会社ユコスの社長ミハイル・ホドルコフスキーがプーチン大統領に逆らったために財産を没収され収監されたことがそれを如実に表している。

中国はこのモデルとは別の道をたどった。市場経済を導入し、様々な起業家が金持ちになった。しかし国は未だ主要企業に多額の資金を提供し、実業家は国営銀行の借入金が頼みの綱で、会社を長く存続させたいなら党役員幹部にコネをつくっておいたほうがいい。外国の企業は中国でも活動できるが、地元の中国企業と提携しなければならないし、多くの外国企業は中国側に知的財産を盗まれたと主張している。

これほど急成長した中国モデルを否定するのは難しい。しかし、国家資本主義が大きな腐敗を招きやすいことは、他の多くの国の例で示されている。エネルギー資源に恵まれた国は「資源の呪い」にかかり、石油や天然ガス産業から莫大な金が得られるため、エリート層はただその事業の「収益」のみに関心を持ち、他の部門には目もくれない。

多くの国では、そもそも起業するのが難しい。1980年代、経済学者エルナンド・デ・ソトはペルーのリマに小さな衣料品工場を開こうとした。法的な許可を得るのに、1日平均6時間で289日かかった。その費用は最低月額賃金の31倍もかかった。多くの国では、土地の法的所有権を得るには多くの時間と金がかかる。ハイチでは、19年かかったとデ・ソトは述べた。しかし、法的所有権なしでは、開発途上国では金を借りるのは昔から難しかった。なぜなら、しばしば銀行が不動産を担保に求めるからだ。[24] これは経済成長にとって真の障害となる。

世界銀行は、規制の量と財産権保護の強さを反映する「ビジネスのしやすさ指数」〔ビジネス環境改善指数とも〕を発表している。エリトリアやソマリアなど世界の最貧国とともに、悪政で崩壊した産油国ベネズエラが2018年後半の指数で下位にいるのは驚きではない。[25] 企業が政府に及ぼす影響が強すぎると心配する人もいるが、場合によっては小さすぎる。

早い話、政府は常に相反するプレッシャーにさらされている。民間部門の規制強化を求める消費者と労働者のプレッシャー、規制緩和を求める企業のプレッシャー、歳出と給付の増額を求める公共サービスの利用者のプレッシャー、その費用負担を苦々しく思う納税者のプレッシャー。政党間に明らかなイデオロギー上の違いはあっても、主な先進国の政府はＧＤＰの30％から50％を支出している。(26) これは、19世紀の政治家の想像をはるかに超えた大きな数字だ。しかし、現在の民主主義国家では普通の範囲であろう。

20世紀最後の数十年間、政府と民間部門の関係で最も興味深い展開は、開発途上国で起こった。多くの国は民間企業を助成する政策を進め、世界市場でモノを売る企業を特に後押しした。これから見ていくように、大成功した国もある。

第16章 真の世界経済——開発途上国

1979年〜2007年

ナポレオンの有名な言葉に「中国は眠らせておけ。中国が目を覚ましたら、世界が動揺する」というものがある。世界で最も人口の多いこの国は1976年、毛沢東支配という悪夢から逃れた。あるいは、経済学者スティーヴン・ラデレットが記したように「1976年、毛はたった1人で、しかも簡単な一手で世界の貧困問題を劇的に変えた。つまり死去という一手で」[1]

確かに、その日を境に中国経済は前例のない速さで成長した。1980年、中国の1人当たりのGDPはチャドやバングラデシュよりも低かった。2012年、その実質GDPは1980年水準の30倍に増えた。[2] そして世界第2位の経済大国に成長し、その過程で世界経済を変えていった。(図参照)

毛の後継者である鄧小平が最初に着手したのは農業改革だった。農家が収穫の一部を国に差し出すことに変わりはないが、余剰分の販売が許可され、価格制限も取り払われた。いくぶんインフレが起こったが、食料生産高への効果は絶大だった。1978年から1984年にかけて、1エーカー当たりの収穫高は40%増え、農村部の収入は年に18%増加した。[3] さらに、農家

奇跡の成長

中国、1人当たりGDPの年成長率（単位・%）

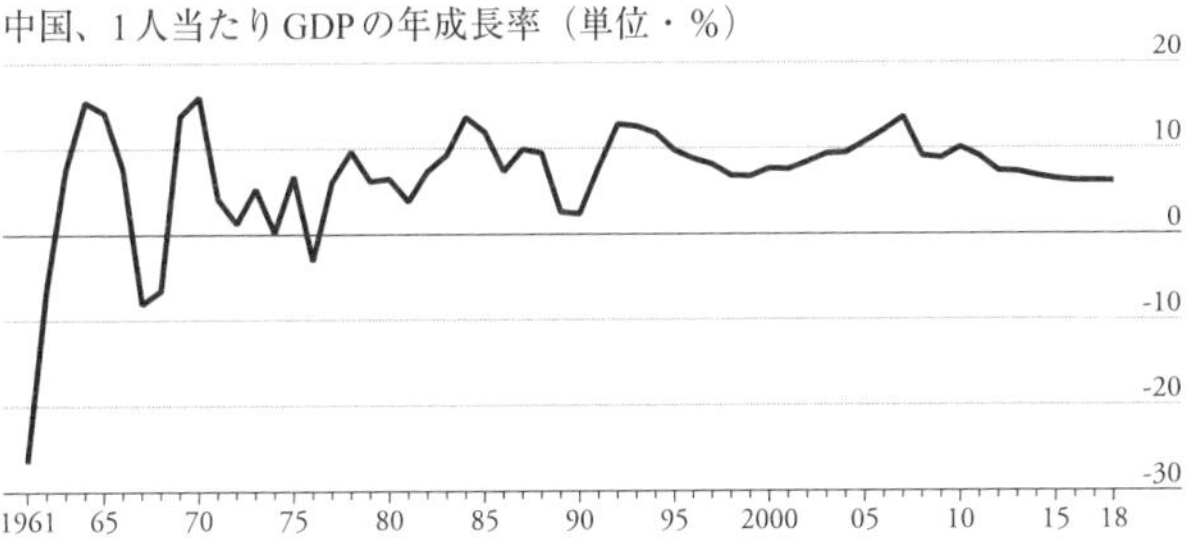

Source: World Bank

はナタネやサトウキビなど、党委員に不評の別の作物も栽培し始めた。増産すればするだけ大きな見返りが得られるため、農家は農機具も増やした。1978年の農業用トラックの台数は7万4000台だったが、1980年代の終わりには60万台を超えていた。(4)

続いて起こった改革の波の一部には、何が有効かを見極める試みや、地方の自主性に報いる試みもあった。鄧小平は「黒でも白でも、ねずみを捕ってくる猫がよい猫だ」と考えていた。政治学者ユエン・ユエン・アンは鄧小平の改革に関して、政府がまず市場を構築し、それから制度を発展させたことが成功の大きな要因だったと主張している。もうひとつの要因は、インセンティブが上手くいったことだ。経済成長を遂げた地方の幹部は昇進し、地方政府は余剰収益の大部分を保持することを許された。(5)

特に成長した分野は農村部の政府が所有する郷鎮《ごうちん》企業だった。農家同様、郷鎮企業も収入の一部を中央政府に納める義務があったが、余った分を取っておくことができた。2000年には2000万の郷鎮企業があり、1億人を雇い、全国生産量の4分の1を生産していた。(6) もうひとつの取り組みは、外国の投資を呼び込むために経済特区を設け、減税措置や経済支援策を整えたことだった。最初の経済特区は、当時まだイギリス領だった香港に隣接する深圳に設置された（そして成長促進戦略の成果を試された）。沿岸部はたちまち繁栄し、その工場群は内陸農村部の労働者を惹きつけた。

経済改革を推し進めた10年が過ぎたあと、食料価格の高騰から1989年の抗議のうねりが起こり、やがて民主化を求める運動も起こった。これが政治の解放にもつながるとの期待は、北京の天安門広場で戦車によって押しつぶされた。皮肉なことに、この事件は東欧で共産体制のドミノ倒しが始まる直前に起こった。中国共産党はそれ以来、手綱を緩めていない。経済的繁栄が必ずしも民主主義に結びつかないという典型的な例である。

しかし、この抗議運動をきっかけに、経済成長を推進する鄧小平は各都市の視察を開始した。1993年、彼の後継者、江沢民は5本の柱を中心に「社会主義市場経済」を確立すると宣言した。近代的な企業、市場メカニズム、マクロ経済政策、所得の再分配、社会のセーフティーネットの5つである。(7)

これは西側のシステムとはまったく異なるモデルだった。これは権威主義的資本主義であり、ほとんどの企業が国営または高級官僚の関係者のものだった。民間部門がGDPの60%を生産していた2019年でさえ、国営企業が15万社あり、企業債務の総額の70%を占めていた。(8) 最高経営責任者の人選や給与額の決定にも党の意見が反映された。2009年、党は中国の三大航空会社のトップを入れ替え、2010年には石油企業でも同様のことをした。(9) 純粋な民間企業は

成功しても、用心する必要があった。2015年から17年にかけて、企業経営者の何人かが汚職で逮捕された。(10)

中国は経済成長の初期、低賃金で競争に勝てる低価格商品に的を絞っていた。そして、1990年に、世界最大の衣料品輸出国となった。(11) その後、電子機器に移行し、グローバル・サプライチェーンの主要な部分を占めるまでになり、2018年には、世界の電子機器製造キャパシティの半分以上を担っていた。アップル社最大のサプライヤーである鴻海科技集団は深圳だけで25万人を雇っている。(12) 中国のテクノロジー企業グループ、レノボが2004年にIBMのパソコン部門を買収したときは、西から東への象徴的なパワーシフトを見るようだった。

戦後の韓国と台湾のように、中国も輸出に力を入れ、世界の輸出高のシェアを1980年の1%から2015年には14%に増やした。(13) それに伴って驚くほど高い貯蓄率を達成し、1980年代にはGDPの35%だったのが、1990年代には41%に、2007年には53%に上昇している。(14) この貯蓄率が高い投資率につながり、中国は巨大な都市、工場、道路、発電所などを、場合によっては文字通りゼロから建設した。ある統計が際立っている。2011年から2013年の3年間で中国が使用したコンクリートは6・6ギガトン。これはアメリカが20世紀に使ったコンクリートの総量を超えている（1ギガトンは10億トン）。(15)

中国のこの持続的な急成長は世界経済に多大な影響を及ぼしている。第二次グローバリゼーションを牽引しているのは、ほかならぬ中国である。1980年から2007年にかけて、世界貿易は平均して年に5・9%近く増えた。(16)

1994年、多国間通商交渉のウルグアイ・ラウンドで、さらなる関税引き下げと、世界貿易のルールを定めるための世界貿易機関（WTO）設立が合意された。中国は経済の自由化が進むと期待されて、2001年にWTO加盟が認められた。中国は確かに関税を25％から9％に引き下げたが、外国が期待したほど開放的にはならなかった。[17] 中国の莫大な貿易黒字と、先進国と同じルールで商売をしていないという感覚が、他の国々、特にアメリカの反感を買っている。

アジアの虎たち

アジアには中国以外にもめざましい経済成長を遂げた国がある。1970年から1996年にかけて、香港、インドネシア、マレーシア、シンガポール、タイ、韓国、台湾など、様々な国が年平均6・8％から8・4％の成長率を記録した。これは西欧や北米が達成した工業化よりも、はるかに速い成長だった。成功の土台は、高水準の投資、輸出品の製造に重点を置いたこと、そして政府の企業支援だった。[18]

それが、1997〜98年の、いわゆるアジア通貨危機で完全にストップしてしまった。問題は自国通貨（バーツ）を米ドルに固定していたタイから始まった。この固定相場制は外国資本をタイに引き寄せ（1995年には、GDPの13％が注ぎ込まれた）、[19] しかも米ドルでの借入は金利が低いため、タイの企業と銀行は盛んに米ドルで金を借りた。その通貨の多くは短期的な借入か、あるいは不動産投機に関係していた。

問題はマネーがまた流れ出ようとしたときに起こった。タイ当局は準備金を使い（ドルを売ってバーツを買い)、資本を引き寄せるために金利を上げて自国通貨の防衛に努めた。しかし、準備金が不足し、高金利が経済にダメージを与えた。最後の切り札は通貨の切り下げだったが、タイがこれを行うと、金融危機が起こった。ドルで金を借りていた企業や銀行はすべて、返済額が増えた。そして投資家たちはタイの通貨切り下げを見て、他の国もそうするのではと不安になった。地域一帯で大量売りによる急落が始まり、ある時点でインドネシアの通貨はドルに対して80%下落した。(20)

これにより、「アジア・モデル」は多くの批判を浴びた。経済に「縁故資本主義《クローニー》」が浸透していることが最大の問題だった。すなわち、政府が独占権や補助金を仲間の実業家に優先して与える悪習慣である。最も顕著な例がインドネシアのスハルト大統領だった。彼は30年以上国を治めていたが、その間、彼の一族は300億ドルを蓄財した。(21)ある調査によると、一族は1246社の企業に多額の出資をしていた。(22)スハルトはIMFに支援を求めざるを得なくなり、IMFは歳出削減と独占企業の解体という通常の条件を課した。その危機の最中の1998年5月、スハルトは失脚した。(23)

経済学者のポール・クルーグマンは危機の前から、アジアの「奇跡」は設備投資の急増と持続不可能な労働人口の増加によるものだと主張していた。たとえば、シンガポールでは人口に占める就業者の割合は1966年の27%から1990年には51%に増え、同じ期間、生産に占める投資の割合は11%から40%に増えた。(24)国によっては、この投資は信じがたいほど非効率的だった。タイ航空は空軍の天下り先となっていて、元将校たちが銘々に機材の商談をまとめていたため、機種もエンジン・タイプも様々な寄せ集めになっていた。[25]

アジア通貨危機は1998年になっても収まらず、アジアの中には急激な景気低迷に見舞われた国もあった。とはいえ、やがて回復に向かい、この危機の最大の長期的な影響といえば、アジア諸国の政府の姿勢が変わったことだった。外国資本への依存は国を脆弱にすると気づき、貿易黒字の増加を目指して外貨準備を積み上げる方向へ転換した。その影響は次の10年間に世界に波及する。

インドの改革

インドの変貌は中国のそれほど劇的ではなかったが、それでも大変貌を遂げたことに変わりはない。1991年、インド経済は別の危機に瀕していた。IMFに借入を申し入れ、担保としてイングランド銀行に47トンの金を空輸することを求められた。[26] 大蔵大臣のマンモハン・シンは危機に対応するため規制を緩和し、外国投資を誘致し、ルピーの平価を切り下げるといった改革パッケージを発表した。これは完全な市場経済への移行ではなかったが、それまでネルーが推し進めてきた計画経済からの脱却だった。

結果は大成功だった。それからの20年、平均して年7%の成長を記録し、経済規模はほぼ4倍になった。インド回復の兆しは、インフォシスとウィプロというふたつのIT企業がバンガロールに移転した1980年代に現れた。カルナータカ州は高学歴の英語を話す人材に恵まれ、国際企業にとって魅力的だった。州都バンガロール（ベンガルール）には外国企業の出先機関として

コールセンター、保険手続き、納税と監査の準備、ＩＴメンテナンスなどの業務を請け負う会社が数多くある。(27)

タタ・グループはもうひとつのインド復活の象徴だ。イギリス統治下の１８６８年創業、１９１２年にジャムシェードプルに鉄鋼プラントを開設し、第二次世界大戦までには大英帝国最大の鉄鋼プラントに成長していた。その後、多角経営のコングロマリットとなり、紅茶のテトリー、ジャガー・ランドローヴァーなど旧宗主国の有名ブランドを買収して逆転した。特に、イギリス鉄鋼メーカーの最大手（コーラス）の買収は象徴的だった。

特に意義深いのは、この経済成長が高かった貧困率を下げたことだ。２００４年から２０１１年にかけて、インドの人口に占める極貧層（１日１・９ドル以下で生活）の割合は39％から21％に減った。２０１８年には、インドはもはや人口の大半が貧困にあえぐ国ではなくなった（その地位はナイジェリアに譲られた）。(28)

ロシアと東欧

１９８０年代に改革に励んだ共産主義体制は中国だけではなかった。ソ連の国民は自分たちの生活水準が西側のそれより低いことに気づいていたし、国の経済運営については冷笑的だった。流行のジョークに「我々は働く振りをして、当局は給料を支払う振りをする」というのがあった。１９８５年、新しい指導者ミハイル・ゴルバチョフが体制を改革する構想を持って登場した。キーワードは経済改革の「ペレストロイカ」と政府の透明性の「グラスノスチ」だった。ゴルバチョフは体制の維持は可能だと信じる根っからの共産主義者だった。

ところが、改革は体制の正当性を傷つけるばかりで、石油価格の下落により経済を支える主な柱が揺らいだ。戦後占領されていた東欧諸国では反体制運動が勢いを増した。ゴルバチョフは戦車投入という前任者たちの轍《わだち》を踏まず、高い評価を得た。東欧諸国の国民は続々と国境を越え始めたが、警備隊は彼らを止めなかった。40年以上に及んだ圧政の終焉だった。それを最も象徴的に表していたのが、１９８９年11月のベルリンの壁の崩壊である。非常に短い期間にドイツは再統一され、東欧諸国が独立し、ソ連は崩壊した。

ソ連崩壊後に生まれた15の独立国家のうち、ロシアは群を抜いて最大だった。ボリス・エリツィン政権下で、ロシアはショック療法を受け入れた。そこには価格統制や補助金の廃止、多くの産業の民営化などが含まれていた。ところが、この改革は中国やインドに比べるとまったく上手くいかなかった。ロシアは１５００％というハイパーインフレに見舞われ、産業はよいコネを持つ一握りのオリガルヒに瞬く間に占有された。１９９１年から１９９８年にかけて、ロシア経済はおよそ30％縮小し、平均寿命は急激に短くなった。ロシアの資本主義初体験は悲惨な結果となり、ウラジーミル・プーチンという独裁者が２０００年代に権力を握ったのは少しも驚きではない。現在のロシア経済は依然として石油とガスの天然資源に大きく依存している。

ソヴィエト陣営の他の国々も共産主義からの転換に苦労した。根本的な問題は、多くの国営企業が非効率的で、標準以下の粗悪品を製造していたことだった。製品の多くはソ連に輸出されていたが、ロシアも独自の問題を抱えており、なんでも買ってくれる客ではなくなっていた。市場経済では、東欧の企業が競争で勝てる見込みはない。共産主義の下では、価格の多くは補助金によって人工的に低く抑えられていた。その結果、低価格が実現したとしても、ひんぱんに品不足になっていた。1980年代、東ドイツでは車の購入に15年待たされた。ブルガリアではアパートを手に入れるのに20年かかった。ルーマニアでは一部屋に40ワットの電球ひとつと制限されていた。(29) 物価の自由化は急激なインフレを招き、労働者は仕事を失うことになった。

その結果、1990年代は東欧諸国の市民にとって経済面でかなり悲惨な時代になった。1989年から5年間、東欧・バルト諸国のGDPの平均減少率は、32・6%だった。(30) しかし、1998年までに旧ソ連陣営のポーランドとチェコ共和国はGDPを1989年の水準に戻した。この回復は、多くの西ヨーロッパの製造業者が低賃金のこの地域へ生産拠点を移したことによる。たとえば、フォルクスワーゲンは1992年にブラティスラヴァ(スロヴァキアの現在の首都)に工場を設立した。(31) 2000年代初め、旧共産圏の多くの国は好景気に沸いていた。そして2004年、8か国(チェコ共和国、エストニア、ハンガリー、ラトヴィア、リトアニア、ポーランド、スロヴァキア、スロヴェニア)がEUに加盟した。多くの労働者が移動の自由に関する法律を利用して、外国で仕事に就き、家に仕送りをした。

2012年までに、東欧経済のほとんどは西ヨーロッパに統合され、輸出の70%がEU加盟国向けだった。それに、共産主義体制後の成長ぶりはまずまずだった。1人当たりのGDPは1990年から2011年のあいだに47%上昇し、1人当たりの消費は53%増え、これは世界の平均よりも速いペースだった。2012年には、東欧諸国の国民は集合住宅の1区分か車を所有

し、以前より野菜や果物をたくさん食べ、自由に旅行ができ、共産主義時代よりも4年長く生きられるようになっていた。(32)

中南米危機

1979年の石油価格の高騰とアメリカの金融引き締め政策は、中南米という予想外の場所に大波を起こした。1972年、石油価格は平均1バレル2ドルだった。1980年、それが35・5ドルになった。(33) これにより、石油産出国は莫大な富を得たが、その多くは中東の比較的人口の少ない国だった。金は政府が使うよりも速いペースで入ってきたし、その余った金はアメリカの銀行に預けられることが多かった。そして、銀行は金を預かったら、利益を得るためにはそれを高い金利で貸し出さなければならない。1970年代、その金の大半をありがたく受け取っていたのは、当時、収支の均衡に苦しんでいた中南米諸国の政府だった。1970年、中南米の債務総額は290億ドルだった。1982年にはそれが3270億ドルに膨らんでいた。(34)

この債務は主にドル建てであったため、アメリカの金利や為替レートの変動の影響をもろに受けた。FRBが金融引き締め策をとり、不況になると、債務が維持できなくなるのは明らかだった。1982年、メキシコはその800億ドルの負債を返済できないと宣言した。中南米の15か国が他の開発途上国11か国とともに、メキシコに続いた。

これは関係国だけの問題ではなかった。1982年、アメリカの9つの大手銀行は開発途上国に資本のおよそ3倍にもなる多額の融資を行っていた。(35) 完全な債務不履行は銀行システムの崩壊につながる。そこで、規制当局はアメリカの銀行が自己資本比率を計算する際に潜在的な損失を含める必要はないとした。債権者は中南米の国々と個別に交渉するのではなく、ＩＭＦ主導で調整するためのグループを結成した。

ところがＩＭＦの金は条件付きで、たいてい経済改革を求められた。「ワシントン・コンセンサス」と呼ばれたこの改革には財政規律、補助金の削減、金融の自由化、民営化が含まれていた。全体的な目的は国家の役割を減らし、市場にもっと大きな役割を与えることだった。この方針は大きな議論を呼んだ。補助金を廃止すれば食料やガソリンが値上がりする一方、収支の帳尻を合わせるために社会保障費が削られることが多いからだ。

新しい貸し手は過去に債務不履行に陥ったこの地域に金を貸したがらなかった。その結果、中南米は地域の産業とインフラを構築するために必要な資金を集めるどころか、資本を西側に戻すことになった。地域の１人当たりの収入は、１９８０年代の初めと終わりで変わらなかったため、「失われた10年」と呼ばれた。[36] これらの失敗に直面したアメリカ財務長官ニコラス・ブレイディは１９８９年、部分的な債務免除を提案し、債権者が持つ債権とアメリカ国債を担保とした新しい債権とを交換できるようにした。

この地域の複雑な経済の歴史を理解するためには、アルゼンチンとメキシコの二国に的を絞ってみていくのがいいだろう。この時代の初め、アルゼンチンは長引くハイパーインフレに苦しんでいた。対策としては、いくつかの通貨改革が必要となり、１９８３年に旧貨幣に代わってペソ・アルヘンティーノが導入され、旧１万ペソ＝新１ペソのレートでデノミネーションが行われた。その通貨も長続きせず、1985年に新通貨アウストラルが導入され、旧1万ペソ＝1アウストラルのレートで交換された。そしてアウストラルは1992年に1000万対1のレートでまた別の新しいペソに置き換えられた。実際、この新しいペソは、切り替えからまだ10年も経っていない旧通貨で100億ペソの価値があった。この混乱に加え、1976年から1989年にかけて1人当たりの収入が年1％ずつ減っていくという悲惨な経済状況があった。国営の電話会社は非常に効率が悪く、固定電話を引く順番がまわってくるまで6年も待たされ、電話をかけても呼び出し音が鳴るまで何時間もかかるため受話器を持って待機する専門の係が雇われた。(37)

根本的な問題は、財政赤字を埋めるために繰り返しマネーサプライを増やしたことだった。1990年代、経済財政相ドミンゴ・カバロはドルとペソを一対一で無制限に交換することを保証したカレンシー・ボード制を中心に大胆な改革に乗り出した。カレンシー・ボード制は政府による紙幣増刷を防ぐために、ドル準備がなければならない。インフレ率は1989年の3000％から1994年の3・4％に落ち着き、1990年代初期の経済成長率は8％に達した。

しかし、カレンシー・ボード制にかかる圧力が徐々に増していった。政府は財政規律を保てず、最大の市場であるブラジルが1999年に通貨を30％切り下げると輸出競争力が低下した。アルゼンチンは再びＩＭＦに融資を求めたが、それだけでは足りなかった。預金者は銀行から金を引き出し、2001年後半、経済は年率11％で縮小した。12月、政府が預金の引き出しを制限すると、猛烈な抗議が起こった。(38) 大統領がひんぱんに入れ替わる中、アルゼンチンは債務不履行となり、2002年にカレンシー・ボード制を廃止した。

残念なことに、アルゼンチンは再び通貨危機に見舞われ、またIMFに助けを求めた。キルチネル（夫と妻）政権下で、大幅な財政赤字と急激なインフレという旧来の問題が再浮上した。後継のマウリシオ・マクリは前政権の後始末に取りかかったが、それには60％という超高金利政策も含まれていた。(39)

メキシコは1982年の中南米諸国の債務危機の発端となり、1994年にまた通貨危機に陥り、このときはアメリカの緊急融資によって救済された。しかし同年、メキシコはアメリカ、カナダとともに北米自由貿易協定（NAFTA）を結んだ。NAFTAはこの三国間の関税のほとんどを非常にゆっくりとではあるが撤廃した。すべては超党派で進められた。この協定は共和党のジョージ・H・W・ブッシュ大統領が交渉を開始し、次に政権についた民主党のビル・クリントンの下で実施された。

NAFTAの域内貿易額は当然急増し、1993年の2900億ドルから2016年には1兆1000億ドルを超え、アメリカのメキシコへの直接投資も150億ドルから1000億ドルに増えた。(40)この協定により、アメリカの職がメキシコに奪われたと批判するアメリカ人もいる。確かに、メキシコの低賃金に引き寄せられて国境の向こう側には工場が次々と建設された。しかしアメリカの企業は製品価格を下げることができたため、世界市場での競争力を得た。アメリカの企業はメキシコの工場を組み立て工程の一部として主に利用した。メキシコ経済への効果は期待外れで、1993年から2003年にかけての成長率は平均1・3％（1人当たりでは1・

2%）に過ぎなかった。製造部門は好調だったが農業部門は後れ、国は汚職と高い犯罪率に悩まされた。

東南アジアと比較して悲惨な中南米の経済の歴史については、多くの有力な説明が可能だ。ひとつは、一貫して工業製品よりも第一次産物の生産に依存し続けていた点だ。1960年代から70年代にかけての国家主義的および保護主義的政策は、その後も長く影響を及ぼした。

その間ずっと、中南米諸国はドル建ての多額の借入に苦しんでいた。金本位制ほど厳しくはないが、同様の制約が課せられた。貿易赤字や高いインフレをなかなか解消できない国はどこも、自国通貨にかかるプレッシャーに直面することになる。1990年代後半のアジアで起こったように、その時点で、国は厳しい選択を迫られる。通貨を防衛するために金利を上げる（そして不況を引き起こす）か、平価切り下げをしてドル建ての負債の返済費用を押し上げるかのどちらかだ。国内通貨での借入がたまに選択肢に加えられたが、過去に中南米諸国が平価を切り下げたため、債権者はこれには懐疑的だった。今日まで、この地域は、持続的に貿易黒字を維持するという1998年以後のアジアの戦略を再現できていない。

国際社会もまた、この混乱に責任がある。中南米に支援を行うとき、国ごとの経済状況にかかわらず緊縮財政を強く求めた。その結果、不況が悪化し、貧困層に重い負担をかけた。この取り組みは不公平なだけでなく、改革への政治的支持を減らした。また、IMFは資本移動の自由に関して考えが甘かった。中南米の国々は、短期資本移動の流入先となっていたが、これこそ、短期バブルを招きやすく、いずれ資本が再び流出するときに危機を引き起こすものだった。

不平等の増加（と減少）

この時代、中南米の問題と不況はロシアにも大打撃を与えた。しかし全体的には、開発途上国は順調に発展していた。ところが世界の不平等の数字を見ると、それとはまったく違うことがわかる。1988年から2008年にかけて、世界の所得分布の中央値の人々の実質所得が最も増えた（中央値とは数字の範囲の中央。100人の人間を最も金持ちから最も貧しい人の順に並べたとき、中央値は50番目の人だ）。中央値のグループの10人中9人がアジアの新興国、特に中国、インド、インドネシアに住んでいた。世界のジニ係数（所得の不平等を測る尺度）は1988年の0・72から2011年には0・67に下がった。[41]

西側世界では話がぜんぜん違う。1945年から1979年にかけて、不平等は減っていた。しかしその後、変わった。OECD諸国の上位富裕層10％の平均収入は、1990年には最も貧しい層10％の7倍だったが、2015年にはそれが9倍に増加していた。[42] アメリカでは、ジニ係数は1980年の0・35から2013年には0・41に上昇した。[43] 1979年から2011年にかけて、アメリカの上位1％の収入は年4・9％増えたが、下位の20％はわずか1・2％の増加だった。しかも、これは（税や社会保険料を払い、年金や健康保険の給付を受けた）再配分後の数値だ。給付がなければ、アメリカの下位90％の実質収入は目減りしているようだ。[44]

この背景にはいくつかの原因が考えられる。そのひとつはグローバリゼーションであり、特に中国が世界経済に参入したことが大きい。おびただしい数の労働者が世界の労働市場に加わったため、未熟練労働者の賃金が下がった。
しかし多くの経済学者が指摘するのは、スキル偏向型技術的変化（ＳＢＴＣ）と呼ばれる新技術の影響である。新技術を使いこなせる労働者はそれを扱えない労働者より高い価値を認められるが、スキルの低い労働者はいずれロボットやコンピュータ・プログラムに仕事を奪われるだろう。しかしこの理論には穴がある。コンピュータが本格的に普及し始めたのは１９９０年代だが、不平等が急激に増えたのは１９８０年代だった。同様に、大卒者の収入とそうでない人の格差は１９９０年代には目立って広がらず、広がったのは１９８０年代だった。[45]
これに関連して、優秀な人材をめぐる獲得競争があったとする説がある。サッカーのチームがロナルドやメッシを獲得しようと競い合うように、企業は優秀な重役や弁護士の雇用を競い合う。１９８０年、アメリカ企業の最高経営責任者の報酬は従業員の収入の32倍だった。インターネット・バブルで多くの役員が金持ちになった２０００年は３４４倍、２０１７年でもまだ３１２倍あった。これらの役員の平均給与は１９００万ドルに近かった。[46] 株主たちは特に何も思わなかったようだ。これらの企業の市場価値は数十億ドルあり、１９００万ドルなど取るに足りない額だった。なぜ役員報酬がこれほど高額になったかというと、ひとつには、契約に自社株購入権（ストックオプション）が含まれていたからだ。あとは株価の上昇がやってくれた。株価が低迷していた日本では、最高経営責任者の報酬はアメリカの平均よりかなり低かった。ソニーやトヨタを経営するにはゼネラル・エレクトリックやフォードを経営するのと同じくらい優秀でなければならないだろうに。

もうひとつの要因は「同類交配／選択的結婚」である。高い教育を受けた人たちは同じ集団に属する相手と結婚する傾向が強まっていた。１９６０年、大卒男性の25％は大卒女性と結婚した。２００５年、その割合が48％になっていた。[47] また別の要因として、労働組合員の減少と集団交渉力の喪失もあった。２０１３年、ＯＥＣＤ諸国で労働組合に入っていた労働者は平均してわずか17％だった。[48] 巨大な工場が減っていたことも明らかに影響している。サービス部門の労働者は広く分散し、団結するのが難しい。

１００年前との違いは、財産が相続ではなく自ら築くものになってきたことだ。ここでも、金融部門が大きな役割を果たした。労働者は給料を稼ぐだけでなく、金融資産を所有するようになった。所得上位１％の人が投資所得上位10％にも入る確率は、１９８０年の50％から、２０１０年には63％に上昇している。[49]

不平等がもたらす影響は、税制や社会保障制度にも左右される。福祉国家は所得の再配分により税引き後の不平等を減らす。しかし、レーガンやサッチャーが行った最高税率の引き下げは、富裕層の可処分所得を大幅に増やした。

したがって世界的には、収入はより平等になったが、国ごとに見るとそうではなくなった。たとえば、中国の格差は広がった。しかし、開発途上国は欧米に追いついてきているため、世界全体は好ましい方向へ進んでいる。

１９９３年の時点では、世界のおよそ20億人が、日収１ドル25セント未満で暮らす貧困層だった。２０１１年には、その数は10億人に減った（図参照）。それでもまだ多いが、短期間にこれ

豊かさの広がり

1日1.90ドル以下で暮らす世界の人口（単位・%）

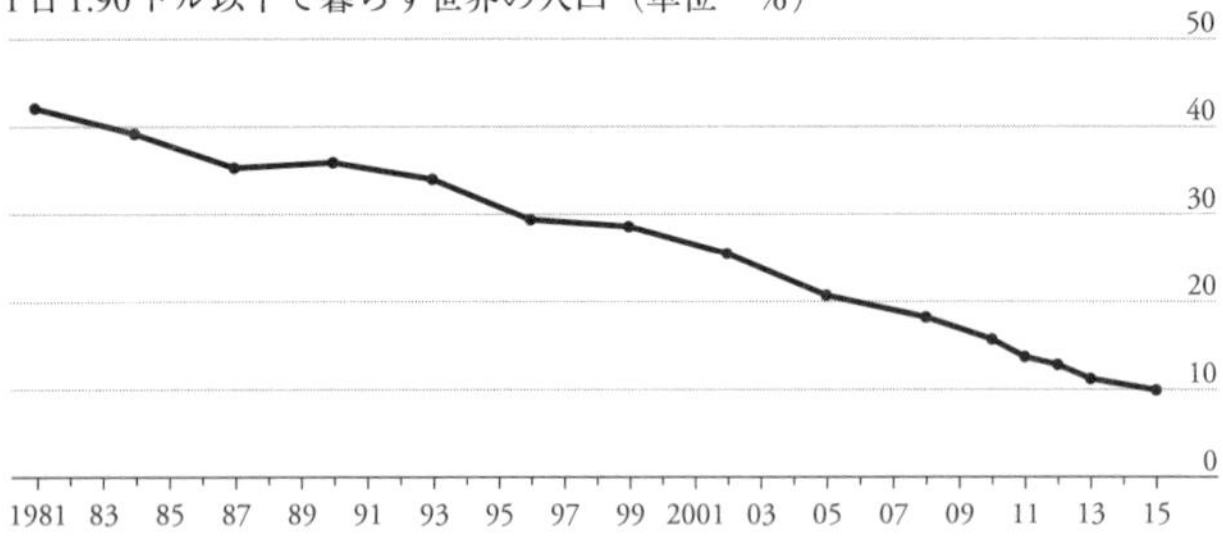

Source: World Bank

だけ減らせたのは素晴らしいことだ。開発途上国における貧困層の割合は１９９３年の42%から２０１１年には17%まで減った。経済発展も生活水準の向上に貢献している。１９６０年以降、開発途上国で５歳未満で死亡する子供の割合は４分の３減った。(50)

では、残りの10億人の貧困層をどうやって引き上げればいいのか、かろうじて暮らしている層にどうすればより多くの富をもたらすことができるのか？　経済学者ポール・コリアーは、最底辺の10億人を抱える国々がアフリカと中央アジアに集中していると指摘した。(51)　これらの国は１９７０年よりも２０００年のほうが貧しくなっている。彼らの平均寿命は他の開発途上国のそれよりも10年も短いし、乳児死亡率は３倍も高い。場合によっては、これらの国々は後退している。１９８０年には、アメリカ人は中央アフリカ共和国の国民より30倍、豊かだった。２０１５年、それが90倍になった。(52)

ポール・コリアーは、これらの国が４つの罠のいずれかにはまっていると述べる。紛争が絶えない、天然資源への依存度が高い、内陸にあり隣国と仲が悪い、悪政が敷かれている。こうした国を助けるのは至難の業だ。国全体であろうが地域レベルだろうが、政府が腐敗していると、援助資金は無駄になるか流用される。チャドでは、地方の診療所のために財務省が拠出した資金のうち、実際に届いたのは1％未満だった。条件付きで金を貸しても上手くいくとは限らない。ケニア政府は世界銀行に対して、15年間に5回も改革を約束しているが、その内容は毎回同じだった。(53)

アフリカは多くの長期的な問題を抱えている。大陸の大部分は熱帯に属し、マラリアや黄熱病などが発生しやすく、ギニア虫など体力を奪う寄生虫の住処となっている。サハラ砂漠以南は、世界で最も農業生産量が少ない地域だ。ここの農民は1ヘクタールにつき1・2トンの穀物を生産するだけだが、開発途上国の平均は3トンで、北米と欧州は8トン生産している。(54) アフリカはしかも、ひどい政府に足を引っ張られていた。ヨーロッパ植民地からの独立は民主主義をもたらすことはなく、ザイール（現コンゴ民主共和国）のモブツなど泥棒政治家による一党独裁国家となるか、タンザニアのような社会主義国家となった。タンザニアでは、ジュリウス・ニエレレが産業を国営化し、外資系企業を没収し、農家に穀物を5分の1の値段で政府に売ることを強制した。(55)

21世紀に入ってからアフリカの運は上向いている。テクノロジーがその力になった。ケニアでは携帯電話を利用したモバイル決済サービス「Mペサ」の導入により、かつて銀行口座を持てなかった数百万の人々がバンキング・システムを利用できるようになった。ある研究によると、モバイル・データの使用量が倍増すると、1人当たりGDPの年成長率が0・5ポイント増えることがわかった。[56] ２０１２年までの10年間に、アフリカの１人当たりの実質所得は30％以上増えた。その前の20年間では、ほぼ10％減っていた。外国直接投資（ＦＤＩ）は２００２年の１５０億ドルから２０１２年には４６０億ドルに増えた。[57] この発展の多くは、中国の需要に牽引されたコモディティ・ブームに結びついている。アメリカの天然資源の輸出は２００２年から２０１１年のあいだに5倍に増えた。

長い目で見れば、コモディティ資源はアフリカ諸国にとって、いいことずくめではなかった。油井、銅鉱山、ダイヤモンド鉱山は政府や土地の支配者がぜひ手に入れたいと狙う宝物だった。それに他の部門とは違い、コモディティ生産者はほかへ移動できない。政府はコモディティから戦利品を獲得することに夢中で、他の部門のビジネスの必要性にはあまり関心を持たなかった。とはいえ、政治にもいくらかの改善は見られた。冷戦が終わったとき、アフリカに民主国家は3国だけだった。２０１７年には、8つの「欠陥がある民主主義国家」と、『エコノミスト』の調査部門であるＥＩＵが「混合政治体制」に分類する15の国が成立していた。

アフリカの政治改善のために外国人ができることは少ない（自分の会社が汚職に関わることを禁止するぐらいだ）。腐敗した政権を転覆させるために外国が干渉すれば、資金と人命の両面で大きな犠牲が出るだろうし、成功することはめったにない。最大の望みは、それぞれの国が自力で悪い政府を倒し、賢い政府に替えることだ。なんだかんだ言っても、中国人はそれをやった。

しかし、20世紀末から21世紀初めにかけて、多くの開発途上国が達成した成長率は極めて重要だ。生活水準の改善はヨーロッパ、北米、日本の専売特許ではないことを彼らは示した。国家の強力なプレゼンスという中国のアプローチを含め、繁栄のモデルは複数あることを示した。そして、世界経済に対する開放性、他国と貿易を行う意欲、民間部門の関与を認めることが莫大な利益につながると実証して見せた。その意味では、経済学者たちは正しかったのだ。

第17章 テクノロジーとイノベーション

エクセル展覧会センターは、イースト・ロンドンにある巨大な格納庫のような建物だ。2012年のオリンピックではボクシングや柔道の試合会場になったが、普段は展覧会や産業見本市の会場として使われている。

参加者にとってブースは、自分たちの発明を披露し、販売し、事業を伸ばすチャンスだ。彼らは顧客を惹きつけ、関係を築き、目標に掲げる世界的な成功に一歩でも近づこうとする。残念ながら、特にあてもなくやってきた訪問者はブースにちらりと目をやるだけで、通り過ぎていく。しかし、起業家の希望は尽きない。

2018年11月、エクセル・センターでバッテリー・テクノロジー・ショーが開かれた。あるブースでは、ザップゴーという会社が「電子機器の充電時間を数時間から数分へ短縮するナノカーボン」テクノロジーを宣伝していた。スーパーキャパシタ（ウルトラキャパシタ、あるいは電気二重層コンデンサとも呼ばれる）を改良した彼らの発明は、既存のものよりも速くバッテリーを充電でき、放電を遅くすることに成功した。ザップゴーはオックスフォードを拠点に、中国の湖南省珠洲市で製造を行っている。

どのブースもテクノロジー用語に溢れている。アコタという会社は「車両の電動化のための誘導性冷却液」を提供、アンシスは「バッテリー・システム・マネジメントのための物理ベースのソリューションを生み出すユニークなプラットフォーム」を提供、ヌバルのブルー・レザーは「電池のフォイルやタブの溶接」を行う。

その18か月前、同会場ではもっと消費者に親しみやすいウェアラブル・テクノロジー・ショー、つまり装着型新技術の見本市が開かれていた。披露された製品のひとつが「ハッシュミー」(Hushme)――携帯電話での会話が漏れるのを防ぐマスク型デバイスだ。盗み聞きする人を攪乱《かくらん》するために音声マスキング・モードを搭載(猿やリス、ダースベーダーなどの音声が選べる)。

ほかには、指輪の形をした非接触型決済デバイス、「カーブ・リング」が披露されていた。これは支払いにクレジットカードや携帯電話を使いたくない人をターゲットにしている。このほか、入眠を促し、睡眠の質をモニターするためのヘッドセット、「ドリーム」(Dreem)もあった。これは「深い眠り」に入るとそれを感知し、休息状態を持続させる効果がある音を流す。また、指紋認証機能で様々な機器の操作ができるタップドゥ(TapDo)、世界のどこにいてもペットの様子を観察し、話しかけられるペットキューブ(PetCube)などが紹介されていた。

これ以外にも、健康状態をモニターする(Fitbitのような)装着型の新規開発機器が会場のいたるところにあった。外科医や看護師の練習用に開発されたヴァーチャル・リアリティ・デバイス、消防士を補助する、あるいは上司が部下を監視するためのヘッドセットなど。
現代のテクノロジーは驚異的なスピードで普及するため、これらのガジェットの中にはあなたがこの本を読む頃にはヒットしているものもあるかもしれない。だが、ほとんどは商品化できずに終わるだろう。とはいえ、事前に勝者を言い当てようとするのは愚かなことだ。結局、これらのデバイスが消費者のニーズに合っているか、ブースの主の夢が実現するかどうかは、数百万人の消費者にかかっているのだから。

鉄器時代から情報化時代へ

人間は非常に独創的な生きものである。何万年ものあいだ、火を使うことで生活環境を変え、食べものの衛生管理を向上させてきた。小麦からパンを初めてつくった人、あるいは鉄や銅を道具に加工できると気づいた人の名前は残っていない。そこに至るまでにどれほどのイマジネーションが必要だったか、想像してみよう。

現代人はテクノロジーというと、コンピュータやロボット、電子機器を思い浮かべる。しかし、テクノロジーはそれよりはるかにシンプルなものだ。鐙の発明により、戦場でも自在に馬を駆ることができた。くびきの発明により、鉄製の鋤などの重量のあるものでも容易に馬に引かせられた。羅針盤は航海を可能にした。

そして、イノベーションはモノに限らない。有限責任会社は会社の拡大と経済成長を実現した法的な発展だった。すでに見てきたように、二圃式農業から三圃式への転換は生産量を50％増やした。

はるか昔、人間が知識や情報を伝え合うのは移住や交易の機会に限られたため、イノベーションが広まる速度は非常にゆっくりだった。場合によっては、農耕のように同じことが異なる土地でほぼ同じ時期に始まることもあった。

この5世紀のあいだにテクノロジーとイノベーションの伝わるスピードは断然速くなった。印刷機は互いに面識のない人同士の情報のやり取りを可能にした。ラジオ、テレビ、インターネットなど20世紀の発明についても同じことが言える。現代の輸送システムのおかげで、エクセル・センターなどの展覧会や見本市に世界中から人が集まれるようになった。これらのイベント参加の目的は商談だけでなく、アイデアの交換も含まれている。

ネットワークにつながる人数が多いほど、アイデアを育てるチャンスも増える。私の地元のパブは毎週、積み立て賞金付きのクイズ・ナイトを開催している。チームの人数が多いほど有利になるので、1チーム6人までと決められている。メンバーの中には、カーダシアン家全員の見分けがつく人もいれば、スポーツに非常に詳しい人もいる。

もちろん、チームの人数が多いほど、まとまるのが難しくなり、チームのキャプテンが間違った答えを選ぶ可能性も増すだろう。そこに市場経済の出番がある。イノベーターは自分のアイデアのメリットを君主や官僚に説明する必要はない。製品もしくはサービスが市場に出回り、消費者が選ぶ——それだけでいい。

イノベーションは個々の労働者の生産性を高め、長期的な経済成長の重要なカギとなる。経済学者ポール・クルーグマンは「生産性がすべてではないが、長い目で見れば、ほぼすべてである。国が時とともに生活水準を改善できるか否かは、個々の労働者が生産性を高められるか否かにかかっている」と述べた。(1) 当然、経済活動に加わる人が増えれば、潜在的な生産量は増える。より多くの労働者はより多くのモノを生産できる。この労働者たちが貯蓄や投資をすれば、さらに資本が積み増しされて生産も増える。だが、最終的にこの資本は収穫逓減《ていげん》をもたらし、前近代的世界ではマルサスが主張したように人口が増えていくとやがて食糧不足に陥る恐れがある。

経済はより多くのヒトやモノに依存するのではなく、既存のヒトやモノをもっと効率的に利用して発展するものだ。1957年に発表した論文で、ロバート・ソローは1909年から1949年までのアメリカ経済の歴史を調べ、労働者1人当たりの生産高の増加分のうち、より多くの資本に起因するのはわずか8分の1であり、残りは生産性が向上した結果であることを明らかにした。(2)

ケネス・アローとポール・ローマーによる非常に重要な洞察によると、知識は収穫逓増《ていぞう》をもたらしやすい。ローマーが記したように、ある会社のイノベーションは「完璧な特許を取得することも秘密にしておくこともできない」。(3) イーライ・ホイットニーが綿繰り機の発明で一財産築けなかったのは、他人が仕組みを理解して簡単に複製できたからだ。モノをいじり回していると、大昔の技術でも改良できる場合がある。蹄鉄はローマ人が2世紀に開発したものだが、完成したのは1900年だった。知識やアイデアは「非競合的」公共財でもある。2〜3人で1個のソフトクリームを分け合うことはできる。しかし、誰かが1人で全部食べてしまったら、ほかの人は食べられない。対照的に、アイデアは地球上の誰もが利用できる。(4)

ソフトウェアは収穫逓増のよい例だ。ソフトウェアのプログラム開発には膨大な時間と労力が必要だ。しかし完成してしまえば、プログラムの複製は事実上、費用をかけずにいくらでもできる。ビデオゲームやストリーミング・サービスの音楽ファイルについても同じことが言える。

多くのテクノロジーは「ネットワーク効果」の恩恵を受けている。モノやサービスの利用者が増えるほど、その価値が高まる。もしアレグザンダー・グラハム・ベルが電話を1台しかつくらなかったら、いくら新発明でも使い道がなかっただろう。ある家が電話を引けば、別の家も引きたくなる。店や会社も顧客と話すために電話が必要となる。フェイスブックがその現代版だ。利用者は友人と連絡を取り合うためにネットワークに入る。ネットワークの人数が増えるほど、これを利用したくなる人も増える。アップル社は他社にiPhone用のアプリケーションを自由に開発させた。アプリが増えるほど、顧客にとってiPhoneの魅力が増すからだ。そして、iPhoneユーザーが増えるほど、新しいアプリを開発するインセンティブが増える。

チップとその他なんでも

イノベーションには幅広い用途に使える「汎用技術」もある。蒸気機関、内燃機関、電力の3つがそれに該当する。今の時代で最も顕著な例がコンピュータだ。コンピュータの起源は、ヴィクトリア朝時代の紳士のあいだで数多く出現した発明家の1人、チャールズ・バベッジにさかのぼることができる。19世紀初め、バベッジは天文表が間違いだらけであることに気づいた。これらのミスは学者が先人の成果をコピーする度に増えているようだった。そこでバベッジは、ミスをしないで計算できる「階差機関」と呼ばれる機械を思いついた。政府は彼に現在の価値に換算しておよそ100万ドルの助成金を与えた。何度も失敗したあと、彼は定評ある数学者エイダ・ラヴレスを助手に迎えた。その後、「解析機関」と呼ばれるさらに進んだ機械の開発を続けた。この機械には、計算に必要なメモリやCPU（中央演算処理装置）、ラヴレスのアルゴリズム（プログラム）など現代のコンピュータの多くの要素が含まれていた。(5)

しかし、バベッジは生まれてくるのが早すぎた。計算機を開発する合理的な根拠がまだなかった。それがまず、キャッシュ・レジスターというかたちで現れ、これは19世紀末から20世紀初めに普及した。そして政府も国勢調査の実施にあたって膨大な事務処理を必要としたため、一部貢献した。1890年、アメリカの国勢調査は、結果を記録するためにパンチカード・システムを利用して実施された。これがIBMの前身であるCTRの創業につながった。(6)

第二次世界大戦はコンピュータ開発を加速させた。海軍は海上で数キロ離れた目標に向かって砲弾を発射するとき、弾道の計算に補助を必要とした。(7) アラン・チューリングが率いたブレッチリー・パークの暗号解読班はドイツが使っていたエニグマ・コードを解読するコンピュータを作成した。しかし、当時コンピュータは重さが30トンもありながら最新のコンパクトな機器よりも演算能力が劣っていた。1970年代初めに発表されたクレイ・スーパーコンピュータは現在の価格に換算して3700万ドルで、メモリは8メガバイトだった。現代のラップトップは数百

ドルで、メモリは6ギガバイト、つまりクレイの750倍である。(8)

初期のコンピュータが非常に重かった理由は、スイッチに真空管を使っていたからだ。このスイッチのオンとオフにより必要な情報を2進法で表していた。コンピュータの小型化の最初のブレークスルーは1947年、ベル研究所がトランジスタを開発したことにより起こった。トランジスタは真空管よりも小さくて速くて、熱くならない。開発者の1人、ウィリアム・ショックレーは自分の会社をつくるためにベルを退職した。ところが、人間関係が上手くいかず、今度は逆にショックレーの会社から8人が去ってフェアチャイルド・セミコンダクターという会社をつくった。1959年、フェアチャイルドのジャック・キルビーとロバート・ノイスがマイクロチップを開発した。これはシリコンか別のマテリアルからつくられ、セミコンダクターとして機能した。チップの上には、極小のトランジスタ、抵抗器、コンデンサからなる集積回路が載っていた。(9)

1965年、別のフェアチャイルドの従業員、ゴードン・ムーアが有名な論文を書いた。トランジスタを小さくすることでエンジニアは毎年チップに載せる数を倍増できるだろうと述べた、あの論文だ。のちに彼は、2年ごとに倍になると訂正しているが、コンピューティング能力の指数関数的成長を彼は見事に言い当てていた。(10) ゴードン・ムーアはロバート・ノイスとともに1968年にインテルを設立した。5年後、インテルは世界有数のテクノロジー企業になり、セミコンダクターやマイクロプロセッサの設計を行った。

ショックレー、フェアチャイルド、インテルはいずれもサンフランシスコの南にあるサンタクララ・バレーに本社を置いた。以来、そこはシリコンバレーと呼ばれている。その起源は、ウィリアム・ヒューレットとデイヴィッド・パッカードが１９３８年にパロ・アルトにヒューレット・パッカード社を開いた時にさかのぼる。このエリアにはテクノロジー・グループが集まっているが、それはスタンフォード大学に近いことと、投資家グループもここに本社を構えていることが関係している。これらの投資家は「ベンチャー・キャピタル」と呼ばれる方法で、新興企業を支援する。彼らが支援した企業のほとんどは失敗するが、ベンチャー・キャピタリストはフェイスブックやグーグルのような大成功を収めて出資金が何倍にもなって返ってくる会社に投資できればと願っている。

最初、マイクロチップが最も多く使われていたのは携帯式計算機、電卓だった。しかし、チップのおかげで、１９６０年代のＳＦ映画に出てくるバカでかい機械よりもはるかに小さなコンピュータがつくられるようになった。最初のパーソナルコンピュータ（ＰＣ）、アルテアは購入者が自分で組み立てる方式で、キーボードもモニターもなかった。これは、ライトを点滅させる程度のことしかできなかった。２人の若いプログラマ、ポール・アレンとビル・ゲイツがアルテア用のソフトウェアを開発し、そこから２人はマイクロソフトを設立した。(11)

ＰＣの暴走

ＰＣ市場の拡大は、ＩＢＭが自社製品の販売を開始した１９８０年代に始まった。マイクロプロセッサの提供にはインテルを選び、オペレーション・システム（ＯＳ）の開発はマイクロソフトに委ねた。最も重要なのは、マイクロソフトがMS－DOSというOSを他の提供者に販売できるようにIBMの許可を得たことだ。こうしてマイクロソフトはソフトウェア・ビジネスを席巻し、そしてこの分野は最も価値が高いことがわかった。ハードウェアについては、IBMはコンパックのような企業が生産する「クローン」との競争に直面した。(12)

PCは事務仕事に革命を起こした。私が1980年に働き始めたとき、会社にはまだタイピスト専用の広い部屋があり、そこでは（たいてい）女性が他の従業員の手書きの手紙や原稿をタイプしていた。私がフィナンシャル・タイムズに入社した1986年になっても、記事はまだ小さな用紙にカーボン紙を挟んでタイプライターを使って書いていた。長い記事をリライトするのは非常に面倒な作業で、修正液のティペックスが欠かせなかった。これらの記事は、金属活字をページに押しつける1世紀前の技術「ホットメタル」方式で印刷された。(13)

しかし、コンピュータはただ電動タイプライターに成り代わっただけだったら、社会にこれほどの大きな影響は与えなかっただろう。ここで再び、政府が大きな貢献をした。アメリカ国防総省の高等研究計画局（ARPA）は1958年に設立され、1969年にリモート・コンピュータとの接続に成功した。1985年には、2000台のコンピュータがアーパネット（ARPANET）と呼ばれるネットワークに接続されていた。(14) ジュネーヴの素粒子物理学研究機構CERNのソフトウェア・エンジニア、ティム・バーナーズ＝リーがプロトコル、言語、ハイパーテキスト・トランスファー・プロトコル（HTTP）を開発し、これによりコンピュータは相互に通信し、ユーザーは個々のドキュメントへのリンクを送ることができるようになった。ほかでもこのシステムが採用され、それが今のワールド・ワイド・ウェブである。

ウェブ、あるいはインターネットが商業的に役に立つまでには、さらなる進歩が必要だった。モザイク（Mosaic）とよばれるブラウザは１９９０年代初めにイリノイ大学のマーク・アンドリーセンとエリック・ビナが開発した。そして、アンドリーセンはジム・クラークとともにネット株ブームを起こす企業、ネットスケープ・コミュニケーションズを設立した。最終的に、アンドリーセンはシリコンバレーでとりわけ有名なベンチャー・キャピタリストになった。一方、ＡＯＬなどのインターネット・サービス・プロバイダが一般大衆にアクセスを提供した。オンラインで多くのモノが手に入るようになり、様々な検索エンジンが開発され、最終的にグーグルがトップに立った。

では、インターネットの経済的恩恵には何があるだろう？　第一に、当然のことながら、雇用創出があった。コンピュータやスマートフォンの製造、アプリ開発、ルータや光ファイバー・ケーブルなど関連インフラを整える分野に仕事が生まれた。第二に、情報に瞬時にアクセスできるようになった。小売業者は商品の売れ行きを見て、在庫が少なければ商品を補充すればいい。これにより、過剰在庫に投資する必要がなくなった。漁師や農家は収穫物の現在の市場価格を調べ、最も多くの利益が得られる相手に売ることができた。そして、消費者は簡単に価格を比較できるので、不当に高いものを買わされることがなくなった。第三に、取引費用が下がった。インターネットは仲介者の役割をなくした。たとえば、以前なら休暇の予約は旅行代理店に行ったり、パンフレットを集めたりしなければならなかったが、今では何でもオンラインでできる。時間の節約にもなるし、ネットで検索すれば、顧客は素早く望みのものを見つけられる。イギリスのブリティッシュ・テレコムはかつて、やさしそうな老紳士がJ・R・ハートリー著の『フライ・フィッシング』という本を探している様子を描いた広告を出していた（オチは、彼が著者本人であること）。古本屋を何軒もまわった末、彼は電話1本で目当てのものを見つけた。今なら、彼はアームチェアから立ち上がることもなく、インターネットで探すことができただろう。

第四に、インターネットはネットがなければコンタクトを取り合わなかったであろう買い手と売り手をつなぐことでより多くの取引を可能にした。これは稀覯本や古いおもちゃの売買についても言える。また、部屋を貸したい人とホテル以外の宿泊施設を探している人をつなぐAirbnbなどのサービスもこれに該当する。そして、インターネットにより、安いピザであろうが高級アパートメントであろうが、企業は顧客に最新のオファーを通知できるようになった。実際、企業は自社製品に関心を持ちそうな顧客に的を絞ったマーケティングができる。

これらの潜在的なメリットはスマートフォンの普及でますます増えた。スマートフォンの特性を持った最初のデバイスは1994年にIBMが製造した。電子メールを受信でき、カレンダーやアドレスブックが入っていた。[15] 1999年、日本の通信事業者、NTTドコモがインターネットに接続した携帯電話シリーズの販売を開始し、2000年には、エリクソンがスマートフォンと呼ばれる最初のデバイスを発表した。[16] しかし、ブレークスルーとなったのは、ビジネスマンのあいだで流行したブラックベリー（病みつきになることから「クラックベリー」と呼ばれた）と、2007年にアップル社が発売したiPhoneだ。iPhoneのタッチスクリーンは大ヒットし、面倒なキーボード操作が不要になった。

スマートフォンのサイズと利便性により、これは人気を博し、習慣化し、企業は生き残りのために適応を迫られた。ソーシャル・メディア・ネットワークのフェイスブックは、PC用に設計されたものだが、2012年にスマートフォンに焦点を切り替えた。2016年には、モバイルの収益が事業の84%を占めていた。[17] そして、電話産業の進化があまりにも速いため、携帯電話端末メーカーは追いつかれた。2008年、フィンランドの企業、ノキアは世界の電話市場の半分を占めていた。しかし、2012年に市場シェアが激減し、株価は90%下落した。翌年には携帯電話事業をマイクロソフトに買収された。

中身はどこに?

この素晴らしいテクノロジーの進歩には難しい問題がつきまとう。それほど進歩したのに、なぜ経済全体の成長の伸びは鈍くなったのか? 1891年から1972年にかけて、アメリカの生産性(1時間当たりの生産性として算出)は年平均2・36%の割合で向上した。アメリカ人があれほど裕福になった理由はこれで説明がつくだろう。1972年以降、伸び率は1・38%に鈍化した。そして1996年から2004年のあいだに、再び2・54%に向上した時期があった。ドット・コム・バブルが起こった時だ。しかし2004年から伸び率は再び鈍化した。[18]
経済学者ロバート・ゴードンの主張によれば、イノベーションの最新の波は蒸気機関に基づく産業革命という第一波や、電力と自動車に基づく第二波よりも限定的だと主張する。新しい波は娯楽、情報、コミュニケーションが中心だった。[19] 他の分野の変革はあまり見られなかった。車は1970年代と比べれば、ガジェットが増え、快適になったかもしれないが、渋滞があるために速い移動手段とはならず、2015年のロンドン中心部の平均時速は11キロで、18世紀の馬車と大して変わらなかった。[20] 飛行機による移動は以前より安くなったが、乗り心地は悪くなり(足を伸ばせる空間が狭くなった)、超音速旅客機の実験は放棄された。それに、この40年間、屋内配管がもたらした快適性と衛生面の改善は言うまでもなく、利便性という点で冷蔵庫や掃除機、電子レンジに匹敵する画期的な家電は登場していない。

マサチューセッツ工科大学のアンドリュー・マカフィーとエリック・ブリニョルフソンは、インターネットや機械学習などの他のテクノロジーの恩恵はまだ充分にもたらされていない、そうなるのはこれからだと楽観的な見通しを語っている。[21] 現代のコミュニケーションのスピードは速く、デジタル・データの90%はこの24か月に作成されたものだ。テクノロジーは検索エンジンや安価な通信ネットワーク、無料の情報などで連携コストを減らしている。これにより、企業は最も安く、最も効率のよい提供者に仕事を外注できるようになった。人工知能を使って、人間には考えつかないものができる。ディープマインド(DeepMind)というニューラル・ネットワークにデータセンターの冷却システムを考案するよう頼んだところ、エネルギー消費量が40%削減された。[22]

インターネットの経済的影響についての議論は決着をつけるのが難しい。過去のテクノロジーは効果が発揮されるまで長い時間がかかったのは間違いない。ライト兄弟の初飛行から一般人が民間航空機を利用できるようになるまで60年かかった。カメラが発明されたのは19世紀半ばだが、多くの人がカメラを所有するようになったのは第二次世界大戦後だった。[23]一方、現代のテクノロジーは素早く取り入れられるという性質を持つ。フェイスブックがサービスを開始したのは2004年だが、2008年にはユーザーが1億人を超え、2012年には10億人を超えていた。[24]2018年には22億人に達している。[25]アップル社はiPhoneを発表してから10年後の2017年までに10億台を売った。[26]

楽観主義者には、新しいテクノロジーの恩恵がすべて統計に反映されるわけではないという主張も成り立つ。たとえば、グーグル・マップは道に迷うのを防ぎ、多くの時間を節約した（そして、多くの言い争いを未然に防いだ）に違いない。しかも過去の改革についても同じことが言える。快適をもたらすセントラル・ヒーティングと病気を防ぐ抗生物質の恩恵はGDPに充分に反映されていない。

インターネットの恵みは誘惑でもある。ネットで簡単に音楽が聴ける、映画が観られる、買い物ができる——これはとても楽しい。マイナス面としては、2014年の調査によると従業員の89％が毎日勤務時間中にネットで無駄な時間を過ごしたことを認め、1時間怠けた、それ以上怠けたという人がそれぞれ3分の1程度いたことだ。[27]逆に、ネット通信が利用できるせいで私たちは休暇中でも自宅にいるときでも上司や顧客のメールに返信し、プライベートな時間を仕事に費やしている。こうした細かな時間をすべて生産性の数値に反映させることは非常に難しい。

HALからHALへ

技術革新はいつでも誰にでも歓迎されたわけではなかった。王侯貴族は時にはテクノロジーがもたらす社会の変革に警戒し、労働者は仕事がなくなるのではと心配した。ジョエル・モキイアは次のように述べた――近現代とは、古代世界にすべての答えがあるわけではないと理解し、進歩は可能であり有益であると認めていった時代である。[28] しかし、科学やテクノロジーが制御不能になるのではとの懸念は以前からあった。メアリー・シェリーの『フランケンシュタイン』は技術革新が失敗した話で、映画『2001年宇宙の旅』のコンピュータHALは、コンピュータが人間の主人に取って代わるかもしれないという発想の初期の例である。

これらの不安は今もある。私たちの相互コミュニケーションを容易にしたテクノロジーは同時に企業（や政府）が私たちを追跡するのを容易にした。2017年にスマートフォン・アプリを調査したところ、その88%はユーザーが発信したデータをグーグルへ、43%はフェイスブックへ移せることがわかった。[29] 企業は私たちがネットで何を検索したかを知るばかりでなく、何を買ったか、どこにいるかまで知っている。巨大なソーシャル・メディア・グループの力は、彼らが大きな影響力を持っていることを意味する。ツイッターの荒らしやボットは選挙の候補者あるいはワクチン接種などの公衆衛生に関して偽情報や誹謗中傷を繰り返してサイトを攻撃する可能性がある。フェイスブックのニュースフィード経由で広まる話についても同様のことが言える。

そして国は民間部門よりも多くのことができる。中国は、2020年までに全国民をランク付けする社会信用システムを開発している。信用のスコアを下げる行動は、飲酒運転、禁煙エリアでの喫煙、ビデオゲームの買い過ぎのほか、当然、政府批判も含まれる。スコアが低い人は就ける仕事、泊まれるホテル、子供が通える学校、列車や飛行機での移動の機会が限られる。(30) 中国の国民は、「グレート・ファイアウォール」と呼ばれるネット検閲によって外国のウェブサイトへのアクセスが制限されていることを知っている。ばかばかしいことに、くまのプーさんが習近平に似ているという評判がたったため、その画像がすべて消されたケースもあった。(31)

ソーシャル・メディアの即時性は、うかつな人にとって落とし穴になる可能性もある。2013年、広告会社の重役、ジャスティン・サッコは飛行機で南アフリカに向かう途中、異人種集団のエイズの影響について、伝説となるコメントをツイートした。彼女のフォロワー数はわずか170で、直後にリプライはなかった。彼女は自分のツイートについてそれ以上何も考えていなかったが、着陸したとき、昔の知人から「こんなことになって、とても残念」と言われ、異変に気づいた。しばらくのあいだ、彼女はツイッターのトレンドの第1位にとどまり、多くの人が「ジャスティンはもう着陸したか」と訊いていた。彼女は人種差別を非難され、会社から解雇された。(32) フェイスブックに日々の活動の写真を載せる若者たちは、将来志望するかもしれない企業の担当者が彼らのネット上のプロフィールを調べると知ったら驚くだろう。麻薬使用や酒の飲み過ぎ、性的な写真があれば、多くの企業が採用をためらうかもしれない。(33)

家の中の機器は外出先からスイッチを入れたり消したりできるように、ますますネットに接続されていくだろう。しかし、誰がデータを管理し、情報がハッキングされたら何が起こるのだろう? テクノロジー・サービスのユーザーは、関係する企業に重要なデータを渡している。

たとえば、アイロボットというロボット掃除機は部屋をきれいにするだけでなく、家のマップをつくる。[34] ネットを介しての他人とのやり取りでも、相手が本当は誰なのかわからないし、他人があなたになりすましていてもわからない。アメリカ人の個人情報の盗難による年間被害額は160億ドルを超えると言われている。[35]

もうひとつの懸念は、科学の新発明は地球に害を及ぼすとか、あるいは倫理的に望ましくないのではないかというものだ。この議論が長引いたとしても驚くことはない。一部のイノベーションは度重なる挫折に見舞われてきた。原子力発電所はアメリカのスリー・マイル島で、旧ソ連時代のウクライナのチェルノブイリで、日本の福島で事故を起こしている。これらの災害による死者の数は、数世紀にわたる炭鉱事故や石炭燃焼による大気汚染由来の疾患の死者数と比べれば、はるかに少ない。しかし、破滅的な原発事故の危険性は未だに有権者や政治家の心に重くのしかかっている。うちの隣に原発があればいいのにと望む人がどこにいるだろうか。そして、遺伝子工学によって植物や動物が改変され、それに伴って私たちが依存している生態系まで破壊されるのではないかという新たな懸念も生じた。

では、テクノロジーが雇用を減らすという懸念はどうだろう？　1960年代、ジョン・F・ケネディ大統領は「オートメーションが人間に取って代わる時代に完全雇用を維持すること」が国の優先課題であると宣言した。伝統的な職種の多くが完全に消滅しても、全体的な雇用は増え続けていたことを忘れてはならない。たとえば、1841年のイギリスの国勢調査では、鍛冶屋9万7000人、靴職人21万2000人、煙突掃除人5000人、樽職人1万8000人、家事使用人110万人強となっている。[36] これらの仕事は今では非常にめずらしい。

テクノロジーは、人間をタイピストのような退屈な仕事から解放し、もっと興味深い仕事に就くことを可能にする。かつてどのオフィスにもいた電話交換手はもういない。セントルイス連邦準備銀行の調査によると、アメリカでは1980年代から事務職や単純な肉体労働の仕事が減り始め、単純労働ではない仕事は大幅に増えた。[37] 現金自動支払機（ATM）の導入で、銀行員の雇用は減ったようだ。1990年代半ばから、都市部の支店の平均的な人員数は21人から13人に減った。しかしATM導入により、銀行は支店の運営費を削減することができたため、支店を増やした。実際、今日アメリカの銀行の支店で働いている人の数は1980年よりも多い。銀行員は今では顧客の小切手を現金化するだけでなく、資産管理の相談に乗っている。[38]

それにテクノロジーはたいてい人間よりもよい仕事をする。コンピュータは疲れないし、気が散らない。AIによる癌のスキャン画像解析のほうが経験豊富な医師よりも見逃す確率が低くなるかもしれない。昔から見習い弁護士に任せられてきた膨大な法律文書にあたる骨の折れる仕事は、機械がやればミスが減るかもしれない。

今後、多くの人はコンピュータとの関わりが必須の仕事に就くだろう。1982年から2012年のアメリカ経済の調査によると、グラフィック・デザインなどコンピュータを多く使用する求人は平均よりも急速に増えている。[39] そして、社会の高齢化が進むにつれ、機械には置き換えられない介護職が増加するだろう。コンサルタント会社、デロイトの調査によると、1992年から2014年のあいだに、イギリスの看護助手の数は909%、小学校の担任補助

は580%、介護職は168%増えた。(40)

しかし、こうした職種には待遇が割に合わないものもある。これは別の懸念と関連している。新しいテクノロジー企業の一部は、従来の雇用法をすり抜け、不安定な雇用形態を新たに生み出している。このいわゆる「ギグ・エコノミー」では、決まった勤務時間はなく、有給休暇も健康保険も年金加入権もない。その代わり、労働者は（ウーバー・ドライバーのように）顧客の思いつきで雇われるか、サービス企業で（たとえば、倉庫でのゼロ時間契約など）不定期に雇われる。労働者の中にはギグ・ジョブがもたらす自由が気に入っているという人もいるかもしれないが、調査によると、ほとんどはフルタイムの就職先を求めていることがわかった。(41)

それでも、パート・タイムの仕事を求めている人はおおぜいいて、雑用でも車の移動でもサービスを求めている人もおおぜいいる。以前はこのふたつのグループが互いを見つけることは難しかった。インターネットにより、これが迅速に安価に行えるようになった。

しかし、インターネットの匿名性には危険が潜んでいる。必要なサービスが充分に得られるか、約束通りに代金が支払われるか、どうやって相手を信じたらいいのだろう？　ウーバーやタスクラビットなどのプラットフォームはこの種のサービスも提供し、支払いに関して信頼できる仲介役も担っている。さらにランク付けをして顧客とサービス提供者のマッチングを助けている。悪質な提供者、悪質な顧客はそのうちネットワークから排除される。

パンドラのXボックス

新しいテクノロジーは功罪両面を持つケースが多い。人類は金属を鍛えて鋳造する技術を習得すると、道具だけでなく武器も製造した。綿繰り機はアメリカの奴隷制の存続を長引かせた。自動車は運転する人に移動の自由を与えたが、数百万人が交通事故で犠牲になった。そして、ラジオ放送はローズヴェルトの「炉辺談話」だけでなく、ヒトラーの演説も流した。

インターネットの開発が始まってからすでに30年近く経つが、おそらく私たちはまだ初期段階にいて、その経済的影響を云々するのは時期尚早であろう。技術革新には様々な懸念があるが、高齢化が進む社会の介護のために、開発途上国の若者が仕事に就いてよりよい暮らしを享受するためには、変革が必要だ。テクノロジーは地球温暖化等の問題の対策に欠かせなくなるだろう。太陽光などの再生可能な資源からエネルギーを得るために、そして、二酸化炭素回収などの対策で化石燃料の影響を削減するために、イノベーションは必要になるだろう。本書を執筆中に、脊椎インプラントにより下半身麻痺の人が再び歩けるようになるというニュースが飛び込んできた。

心配すべき時とは、技術革新が停止した時だ。テクノロジーの進歩がなければ、生活水準の向上を望めないし、気候変動といった地球規模の問題にも対処できない。実際、２００７年に先進国経済が陥った沈滞から脱するには、技術革新が必要なのかもしれない。

第18章 金融危機とその後 2007年〜現在

経済学者は1982年から2007年までの安定成長と低インフレ率が長く続いた時代を「大いなる安定」と呼んでいる。19世紀以降のイギリスで財務大臣を最も長く務めたゴードン・ブラウンは「今後、好況、不況を繰り返すことはない」と語った。ところが好況は2007年の金融危機とその余波により壮絶な終わりを迎えた。

この危機は1930年代以降、最悪の深刻なものだった。関係当局は不意を衝かれた。2007年3月、住宅市場で問題が浮上し始めたとき、FRB議長ベン・バーナンキは、それが経済に与える影響について「封じ込められると思う」と語った。2008年5月、イングランド銀行総裁マーヴィン・キングは「四半期の1期や2期はマイナス成長となるかもしれない。しかし景気後退はとうてい中心的な予測ではない」と述べた。(1) ところが結果として、景気後退はこの段階ですでに始まっていた。4か月と経たないうちに、金融システム全体が崩壊すると思われる事態になった。

いくつかの点で、この景気低迷はこれまで何度も繰り返されてきた金融危機と似ていた。銀行が金を貸し、借りた人はそれで住宅を購入する。金を多く貸し出すほど、買い手はもっと高い家を買えるようになるので不動産価格が上昇する。逆に、不動産価格の高騰により、銀行は安心して住宅購入のために金を貸す。やがて住宅価格と購入者の収入の差が広がる。すると貸し手は融資を続けるために審査基準を引き下げる。

金を貸す側にはそうする強い動機があった。昔は、銀行や他の貯蓄機関は不動産を担保に金を貸し、その返済が終わるまで融資を差し控えていた。借り手が債務不履行になると損失が出るからだ。しかし、アメリカ連邦政府抵当金庫、通称「ジニー・メイ」が設立された1968年に、市場に変化が起こった。その姉妹機構である連邦住宅抵当公庫、通称「ファニー・メイ」のように、この政府機関は住宅ローンを借りやすくするために設立され、特定の基準を満たした人に融資した。

1970年、ジニー・メイは住宅ローン担保証券（MBS。モーゲージ証券とも）の発行を開始した。(2) これは住宅ローンなどの債権を裏付けとして発行された7000万ドルの証券だった。借り手がローンの返済を終えても、MBSの利息は支払われた。国債よりも高い利回りで、充分な証券があり、多くの投資家が購入した（そのため、証券化されたローン、すなわち証券化商品と呼ばれた）。

長期的には致命的だったことが判明するこの処置から生まれたのが、モーゲージから流れ出て様々なトランシェ〔証券化商品を特定の条件で区分したもの。フランス語で「一切れ」の意〕に流れ込んだマネーを分割する、しゃれた頭文字の、より複雑になった証券のグループだった。最も安全なトラ

ンシェは最初に支払われ、最後に支払われる最もリスクが高いトランシェと比べると利回りが悪かった。(3)

長いあいだ、これは比較的小さな市場だった。1996年、MBS発行額は5億ドルに満たなかった。ところが住宅価格の上昇が加速すると、証券化された貸し出しも急増した。2003年、発行額は3兆2000億ドルに迫っていた。これらの証券は、ファニー・メイやジニー・メイだけなく民間の貸し手が発行する分も多く、その割合がますます増えていた。(4)

このシステムが危なくなったのは、住宅担保ローンのリスクがいっそう高まったときだった。アメリカの当局は1990年代から2000年代にかけて、積極的に住宅購入を勧めた。その狙いは、銀行にとって融資リスクの高い地区を示す「赤線引き」によって排除されてきた貧困層や民族マイノリティの人々の注目を集めることだった。(5) 住宅所有者の割合は1994年の63・8%から2004年には69・2%に上昇した。(6)

最もリスクの高い借り手は「サブプライム」と呼ばれた。彼らは定期収入がないか、あっても少なかった。無収入（no income）、無職（no job）、無資産（no assets）の借り手までいて、彼らはNINJA（ニンジャ）と呼ばれた。しかし貸し付ける側はあまり気にしなかった。ローンの数に基づいて手数料を稼ぎ、債権はすぐに他の人に売却されるため、当初の債権者はそれが返済されるかどうかを心配する必要はなかった。住宅購入者にとっては、そのようなローンは不動産のはしごに足をかける〔初めて家を買う〕唯一の手段だった。彼らは返済を心配しなかった。買ったときより高い値段でいつでも売れると考えていたからだ。

これらのローンを束ねることは、錬金術に似ている。個々のローンはリスクがあるかもしれないが、発行する側は借り手が一斉に返済を怠ることなどあり得ないと言って投資家たちを安心させた。この頃登場した別の金融商品は、債務不履行のリスクに対して投資家を保証するようになっていた。プレミアムと引き換えに、投資家は債券の額面通りに返済される。これらの契約はクレジット・デフォルト・スワップ（CDS）と呼ばれ、それ自体がまとめられて投資家向けに売られた。

言い換えると、金融商品のピラミッドは住宅ローンを返済する借り手の意思と能力に基づいて築かれていたのだ。クレジット・デリバティブ（金融派生商品の総称）の総額は2004年の5兆ドルから2006年には20兆ドルに膨れ上がっていた。(7)

2005～06年当時、これが深刻な問題とは受け止められていなかった。銀行のバランスシートから住宅ローンを切り離すことで、リスクはそれを受け入れる意思と能力のある人々に再配分されていた。2005年11月、当時FRBの理事だったベン・バーナンキはこう述べた。「デリバティブの安全性に関しては、ほとんどの場合、非常に洗練された金融機関や個人のあいだで取引されており、彼らにはそれを理解し適切に運用する充分なインセンティブがある」(8)

しかし、本当の問題は結局のところ、銀行がサブプライム市場にさらされていたことだった。第一に、証券化されたローンの一部は買い手が見つからず、銀行のバランスシートに残ったままだった。第二に、銀行は株価水準の高い銘柄、すなわち値嵩株《ねがさかぶ》の購入者に金を貸していた。したがって市場が崩壊すると危機に陥り、借り手は金を返せなくなった。第三に、そして最も重要なことに、銀行の財政状況は規制当局が考えていたよりも、はるかに危なかった。

これまでの章で、銀行は常に預金者の信用を失うリスクがあることを見てきた。このリスクを相殺するため、銀行は短期損失を吸収できる株式というかたちで資本を増やす必要がある。スイスの都市にちなんでバーゼル合意として知られる国際的な合意のもと、[9] 2007年以前、銀行が最低限保有すべき自己資本は資産リスクに基づいて決められていた（預金は銀行の負債であり、融資は銀行の資産である）。ところが、危機に際し、銀行が積み上げた資本では足りないことが示された。投資銀行リーマン・ブラザーズが破綻する5日前の自己資本比率は、規制最低値の3倍近くあった。[10]

このケーキの上には腐ったサクランボが載っていたのだ。1930年代のケースでは、パニックになって取り付け騒ぎを起こし、流動性危機の引き金となったのは、小売《リテール》銀行の預金者たちだった。しかし2008年に破綻したアメリカのふたつの銀行——ベア・スターンズとリーマン・ブラザーズ——はどちらもリテール銀行ではなかった。両行とも他の銀行が最大の融資先である卸売《ホールセール》市場で金を借りていた。ある銀行が危なくなると、どの銀行も破滅的な損失を恐れて金を貸し渋るようになる。するとその影響は瞬く間に広がる。

各銀行は独自に

危機は2007年初頭に始まった。住宅購入者がローンを返済できなくなり、サブプライムローンの貸し手が次々と債務不履行に陥った。4月、サブプライムの最大の貸し手、ニューセンチュリーが破産法適用を申請した。6月には、ベア・スターンズが傘下のファンド2社の償還を中止せざるを得なかった。どちらもサブプライム証券に投資していた。8月には、フランスの銀行、BNPパリバが同じくファンド3社の取引を停止した。この段階までに、事態は深刻化し、中央銀行が流動性問題に苦しむ銀行に融資するまでになっていた。FRBも金利を0・5ポイント引き下げた。2007年11月、イギリスの銀行、ノーザン・ロックで取り付け騒ぎが起こった。この銀行は、イギリスの住宅市場でとりわけアグレッシブな貸し手であり、金融の卸売市場に依存してもいた。

この年が不景気だとしたら、2008年はそれよりはるかに不景気な年だった。3月、ベア・スターンズはJ・P・モルガンによる救済および買収を受け入れた（1907年が思い出される）。この取引にはFRBの瑕疵担保責任が必要だった。FRBは最大300億ドルまで損失の責任を負うことに合意した。この救済策は大きな物議を醸した。

9月初め、政府は住宅ローン債権の買い取りや証券化を行っていた2社、ファニー・メイと連邦住宅抵当金融公庫（通称フレディ・マック）の国有化を余儀なくされた。その1週間後、今度はリーマン・ブラザーズが崖っぷちに立たされていた。アメリカの財務長官ヘンリー・ポールソンは政治問題に発展するのを嫌い、公的救済策を講じるのをためらっていた。バークレーなどの競合する銀行は、銀行の損失を補填するという政府の保証がなければリーマンの買収には応じないだろう。そこで、9月の14日から15日の週末にリーマンを破綻させることが決まった。こうしてパニックが起こった。銀行株、銀行債を持っている投資家は皆、絶対損をすると思った。銀行は慌てて手持ちの現金を抱え込んだ。

金融システムの配管にあたるクレジット市場が閉鎖された。公式の短期金利は中央銀行が決める（たとえば、アメリカではフェデラル・ファンド・レート）。通常、銀行が借りるレートは公式金利よりもわずか1ポイント高い。しかし、2008年9月の末、アメリカの銀行は一晩で借入に公式金利より3倍も高く払っていた。(11)

このような状況で安全と思われる銀行はほとんどなかった。メリルリンチはバンク・オブ・アメリカに買収された。買収話が決裂しそうになると、ポールソンが圧力をかけて合意に至らせた。(12)当局は、住宅ローン担保証券の保証を行っていた大手保険会社、AIGを救済せざるを得なかった。AIGが破綻すれば、資産の保証を同社に依存していた銀行にさらに圧力がかかると恐れたからだ。850億ドルの負債を抱えたAIGの買収は、どの企業が救済に値し、どれが値しないかについて、投資家を混乱させた。そのため、彼らは弱い銀行に金を貸すことについていっそう神経質になり、危機を悪化させた。議会は銀行救済案の最初の草稿を却下し、さらなるパニックを引き起こした。

イギリスの財務大臣アリスター・ダーリングは、ロイヤル・バンク・オブ・スコットランド（RBS）があと2～3時間で破綻し、ATMが利用できなくなると告げられた。(13)ロイズ社は、当時の首相ゴードン・ブラウンにスコットランドのハリファックス銀行の買収を勧められた。

結局、政治家たちは1930年代の事態を繰り返すまいと安全策をとった。あの大恐慌は銀行の倒産が引き金になった。各国の政府と中央銀行は大規模な銀行救済パッケージを導入した（アメリカ議会は再考を促されて方針を変えた）。銀行に低金利で金が貸し出された。政府は銀行の資本を増やすために株式を購入した。金利は記録的な低水準まで引き下げられた。

女王陛下の疑問

では、なぜ誰も危機を予見できなかったのか（ロンドン・スクール・オブ・エコノミクスの新校舎の落成式でエリザベス2世が呈した疑問）。[14] 理由はいくつか挙げられる。規制当局は、先進国の銀行部門の力を過信して安心感を得ていたがそれは誤りだった。大恐慌後に導入された預金保険制度により、取り付け騒ぎは過去の問題と思われていた。

しかし、困ったら国が助けてくれると考えるモラルハザードが生まれ、銀行家にとってはリスクをとるインセンティブが多分にあった。19世紀後半、イギリスの銀行は資産の15％から25％に相当する自己資本を持っていた。1980年代にはこの貯えがわずか5％になっていた。[15]

低金利と資産価格上昇の時代が長く続いたため、積極的に金を貸し付けた銀行は成功した。これらの銀行幹部は報酬として株式オプションを与えられ、その価格は急騰した。そして、株価のパフォーマンスは年間（あるいは四半期）の収益の変動に固定されていた。その結果、長期のリスクよりも短期の収益が注目された。銀行の最高幹部は大金持ちになった。リーマン・ブラザーズのリチャード・ファルドは1993年から2007年のあいだに5億ドルの給与を受け取った。

信用拡張は資産価格を押し上げるため、一般の人でも以前より金持ちになったような気がした。また、政府の税収も増えた。政治家たちは、金の卵を産み続ける金融界のガチョウを規制によって殺すのは惜しいと思っていた。銀行家たちはあんなに金を稼いでいるのだから、きっと賢いのだろうと思われていた。多くの銀行家が政界へ引き抜かれた。(ここで投資家と学者のやりとりが思い浮かぶ。投資家が学者に「あなた、そんなに頭がいいのに、どうして金持ちになれないんですか?」と訊くと、学者は答えた。「あなた、そんなに金持ちなのに、どうして賢くなれないんですか?」)

2008年、ムードが一変し、財政部門の信用は回復までに長い時間を要する。救済措置のほかにも問題があった。スキャンダルとしては、およそ350兆ドルの金融取引の基準となっていたLIBOR(ロンドン銀行間取引金利)がトレーダーによって不正操作された事件があった。[16] 銀行はまた、住宅ローン担保証券の不正販売、資金洗浄、支払い保証保険の不正販売で罰せられ、ウェルズ・ファーゴは販売目標を達成するために顧客に無断で200万の架空口座を開設して罰せられた。[17] ボストン・コンサルティング・グループによると、金融危機後の10年間に、世界の銀行が各国の規制当局に支払った罰金は合計で3210億ドルにのぼり、そのうち2040億ドルは北米で発生したものだった。[18]

規制当局は罰金を科すだけでなく、他の方法でも金融部門を改革した。アメリカでは議会が848ページにも及ぶドッド・フランク法を成立させた。ちなみに、大恐慌の最中に成立したグラス・スティーガル法はわずか37ページだった。[19] このような複雑な法律をつくることで、規制当局は銀行が利用できる抜け穴を増やしただけのように思える。しかも銀行は多くの弁護士やコンプライアンス担当者を雇う必要に迫られて運営コストもかさんだ。

より効果的な改革は銀行に自己資本の増加を義務づけることだった。そうした貯えがあれば今度金融危機が起こっても、その規模を縮小できる。常にトレードオフがあった。世界は企業や消費者に金を貸して経済成長を促す銀行を必要としている。規制が強化されれば、活動が制限される。しかし、銀行が過剰に、無分別に金を貸し出す危険は常にあり、規制当局はそうならないように目を光らせている必要がある。

金融危機のあと、経済学者たちは経済における金融部門の役割と負債レベルにあまり関心を払ってこなかったとして批判された。彼らは銀行のことを預金者と借り手のあいだの導管ぐらいにしか思っていなかった。経済学者は、貯蓄と投資の全体的レベルを押し上げる要因を突き止めることこそ重要な研究と考えていて、そのプロセスの仕組みにはあまり注目してこなかった。全体にインフレ率が低水準にとどまっていたため、消費者の債務増加の影響を気にする人はほとんどいなかった。これが大きな判断ミスだった。

恐慌は回避された

金融危機の初期、経済のデータは１９３０年代の大恐慌のように急速に悪化した。底に達したとき、工業生産はピーク時から13％落ち込み、世界貿易高は20％減った。[20] しかしそこへ各国の政府や中央銀行が介入し、大規模な支援策を実施した。２００８年11月、中国は国内経済を支えるため、史上最大の５８６０億ドル規模の景気刺激策を発表した。[21] アメリカ議会は２００９年２月にアメリカ復興・再投資法を可決した。これはバラク・オバマ大統領がとった政策のひとつで、減税と歳出増加を合わせて7870億ドル規模の景気刺激策だった。G20の首脳はロンドン・サミットで、IMFと世界銀行の融資能力を拡充し、世界経済へ1・1兆ドルを投入することに合意した。

加えて、中央銀行が借入を刺激するために利下げを続けた。FRBの主要金利は2008年末には0・25%になっていた。そのわずか15か月前は、5・25%もあったというのに。同年、量的緩和も開始された。これは中央銀行がマネーの量を増やし、国債を買い入れることを意味する。目的はふたつあった。第一に、1930年代に起きたようなマネーサプライの減少を防ぐ。中央銀行が債権を買えば、売り手の口座のマネーは増える。第二に、長期債利回りと短期借入金利を引き下げる。すると、企業や住宅購入者の借入コストを減らすことができ、経済への金融のプレッシャーを緩和することができる。

これらの抜本的な対策は実際の問題に対処するためのものだった。問題のひとつは、いわゆる「ゼロ金利制約」だった――金利がゼロまで落ちたらどうすればいいのか？ 金融システムの中には、マイナス金利を課せる部門があった。たとえば、中央銀行に準備預金として一定額の預け入れを義務づけられている民間の金融機関だ。しかし、民間銀行の預金者にまでマイナス金利を適用して金を取ることは行き過ぎに思えた。一般大衆は預けているだけで残高が減れば腹を立てるだろう。多くは現金を引き出してマットレスの下に隠すほうを選び、また取り付け騒ぎになるに違いない。

これらの大胆な対策には効果があった。株式市場は2009年春に底を打ち、長期の強気相場に転じた。ピーク時から谷底までのアメリカの生産高の減少は４・８％で、前回のアメリカの不況時の中央値の下落幅よりも小さかった。[22]とはいえ、世界的な景気回復はうんざりするほど緩慢だった。銀行部門の崩壊を経験した11か国のうち、危機から８年経って１人当たりＧＤＰが完全に回復したのは５か国にとどまった。[23]

これらの救済策は賛否両論だった。アメリカでは銀行救済策に抗議する「ティー・パーティー」運動が起こった。これが、２０１０年の中間選挙での共和党勝利に貢献し、ドナルド・トランプの台頭を勢いづけた。量的緩和は、かつてドイツでハイパーインフレを招いた対策と同じで、政府支出のために金を刷るようなものだと考える人がいた。また、量的緩和は金融資産の価値を押し上げることで富裕層の富を増やし、その結果、格差を広げたという意見もあった。

ユーロ圏の分裂

世界全体の問題に追い打ちをかけるように、まもなく欧州危機が起こった。ヨーロッパの銀行の多くはアメリカの住宅市場の影響を直接受け、ドイツ銀行やスイスのＵＢＳなど特にアグレッシブな銀行の財政状況はアメリカの競合相手と比べて２倍も危うかった。２００７年、世界の三大大手銀行はすべてヨーロッパの銀行だった。[24]危機が起こったとき、ヨーロッパ各国の中央銀行と政府は自国の銀行部門の緊急支援に乗り出し、低金利融資や株式購入といった対策を講じた。その結果、以前は民間部門が負っていた赤字が国のバランスシートに計上されることになった。２００７年から２０１３年のあいだに、ユーロ圏の政府債務残高の対ＧＤＰ比率は66％から

93%に上昇した。(25)

負担が重すぎたケースもあった。アイルランドは1990年代には「ケルトの虎」と呼ばれ、2000年代には国内銀行の融資に支えられた不動産ブームを享受した。ところが2008～09年に銀行が破綻したとき、債務はGDPの5分の2になっていた。その後の不況で、アイルランドの生産高は11%以上減った。税収が落ち込み、政府債務は急増し、ピーク時にはGDPの120%に達した。2011年にはEUとIMFによる緊急支援が必要になった。(26)

ギリシアの状況はそれよりも悪かった。同国は2001年にユーロに参加したものの、その適性は疑われていた。(2000年の時点で、財政赤字対GDP比が104%あった)。(27) ギリシアは加盟基準を満たすために赤字の数値を操作していたのだ。イタリア、スペイン、ポルトガルと同様、ギリシアはユーロ圏の金利の収斂により、借入コスト低下の恩恵を受けていた。しかし2007年の危機の余波で状況が悪化する。2009年、ゲオルギウス・アンドレアス・パパンドレウ首相は、その年の財政赤字が予測通りのGDPの3・7%ではなく、12・5%になると発表した。同時に、2008年の赤字がすでに公表した5%ではなく、実は7・7%だったと公表した。(28)

ギリシアの信用格付けはたちまち引き下げられ、政府は緊縮財政関連法案を可決し、赤字を抑えようとした。しかし、それだけでは投資家の不安を払拭できなかった。そして、4月、ギリシア政府は金を借りるのにドイツ政府よりも10ポイント多く支払っていた。ギリシアはIMFやEUの加盟国に緊急支援を求め、これはさらなる緊縮財政と引き換えに与えられた。その結果、一連のストライキや暴力的な抗議運動が起こり、銀行に火炎ビンが投げ込まれた事件では3人が死亡した。

ギリシア国民は罠にはまっていた。海外の債権者は経済改革を訴えたが、緊縮財政により経済はさらに悪化した。経済生産高はほぼ4分の1に減った。(29)ギリシアが部分的債務不履行《デフォルト》になるのは明らかだったが、デフォルトの可能性に投資家は警戒し、国債利回りはさらに引き上げられた。2012年の春には、10年国債の利回りは44％になっていた。

一時期、ギリシアがユーロ圏を離脱してドラクマに戻るのではと思われた。しかし、これはあまり魅力的な見通しではなかった。ドラクマに切り替えるには30％かそれ以上の大幅な通貨切り下げが必要になる。そうなれば、ギリシアの銀行の預金者は貯金の価値が急激に減るのを目の当たりにするだろう。多くの人は金を外国の銀行に預け替えようとするだろう。するとギリシアの銀行の取り付けを防止するために資本規制が必要になる。一方、ギリシアが世界に負っている借金はユーロ建てのままで、通貨切り下げのあとではさらに高額になる。デフォルトは避けられないだろう。

デフォルト直後は、ギリシア政府が金を借りることは非常に割高になる。そのため、政府は緊縮生活を課すか、財政のために金を刷ってインフレを起こすかのどちらかだ。通貨切り下げは輸入品の価格を押し上げるため、インフレはすでに始まっているだろう。これらの不利な点を考えると、政治的信条も様々なギリシア政府がEUの過酷な条件にもめげず、EUによる救済を選択し続けたことは不思議ではない。2016年、ギリシアは未だ13の緊縮政策に耐え、政府債務はまだ対ＧＤＰ比１８０％だった。ユーロ圏は経済の「ホテル・カリフォルニア」と呼ばれていた。いつでも好きなときにチェックアウトできる、でも出て行くことはできない。

どんな手を使っても

ユーロ圏の完全な崩壊は欧州中央銀行（ＥＣＢ）の助けで回避された。２０１２年7月、ＥＣＢ総裁マリオ・ドラギはユーロを守るためなら「何でもする」と述べた。彼は金利をマイナスに引き下げ、ユーロ圏の政府の借入コストを減らす証券購入プログラムを開始した。これが成功して、２０１６年にはアイルランドもスペインも1％未満で10年間、金を借りられるようになった。

それでも、何度か悲惨な事態になり、ヨーロッパは危ないという感覚が生まれた。その影響もあり、イギリスでは２０１６年6月の国民投票でＥＵ離脱が決まった。他の国々では、これはポピュリストで反ＥＵ（そして反移民）の政党の台頭を促した。一連の出来事は、ドイツやオランダなど「北の」債権国と、主に地中海の「南の」債務国の対立という構図で見られた。債務国は頭文字をとってＰＩＩＧＳ《ピッグス》と全然うれしくない名称で呼ばれた。すなわちポルトガル、アイルランド、イタリア、ギリシア、スペインである。(30) 北の国は、南の国が充分な規律を示さず、ドイツや他の国の勤勉さに「ただ乗り」していると思った。危機が始まったとき、ギリシア人の定年は61歳だったが、ドイツは定年を67歳に延長すると発表したばかりだった。(31) ギリシアは闇経済、もしくは非公式経済で悪名を馳せ、市民の脱税が横行していた。

南の国の国民（そして多くの経済学者）から見て、問題はドイツが貿易黒字と財政黒字の両方の達成を目指して、あまりにも制限的な政策をとってきたことだった。実際、ドイツはたくさん稼いで貯めて、少ししか使わないため、ユーロ圏の他の地域にデフレを輸出していた。（ドイツと競争するために、他国は賃下げを余儀なくされた）[32] 理屈の上では、すべての国が貿易黒字になることはあり得ない。ドイツは他国を赤字に追いやりながら、それはその国に責任があると主張した。

この危機はまた、単一通貨の導入の方法が間違っていたのではと考える人の疑念を裏付けた。あまりにも多くの国に参加が認められた。ヨーロッパは1970年代、80年代、90年代と何度も通貨危機に悩まされてきたが、その都度、通貨切り下げという単純な手段を用いて経済政策を調整することができた。ギリシアやイタリアが輸出でドイツに勝てなくなると、通貨を切り下げて出直せばよかった。単一通貨圏内では、この手はもう使えない。

さらに、ユーロ圏では通貨変動によるリスクはなくなったが、すべてのリスクが取り除かれたわけではなかった。投資家の不安は今度は債券市場に向けられた。債権利回りの上昇は、経済全体で借入コストを上げることにより、小幅な通貨切り下げよりも大きなダメージを与えた。

もっとおおざっぱに言うと、ＥＵは共通の財政当局も地域の預金保険もない通貨圏を創設したのだ。イギリスやアメリカのように、自国通貨を持つ国では、自国の政府が資金を強い地域から弱い地域へと移せる。ＥＵでもこれはある程度できているが、不況に対処できる規模ではない。銀行はブリュッセルではなく、それぞれ自国の政府によって支えられていた。政治的理由でそうなっていたことは理解できる。ドイツとオランダはヨーロッパの他の国の借金を肩代わりしたくなかった。しかし、これが2008年の危機でユーロ体制をさらに脆弱にした。

別の批判は、EUが欧米諸国の政府全般と同様に、緊縮財政にこだわりすぎたというものだ。左派の批判者は、政治家が2009年に発生した大きな財政赤字に怯えていたと主張した。2007年の主要11か国平均の財政赤字は0・3%だった。2年後、それが5・4%になっていた。(33) 英米はともにGDP比10%の財政赤字を抱えていた。当時の政治家たちは、そのような莫大な赤字は債券投資家を遠ざけ、借入コストを押し上げ、その結果、ギリシア式の危機に陥ると心配した。

しかし、批判者はそんな心配は無用だと主張した。自国通貨で国債を発行し、従順な中央銀行を持つ国は（量的緩和によって国債を買い入れるので）市場を恐れる必要はない。実際、大きな赤字にもかかわらず、債券利回りは歴史的な低水準だった。むしろ、緊縮財政を推し進めたのは、小さな政府を求める大西洋の両側の保守政治家たちの政治的執念であるというのが、批判者たちの見方である。緊縮財政は事態を悪化させただけだった。赤字を解消する最良の方法はすみやかに経済を成長させることだ。そうすれば税収も増える。この主張は2016年、IMFという予想外の味方を得た。IMFは「債務を削減するために必要な増税や歳出削減のコストは、債務削減によってもたらされる危機リスクの軽減よりもはるかに大きくなる可能性がある」と警告した。さらに「財政健全化のエピソードのあとには、平均して、生産拡大ではなく下落が続く。平均して、GDP1%の財政再建は長期失業率を0・6ポイント引き下げる」と付け加えた。(34)

ところで、経済学者が「緊縮財政」について語るとき、それが何を意味するか、注意が必要だ。彼らは赤字の傾向について語っているだけで、赤字の絶対的水準について語っているのではない。言い換えると、イギリス政府が２０１１年にＧＤＰ比７・５％を借り入れたとき、史上有数の大きな赤字だったにもかかわらず、まだ「緊縮」下にあった。これは、２００９年に赤字を10・１％に減らすために政府が増税し、歳出を削減し、つまり国民のポケットからお金をとっていたからだ。長引いた緊縮財政の時代のあとでさえ、ＯＥＣＤの（32か国のうち）22か国は２０１５年にＧＤＰの40％以上を支出していた。(35)

先進国でＧＤＰに占める社会支出（失業手当、健康保険、年金）の割合が減る兆しはほとんどなかった。欧米社会が高齢化するにつれ、この割合はますます増えるだろう。１９６０年、西ドイツは社会保障にＧＤＰの15％以上を費やした唯一の国だった。今ではほとんどの国がそれよりはるかに大きな額を支出している。フランスの社会支出はＧＤＰの30％を超えている。保守派がマーガレット・サッチャーやロナルド・レーガンの時代から政府を小さくしようと努力してきたとすれば、彼らは立ち止まるために走っていたのだ〔Ｕ２の歌詞からとった言い回し〕。イギリスのシンクタンク、財政研究所の調査によると、長年の緊縮財政のあと、２０１７～18年の公共支出は２００７～08年のイギリスのＧＤＰに対する割合と同じになるよう設定されていた。(36)

賃金の罪

実質賃金の伸び悩みも有権者の不満のもとになっていた。１９７０年代半ばから２０１７年のあいだに、アメリカの賃金の中央値は年にわずか0・2％しか上がらなかったが、（雇用が失われ、資本家が利益を増やしたため）ＧＤＰの労働分配率は65％弱から57％未満に下がった。[37] イギリスでは２０１６年末まで実質賃金がまったく伸びない状態が続いた。こんなことは第二次世界大戦後、初めてだった。[38] 民主主義の根幹は、労働者が繁栄の約束と引き換えに政治家に票を投じる取引であり、政治家たちは約束を守っていないと見なされた。ポピュリスト政治家はヨーロッパじゅうで支持を増やし、フランスのマリーヌ・ル・ペン、イタリアのマッテオ・サルヴィーニ、ハンガリーのオルバーン・ヴィクトルが台頭した。

実質賃金の低迷の理由には様々な説明がなされた。右翼はそれを移民のせいにし、非熟練労働者の流入が労働供給を増やし、そのために賃金が低く抑えられていると主張した。しかし、移民は労働者であると同時に消費者でもあった。彼らは労働供給を増やすとともに、物品の需要も増やした。この「労働塊の誤謬」を根絶するのは難しい（第9章参照）。

本書で先に述べたように、真犯人はほかにいる。ＩＭＦの研究によると、ＧＤＰの労働分配率低下の原因の半分は、単純作業の機械化などテクノロジーの影響による。原因の別の4分の1はグローバリゼーションである。先進国の企業は賃金の安い国に事業を移転している。[39]

金融危機後の全体的な景気低迷により、以前のモデルを見直す経済学者も現れた。ビル・クリントン政権で財務長官を務め、オバマ政権で国家経済評議会委員長を務めたローレンス（ラリー）・サマーズは長期的な力が働いていると述べた。彼は、１９３８年にアルヴィン・ハンセンが最初に唱えた「長期停滞」論を復活させた。[40] サマーズは、２００８年の金融危機の影響は、生産高のトレンド成長率を永久に変えるほど強かったと主張する。懸念すべきは、いかなる金利水準でも「完全雇用で貯蓄と投資のバランスをとる」ことができない点だった。

この変化の背景には様々な要因があった。高齢化が進み経済成長が鈍化すると、企業は新しい工場や設備に投資する必要性をあまり感じなくなる。さらに、設備投資の大部分は技術的な設備に集中し、それらは定期的に更新する必要があるうえ、価値が着実に下がっていく。この組み合わせが投資の需要を減らしていた。一方、広がる格差はマネーを、収入の大半を使う人（貧困者）から、その多くを貯蓄にまわす人（富裕者）へと移していた。この変化が貯蓄水準を押し上げていた。

同時に、年金基金などの投資機関は規制上の理由から、慎重な運用を強く求められていた。これにより、国債などの安全な資産の需要が高まった。要するに、低い投資傾向と高い貯蓄傾向の組み合わせが、非常に低い金利を招いた。世界レベルでは１９９０年代から２０００年代初めにかけての実質（インフレ後）金利は３％以上だったが、２０１０年以降は１％未満に下がっている。(41)

もうひとつの問題は、人口動態の変化が経済成長に与える影響だ。１９５０年、日本の人口の4分の1は40歳以上で、65歳以上は5％だった。２０１０年には、人口の半分が40歳以上、4分の1近くが65歳以上になっていた。２０００年から２０１８年のあいだに日本の労働人口は13％減った。少ない労働人口で経済を成長させることは非常に難しい。ＦＲＢの論文の推定によると、２０１１年から２０１５年のあいだに、日本のＧＤＰ成長率はこの労働人口の減少により、

2ポイント下がった。(42) 結局、1988年から2018年までの日本の年成長率は平均1・3%で、戦後の奇跡はもはや見る影もない。日本は依然として豊かな長寿社会だが、高度経済成長時代は完全に過ぎ去ったようだ。

OECD全体では、人口動態は2010年から成長の足を引っ張り始め、2040年までその傾向が続くと思われる。

労働者の権利

ギグ・エコノミー(第17章参照)は、遊ばせている資源(この場合は労働力)を活用することにより、経済全体の生産性を高めるひとつの方法と見ることもできる。同様に、Airbnbなどアパートや家をシェアするサービスの拡大は、不動産の使用時間を大幅に増やし、これは資源の有効活用だ。

しかし、ギグ・エコノミーは労働者の権利については疑問符が付く。19世紀末から20世紀にかけて、労働者は有給休暇、病気休暇、出産休暇、年金、健康保険など、より多くの権利を要求し、勝ち取ってきた。これらの権利はだいたいフルタイムの雇用に適用され、パートタイムや臨時雇いには適用されない。雇用主の立場から見れば、これらは雇用のコストを大幅に増やす。懸念されるのは、企業がフルタイムの従業員の代わりに低コストの権利の少ない臨時契約者を雇うことで、ギグ・エコノミーがひとつの「規制の回避行動」となることだ。

その線引きは難しい。もし、ある労働者が1社だけにサービスを提供し、会社が仕事の進め方について充分な条件を課している場合、その労働者は契約者ではなく正規の従業員といえるだろう。[43] さらに、そのような労働者は完全にプラットフォーム提供者の思うままにされるだろう。ちょうど、昔の港湾労働者が毎日埠頭に集まり、親方に選ばれれば仕事にありつけたように。

一方、多くの人はフリーランスや自営業者として働くほうを選び、調査によると、彼らは普通の会社員よりも満足していることがわかった。[44] 誰もが工場かオフィスでフルタイムの仕事に就き、職業人生の大半を1人の雇用主のもとで過ごすという考えは、19世紀、20世紀に生まれた。それは1820年以前は稀で、それが再び稀になっているのかもしれない。

しかし、もし雇用主が福利厚生や給与を提供できなくなったら、国が介入してその隙間を埋めるべきだ。ひとつの提案は、政府が全国民に現金を支給する「ユニバーサル・ベーシック・インカム」である。これは一部、社会保障制度に代わるものだ。大きな問題は、まともな生活水準を維持するに足りるベーシック・インカムの財源をどうやって捻出するかだった。莫大な予算が必要になり、税負担が重くなることは避けなければならない。[45]

テクノロジー部門もまた、様々な産業を脅かしてきた。たとえば、音楽。以前、音楽を聴くにはビニールのレコード盤、カセットかCDを買わなければならなかった。ラジオはただで聴けるが、選曲はできない。しかし、スポティファイのようなストリーミング・システムが出現し、わずかな月額でユーザーが選べる曲が数千曲、用意されている。実際、私はこの文章をタイプしながらプレイリストを聴いている。これは消費者にとっては朗報だが、アーティストにとってはツアー収入に頼る比率が増し、それほどありがたくはなかった。同様のことは新聞でも起こっている。ネットで無料の情報が得られるため、新聞の有料購読者数は減り、多くの新聞社の収入源だった求人や自動車販売の広告はクレイグスリストなどのネット掲示板に奪われた。

これらのテクノロジー・サービスは従来の業者よりも格段に有利だった。一度ネットワークやソフトウェアを構築してしまえば、追加のユニットを構築したり、新しい顧客を追加したりするコストはゼロに近い。だから、成功した製品は競合に勝てるのだ。しかし、理論上、競争の激しい市場で製品コストがゼロに近づけば、製品価格もゼロに近づく。とすれば、企業部門の収益が損なわれるのではないか?

今のところ、そうなってはいない。テック企業は2010年代、収益を積み上げていた。その理由は、自然独占と思われる面もある。すでに述べたように、多くの人は友人がフェイスブックを利用しているからそうしている。競合サービスが追いつくには途方もない努力が必要になるだろう。一方、グーグルは「インターネット検索」の代名詞となり、そのため広告リンクの販売で収益を生み出せる。そして、アマゾンはその圧倒的なスケールにより、価格でも配送でも競合する小売業者の追随を許さない。

しかしながら、これらの大手企業が獲得した独占のパワーは「テックラッシュ」〔techlash。技術(tech)と反発(backlash)を合わせた造語〕を生んだ。一般大衆は巨大企業に個人情報を渡すことにファウスト的取引を心配し始めた。巷間言われるように、サービスを無料で利用できるのは、あなた自身が商品だから。インターネットは攻撃的な発言や憎悪に満ちた脅迫を助長するために使われ、テック企業は防止策を怠っているとして責められた。また、その税金問題の処理の仕方についても批判されてきた。多くは組織の主要部門を低税率の国に置き、ヨーロッパの大国ではほとんど収益を上げていないように見せている（したがって、ほとんど税金を払っていない）。2016年、EUはアップル社がアイルランドで受けてきた優遇措置は違法と判断し、130億ユーロの追徴課税を命じた。[46]多国籍企業は節税のために財務を操作できるという考えもまた、ポピュリズムの台頭を招く要因になっている。経済的エリートのための規則があり、その他おおぜいのために別の規則があるという感覚だ。

希望が持てる展開

債務危機後から続いているもうひとつの変化は、開発途上国、あるいは新興市場国の発展である。1991年、先進国の経済は世界のGDPの63%以上を担っていた。しかし、中国の急成長により、富裕国のシェアは減っている。2000年には57%になり、2008年には新興市場国が初めて追い越した。2018年現在、IMFによると先進国のシェアは40・6%まで減った。[47]

中国の成長率は2000年代初めの2桁台の伸びと比べると少し減速しているが、それでもまだ（2019年現在の）6～6・5%という政府の目標は10年余りで経済規模を倍増するのに充分な数値だ。中国の金融システムは若干自由化され、中央銀行は金融市場での人民元の使用を許可している。しかし、巨額の債務が積み上がっており、2017年末には（金融部門を除いた）GDPの282%に達した。2008年末の158%と比べると大幅な増加である。[48]経済学者はふたつの陣営に分かれる傾向がある。一方は、この債務は不動産の投機や産業の過剰生産能力を助長し、いずれ破綻するのは避けられないと考えている。もう一方は、2019年6月現在、3・1兆ドルもの外貨準備があるため、政府が問題を処理できると考えている。[49]

世界で2番目に人口の多いインドも、1998年から2018年のあいだに経済規模が4倍になり、引き続き成長している。民間企業の進出を妨げる官僚主義など、多くの構造上の問題を抱えてはいるが、経済は年7%の成長率を遂げていた。インドには無駄になっている能力が多い。2018年現在、15歳から29歳の人口の3分の1が就学も就労もしておらず、職業訓練も受けていないニートである。鉄道の仕事に10万人の求人が出たときは、2000万人が応募した。[50]

もちろん、「開発途上国」とは幅広く様々な国を指す。2014年、高インフレと巨額の経常赤字に悩まされている国、「フラジャイル5」(脆弱な5か国)がしきりに取り沙汰された。問題の5か国はブラジル、インドネシア、インド、南アフリカ、トルコ。ここにロシアを加えて「サスペクト6」(怪しい6か国)と呼ぶこともある。[51]

新興市場は実際、先進国の金融危機を20年前の時よりも上手く乗り切った。グローバリゼーションのおかげで、新興国の多くは海外に部品製造や組立の工場を設ける多国籍企業のサプライチェーンに組み込まれた。これらの工場を建設した多国籍企業がそこから撤退することはあり得ないだろう。しかし、ロシアのようにコモディティに依存していたこれらの国々は不況による原材料価格の下落に対して脆弱だった。

おそらく経済破綻の最も顕著な例がベネズエラだ。2017年までに、人口3400万人のうち270万人が国を出て、その多くは隣国コロンビアに避難した。彼らは混乱した経済から逃れた。2019年にはインフレ率が1000万%に達した一方で、生産高は2018年に18%落ちた。[52] 世論調査では、ベネズエラ国民の93%が必要な食料を買う金がないと答え、4分の3が前年より体重が落ちたと答えた。1人当たりの収入は1950年代の水準まで下がった。[53]

このすべてが、サウジアラビアよりも多い石油埋蔵量を誇る国で起こった。ベネズエラ危機はウーゴ・チャベス政権と、その後継のニコラス・マドゥロ政権に責任がある。チャベスは元軍人で、最初クーデターで権力掌握を試みたが失敗し、その後選挙で大統領に選ばれた。チャベスは革命的社会主義を掲げて国を治め、社会保障、食料とエネルギーへの補助金、同盟国への援助に莫大な金を注ぎ込んだ。しばらくのあいだ、こうした政策は石油の高価格によって充分に支えることができ、国内での彼の支持率は高く、外国の左翼政治家にも支持された。しかし、チャベスは石油会社を国有化して経営を悪化させたうえ、多くの民間企業を駆逐した。それだけでなく、彼は反対派を脅迫し、彼にとって不愉快な新聞やラジオ局を閉鎖した。哀れな後継者マドゥロは政府支出を賄うために紙幣を刷っただけでハイパーインフレを起こし、スーパーマーケットの棚を空っぽにした。[54] ソ連崩壊後の社会主義経済の失敗例を見たいなら、ベネズエラに行けばいい。

排外主義者の復活

2016年、世界は国家主義寄りの方向へ転換した。まず、イギリス人が国民投票でEU離脱を決定した。2番目にドナルド・トランプが保護主義者の候補としてアメリカ合衆国大統領になった（一般投票では300万票近く負けていたにもかかわらず）。これを書いている現時点で、ブレグジット票がヨーロッパ経済をどれほど破壊するかはまだわからない。しかし、トランプは特定の製品（鉄鋼やアルミニウム）、特定の国（特に中国）を対象に関税を課して徹底的に戦う姿勢を見せた。

今後、中国との貿易戦争がどうなるかはわからない。トランプ大統領はメキシコやカナダとの交渉では、大きな脅しで小さな譲歩を引き出す戦略をとっていたようだ。中国ともそうなるかもしれない。それよりも心配なのは、彼の姿勢の土台となっているイデオロギーである。第一に、彼は貿易赤字を相手が不正をしてアメリカが損をしている証拠ととらえていた。これは、1776年にアダム・スミスによって誤りであると暴かれた思想、すなわち重商主義の復活である。現実には、関税は国内の貯蓄と投資の不均衡を表している。投資が貯蓄を上回ると、経済は外国から資本を集める必要があり、それには経常赤字を出すしか方法がない。見方を変えれば、アメリカ人はあまり貯金をしないし、輸入品に金を使い過ぎる。どちらも外国とは何の関係もない。

ふたつ目の問題は、トランプが外国企業は関税を払っていると誤解していることだ。実際、関税を払っているのは商品の輸入業者である。そのような商品を輸入する企業は増えた分のコストを、収益を減らしてカバーするか（すると投資家への配当が減る）、あるいは労働者の給与を下げるか、商品の値上げで埋め合わせるしかない。多くの場合、輸入品というのは輸出向けに製造する商品の単なる部品かもしれない。つまり、関税はアメリカの企業の競争力を奪っているのだ。もちろん、企業は国内の部品メーカーに切り替えることもできる。しかし、国内のサプライヤーから買えば割高になる決まっている。そうでなければ、そもそも企業は製品を海外から輸入していないはずだ。

全体的な影響は、経済の効率を低下させる。トランプの関税は悪手には違いないが、第二次世界大戦前に流行っていた関税ほどではない。しかし、アメリカのシンクタンク、タックスの研究によると、脅しの関税がすべて実施されていれば、アメリカのGDPは0・6％下落し、賃金は0・4％下がり、およそ460万人の雇用が失われていたという。(55)

この300年間、世界は時折危機に見舞われながら、長期の成長を享受してきた。次の危機はシンガポールへ、フェリクストウへと船を動かしているこの貿易パターンが遮られたときに起こるのかもしれない。

エピローグ

２０１９年12月末、中国湖北省の病院で「原因不明の肺炎」の症例が報告された。中国政府は２０２０年1月までには、のちにｃｏｖｉｄ－19と呼ばれる新型コロナウイルスの感染拡大を防止するために複数の都市を閉鎖していた。だが、まもなく他のアジア諸国でも感染者が見つかり、その後ヨーロッパ、アメリカでも見つかった。各国は国境を閉鎖し、中国からのフライトをキャンセルした。

感染爆発の初期段階、識者の多くは新型コロナの拡大は、２００２～03年のＳＡＲＳや２００９～10年の豚インフルエンザに似ていると考えていた。過去のこれらの疫病は経済に大きな打撃を与えることなく収束した。ＩＭＦは2月に、２０２０年の世界の経済見通しを下方修正したが、わずか0・1ポイントの下げにとどめた。しかし、すぐに明らかになるのだが、この新型ウイルスは感染力が強く、多くの患者に集中治療が必要になった。政府は医療崩壊を警戒した。そこで各国政府は飲食店などほとんどの店舗を閉鎖し、可能な人には在宅ワークを求め、経済を封鎖した。このような活動停止はこれまでのパンデミックでは試みられたことがなかった。

人によっては、このような活動停止を個人の自由を奪う許しがたい暴挙と感じた。人が集まり、取引する権利の侵害である。新型コロナは高齢者の死亡率が高く、他の年齢層にまでロックダウンを強制する必要はないという意見もあった。しかし、この手段は社会が昔よりも人命を非常に重んじていることを示している。そして、ロックダウンの過酷さは現代のテクノロジーによって一部緩和され、サービス部門の従業員の多くは在宅勤務に切り替えることができた。

それでも、経済活動の衰退は著しかった。2020年4月、世界の貿易高は2019年4月と比べて16％減った。イギリスのGDPは同月、20％以上低下し、2008～09年の不況の影響の3倍だった。アメリカでは第2四半期（4～6月）のGDPが9・5％減り、3か月の落ち込みとしては史上最悪となった。

生産高の激減と、失業者の急増は1930年代の大恐慌を彷彿とさせた。しかし、1930年代に本当に「憂鬱」だったのは、経済活動が回復し労働者が再就職できるまでの長い時間だった。2020年の危機には政府や中央銀行は極めて迅速な対応をした。中央銀行は史上最低まで金利を引き下げ、さらに多くの金融資産を買い入れると約束した。政府は休業中の人でも給与の大半を受け取れる「休暇」制度の資金を出すなどして、企業を支援した。

これらの行動は急速な回復を助け、イギリスのGDPは6月に8・7％、7月に6・6％回復し、アメリカの失業率は4月に14・7％あったのが、8月には8・4％に減っていた。しかし、長期的な痛手は避けられないだろう。レストランや航空会社など業種によっては、収益が大幅に減少し、需要が戻るまでには何年もかかるだろう。ワクチンが開発されるまで（そして世界中に行き渡るまで）、新型コロナの新しい波が起こる可能性がある。パンデミックはすでに経済に起こっている流れを加速するかもしれない。実店舗での買い物よりもネット通販が増え、現金ではなくクレジットカードやデビットカードでの決済が増え、毎日会社に通勤するのではなく在宅勤務が増えるかもしれない。

歴史学者や経済学者は今後、パンデミックと政府の対応について研究するだろう。これは、いくつかの点で本書のテーマを表している。第一に、現代の世界が本格的にグローバル化していることを示した。空の旅が一般的になっていたため、２０１９年末に中国で始まったパンデミックは２０２０年初頭までに世界のほぼ全域に広がった。そのため経済へのダメージは疫病のように瞬く間に広がった。第二に、これらの相互に結びついた関係がいかに複雑かを示した。経済のあらゆる部門に影響が及んだ。

第三に、今日の経済は、特に危機に直面した時には、当局によって管理される必要があることがわかった。危機対応に必要な大規模な干渉ができるのは政府と中央銀行だけだ。そして、民間セクターは患者の治療やワクチン配布のために必要とされた。

経済史とは要するに、つながりの発展の歴史である。このつながりがパンデミックのように負の結果をもたらすこともある。しかし、世界がつながっていればこそ、最適な治療法も素早く世界に伝えられるのだ。もっと平穏な時には、つながっている人が多いほど、よい。そこには、有用な専門知識を持つ人がいたり、自分たちでは望んでも自作できないモノやサービスを提供できる人がいるだろう。世界の人口が増え続ける中、つながる（あるいは取引する）可能性のある人の数は劇的に増えた。

狩猟採集民は主に自分たちの資源に頼って生きていた。農民は作物を生産するばかりで、自分でつくれないモノは交換で手に入れていた。農耕社会は遠隔地の絹や宝石などの瀟洒品を求めるエリート層を生んだ。そして、巨大帝国は商人が取引できる「単一市場」を国内に設けた。イスラーム商人とその後のイタリア商人は、長距離交易を円滑に行うために提携組織を設立した。ヨーロッパの交易人はアジアへ、それからアメリカ大陸へ力ずくで割り込んだ。鉄道と蒸気機関の発明は輸送費を減らし、そのおかげで穀物や冷蔵肉などの基本的な食品が世界中で販売できるようになった。電報と電話、インターネットは通信と情報収集のスピードを上げ、コストを下げた。

貿易は素晴らしい。戦後に高度成長した国々を調査したところ、1人当たりの年収が3％以上伸びた国では海外貿易でも同様の伸びが見られた。対照的に、ほとんど成長しなかった国やマイナス成長だった国は貿易実績が乏しかった。[1] もちろん、相関関係は因果関係ではない。しかし、たとえば戦後30年間の、韓国と中国の対照的な成長実績を見れば、輸出重視が韓国の成功のもとだったことがわかる。

現代の経済はめまいがするほど複雑になり、そこらじゅうでつながっている。このシステムを全部壊してつくり直せると思っている政治家たちは、大きなリスクを冒している。イギリスとオランダの消費財メーカー、ユニリーバは190か国で営業し、毎日25億人がその製品を使っている。PGティップスの紅茶を飲み、ダヴの洗顔料を使い、ドメストでトイレの除菌をしている。[2] これらの製品の製造や販売にはさらに多くの人が関わっているだろう。ユニリーバの工場で働く人だけでなく、原材料を生産する人、商品を届けるために世界中でトラックを運転する人や船を操縦する人、それらを売る店を経営する人。子供ひとりを育てるには村がひとつ必要だとしたら、あなたの家を商品で満たすには世界が必要だ。

この協力という行為は1人ではできない。ソ連崩壊後、経済学者ポール・シーブライトは、ロシア人の役人から市場経済の仕組みが知りたいと連絡を受けた。「たとえば、ロンドン市民のパンの供給には誰が責任を負っているのですか?」[3] 西側経済で育った人なら誰でも、こんな質問はばかばかしいと思っただろう。パンはいつの間にか店に現れるし、私たちはそれについて特に気にしなくてもいい。大きなスーパーマーケットは毎日、おおよそどれくらいのパンが売れるか把握しており、その量を大きな製パン業者に発注する。だから、顧客は値段に文句を言うことはあっても、パンを買うために列に並んだりしない。

経済学者リチャード・ボールドウィンは経済発展を「アンバンドリング」(分業)の段階に分けて説明した。[4] 最初、人間は自給自足の生活をしていた。次に、同じ町や村の他人がつくったモノも消費した。その後、蒸気機関の出現により、人間は遠隔地で生産されたモノも消費した。現在の経済では、システムのあらゆる構成要素が「アンバンドリング」である。異なる人々が商品を設計し、部品を生産し、それを組み立て、売りに出し、輸送し、売り、消費する。

このシステムには欲と無駄が含まれるが、地域や部門によっては資源開発も絡む。多くの人が環境破壊を心配している。これからの数十年間に、人間が気候に与える影響は非常に高くつくかもしれない。炭素排出量を減らす対策をとらなければ、世界の気温は摂氏2度か、もしかすると4度か5度上がるかもしれない。その影響は均一ではないだろう。カナダのような国は作物の収穫高が増えて気温上昇の恩恵を受けるだろうが、開発途上国はそうもいかない。温暖化は農作物に被害を与える洪水や干ばつ、暴風雨などの異常気象に加え、害虫大発生の頻度を増やすかもしれない。暴風雨や洪水は都市部の建物にも被害を与え、海面上昇に伴いその影響は悪化するだろう。バングラデシュなどの貧しい国はその対策の資金繰りに苦労するだろう。

気候変動は典型的な「集団行動」の問題である。人は他人がエネルギー消費を抑制しない限り、積極的にそうしない。民間セクターは再生可能エネルギーを安く生産することで貢献できる。だが、この問題に真正面から取り組むためには、炭素税の導入など世界で足並みをそろえた活動が欠かせないだろう。

しかし、政府の計画が自動的に環境破壊を減らすと考えている人は、その思い込みを見直す必要がある。中国はヨーロッパや北米よりも、自国経済に対する干渉主義が強烈な国だが、中国の大気汚染はひどい。もうひとつの環境破壊の例は、かつて世界第4位の大きな湖だったアラル海だ。ソ連の大規模灌漑による水資源の乱用で水位が下がり、まず湖がふたつに分断され、次に東側が干上がった。今ではかつての姿のわずかな片鱗を残しているだけだ。政府が計画を主導しているからといって、環境が守られるとは限らない。

すでに述べてきたように、これは政府が重要ではないと言っているのではない。政府は治安や国防だけでなく、多くのことのために必要だ。民間セクターは、政府に労働者を教育してもらい、彼らの健康を維持してもらい、商品やサービスを市場に届けるための道路やインフラを建設してもらわなければならない。国家は企業が契約を履行するための法制度も整えている。歴史的に見て、国家は現代社会で特に重要なテクノロジーに刺激と資金を提供してきた。本書では、新自由主義《ネオリベラリズム》という言葉の使用を避けた。この用語が、国が引っ込んで民間がそれに代わることを指す言葉として使われているように思えるからだ。しかし、先進国クラブであるＯＥＣＤを眺めてみると、２０１５年に政府支出がＧＤＰの30％未満だったのは35か国のうちわずか２か国――チリとアイルランド――だとわかる。他の31か国はＧＤＰの30％から50％を費やし、残りの２か国（フィンランドとフランス）は55％以上を費やしていた。[(5)] たとえ後退があったとしても、ごくわずかだった。健康や教育、年金といったサービスに金を出すよう求める一般大衆の圧力は非常に強く、撥ねつけるのは難しい。パンデミックにより、政府の支出と干渉が増える時代が長く続くと思われる。

西側の経済モデルは今、ふたつの大きな問題を抱えている。中国は専制主義的資本主義モデルを採用し、市場は認められているものの、もっぱら政府の厳しい監視下に置かれている。豊かになって民主化が進むと思いきや、中国政府は反体制派の弾圧を強化している。それでも、近年の欧米の問題を目の当たりにすると、中国モデルは他の開発途上国にとって魅力的に映るようだ。さらに、パンデミックで明らかになったように、中国は成功しようが失敗しようが、脅威であることに変わりはない。中国は急成長を続けているが、その金融システムの弱点（と動物市場の衛生水準）は、全世界にとってリスクである。このリスクを取り除くために他国ができることはほとんどない。

ふたつ目の問題は、西側社会の高齢化だ。1970年、OECDの65歳以上の人口は9・5%だったが、2018年にはそれが17・2%に増えている。平均寿命が延び、多くの人が高齢に達するまで生きられるようになった。しかし、これは労働人口の減少を意味する。就労するには若過ぎるか年を取り過ぎている人々を養うために、働いてその財源を生み出す層の人口が減っているのだ。2008年、OECDの人口の67%近くが生産年齢（15歳〜64歳）だった。2050年には、その割合が58%まで落ちるという。労働者が減っているのに経済を成長させることは難しい。

歴史を振り返れば、経済成長は多くの人の生活を大幅に向上させた。ほんの80年前の1940年まで、アメリカの家庭の20%には電灯がなく、30%は水道が引かれていなかった。(6) 衛生面の改善は健康も改善する。1870年、アメリカの子供の25%は5歳になる前に死亡していた。今ではその数は1%である。65歳の誕生日を迎える人の割合は34%から77%に増えた。(7)

全世界を見ると、劇的な変化があった。1820年の平均寿命は先進国で36歳、その他では24歳だった。2000年には、それぞれの数字が79歳、64歳になっている。同じ期間に、世界人口は6倍に増え、1人当たりの収入は9倍に増えた（図参照）。(8) たまに、1980年代のエチオピアや現在のイエメンのように大飢饉が起こる。しかし、それらは以前より頻度が減り、局地的になった。開発途上国は追いついてきた。1980年、開発途上国の平均年収は1500ドルで、1830年の（インフレ調整後の）アメリカ人の平均年収よりも多い。2015年には、

より強い経済はより多くの人を養える

世界人口（単位・10億人）

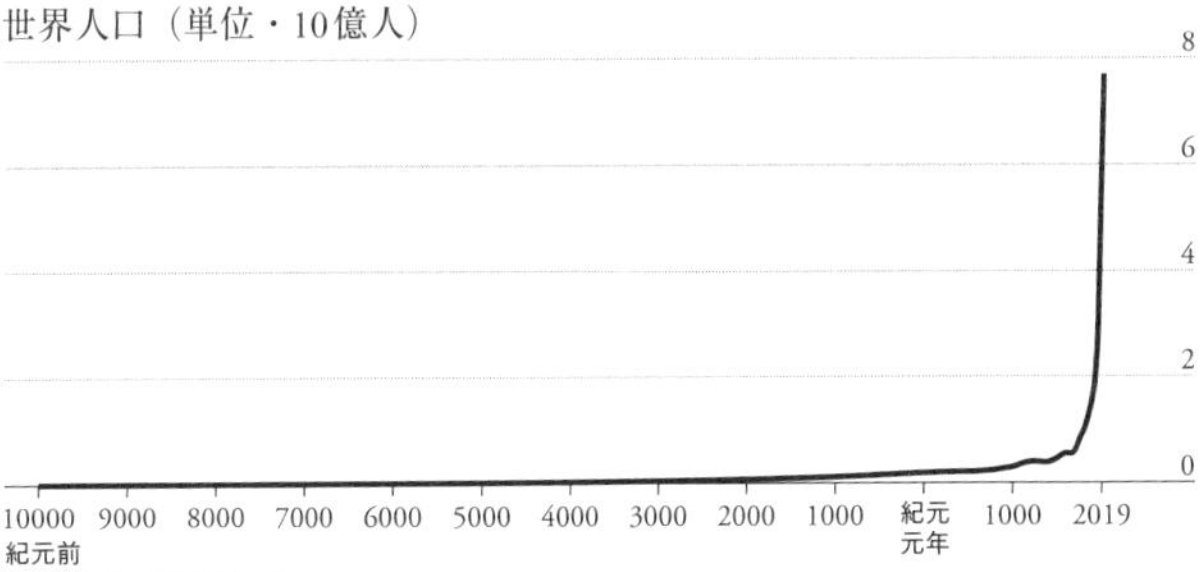

Source: Our World In Data

開発途上国の平均年収は1万１０００ドルとなり、１９４０年代のアメリカの水準に達した。つまり、35年で１１０年分を追い上げたことになる。(9) 最も大きな成長を遂げたのは中国だった。１９７０年、アメリカの１人当たりの収入は中国の20倍だったが、２０１０年にはわずか4倍にまで縮まっていた。(10)

もちろん、いまだおおぜいの人が早死にし、極貧の中で生きている。しかし、物事はよくなってきている。故ハンス・ロスリングは息子とその妻と共同で書いた本に、国際会議でよく訊ねていた13の質問について解説している。(11) たとえば、今では低所得国の女子の60％が初等教育を終え、子供の80％はワクチン接種を受け、世界人口の80％は電気を利用できるのだが、ほとんどの人はそれを知らずに非常に悲観的な誤った回答をしていた。

また、経済が成長すると社会はリベラルに、寛容になる傾向がある。貿易は偏見のない心を奨励する。それが異なる文化、異なる望みを持つ人との取引に不可欠だからだ。ベンジャミン・M・フリードマンは「経済成長が停滞に転じると、それにつれて社会の開放性、流動性に対する人々の態度が硬化する」

と主張している。(12)

これを当然と考えるべきではない。近年、一部の政治家は、外国との結びつきは減らすべき、移民は最小限に抑えるべきと主張し、自国の労働者の仕事が外国に奪われていると訴えた。このような姿勢が支持を集める背景には２００８年の金融危機がある。危機に際し、富裕層と金融業界の人間ばかりが有利になるよう経済が不正に操作され、その運営の方法に何か深刻な問題があるように思われたからだ。このような受け止め方が長引くと、１９１４年から１９４５年の時代を再び生きることになるだろう。経済学者ディアドラ・Ｎ・マクロスキーが記したように、腐敗した社会の危険性は、市民が商業をゼロサムゲームととらえ、成功するには窃盗か汚職以外に方法がないと考え始めることにある。(13)１８２０年以降の経済発展で世界を驚かせた欧米人が同じように考え始めたとしたら、それは大いなる皮肉だ。

しかし、最後はもっと明るい調子で締めくくりたい。本書の完成間際、私はロンドンのキングスクロス地区で開かれた「起業家ファースト」のイベントに参加した。イベントの主旨は、優秀な若者を一堂に集め、彼らの人脈づくりと起業を支援することだった。会場では、前回の参加者が投資家に売り込んでいた。2点が際立っていた。ひとつは、プレゼンターがカメルーン、中国、メキシコ、スイスなど世界中から来ていたこと、そして多くが一流大学の大学院レベルの資格を持っていたことだ。

ふたつ目は、多くの売り込みが敗血症の迅速な診断、水漏れ箇所の発見、コンクリート製造時の炭素排出量の削減など、社会問題に関係していた点だ。最高の売り込みには観客が雄叫びや歓声をあげた。

あの部屋には経済のひとつの成果が示されていた。公共セクターが教育してきた若者たちが、今では社会に貢献する発明の資金集めに民間セクターに働きかけていた。300年前なら、参加者はあれほど高い教育を受けていないだろうし、志を同じくする人と出会うことも、アイデアを実現するための資金集めもできなかっただろう。しかし今日、彼らは皆をもっと豊かにするチャンスを手にしているのだ。

付録

ナンバーズ・ゲーム

大恐慌は世界経済史上、最大の出来事だった。これが世界を襲ったとき、経済の知識は非常に乏しかった。「国民所得」と呼ばれた国内総生産（ＧＤＰ）の概念が生まれたのは１９３４年で、当時はまだその意味も算出法も知られていなかった。国民所得を計測する方法は、アメリカ議会の委員会に依頼された著名な経済学者サイモン・クズネッツによって開発された。商務省と経済研究所のスタッフの助けを借りて、クズネッツは１９３４年に仕事を引き受けてから1年と経たないうちに国民所得計算の青写真を提出した。さらに詳細な報告は１９３７年に出された。(1)

その仕事は概念的にも、物理的にも途方もなく膨大だった。ＧＤＰの目的は特定の年（あるいは四半期）に生産されたあらゆるモノやサービスの最終的な金銭的価値を測ることだ。それには規模の大小を問わず企業の包括的な調査が必要になるうえ、二重計上を避けなければならない。たとえば、朝のコーンフレーク。農家がトウモロコシを栽培し、工場がそれを加工し、誰かが段ボール箱やプラスチックのパッケージをつくり、製品を店に届けるトラックが運賃を請求し、スーパーマーケットがそれを販売する。しかしGDPは最終的な生産高のみを計算しなければならない。生産過程の他の部分を反映する限り、単にその段階の「付加価値」を含んでいるに過ぎない。

数字は3つの値で計算される。総生産（私たちがつくるモノ）、総支出（小売店の売り上げ、企業の設備購入費など）、総所得（賃金、利益など）の値で計算できる。[2]理論上、これらの3つの額は一致していなければならない。実際には、どうしても不一致が出てくる。

ニュースで引用される成長率――四半期に0・4％増など――の数値を計算するにはさらに調整が必要だ。物価上昇のせいで生産高の価値が上がっても、私たちが豊かになるわけではない。そのため、数値は物価変動の影響を反映して再計算する必要がある。この指標をGDPデフレクターという。最終的な数値は実質（インフレ後の）GDPの変化分である。

最初期のGDPは四半期が終わってその数週間後には発表されていた。当然、あとから数値の訂正が必要になることもあっただろう。つまり、時には誤って景気低迷（四半期2期連続の生産高の減少）が宣言されていたということだ。調整後の数値は最初の悪い知らせほど注目を集めない。それが2012年のイギリスで起こった。[3]OECDによる1994年からの調査で、18か国のGDP成長率が平均して0・2％高く訂正されていたことが3年後にわかった。[4]

指標として、GDPとその近縁の国民総生産（GNP）[5]は多くの批判を浴びてきた。ロバート・ケネディ上院議員は演説で次のように指摘した。計算には銃やナパーム弾、刑務所の費用は含まれているが、国民総生産には子供の健康も、教育の質も、遊びの楽しさも含まれていない。詩の美しさも、結婚の強い絆も、公共の議論の知性も、公務員の誠実さも含まれていない。これは機知も勇気も、知恵も学びも、寛容も、国への献身も測っていない。要するに、人生を豊かにするものを測れないのだ。(6)

フィナンシャル・タイムズの記者(で元同僚の)デイヴィッド・ピリングは、GDPには5つの大きな欠陥があると書いている。GDPは、サービスではなく、もっぱら物理的な商品を測定するのに向いている。GDPはネットで安く商品を買えるようになったなど、消費者の利益を加味できないし(実際、そのような取引はGDPを下げる可能性がある)、収入や富について一切触れないいし、大きいことは良いとは限らないのに(2008年には増長した金融部門が問題だった)良いとしている。それに、麻薬取引や売春などの現金取引は含まれるのに、親類の介護や家の掃除などの労働は含まれない。(7)

完璧ではないにしてもGDPを計算することにより、選挙で選ばれた政治家や中央銀行は、経済状況をおおまかに把握することができ、それを参考に政策を決めることができる。第一次世界大戦以前、政治家は経済の健全性は自分たちにはどうにもできないと主張したがり、一方、中央銀行は通貨の価値を維持すること、もしくは国内の物価を制御することだけに集中していた(通常、どちらも同じこと)。大恐慌を機に、経済循環に上手く対処できる政治家が求められるようになり、GDPなどの指標がなければ、それは非常に困難な仕事になっただろう。

インフレーション

経済の別の面を測ることも難しい。インフレは簡単に聞こえる——単に物価の上昇を計算するだけと。だが、何の価格だろう？　従来の答えは消費者に調査を行い商品の「代表的なバスケット」をつくることだった。ところが、消費パターンは人によって大きく異なる。貧しい人は収入の大部分を食料や家賃、光熱費などの生活に使う。パソコンの価格が下がったと聞いても困窮家庭には何の慰めにもならないだろう。そのため、すべての消費者の生活水準の変化を反映させた計算方法を見つけることは難しい。

物価指数にはほかにも問題がある。消費パターンは一定ではないのだ。人は牛肉が高いと思ったら、鶏肉を食べるだろう。多くの家庭にとってとりわけ大きな支出は、住宅ローンだが、中央銀行がインフレ対策で利上げをすると借金のコストが増える。逆説的に言えば、つまり銀行がインフレを抑制しようとすると、短期的にはさらにインフレが起こるかもしれない。そのため中央銀行は住宅ローン・コストを無視した指標をターゲットにすることが多い。

中央銀行はまた、石油や食料などのコモディティを測定の対象から除外することもある。これらの価格の変化は、経済原則ではなく中東の緊張や不作によるものかもしれない。別の問題としては、為替レートの一時的な上昇により輸入価格が上がることだ。2016年6月にイギリスが国民投票でEU離脱を決定したとき、それが起こった。当時、イングランド銀行は信用が揺らいでいるときに金利を上げるのではなく、国内で生まれたインフレに集中するほうを選んだ。

これらの調整がすべて行われた場合、中央銀行は一般消費者の生活水準の実際の変化を反映していない「コア」インフレ指標をターゲットとしている可能性がある。

また、製品の質の変化に合わせた価格調整も厄介な問題だ。言い換えると、同じ価格で性能の良いモノが手に入るときがそうだ。本書の冒頭で、明かりがたき火からロウソクへ、LED電球へと変わったことについて述べた。スマートフォンの計算能力はNASAがアポロ11号を月へ送ったときのそれよりも高性能だ。(8) 現代のテレビは1970年代のテレビより軽くなり、故障も減り、チャンネルの数も多い。経済学者はこれらの「娯楽」の進歩を含めて調整しようとするが、なかなか上手くいかない。

これらの異論はすべて、GDPデフレクターにも当てはまる。つまり、インフレ率を大きく見積もったり、低く見積もったりするように、経済学者は実質GDP成長率を大げさに言ったり、控えめに言ったりする可能性があるのだ。

失業

景気動向のもうひとつの指標としてよく言及されるのが失業率（失業者数）だ。これもまた、近代国家が出現し失業保険が導入されるまで、測りがたい数値だった。今でも正確に測るのは難しい。当然、学童は統計に含めるべきではない。高齢者や病人は言うまでもなく、幼い子供の世話をしている親も除外すべきだ。しかしきっちりと線引きをするのは難しい。定年後も働きたがる人はいる。大学生は休日に働くし、親や高齢者の面倒を見ている人はパートタイムの仕事を選ぶか、あるいは代わりに面倒を見てくれる人がいればフルタイムで働きたいと思うかもしれない。

失業率の一般的な判断基準は「失業して保険を申請している人の数」だ。しかし、この定義はかなり狭い。政府は公共支出を抑えたがり、したがって失業手当の権利を制限しがちである。働きもしないで安易に国の施しに頼ってもらっては困るというわけだ。そのため政府は、様々な理由をあげて就職を断る申請者の手当支給を認めない。それらの理由には不便だから、夜間休日の勤務が多いから、遠いから、自分の資格が生かせないから、などがある。

雇用の最もおおまかな指標は労働参加率である。生産年齢層のうち、仕事に就いている人の割合だ。この数値をもとに、どれくらいの人数が労働に加わっていないかが推定できる。2019年6月現在、アメリカの公式失業率は3・8%だが、人口の37%は労働市場に参加していなかった。(9)

パートタイム職の存在も事をややこしくしている。なかには、学校に子供を迎えに行く必要があるなど、自分の生活に合わせて週15時間働ければ充分と考える人もいるだろう。ほかには、フルタイムの仕事が見つからないので、しかたなくパートタイムの仕事に就いている人もいるだろう。つまり、失業だけでなく「不完全雇用」もあるのだ。

ほかにも毎月多くのデータが発表されるが、どれも判断基準と定義について問題がある。企業や消費者の調査では、回答者に「確信がある」か、売り上げや新規の注文が「普段より良い」

か、「予測より悪い」かどうかなどを訊ねる。結果は当然、主観的になるし、過剰分析になりやすい。指数が52から51へ下がると不安な下落に見えるかもしれないが、たまたまそうなっただけという場合もあり得る。

難しい仕事

政府と中央銀行はこのデータによって経済政策を決定しなければならない。これは、曇ったバックミラーだけを見ながら車を運転するようなものだと言われてきた。それだけでなく、税制や金利の変更など金融と財政の政策が与える影響ははっきり現れるまでに、1年か2年かかることもある。効果が現れる頃には、経済状況はかなり変わっているだろう。

経済的変数の関係が変わる可能性があるため、政策決定者が直面する課題はさらに困難になる。フィリップス曲線を例にとろう。これはニュージーランドの経済学者ウィリアム・フィリップスが1861年から1957年までの、イギリスの失業者とインフレの関係を調べた研究にちなんで名付けられた。(10) フィリップスは、失業者が減ると物価が上昇することに気づいた。雇用主が労働者を見つけるのが困難になると、高い給与を提示せざるを得なくなり、企業は商品の値上げを余儀なくされるというのが論理的な説明だ。1960年代、政府は失業率を下げるために、どの程度のインフレに耐えられるかについて議論していた。

そして1970年代、高いインフレと失業が同時に発生するスタグフレーションになった。ミルトン・フリードマンとエドモンド・フェルプスは、高インフレと低い失業率のあいだに長期的なトレードオフはあり得ないと主張し、失業「自然」率の存在を唱えた。つまり、失業率をそのレベルまで無理に下げようとすると、物価が上がるだけだと。(11)

ところが、1990年代末と2000年代初めに、これとは違う変化が見られた。インフレと失業率はまったく関係がないようだった。アメリカでは失業率が10%から4%を少し超える程度に下がる一方、インフレ率は1~2%の幅にとどまった。(12)これもまた、中央銀行の仕事を非常に難しくした。理論上、労働市場が逼迫すれば、賃金が上がり、物価も上がる。そうなる前に手を打つのが銀行の仕事だ。しかし、もし理論が間違っていたら、無駄に政策を引き締めただけになる。

完璧への果てしない探究

経済学者は不況などの一大事を予測できないとして、以前から笑いの種にされてきた。たとえば、質問「どうして経済学者にユーモアのセンスがあるとわかるのか?」答え「なぜなら、予測値に小数点を入れるから」というジョークがある〔「経済学はそんなに厳密な科学ではない」という主張〕。統計機関は常にデータを更新して、正確性の向上に努める。そして経済学者は四六時中、これまでの変数の関係をテストして、どの政策が上手くいくかを見極めようとしている。

インターネットの到来により、経済活動について、以前よりはるかに多くの情報が収集できるようになった(たとえば、郊外のショッピングセンターの駐車場にとめられている車の数)。さらに、経済学者はデータ処理のための優れた計算能力を持っている。しかし、私たちは景気の先行き着けを正確に予測できる段階には決してたどり着けないだろう。なぜなら、経済学は社会科学であり、物理学ではないからだ。

化学者がふたつの物質の反応を予測するとき、物質は予測の存在に気づいていない。しかし、人は来年不況になるとわかっていたら、とたんに慎重になるに決まっている。消費者は支出を減らし、企業は投資や新規発注を延期する。すると不況が早く始まり、予測が外れる。少なくとも予測に関しては、経済学者をもっと大目に見てあげてほしい。

付録

1. Dirk Philipsen, *The Little Big Number: How GDP Came to Rule the World and What to Do about It*
2. 参照：Tim Callen, "Gross Domestic Product: an economy's all", http:// www.imf.org/external/pubs/ft/fandd/basics/gdp.htm
3. "UK double-dip recession revised away", BBC news, June 27th 2013
4. Jorrit Zwijnenburg, "Revisions of quarterly GDP in selected OECD countries", July 2015, http://www.oecd.org/sdd/na/Revisions- quarterly-GDP-selected-OECD-countries-OECDSB22.pdf
5. 国民総生産（ＧＮＰ）には国内で発生した所得に限らず、海外で得た所得も含まれる。輸出向けに製造されたモノはＧＤＰに含まれる。外国の工場で得た収益はＧＮＰ。
6. ロバート・ケネディが 1968 年 3 月 18 日、カンザスでの選挙集会で行ったスピーチ。彼はその年の 6 月に暗殺された。
7. この要約は世界経済フォーラムの記事から抜粋：https://www.weforum.org/agenda/2018/01/gdp-frog- matchbox-david-pilling-growth-delusion/. David Pilling's book is *The Growth Delusion: The Wealth and Well-Being of Nations.*（デイヴィッド・ピリング『幻想の経済成長』早川書房 2019 年）
8. Tibi Puiu, "Your smartphone is millions of times more powerful than all of NASA's combined computing in 1969", ZME Science, September 10th 2017
9. 出典：the St Louis Federal Reserve, https://fred.stlouisfed.org/ series/CIVPART. It has an excellent and accessible database on the economy.
10. 優れた解説は次を参照：Kevin D. Hoover, "Phillips Curve", http://www.econlib.org/library/Enc/PhillipsCurve.html
11. 今では、インフレ非加速的失業率 NAIRU と呼ばれている。
12. "The Phillips curve may be broken for good", *The Economist*, Novenber 1st 2017

imf.org/2017/04/12/drivers-of-declining-labor-share-of-income/
40. Lawrence H. Summers, "Reflections on the new 'Secular Stagnation hypothesis'", October 30th 2014, https://voxeu.org/article/ larry-summers-secular-stagnation
41. Ibid.
42. Jinill Kim, "The effects of demographic change on GDP growth in OECD economies", September 28th 2016, www.federalreserve.gov
43. これがUber訴訟の主な争点だ。本書を執筆中の現時点、イギリスの裁判所で争われている。参照：Rob Davies, "Uber to take appeal over ruling on drivers' status to UK supreme court", *The Guardian*, Novenber 24th 2017
44. McKinsey, "Independent work: choice, necessity, and the gig economy", October 2016
45. この問題の議論については次を参照：https://www.johnkay.com/2017/10/09/ paying-everyone-basic-income-not-realistic-fairer-way-tackle-poverty/
46. 不可解なことに、低税率で多国籍企業を誘致しているアイルランドは、追徴金を徴収しなかった。EUはそうさせるためにアイルランドを裁判に訴えると脅した。参照：Rochelle Toplensky, Arthur Beesley and Adam Samson, "EU takes Ireland to court over Apple taxes", *Financial Times*, October 4th 2017.
47. この数値は、貿易財の価格をもとに為替レートを調整する計算、すなわち購買力平価（PPP）に基づく。出典：http://www.imf.org/external/datamapper/PPPSH@WEO/OEMDC/ADVEC/WEOWORLD
48. Dan McCrum, "Over in China, a debt boom mapped", FT Alphaville, March 5th 2018
49. "China June forex reserves rise more than expected amid trade truce", Reuters, July 8th 2019
50. "India's economy is back on track. Can it pick up speed?", *The Economist*, March 28th 2018
51. "The dodgiest duo in the suspect six", *The Economist*, Novenber 7th 2014
52. "IMF sees Venezuela inflation at 10 million per cent in 2019", *The Economic Times of India*, October 9th 2018
53. "How to deal with Venezuela", *The Economist*, July 29th 2017
54. John Otis, "'We loot or we die of hunger': food shortages fuel unrest in Venezuela", *The Guardian*, January 21st 2018
55. Erica York, Kyle Pomerleau and Robert Bellafiore, "Tracking the economic impact of US tariffs and retaliatory actions", https://taxfoundation.org/tracker-economic-impact-tariffs/

エピローグ

1. Jagdish Bhagwati, *In Defense of Globalization*, op. cit.（バグワティ『グローバリゼーションを擁護する』）
2. Unilever Annual Report and Accounts, 2017, https://www.unilever.com/Images/unilever-annual-report-and-accounts-2017_tcm244–516456_en.pdf
3. Paul Seabright, *The Company of Strangers: A Natural History of Economic Life*（ポール・シーブライト『殺人ザルはいかにして経済に目覚めたか：ヒトの失火からみた経済学』みすず書房 2014 年）
4. Richard Baldwin, "A long view of globalisation in short", December 5th 2018, https://voxeu.org/content/ long-view-globalisation-short-new-globalisation-part-5–5
5. 出　典：https://data.oecd.org/gga/general-government-spending.htm
6. Gordon, *The Rise and Fall of American Growth*, op. cit.（ゴードン『アメリカ経済　成長の終焉』）
7. Ibid.
8. Maddison, *Growth and Interaction in the World Economy*, op. cit.
9. Avent, *The Wealth of Humans*, op. cit.（エイヴェント『デジタルエコノミーはいかにして道を誤るか』）
10. Milanovic, *Global Inequality*, op. cit.
11. Rosling, *Factfulness*, op. cit.（ロスリング『FACTFULNESS』）
12. Benjamin Friedman, *The Moral Consequences of Economic Growth*（ベンジャミン・M・フリードマン『経済成長とモラル』東洋経済新報社 2011 年）
13. McCloskey, *Bourgeois Equality*, op. cit.

RHORUSQ156n

7. "At the risky end of finance", *The Economist*, April 19th 2007; written by the author
8. Michael Snyder, "30 Bernanke quotes that are so absurd you won't know whether to laugh or cry", Business Insider, December 8th 2010
9. 最初のバーゼル合意は 1988 年に策定され、2004 年に（バーゼル 2 に）改定された。
10. "Base camp Basel", *The Economist*, January 21st 2010
11. "Blocked pipes", *The Economist*, October 2nd 2008
12. David Fiderer, "Hank Paulson, the unnamed 'decider' in the Merrill Lynch saga", *HuffPost*, December 6th 2017
13. "Alistair Darling: from here to uncertainty", *Financial Times*, August 31st 2017
14. Andrew Pierce, "The Queen asks why no one saw the credit crunch coming", *The Daily Telegraph*, Novenber 5th 2008. This was not quite fair. Some, like Bill White at the Bank for International Settlements, had been warning for years of the dangers of excessive credit growth.
15. Piergiorgio Alessandri and Andrew Haldane, "Banking on the state", Bank of England, Novenber 2009
16. "A crucial interest-rate benchmark faces a murky future", *The Economist*, August 3rd 2017
17. "Stumpfed", *The Economist*, October 13th 2016
18. Vishaka George, "Banks paid $321 billion in fines since financial crisis: BCG", Reuters, March 2nd 2017
19. "Too big not to fail", *The Economist*, February 18th 2012
20. Barry Eichengreen and Kevin O'Rourke, "What do the new data tell us?", March 7th 2010, https://voxeu.org/article/ tale-two-depressions-what-do-new-data-tell-us-february-2010-update
21. "China seeks stimulation", *The Economist*, Novenber 10th 2008
22. Carmen Reinhart, "Eight years later: post-crisis recovery and deleveraging", The Clearing House, https://www.theclearinghouse. org/banking-perspectives/2017/2017-q1-banking-perspectives/articles/ post-crisis-recovery-and-deleveraging
23. Ibid.
24. Tooze, *Crashed*, op. cit.（トゥーズ『暴落』）。三大銀行とは、ロイヤル・バンク・オブ・スコットランド、ＵＢＳ、ドイツ銀行。
25. "Back to reality", *The Economist*, October 23rd 2014
26. "Celtic phoenix", *The Economist*, Novenber 19th 2015
27. Tooze, *Crashed*, op. cit.（トゥーズ『暴落』）
28. Tony Barber, "Greece condemned for falsifying data", *Financial Times*, January 12th 2010
29. Reinhart, "Eight years later: post-crisis recovery and deleveraging", op. cit.
30. 憤慨した『エコノミスト』の読者が、それならイギリスはスコットランド、ウェールズ、アイルランド（北）、イングランドの頭文字をとって「SWINE」（豚）だと指摘した。
31. Charlemagne, "What Makes Germans So Very Cross About Greece?", *The Economist*, February 23rd 2010
32. たとえば、次を参照：Martin Wolf, "Germany is a weight on the world", *Financial Times*, Novenber 5th 2013.
33. その 11 か国とは、オーストラリア、カナダ、中国、フランス、ドイツ、イタリア、日本、韓国、メキシコ、イギリス、アメリカ。出典：https://data.oecd.org/gga/general-government-deficit.htm
34. Larry Elliott, "Austerity policies do more harm than good, IMF study concludes", *The Guardian*, May 27th 2016
35. 出　典：https://data.oecd.org/gga/general-government-spending.htm
36. Joe Watts, "Years of austerity 'have left UK with same level of public spending as it had 10 years ago' says IFS", *The Independent*, October 30th 2017
37. Jay Shambaugh and Ryan nunn, "Why wages aren't growing in America", *Harvard Business Review*, October 24th 2017
38. Nathalie Thomas, "UK facing 'dreadful' prospect of 10+ years without real wage growth – IFS" *Financial Times*, Novenber 24th 2016
39. Mai Chi Dao, Mitali Das, Zsoka Koczan and Weicheng Lian, "Drivers of declining share of labor income", April 12th 2017, https:// blogs.

Digital Future（アンドリュー・マカフィー、エリック・ブリニョルフソン『プラットフォームの経済学：機械は人と企業の未来をどう変える？』日経 BP 社 2018 年）
22. "DeepMind AI reduces Google data centrecooling bill by 40%", https://deepmind.com/blog/ deepmind-ai-reduces-google-data-centre-cooling-bill-40/
23. Nathan Rosenberg, *Exploring the Black Box: Technology, Economics, and History*
24. Ami Sedghi, "Facebook: 10 years of social networking, in numbers", *The Guardian*, February 4th 2014
25. 出　典 : https://www.statista.com/statistics/264810/ number-of-monthly-active-facebook-users-worldwide/
26. 出　典 : https://www.statista.com/statistics/263401/ global-apple-iphone-sales-since-3rd-quarter-2007/
27. Cheryl Conner, "Wasting time at work: the epidemic continues", *Forbes*, July 31st 2015
28. Mokyr, *The Enlightened Economy*, op. cit.
29. Aliya Ram, Aleksandra Wisniewska, Joanna Kao, Andrew Rininsland and Caroline nevitt, "How smartphone apps track users and share data", *Financial Times*, October 23rd 2018
30. Alexandra Ma, "China has started ranking citizens with a creepy 'social credit' system", Business Insider, October 29th 2018, http://uk.businessinsider.com/china-social-credit-system-punishments-and- rewards-explained-2018–4/#1-banning-you-from-flying-or-getting-the-train-1
31. Emily Stewart, "Christopher Robin, denied Chinese release, is the latest victim in China's war on Winnie the Pooh", August 4th 2018, https://www.vox.com/2018/8/4/17651630/christopher-robin-banned-in-china-pooh
32. Jon Ronson, *So You've Been Publicly Shamed*（ジョン・ロンソン『ネットリンチで人生を破壊された人たち』光文社 2023 年）
33. "The top three things that employers want to see in your social media profile", https://careers.workopolis.com/advice/ the-three-things-that-employers-want-to-find-out-about-you-online/
34. "How digital devices challenge the nature of ownership", *The Economist*, September 30th 2017
35. "America should borrow from Europe's data-privacy law", *The Economist*, April 5th 2018
36. 出　典 : http://www.visionofbritain.org.uk/census/table/ GB18410CC_M[1]
37. Maximiliano Dvorkin, "Jobs involving routine tasks aren't growing", https://www.stlouisfed.org/on-the-economy/2016/january/ jobs-involving-routine-tasks-arent-growing
38. James Pethokoukis, "What the story of ATMs and bank tellers reveals about the 'rise of the robots' and jobs", American Enterprise Institute, June 6th 2016, http://www.aei.org/publication/what-atms-bank-tellers-rise-robots-and-jobs/
39. "Automation and anxiety", *The Economist*, June 23rd 2016
40. Ian Stewart, Debapratim De and Alex Cole, "Technology and people: The great job-creating machine", Deloitte, 2015, https://www2.deloitte.com/content/dam/Deloitte/uk/Documents/finance/ deloitte-uk-technology-and-people.pdf
41. "The insecurity of freelance work", *The Economist*, June 14th 2018

第 18 章　金融危機とその後
1. Chris Giles, "The vision thing", *Financial Times*, Novenber 25th 2008
2. John J. McConnell and Stephen A. Buser, "The origins and evolution of the market for mortgage-backed securities", *Annual Review of Financial Economics*, vol. 3, 2011
3. もちろん、ここでは「初期利回り」について述べている。最もリスクの高いトランシェを所有する投資家は一切の支払いを受けられない場合がある。より高い理論上の利回りがこのリスクを補っている。
4. McConnell and Buser, The origins and evolution of the market for mortgage-backed securities", op. cit.
5. Adam Tooze, *Crashed: How a Decade of Financial Crises Changed the World*（アダム・トゥーズ『暴落：金融危機は世界をどう変えたのか？』みすず書房 2020 年）
6. 出　典 : https://fred.stlouisfed.org/series/

43. 出　典：https://fred.stlouisfed.org/series/SIPOVGInIUSA
44. Gordon, *The Rise and Fall of American Growth*, op. cit.（ゴードン『アメリカ経済　成長の終焉』）
45. David Card and John Dinardo, "Skill-biased technological change and rising wage inequality: some problems and puzzles", 2002, http://davidcard.berkeley.edu/papers/skill-tech-change.pdf
46. "Chief executives win the pay lottery", *The Economist*, October 20th 2018
47. "Sex, brains and inequality", *The Economist*, February 8th 2014
48. Milanovic, *Global Inequality*, op. cit.
49. Ibid.
50. All stats in this paragraph come from Radelet, *The Great Surge*, op. cit.
51. Paul Collier, *The Bottom Billion: Why the Poorest Countries Are Failing and What Can Be Done About It*（ポール・コリアー『最底辺の 10 億人：最も貧しい国々のために本当になすべきことは何か？』日経 BP 社 2008 年）
52. Avent, *The Wealth of Humans*, op. cit.（エイヴェント『デジタルエコノミーはいかにして道を誤るか』）
53. Collier, *The Bottom Billion*, op. cit.（コリアー『最底辺の 10 億人』）
54. McMahon, *Feeding Frenzy*, op. cit.
55. Robert Guest, *The Shackled Continent: Africa's Past, Present and Future*（ロバート・ゲスト『アフリカ：苦悩する大陸』東洋経済新報社 2008 年）
56. "Mobile phones are transforming Africa", *The Economist*, December 10th 2016
57. Oliver August, "A hopeful continent", *The Economist*, March 2nd 2013

第 17 章　テクノロジーとイノベーション

1. Paul Krugman, *Peddling Prosperity: Economic Sense and Nonsense in the Age of Diminished Expectations*（ポール・クルーグマン『経済政策を売り歩く人々：エコノミストのセンスとナンセンス』日本経済新聞社 1995 年）
2. Robert M. Solow, "Technical change and the aggregate production function", *The Review of Economics and Statistics*, vol. 39, no. 3, August 1957
3. Paul M. Romer, "Increasing returns and long-run growth", *Journal of Political Economy*, vol. 94, no. 5, October 1986
4. David Warsh, *Knowledge and the Wealth of Nations: A Story of Economic Discovery*
5. Alasdair Nairn, *Engines That Move Markets: Technology Investing from Railroads to the Internet and Beyond*
6. Ibid.
7. Robert Friedel, *A Culture of Improvement: Technology and The Western Millennium*
8. Gordon, *The Rise and Fall of American Growth*, op. cit.（ゴードン『アメリカ経済　成長の終焉』）
9. Mary Bellis, "Who invented the microchip?", ThoughtCo., https:// www.thoughtco.com/what-is-a-microchip-1991410
10. "The end of Moore's law", *The Economist*, April 19th 2015
11. Nairn, *Engines That Move Markets*, op. cit.
12. Ibid.
13. Elli narewska, "The end of hot metal printing", *The Guardian*, March 3rd 2015
14. Greenspan and Wooldridge, *Capitalism in America: A History*, op. cit.
15. Adam Pothitos, "The history of the smartphone", Mobile Industry Review, October 31st 2016
16. Tuan Nguyen, "The history of smartphones", ThoughtCo., https:// www.thoughtco.com/history-of-smartphones-4096585
17. Adam Gale, "Will Mark Zuckerberg's mobile-first strategy make Facebook bigger than Google?", *Management Today*, July 28th 2016
18. Robert J. Gordon, "The demise of US economic growth: restatement, rebuttal, and reflections", nBER working paper 19895
19. Gordon, *The Rise and Fall of American Growth*, op. cit.（ゴードン『アメリカ経済　成長の終焉』）
20. Amie Gordon and Tom Rawstorne, "Traffic is slower than a horse drawn carriage", *Daily Mail*, October 16th 2016
21. Andrew McAfee and Erik Brynjolfsson, *Machine, Platform, Crowd: Harnessing Our*

cit.

8. "The story of China's economy as told through the world's biggest building", *The Economist*, February 23rd 2019
9. "Theme and variations", *The Economist*, January 21st 2012
10. "Chinese tycoons in trouble", *The Straits Times*, June 14th 2017
11. Studwell, *The China Dream*, op. cit. (スタッドウェル『チャイナ・ドリーム』)
12. "China's grip on electronics manufacturing will be hard to break", *The Economist*, October 11th 2018
13. Greenspan and Wooldridge, *Capitalism in America: A History*, op. cit.
14. Dennis Yang, Junsen Zhang and Shaojie Zhou, "Why are savings rates so high in China?", nBER working paper 16771, https://www. nber.org/papers/w16771.pdf
15. Niall McCarthy, "China used more concrete in 3 years than the US used in the entire 20th century", *Forbes*, December 5th 2014
16. Giovanni Federico and Antonio Tena-Junguito, "World trade 1800–2015", February 7th 2016, https://voxeu.org/article/ world-trade-1800–2015
17. Irwin, *Clashing Over Commerce*, op. cit. (アーウィン『米国通商政策史』)
18. Paul Kuznets, "An East Asian model of economic development: Japan, Taiwan, and South Korea", *Economic Development and Cultural Change*, vol. 36, no. 3, April 1988
19. Pam Woodall, "Tigers adrift", *The Economist*, March 5th 1998
20. Ibid.
21. Philip Shenon, "The Suharto billions", *The New York Times*, Jan 16th 1998
22. Victor Mallet, *The Trouble with Tigers: The Rise and Fall of South-East Asia*
23. Alan Beattie, "Suharto and the crisis of Asian crony capitalism, January 1998", *Financial Times*, July 19th 2008
24. Paul Krugman, "The myth of Asia's miracle", *Foreign Affairs*, Novenber/December 1994, https://www.foreignaffairs.com/articles/asia/1994–11–01/myth-asias-miracle
25. Mallet, *The Trouble with Tigers*, op. cit.
26. "One more push", *The Economist*, July 21st 2011
27. "The Bangalore paradox", *The Economist*, April 21st 2005
28. "India no longer home to the largest number of poor", *Times of India*, June 27th 2018
29. Andrei Shleifer, "Normal countries: the east 25 years after communism", *Foreign Affairs*, Novenber/December 2014
30. Stanley Fischer, Ratna Sahay and Carlos A. Végh, "Stabilization and growth in transition economies: the early experience", *Journal of Economic Perspectives*, vol. 2, no. 10, Spring 1996
31. Jan Lopatka, "No more low cost: East Europe goes up in the world", Reuters, July 25th 2017
32. Shleifer, "normal countries", op. cit.
33. 出典：https://www.statista.com/statistics/262858/ change-in-opec-crude-oil-prices-since-1960/
34. Jocelyn Sims and Jessie Romero, "Latin American debt crisis of the 1980s", https://www.federalreservehistory.org/essays/ latin_american_debt_crisis
35. Ibid.
36. "Missed opportunities: the economic history of Latin America", October 5th 2017, https://www.imf.org/en/news/Articles/2017/10/05/nA100517-Missed-Opportunities-The-Economic-History-of-Latin- America
37. Reid, *Forgotten Continent*, op. cit.
38. Ibid.
39. "Why Argentine orthodoxy has worked no better than Turkish iconoclasm", *The Economist*, September 6th 2018
40. James McBride and Mohammed Aly Sergie, "NAFTA's economic impact", https://www.cfr.org/backgrounder/naftas-economic-impact
41. Milanovic, *Global Inequality*, op. cit. The Gini coefficient measures the concentration of income. The nearer the figure gets to 1, the more unequal the distribution.
42. Brian Keeley, "Income inequality: The gap between rich and poor", December 15th 2015, https://www.oecd-ilibrary.org/ social-issues-migration-health/income-inequality_9789264246010-en

た著者の記事に基づく。*The Economist*, "A welcome upgrade to apprenticeships", July 12th 2018
2. John Yates, "At the cutting edge of a new era", *Yorkshire Post*, February 15th 2001
3. 出典：https://ourworldindata.org/government-spending
4. Greenspan and Wooldridge, *Capitalism in America*, op. cit.
5. Quentin Peel, "Merkel warns on costs of welfare", *Financial Times*, December 16th 2012
6. 出典：https://ourworldindata.org/literacy
7. Jens Andersson and Thor Berger, "Elites and the expansion of education in 19th-century Sweden", http://portal.research.lu.se/ws/files/13625993/LUP149.pdf
8. 開発途上国には、義務教育が11、12歳までの国が数か国ある。
9. Evan Schofer and John W. Meyer, "The worldwide expansion of higher education in the twentieth century", *American Sociological Review*, vol. 70, no. 6, December 2005
10. Robert G. Valletta, "Recent flattening In the higher education wage premium: polarization, skill downgrading or both?", nBER working paper 22935
11. Max Roser, "Life expectancy", Our World in Data, https:// ourworldindata.org/life-expectancy
12. Pinker, *Enlightenment Now*, op. cit.（ピンカー『21世紀の啓蒙』）
13. Ibid.
14. Rosling, *Factfulness*, op. cit.（ロスリング『FACTFULNESS』）
15. 出典：https://gateway.euro.who.int/en/indicators/ hfa_566–6711-total-health-expenditure-as-of-gdp/
16. Kimberly Amadeo, "The rising cost of health care per year and its causes", The Balance, July 26th 2018
17. Bradley Sawyer and Gary Claxton, "How do health expenditures vary across the population?", Kaiser Family Foundation, January 16th 2019
18. Lisa Rapaport, "US health spending twice other countries' with worse results", Reuters, March 13th 2018
19. Jeffrey Pfeffer, *Dying for a Paycheck: How Modern Management Harms Employee Health and Company Performance – And What We Can Do About It*（ジェフリー・フェーファー『ブラック職場があなたを殺す』日本経済新聞出版社 2019年）
20. "Top five reasons to end US sugar subsidies", Americans for Tax Reform, Novenber 15th 2015, https://www.atr.org/ top-five-reasons-end-us-sugar-subsidies
21. "The entrepreneurial state", Schumpeter, *The Economist*, August 31st 2013
22. 参照：Mariana Mazzucato, *The Entrepreneurial State: Debunking Public vs Private Sector Myths*（マリアナ・マッツカート『企業家としての国家：イノベーション力で官は民に劣るという神話』薬事日報社 2015年）
23. Jonathan Haskel and Stian Westlake, *Capitalism Without Capital: The Rise of the Intangible Economy*（ジョナサン・ハスケル、スティアン・ウェストレイク『無形資産が経済を支配する：資本のない資本主義』東洋経済新報社 2020年）
24. Hernando de Soto, *The Mystery of Capital: Why Capitalism Triumphs in the West and Fails Everywhere Else*
25. 出典：http://www.doingbusiness.org/rankings
26. 出典：https://data.oecd.org/gga/general-government-spending.htm

第16章　真のグローバル経済

1. Radelet, *The Great Surge*, op. cit.
2. Yuen Yuen Ang, *How China Escaped the Poverty Trap*
3. Fenby, *The Penguin History of Modern China*, op. cit.
4. Joe Studwell, *The China Dream: The Elusive Quest for the Greatest Untapped Market on Earth*（ジョー・スタッドウェル『チャイナ・ドリーム：世界最大の市場に魅せられた企業家たちの挫折』早川書房 2003年）
5. Ang, *How China Escaped the Poverty Trap*, op. cit.
6. Fenby, *The Penguin History of Modern China*, op. cit.
7. Ang, *How China Escaped the Poverty Trap*, op.

reforms
12. https://www.ilo.org/wcmsp5/groups/public/---dgreports/---inst/ documents/publication/wcms_557245.pdf
13. "Hayek, Popper and Schumpeter formulated a response to tyranny", *The Economist*, August 23rd 2018
14. Quoted in Robert Skidelsky, *Money and Government,* op. cit.
15. Ibid.
16. Friedman, "The counter-revolution in monetary theory", occasional paper for the Institute of Economic Affairs, 1970
17. 出典 : https://fred.stlouisfed.org/series/M2V
18. Tyler Fisher, "How past income tax rate cuts on the wealthy affected the economy", Politico, September 27th 2017, https://www.politico.com/interactives/2017/gop-tax-rate-cut-wealthy/
19. Coggan, *Paper Promises*, op. cit.（コガン『紙の約束』）
20. "Coming home to roost", *The Economist*, June 27th 2002
21. Ibid.
22. 出典 : http://law2.wlu.edu/deptimages/Powell%20Archives/PowellMemorandumPrinted.pdf
23. 出典 : https://www.opensecrets.org/overview/cost.php
24. 出典 : https://www.opensecrets.org/lobby/ and Lee Drutman, *The Business of America is Lobbying: How Corporations Became Politicized and Politics Became More Corporate*
25. 出典 :https://www.opensecrets.org/lobby/top.php?indexType=s&showYear=2018
26. 出典 : www.vox.com/2016/1/15/10775788/revolving-door-lobbying
27. Larry Bartels, *Unequal Democracy: The Political Economy of the New Gilded Age*
28. Milanovic, *Global Inequality,* op. cit.
29. John Barrymore, "How S&Ls work", https://money.howstuffworks. com/personal-finance/banking/savings-and-loans2.htm
30. 世界初のコングロマリットであるゼネラルエレクトリック社が生き残ったのは、独自に次々と企業買収を行ったからでもある。
31. Irwin, *Clashing Over Commerce,* op. cit.（アーウィン『米国通商政策史』）
32. Ibid.
33. クランシーの小説には、激怒した日本人パイロットが飛行機ごとワシントンの国会議事堂に突っ込むという未来を予告したような場面があった。2001年の同時多発テロの、はるか以前のことである。
34. "Did the Plaza Accord cause Japan's lost decades?", IMF World Economic Outlook, April 2011
35. Robert L. Cutts, "Power from the ground up: Japan's land bubble", *Harvard Business Review*, May–June 1990
36. Coggan, *Paper Promises*, op. cit.（コガン『紙の約束』）
37. Thomas Philippon, "Has the US finance industry become less efficient? On the theory and measurement of financial intermediation", September 2014, http://pages.stern.nyu.edu/~tphilipp/papers/Finance_Efficiency.pdf
38. Barry Eichengreen and Charles Wyplosz, "The unstable EMS", https://www.Brookings.Edu/Wp-Content/Uploads/1993/01/1993a_ Bpea_Eichengreen_Wyplosz_Branson_Dornbusch.Pdf
39. 出典 : https://www.nber.org/cycles.html
40. この日は「ブラック・フライデー」と呼ばれているが、実際にはイギリスは金利を引き下げて経済を回復することができた。長い目で見ると、これで多くの右派がEU全般を敵視するようになり、イギリス政治を難しくした。
41. Robert Shiller, *Irrational Exuberance*, third edition（ロバート・シラー『投機バブル・根拠なき熱狂』ダイヤモンド社 2001年）
42. Judith Yates, "Housing in Australia in the 2000s: on the agenda too late?", https://www.rba.gov.au/publications/confs/2011/yates.html
43. Tobias Buck, "Spain: boom to bust and back again", *Financial Times*, April 6th 2017
44. Ben S. Bernanke, "The global saving glut and the US current account deficit", the Sandridge Lecture, Virginia Association of Economists, Richmond, Virginia, March 10th 2005

第15章　政府

1. この章の一部は『エコノミスト』に寄稿し

Reserve Bank of St Louis, https://files.stlouisfed.org/files/htdocs/wp/2004/2004–001.pdf
81. "Reinventing the system (1972–1981) : Opec takes center stage", https://www.imf.org/external/np/exr/center/mm/eng/mm_rs_02.htm
82. Kimberley Amadeo, "Stagflation and its causes", The Balance, https://www.thebalance.com/what-is-stagflation-3305964
83. Bethan Bell and Mario Cacciottoio, "Torrey Canyon oil spill: the day the sea turned black", BBC news, March 17th 2017, https://www. bbc.co.uk/news/uk-england-39223308
84. 以前から火災を繰り返していたが、この件は世の注目を集めた。参照：http://edition.cnn.com/2008/TECH/science/12/10/ history.environmental.movement/index.html
85. Donella Meadows, Dennis L. Meadows, Jorgen Randers and William W. Behrens III, *The Limits to Growth*（ドネラ・メドウズ他『成長の限界：ローマ・クラブ「人類の危機」レポート』ダイヤモンド社 1972 年）
86. "Examining Carter's 'Malaise Speech', 30 years later", NPR, July 12th 2009, https://www.npr.org/templates/story/story.php?storyId=106508243

第 13 章　中央銀行
1. 本章は『エコノミスト』の著者の記事に基づく。"The history of central banks", April 27th 2017.
2. L. Randall Wray, "The neo-Chartalist approach to money", The Levy Economics Institute, July 1st 2000
3. Chernow, *Alexander Hamilton*, op. cit.（チャーナウ『アレグザンダー・ハミルトン伝』）
4. Roger Bootle, *The Death of Inflation: Surviving and Thriving in the Zero Era*（ロジャー・ブートル『デフレの恐怖』東洋経済新報社 1997 年）
5. P. Richardson, "A Letter to the shareholders in the Bank of Western India", 1842. 鉄道事故の最初の犠牲者のハスキソンと同一人物。
6. Charles P. Kindleberger, *A Financial History of Western Europe*
7. Ahamed, *Lords of Finance*, op. cit.（アハメド『世界恐慌』）
8. Federal Reserve, https://www.federalreserve.gov/BOARDDOCS/SPEECHES/2002/20021108/
9. Sebastian Mallaby, *The Man Who Knew: The Life and Times of Alan Greenspan*（セバスチャン・マラビー『グリーンスパン:何でも知っている男』日本経済新聞出版 2019 年）
10. Ibid.
11. Dietrich Domanski, Michela Scatigna and Anna Zabai, "Wealth inequality and monetary policy", BIS, https://www.bis.org/publ/ qtrpdf/r_qt1603f.htm
12. Brendan Greeley, "America has never worried about financing its priorities", *Financial Times*, January 16th 2019

第 14 章　第二次グローバリゼーション
1. 多くの人はこの風潮に「新自由主義（ネオリベラル）」という言葉を使うが、その定義が非常に曖昧であるため、乱用される用語になっている。
2. Jones, *Multinationals and Global Capitalism*, op. cit.（ジョーンズ『国際経営抗議：多国籍企業とグローバル資本主義』）
3. Max Roser, "Life expectancy", Our World in Data, https:// ourworldindata.org/life-expectancy
4. Laurel Graefe, "Oil shock of 1978–79", https://www.federalreservehistory.org/essays/oil_shock_of_1978_79
5. Ibid.
6. 出典 : https://www.nber.org/cycles.html
7. J.-P. Fitoussi and E.S. Phelps, "Causes of the 1980s slump in Europe", https://core.ac.uk/download/pdf/6252244.pdf
8. Olivier Blanchard and Lawrence Summers, "Hysteresis and the European unemployment problem", https://www.nber.org/chapters/c4245.pdf
9. Blanchard and Summers mentioned this issue but thought that shortfalls in aggregate demand were just as likely an explanation.
10. 出典 : https://www.indexmundi.com/g/g.aspx?c=gm&v=74
11. Christian Odendahl, "Germany after the Hartz reforms", *Foreign Affairs*, September 11th 2017, https://www.foreignaffairs.com/articles/germany/2017–09–11/germany-after-hartz-

cit.
43. Ibid.
44. Ibid.
45. Dikötter, *Mao's Great Famine*, op. cit.（ディケーター『毛沢東の大飢饉』）
46. Maddison, *Contours of the World Economy*, op. cit.（マディソン『世界経済史概観』）
47. Service, *The Penguin History of Modern Russia*, op. cit.
48. Ibid.
49. Frieden, *Global Capitalism*, op. cit.
50. Eichengreen, *The European Economy since 1945*, op. cit.
51. As recounted in Acemoglu and Robinson, *Why Nations Fail*, op. cit.
52. Maddison, *Contours of the World Economy*, op. cit.（マディソン『世界経済史概観』）
53. Kwan S. Kim, "The Korean miracle (1962–1980) revisited: myths and realities in strategy and development", https://kellogg.nd.edu/sites/default/files/old_files/documents/166_0.pdf
54. Acemoglu and Robinson, *Why Nations Fail*, op. cit.
55. Jinn-Yuh Hsu and Lu-Lin Cheng, "Revisiting economic development in post-war Taiwan: the dynamic process of geographical industrialization", *Regional Studies*, vol. 36, no. 8, 2002
56. Kelly Olds, " The economic history of Taiwan", Economic History Association, https://eh.net/encyclopedia/ the-economic-history-of-taiwan/
57. Maddison, *Contours of the World Economy*, op. cit.（マディソン『世界経済史概観』）
58. K. Srinivasan, "Population and development In India since independence: an overview", http://medind.nic.in/jah/t04/s1/ jaht04s1p5g.pdf
59. Niranjan Rajadhyaksha, "The economics of Jawaharlal Nehru", Mint, https://www.livemint.com/Opinion/TMk7svMznR8sJHayMAXW1M/The-economics-of-Jawaharlal- nehru.html
60. Robert Fogel, "The impact of the Asian miracle on the theory of economic growth", nBER working paper 14967, https://www.nber. org/papers/w14967.pdf
61. Jagdish Bhagwati, *In Defense of Globalization*（ジャグディシュ・バクワティ『グローバリゼーションを擁護する』日本経済新聞社 2005 年）
62. Reid, *Forgotten Continent*, op. cit.
63. Victor Bulmer-Thomas, *The Economic History of Latin America Since Independence*, second edition
64. Frieden, *Global Capitalism*, op. cit.
65. Bulmer-Thomas, *The Economic History of Latin America*, op. cit.
66. Ibid.
67. Reid, *Forgotten Continent*, op. cit.
68. "A century of decline", *The Economist*, February 17th 2014
69. Bulmer-Thomas, *The Economic History of Latin America*, op. cit.
70. "System in crisis (1959–1971) : The dollar glut", https://www.imf.org/external/np/exr/center/mm/eng/mm_sc_03.htm
71. "System in crisis (1959–1971) : The incredible shrinking gold supply", https://www.imf.org/external/np/exr/center/mm/eng/sc_sub_3.htm
72. "System in crisis (1959–1971) : Searching for solutions", https://www.imf.org/external/np/exr/center/mm/eng/mm_sc_04.htm
73. The Watergate tapes, Nixon library, https://www.nixonlibrary.gov/sites/default/files/forresearchers/find/tapes/watergate/wspf/741–002. pdf
74. Eichengreen, *The European Economy since 1945*, op. cit.
75. Milton Friedman, "The case for flexible exchange rates", in *Essays in Positive Economics*
76. Quoted in Coggan, *Paper Promises*, op. cit.（コガン『紙の約束』）
77. 出　典：https://www.minneapolisfed.org/community/ financial-and-economic-education/cpi-calculator-information/ consumer-price-index-and-inflation-rates-1913
78. 出　典：https://fred.stlouisfed.org/series/CPIIUKA
79. 出　典：https://inflationdata.com/articles/historical-inflation-rates-japan-1971–2014/
80. Edward Nelson, "The great inflation of the Seventies: what really happened?", Federal

10. Ibid.
11. Tony Judt, *Postwar: A History of Europe Since 1945*（トニー・ジャッド『ヨーロッパ戦後史』上 1945-1971、下 1971-2005 みすず書房 2008 年）
12. Eichengreen, *The European Economy Since 1945*, op. cit.
13. Ibid.
14. Davies, *Europe: A History*, op. cit.（デイヴィス『ヨーロッパ』）
15. Ibid.
16. 欧州人権裁判所は独立した組織で、ＥＵとは無関係。
17. "A short introduction to 50 years of EFTA", http://www.efta.int/ sites/default/files/publications/fact-sheets/General-EFTA-fact-sheets/ efta-50-years.pdf
18. Eichengreen, *The European Economy Since 1945*, op. cit.
19. ド・ゴールは英米が手を組んでいると疑っていた。戦争中、彼はローズヴェルトと衝突し、アメリカの国力を恨んでいた。彼の指導の下、フランスは 1966 年に NATO を脱退した。戦争中、彼を保護したイギリスでも、アメリカでも彼の評判はよくない。フランスは、すべての米軍がフランスから出て行くことを望んでいると言われた米国務長官ディーン・ラスクは、ジョンソン大統領の指示に従い、ふたつの世界大戦で戦死しフランスに埋葬されている６万人の米兵もそこに含まれるのかと訊いた。
20. Nauro Campos and Fabrizio Coricelli, "Why did Britain join the EU? A new insight from economic history", February 3rd 2015, https://voxeu.org/article/britain-s-eu-membership-new-insight- economic-history
21. Edgerton, *The Rise and Fall of the British Nation*, op. cit.
22. Horst Siebert, *The German Economy: Beyond the Social Market*
23. Geoffrey Owen, "Industrial policy in Europe since the Second World War: what has been learnt?", 2012, The European Centre for International Political Economy, http://eprints.lse.ac.uk/41902/1/ Industrial_policy_in_Europe_since_the__Second_World_War_what_has_been_learnt%281sero%29.pdf
24. Roger Backhouse, Bradley Bateman, Tamotsu Nishizawa and Dieter Plehwe, eds, *Liberalism and the Welfare State: Economists and Arguments for the Welfare State*
25. 出　典：https://www.eastonbh.ac.nz/2002/08/new_zealands_ postwar_economic_growth_performance_comparison_with_the_ oecd/
26. Scheidel, *The Great Leveler*, op. cit.（シャイデル『暴力と不平等の人類史』）
27. Thomas Piketty, *Capital in the 21st Century*（トマ・ピケティ『21 世紀の資本主義』みすず書房 2014 年）
28. Milanovic, *Global Inequality*, op. cit.
29. Scheidel, *The Great Leveler*, op. cit.（シャイデル『暴力と不平等の人類史』）
30. 出　典：https://taxfoundation.org/us-federal-individual-income-tax- rates-history-1913–2013-nominal-and-inflation-adjusted-brackets/
31. Claudia Goldin and Robert Margo, "The great compression: the wage structure in the United States at mid-century", NBER working paper 3817, https://www.nber.org/papers/w3817.pdf
32. Timothy noah, "The United States of inequality", *Slate*, http:// www.slate.com/articles/news_and_politics/the_great_divergence/ features/2010/the_united_states_of_inequality/introducing_the_ great_divergence.html?via=gdpr-consent
33. Patterson, *Grand Expectations*, op. cit.
34. Wooldridge and Greenspan, *Capitalism in America*, op. cit.
35. Ezra Vogel, "Guided free enterprise in Japan", *Harvard Business Review*, May 1978
36. Pilling, *Bending Adversity*, op. cit.（ピリング『日本：喪失と再起の物語』）
37. Ibid.
38. "W. Edwards Deming", *The Economist*, June 5th 2009
39. Greenspan and Wooldridge, *Capitalism in America*, op. cit.
40. Jonathan Fenby, *The Penguin History of Modern China: The Fall and Rise of a Great Power*
41. Maddison, *Growth and Interaction in the World Economy*, op. cit.
42. Fenby, *The Penguin History of Modern China*, op.

theater-opens
38. Patterson, *Grand Expectations*, op. cit.
39. David A. Pfeiffer, "Ike's interstates at 50", *Prologue Magazine*, vol. 38, no. 2, 2006, national Archives, https://www.archives.gov/ publications/prologue/2006/summer/interstates.html
40. Kirsten Korosec, "The 10 most congested cities in the world", *Fortune*, February 6th 2018
41. Adam Mann, "What's up with that: building bigger roads actually makes traffic worse", *Wired*, June 17th 2014
42. "The hidden cost of congestion", graphic detail, *The Economist*, February 28th 2018, https://www.economist.com/ graphic-detail/2018/02/28/the-hidden-cost-of-congestion
43. Elena Holodny, "Traffic fatalities in the US have been mostly plummeting for decades", Business Insider, April 20th 2016
44. 出　典：https://www.statista.com/statistics/200002/ international-car-sales-since-1990/
45. 出典：www.trucking.org
46. Dom Phillips and Sam Cowie, "Brazilian president sends in army as truck protest paralyses country", *The Guardian*, May 25th 2018
47. Ross Logan, "Think your commute's bad?", *Daily Record*, Novenber 21st 2015
48. Marc Levinson, *The Box: How the Shipping Container Made the World Smaller and the World Economy Bigger*（マルク・レビンソン『コンテナ物語：世界を変えたのは「箱」の発明だった』日経BP 2019 年）
49. Daniel M. Bernhofen, Zouheir El-Shali and Richard Kneller, "Estimating the effects of the container revolution on world trade", CESIfo working paper series no. 4136, March 2013
50. Levinson, *The Box*, op. cit.（レビンソン『コンテナ物語』）
51. Bernhofen, El-Sahli and Kneller, "Estimating the effects of the container revolution", op. cit.
52. 出　典：https://library.duke.edu/digitalcollections/adaccess/guide/transportation/airlines/
53. Thomas Petzinger, *Hard Landing: The Epic Contest for Power and Profits That Plunged the Airlines into Chaos*
54. 出　典：https://www.bts.gov/ newsroom/2017-traffic-data-us-airlines-and-foreign-airlines-us-flights
55. "The package holiday revolution", History extra, https://www. historyextra.com/period/victorian/the-package-holiday-revolution/
56. バフェット：2007 年、バークシャー・ハサウェイの株主への毎年恒例の手紙で。
57. "Plumb centre", *The Economist*, February 22nd 2014
58. 出　典：https://www.wttc.org/-/media/files/reports/ economic-impact-research/2017-documents/global-economic- impact-and-issues-2017.pdf

第 12 章　繁栄から沈滞へ
1. Quoted in Armand van Dormael, *Bretton Woods: Birth of a Monetary System*
2. Frieden, *Global Capitalism*, op. cit.
3. フォン・ブラウンはロンドンを攻撃した V1、V2 ロケットを開発した科学者。彼はのちにアメリカの宇宙開発計画に関わる。ユダヤ系の数学者でシンガーソングライターのトム・レーラーは、フォン・ブラウンを皮肉った歌を作曲した。「ロケットが打ち上げられたら、それがどこへ落ちようがかまわない。それは私の担当ではない、とヴェルナー・フォン・ブラウンは言った」
4. Stephen D. King, *Grave New World: The End of Globalisation, The Return of History*
5. David Pilling, *Bending Adversity: Japan and the Art of Survival*（デイヴィッド・ピリング『日本：喪失と再起の物語』早川書房 2017 年）
6. 出　典：https://history.state.gov/milestones/1945–1952/ japan-reconstruction
7. Pilling, *Bending Adversity*, op. cit.（ピリング『日本：喪失と再起の物語』）
8. Barry Eichengreen, *The European Economy Since 1945: Coordinated Capitalism and Beyond*
9. Keith Lowe, *Savage Continent: Europe In The Aftermath of World War II*（キース・ロウ『蛮行のヨーロッパ：第二次世界大戦直後の暴力』白水社 2018 年）

refrigeration", *History Magazine*, https://www.history-magazine.com/refrig.html
102. Frieden, *Global Capitalism*, op. cit.
103. St Clair, *The Golden Thread*, op. cit.
104. Michael Huberman, "Labor movements", *The Cambridge History of Capitalism, Volume 2*, op. cit.
105. Barry Eichengreen and Tim Hatton, "Interwar unemployment in international perspective", IRLE, http://www.irle.berkeley.edu/ files/1998/Interwar-Unemployment-In-International-Perspective.pdf
106. Frieden, *Global Capitalism*, op. cit.

第11章　輸送

1. James T. Patterson, *Grand Expectations: The United States 1945–1974*
2. Hugh Morris, "How many planes are there in the world right now?", *The Daily Telegraph*, August 16th 2017
3. 出典 : https://afdc.energy.gov/data/10309
4. Sarah Gibbens, "Human arrival in Australia pushed back 18,000 years", *National Geographic*, July 20th 2017
5. Cunliffe, *By Steppe, Desert, & Ocean*, op. cit.
6. Simon Webb, *Commuters: The History of a British Way of Life*
7. Rhodes, *Energy: A Human History*, op. cit.（ローズ『エネルギー 400 年史』）
8. Christian Wolmar, *Blood, Iron and Gold: How the Railways Transformed the World*（クリスティアン・ウォルマー『世界鉄道史：血と鉄と金の世界変革』河出書房新社 2012 年）
9. Wrigley, *Energy and the English Industrial Revolution*, op. cit.
10. Tom Standage, *The Victorian Internet: The Remarkable Story of the Telegraph and the Nineteenth Century's Online Pioneers*（トム・スタンデージ『ヴィクトリア朝時代のインターネット』NTT 出版 2011 年）
11. Wolmar, *Blood, Iron and Gold*, op. cit.（ウォルマー『世界鉄道史』）
12. Evans, *The Pursuit of Power*, op. cit.（エヴァンズ『力の追求』）
13. Edward Chancellor, "Bubbles: a Victorian lesson in mania", *Financial Times*, April 11th 2010
14. Richard White, *Railroaded: The Transcontinentals and the Making of Modern America*
15. Ibid.
16. Simon Bradley, *The Railways: Nation, Network and People*
17. Wolmar, *Blood, Iron and Gold*, op. cit.（ウォルマー『世界鉄道史』）
18. Randy Alfred, "nov 18, 1883: Railroad time goes coast to coast", *Wired*, Novenber 18th 2010
19. Webb, *Commuters*, op. cit.
20. Rhodes, *Energy: A Human History*, op. cit.（ローズ『エネルギー 400 年史』）
21. Ibid.
22. Mokyr, *The Enlightened Economy*, op. cit.
23. John Steele Gordon, *The Business of America*
24. Steven Parissien, *The Life of the Automobile: A New History of the Motor Car*
25. Ibid.
26. John Steele Gordon, *The Business of America*, op. cit.
27. Srinivasan, *Americana*, op. cit.
28. Avent, *The Wealth of Humans*, op. cit.（エイヴェント『デジタルエコノミーはいかにして道を誤るか』）
29. Parissien, *The Life of the Automobile*, op. cit.
30. Ibid.
31. 顧客は「黒以外の色なら何でもいい」という彼の有名な引用がある。
32. Parissien, *The Life of the Automobile*, op. cit.
33. Kat Eschner, "A short picture history of gas stations", Smithsonian. com, December 1st 2017, https://www.smithsonianmag.com/ smart-news/short-picture-history-gas-stations-180967337/
34. David Halberstam, *The Fifties*（デイヴィッド・ハルバースタム『ザ・フィフティーズ』筑摩書房 1997 年、新版 2015 年）
35. Brad Tuttle, "10 things you didn't know about the fast food drive- thru", MSM.com, Novenber 25th 2014
36. Richard A. Feinberg and Jennifer Meoli, "A brief history of the mall", *Advances in Consumer Research*, vol. 18, no. 1, 1991
37. "First drive-in movie theater opens", History. com, November 13th 2009, https://www.history.com/this-day-in-history/ first-drive-in-movie-

66. Ahamed, *Lords of Finance*, op. cit.（アハメド『世界恐慌』）
67. Evans, *The Coming of the Third Reich*, op. cit.（エヴァンズ『第三帝国の到来』）
68. Eichengreen, *Golden Fetters*, op. cit.
69. Irwin, *Clashing Over Commerce*, op. cit.（アーウィン『米国通商政策史』）
70. David Wheelock, "The Great Depression: an overview", https:// www.stlouisfed.org/-/media/files/pdfs/great-depression/the-great-depression-wheelock-overview.pdf
71. Milton Friedman and Anna Jacobson Schwartz, *A Monetary History of the United States, 1867–1960*
72. Rasheed Saleuddin, "Agricultural markets and the Great Depression: lessons from the past", May 7th 2014, https://www.cam.ac.uk/research/features/ agricultural-markets-and-the-great-depression-lessons-from-the-past
73. Nicholas Crafts and Peter Fearon, "Lessons from the 1930s Great Depression", *Oxford Review of Economic Policy*, vol. 26, no. 3, October 2010
74. Robert Dallek, *Franklin D. Roosevelt: A Political Life*
75. Ibid.
76. William L. Silber, "Why did FDR's Bank Holiday succeed?" https:// www.newyorkfed.org/medialibrary/media/research/epr/09v15n1/0907silb.pdf
77. Ibid.
78. Irwin, *Clashing Over Commerce*, op. cit.（アーウィン『米国通商政策史』）
79. Greenspan and Wooldridge, *Capitalism in America*, op. cit.
80. Quoted in Dallek, *Franklin D. Roosevelt*, op. cit.
81. Patricia Waiwood, "Recession of 1937–38", https://www.federalreservehistory.org/essays/recession_of_1937_38
82. Eichengreen, *Golden Fetters*, op. cit.
83. Adam Tooze, *The Wages of Destruction: The Making and Breaking of the Nazi Economy*（アダム・トゥーズ『ナチス破壊の経済 1923-1945』みすず書房 2019 年）
84. Ibid.
85. Ibid.
86. Ibid.
87. "Foreign trade in German economy", CQ Researcher Online,https://library.cqpress.com/cqresearcher/document.php?id=cqresrre1939030900
88. Frieden, *Global Capitalism*, op. cit.
89. Gregg Huff and Shinobu Majima, "Financing Japan's World War II occupation of Southeast Asia", https://www.economics.ox.ac.uk/ materials/working_papers/2504/huffmajima109.pdf
90. Tooze, *The Wages of Destruction*, op. cit.（トゥーズ『ナチス破壊の経済』）
91. Filippo Occhino, Kim Oosterlinck and Eugene White, "How occupied France financed its own exploitation in World War II", NBER working paper 12137, https://www.nber.org/papers/w12137.pdf
92. Pollard, *Peaceful Conquest*, op. cit.
93. Iris Kesternich, Bettina Siflinger, James Smith and Joachim Winter, "The effects of World War II on economic and health outcomes across Europe", https://www.ncbi.nlm.nih.gov/pmc/articles/ PMC4025972/
94. Mark Harrison, "The economics of World War II: an overview", in *The Economics of World War II: Six Great Powers in International Comparison*, Mark Harrison, ed.
95. Ibid.
96. Christopher Tassava, "The American economy during World War II", Economic History Association, https://eh.net/encyclopedia/ the-american-economy-during-world-war-ii/
97. Claudia Goldin, "The role of World War II in the rise of women's work", NBER working paper 3203, https://www.nber.org/papers/ w3203.pdf
98. Smil, *Energy and Civilisation*, op. cit.（シュミル『エネルギーの人類史』）
99. Alan L. Olmstead and Paul W. Rhode, "The diffusion of the tractor in American agriculture 1910–1960", nBER working paper 7947, www.nber.org/papers/w7947
100. Robert Gordon, *The Rise and Fall of American Growth: The US Standard of Living Since the Civil War*（ロバート・J・ゴードン『アメリカ経済　成長の終焉』日経 BP 社 2018 年）
101. Barbara Krasner-Khait, "The impact of

British Nation: A Twentieth-Century History
27. Barry Eichengreen, "The British economy between the wars", https://eml.berkeley.edu/~eichengr/research/floudjohnsonchaptersep16–03. pdf
28. Richard J. Evans, *The Coming of the Third Reich*（リチャード・J・エヴァンズ『第三帝国の到来』白水社 2018 年）
29. Ibid.
30. Liaquat Ahamed, *Lords of Finance: The Bankers Who Broke the World*（ライアカット・アハメド『世界恐慌：経済を破綻させた4人の中央銀行総裁』筑摩書房 2013 年）
31. Barry Eichengreen, *Golden Fetters: The Gold Standard and the Great Depression 1919–1939*
32. Barry Eichengreen, *Globalizing Capital: A History of the International Monetary System*
33. Philip Coggan, *Paper Promises: Money, Debt and the New World Order*（フィリップ・コガン『紙の約束：マネー、債務、新世界秩序』日本経済新聞出版 2012 年）
34. David M. Kennedy, *Freedom from Fear: The American People in Depression and War 1929–1945*
35. 出典：https://inflationdata.com/articles/inflation- consumer-price-index-decade-commentary/ inflation-cpi-consumer-price-index-1920–1929/
36. Ahamed, *Lords of Finance*, op. cit.（アハメド『世界恐慌』）
37. 出典：https://fred.stlouisfed.org/series/M1109BUSM293nnBR
38. 数値はイェール大学のロバート・シラーのサイトから：www.irrationalexuberance.com
39. "Florida's land boom", https://fcit.usf.edu/florida/lessons/ld_boom/ ld_boom1.htm
40. この都市名は戦争中にサンクトペテルブルクから改称された。その後、レニングラードと改名され、ソ連崩壊後にまたサンクトペテルブルクに戻った。
41. Robert Service, *The Penguin History of Modern Russia: From Tsarism to the Twenty-First Century*
42. ロシア人はグレゴリオ歴を採用しなかったので、彼らの認識ではこれは10月に起こった。
43. Service, *The Penguin History of Modern Russia*, op. cit.
44. 出典：http://www.orlandofiges.info/section10_RevolutionfromAbove/TheWaragainsttheKulaks.php
45. "Stalin's famine, a war on Ukraine", *The Economist*, September 30th 2017
46. Frieden, *Global Capitalism*, op. cit.
47. Service, *The Penguin History of Modern Russia*, op. cit.; 1930 年は特別な年だった。
48. "What there is to learn from the Soviet economic model", *The Economist*, Novenber 9th 2017
49. Anton Cheremukhin, Mikhail Golosov, Sergei Guriev, and Aleh Tsyvinski, "Was Stalin necessary for Russia's economic development?", October 10th 2013, https://voxeu.org/article/stalin-and-soviet-industrialisation
50. Ahamed, *Lords of Finance*, op. cit.（アハメド『世界恐慌』）
51. Peter H. Lindert, *Key Currencies and Gold, 1900–1913*（Princeton Studies in International Finance, no. 24）
52. John Maynard Keynes, *The Economic Consequences of Mr Churchill*（ジョン・メイナード・ケインズ「チャーチル氏の経済的帰結」小冊子）
53. Eichengreen, *Golden Fetters*, op. cit.
54. Quoted in Robert Skidelsky, *John Maynard Keynes: The Economist as Saviour 1920–1937*
55. Evans, *The Coming of the Third Reich*, op. cit.
56. Ahamed, *Lords of Finance*, op. cit.（アハメド『世界恐慌』）
57. 出典：https://fred.stlouisfed.org/series/InDPRO
58. 出典：https://www.nber.org/cycles.html
59. Ahamed, *Lords of Finance*, op. cit.（アハメド『世界恐慌』）
60. Kimberly Amadeo, "Black Thursday 1929: what happened, and what caused it", The Balance, May 15th 2018
61. あることが別のことより先に起こったので、後者の誘因になったに違いない。
62. Kennedy, *Freedom from Fear*, op. cit.
63. Irwin, *Clashing Over Commerce*, op. cit.（アーウィン『米国通商政策史』）
64. Frieden, *Global Capitalism*, op. cit.
65. Michael Reid, *Forgotten Continent: The Battle for Latin America's Soul*

56. The International Migration Report 2017, Un Department of Economic and Social Affairs
57. 出典：UNHCR. Another 6.6 million Syrians were displaced within their own country.
58. Tom Nuttall, "Looking for a home: special report on migration", *The Economist*, May 28th 2016
59. Claudia Goldin, "The political economy of immigration restriction in the United States, 1890 to 1921", in *The Regulated Economy: A Historical Approach to Political Economy*, Claudia Goldin and Gary D. Libecap, eds
60. Jonathan Portes, "How small is small? The impact of immigration on UK wages", national Institute of Economic and Social Research, January 17th 2016
61. Farhad Manjoo, "Why Silicon Valley wouldn't work without immigrants", *The New York Times*, February 8th 2017
62. "A world of free movement would be $78trn richer", *The Economist*, July 13th 2017

第 10 章　世界大戦と大恐慌
1. Esteban Ortiz-Ospina, Diana Beltekian and Max Roser, "Trade and globalization", Our World in Data, https://ourworldindata.org/trade-and-globalization
2. Bernstein, *A Splendid Exchange*, op. cit.（バーンスタイン『文明の世界史』）
3. Geoffrey Jones, "Firms and global capitalism", in *The Cambridge History of Capitalism, Volume 2*, op. cit.
4. 参照：Christopher Clark, *The Sleepwalkers: How Europe Went to War in 1914*（クリストファー・クラーク『夢遊病者たち：第一次世界大戦はいかにして始まったか』みすず書房 2017 年）
5. Niall Ferguson, "Earning from history? Financial markets and the approach of world wars", Brookings Institute, https://www. brookings.edu/wp-content/uploads/2008/03/2008a_bpea_ferguson. pdf
6. Niall Ferguson, *The Pity of War: Explaining World War I*
7. Stern, *Gold and Iron*, op. cit.
8. Esteban Ortiz-Ospina and Max Roser, "Public spending", Our World in Data, https://ourworldindata.org/public-spending
9. Matthias Blum, Jari Eloranta and Pavel Osinsky, "Organization of war economies", https://encyclopedia.1914–1918-online.net/article/organization_of_war_economies
10. 出典：https://www.iwm.org.uk/history/rationing-and-food-shortages-during-the-first-world-war
11. Stephen Broadberry and Mark Harrison, *The Economics of the Great War: A Centennial Perspective*
12. 出典：https://scottmanning.com/content/world-war-i-troop-statistics/
13. Eleanor Beardsley, "WW1 munitions still live beneath Western Front", nPR, Novenber 11th 2007, https://www.npr.org/templates/ story/story.php?storyId=16131857&t=1540290769223
14. Jordan Golson, "How WW1's U-boats launched the age of unrestricted warfare", *Wired*, September 22nd 2014
15. Ferguson, *The Pity of War*, op. cit.
16. Ibid.
17. Blum, Eloranta and Osinsky, "Organization of war economies", op. cit.
18. Ellen Castelow, "World War One: women at war", Historic UK *History Magazine*, https://www.historic-uk.com/HistoryUK/HistoryofBritain/World-War-One-Women-at-War/
19. 1928 年、投票年齢は男性と同じく 21 歳になった。
20. "The centenary of the 20th century's worst catastrophe", *The Economist*, September 29th 2018
21. セラーとイエーツマンが著書 *1066 and All That*（1066 年とかなんとか）で述べたように「アメリカは明らかに最高位の国であり、それで歴史は完全に止まった」
22. 出典：https://www.nber.org/cycles.html
23. "The searing Twenties", *The Economist*, Novenber 8th 2014
24. A.J.P. Taylor, *English History 1914–1945*（A.J.P. テイラー『イギリス現代史 1914 − 1945』みすず書房 1968 年 , 新版 1987 年）
25. Ibid.
26. 参照：David Edgerton, *The Rise and Fall of the*

20. Hourani, *A History of the Arab Peoples*, op. cit. (ホーラーニー『アラブの人々の歴史』)
21. Thomas, *The Slave Trade*, op. cit.
22. Mann, *1493*, op. cit. (マン『1493』)
23. Thomas, *The Slave Trade*, op. cit.
24. Ibid.
25. David Sheward, "The real story behind 'Amazing Grace'", Biography. com, August 11th 2015, https://www.biography.com/news/ amazing-grace-story-john-newton
26. John Thornton, *Africa and Africans in the Making of the Atlantic World, 1400–1800*
27. Mann, *1493*, op. cit. (マン『1493』)
28. Thomas, *The Slave Trade*, op. cit.
29. Mann, *1493*, op. cit. (マン『1493』)
30. Nathan Nunn, "The long-term effects of Africa's slave trades", *The Quarterly Journal of Economics*, vol. 123, no. 1, February 2008
31. Timothy Hatton and Jeffrey Williamson, *Global Migration and the World Economy: Two Centuries of Policy and Performance*
32. Mann, *1493*, op. cit. (マン『1493』)
33. Hatton and Williamson, *Global Migration and the World Economy*, op. cit.
34. Chanda, *Bound Together*, op. cit. (チャンダ『グローバリゼーション』)
35. Sherry-Ann Singh, "The experience of Indian indenture in Trinidad: living conditions on the estates", University of theWest Indies, St Augustine, http://www.caribbean-atlas.com/en/themes/waves-of-colonization-and-control-in-the-caribbean/ daily-lives-of-caribbean-people-under-colonialism/the-experience-of- indian-indenture-in-trinidad-living-conditions-on-the-estates.html
36. Paine, *The Sea and Civilization*, op. cit.
37. Evelyn Hu-Dehart, "Chinese coolie labor in Cuba in the nineteenth century: free labour or neo-slavery?", *Contributions in Black Studies*, vol. 12, 1994
38. Hatton and Williamson, *Global Migration and the World Economy*, op. cit.
39. Chanda, *Bound Together*, op. cit. (チャンダ『グローバリゼーション』)
40. Hatton and Williamson, *Global Migration and the World Economy*, op. cit.
41. Huwart and Verdier, *Economic Globalisation*, op. cit.
42. Hatton and Williamson, *Global Migration and the World Economy*, op. cit.
43. Ibid.
44. Ibid.
45. Jeffrey Frieden, *Global Capitalism: Its Fall and Rise in the Twentieth Century*
46. Lorraine Boissoneault, "How the 19th-century Know nothing Party reshaped American politics", Smithsonian.com, January 26th 2017, https://www.smithsonianmag.com/history/immigrants-conspiracies- and-secret-society-launched-american-nativism-180961915/
47. 中国人排斥法 (1882), "Immigration to the United States, 1789–1930", Harvard Library, http://ocp.hul.harvard.edu/ immigration/exclusion.html
48. Fred Dews, "What percentage of US population is foreign born?", Brookings now, October 3rd 2013
49. "Great Migration", History.com, March 4th 2010, https://www. history.com/topics/black-history/great-migration
50. Pieter C. Emmer and Leo Lucassen, "Migration from the colonies to Western Europe since 1800", European History Online, http://ieg-ego.eu/en/threads/europe-on-the-road/economic-migration/ pieter-c-emmer-leo-lucassen-migration-from-the-colonies-to-western-europe-since-1800
51. Tom Gjelten, "The Immigration Act that inadvertently changed America", *The Atlantic*, October 2nd 2015
52. Dews, "What percentage of US population is foreign born?", op. cit.
53. Ibid.
54. Audrey Singer, "Contemporary immigrant gateways in historical perspective", Brookings Institute, September 5th 2013
55. Phillip Connor, "International migration: key findings from the US, Europe and the world", Pew Research Center, December 15th 2016, http://www.pewresearch.org/fact-tank/2016/12/15/international- migration-key-findings-from-the-u-s-europe-and-the-world/

94. William A. Pelz, *A People's History of Modern Europe*
95. Evans, *The Pursuit of Power*, op. cit.（エヴァンズ『力の追求』）
96. Simon Heffer, *The Age of Decadence: Britain 1880 to 1914*
97. Donkin, *Blood, Sweat & Tears*, op. cit.
98. Giovanni Federico,"Growth, specialization, and organization of world agriculture", *The Cambridge History of Capitalism, Volume 2*, op. cit.
99. Evans, *The Pursuit of Power*, op. cit.（エヴァンズ『力の追求』）
100. 出典：http://broughttolife.sciencemuseum.org.uk/broughttolife/ people/ignazsemmelweis
101. 出典：http://www.bbc.co.uk/history/historic_figures/snow_john. shtml
102. "Subterranean dreams", *The Economist*, July 16th 2013
103. Evans, *The Pursuit of Power*, op. cit.（エヴァンズ『力の追求』）
104. Sun Go and Peter Lindert, "The curious dawn of American public schools", NBER working paper 1335
105. Evans, *The Pursuit of Power*, op. cit.（エヴァンズ『力の追求』）
106. Daron Acemoglu and James A. Robinson, "Why did the West extend the franchise? Democracy, inequality and growth in historical perspective", http://web.mit.edu/daron/www/qje_kuz6.pdf
107. Trentmann, *Empire of Things*, op. cit.
108. 出典：http://www.searsarchives.com/catalogs/history.htm
109. Ibid.
110. 出典：http://www.conspicuousconsumption.org/
111. 出典：http://www.woolworthsmuseum.co.uk/aboutwoolies.html
112. Tom Standage, *A History of the World in Six Glasses*（トム・スタンデージ『歴史を変えた6つの飲物』楽工社 2017 年）
113. より専門的な解説は次を参照: Christopher Freeman and Carlota Perez, "Structural crises of adjustment, business cycles and investment behaviour", http://www.carlotaperez.org/downloads/ pubs/StructuralCrisesOfAdjustment.pdf

第９章　移民

1. この文言はエマ・ラザラスの詩の一部であり、銘板は 1903 年に台座にとり着けられた。
2. That is the view of the Ancient History Encyclopaedia, https://www. ancient.eu/Huns/
3. Peter Heather, "The Huns and the end of the Roman Empire in Western Europe", *The English Historical Review*, vol. 110, no. 435, 1995
4. Morris, *War, What Is It Good For?*, op. cit.
5. この分岐の詳細については次を参照：Niall Ferguson, *Civilisation*,（ファーガソン『文明』）
6. Cipolla, *Before the Industrial Revolution*, op. cit.
7. Paul Harris, "They fled with nothing but built a new empire", *The Observer*, August 11th 2002
8. Boyd Tonkin, "The Huguenots count among the most successful of Britain's immigrants", *The Independent*, June 18th 2015
9. Chanda, *Bound Together*, op. cit.（チャンダ『グローバリゼーション』）
10. Paine, *The Sea and Civilization*, op. cit.
11. Hugh Thomas, *The Slave Trade: The History of the Atlantic Slave Trade*
12. "Living Africans Thrown Overboard", http://www.pbs.org/wgbh/aia/ part1/1h280.html
13. Robert M. Harveson, "History of sugarbeets", University of Nebraska–Lincoln, https://cropwatch.unl.edu/history-sugarbeets
14. J. H. Galloway, "The Mediterranean sugar industry", *Geographical Review*, vol. 67, no. 2, April 1977
15. Thomas, *The Slave Trade*, op. cit.
16. Jason W. Moore, "Madeira, sugar, and the conquest of nature in the 'first' sixteenth century, Part 1: from 'island of timber' to sugar revolution, 1420–1506", *Review*（*Fernand Braudel Center*）, vol. 32, no. 4, 2009
17. Thomas, *The Slave Trade*, op. cit.
18. "Conditions in the sugar works", International Slavery Museum, Liverpool, http://www.liverpoolmuseums.org.uk/ism/slavery/archaeology/caribbean/plantations/caribbean35.aspx
19. Maddison, *Contours of the World Economy*, op. cit.（マディソン『世界経済史概観』）

61. Pomeranz, *The Great Divergence*, op. cit.（ポメランツ『大分岐』）
62. Clark, *A Farewell to Alms*, op. cit.（クラーク『10万年の世界経済史』）
63. The Maddison Project, https://www.rug.nl/ggdc/historicaldevelopment/maddison/releases/maddison-project-database-2018
64. G.C. Allen, *A Short Economic History of Modern Japan 1867–1937*（G・C・アレン『なぜ豊かな国と貧しい国が生まれたのか』）
65. Darwin, *After Tamerlane*, op. cit.（ダーウィン『ティムール以後』）
66. Kenichi Ohno, *The Economic Development of Japan: The Path Travelled by Japan as a Developing Country*（大野健一『途上国ニッポンの歩み：江戸から平成までの経済発展』有斐閣 2005 年）
67. Lewis Freeman, "How the railroad is modernising Asia", https:// trove.nla.gov.au/newspaper/article/5385284
68. Osterhammel, *The Transformation of the World*, op. cit.
69. O'Rourke and Williamson, *Globalization and History*, op. cit.
70. Landes, *The Wealth and Poverty of Nations*, op. cit.（ランデス『「強国」論』）
71. Kristine Bruland and David Mowery, "Technology and the spread of capitalism", *The Cambridge History of Capitalism, Volume 2*, op. cit.
72. Micklethwait and Wooldridge, *The Company*, op. cit.（ミクルスウェイト、ウールドリッジ『株式会社』）
73. "The beauty of bubbles", *The Economist*, December 18th 2008
74. "Coase's theory of the firm", *The Economist*, July 27th 2017
75. Tim Harford, *Fifty Things That Made the Modern Economy*
76. Yergin, *The Prize*, op. cit.（ヤーギン『石油の世紀』）
77. Matthew DiLallo, "Carnegie Steel Company: An early model of efficiency and innovation", https://www.fool.com/investing/general/2015/06/12/carnegie-steel-company-an-early-model-of- efficienc.aspx
78. 出　典：http://www.company-histories.com/United-States-Steel- Corporation-Company-History.html
79. Micklethwait and Wooldridge, *The Company*, op. cit.（ミクルスウェイト、ウールドリッジ『株式会社』）
80. Greenspan and Wooldridge, *Capitalism in America*, op. cit.
81. Ibid.
82. Suzanne Raga, "Why are the majority of US companies incorporated in Delaware?", http://mentalfloss.com/article/76951/ why-are-so-many-us-companies-incorporated-delaware
83. Quoted in Edmund Morris, *Theodore Rex*
84. Ricardo Minesotor, "Teddy Roosevelt and trust busting", Foreign Policy, July 3rd 2018, https://foreignpolicyi.org/ teddy-roosevelt-and-trust-busting/
85. Evans, *The Pursuit of Power*, op. cit.（エヴァンズ『力の追求』）
86. Geoffrey Jones, *Multinationals and Global Capitalism: from the Nineteenth to the Twenty-first Century*（ジェフリー・ジョーンズ『国際経営講義：多国籍企業とグローバル資本主義』有斐閣 2007 年）
87. この指数は構成銘柄の株価を割って算出される。つまり、企業全体の市場価格が名目価格に関連していなくても、株価が高い企業ほど平均価格のウェイトが大きくなるということだ。ほとんどの指数は株価の加重平均を用いるので、20 億ドルの企業は 10 億ドル企業の 2 倍の加重となる。
88. Osterhammel, *The Transformation of the World*, op. cit.
89. Paul Cornish, "The naval race between Britain and Germany before The First World War", January 5th 2018, https://www.iwm.org.uk/history/the-naval-race-between-britain-and-germany-before-the-first- world-war
90. Robert C. Allen, "Engels' pause: technical change, capital accumulation and inequality in the British industrial revolution", *Explorations in Economic History*, vol. 46, no. 4, October 2009
91. Ibid.
92. Cannadine, *Victorious Century*, op. cit.
93. Milanovic, *Global Inequality*, op. cit.

op. cit.
20. Lance E. Davis and Robert A. Huttenback, "The political economy of British imperialism: measures of benefits and support", *The Journal of Economic History*, vol. 42, no. 1, 1982
21. Avner Offer, "The British Empire 1870–1914: a waste of money?" *The Economic History Review*, vol. 46, no. 2, 1993
22. Austin, "Capitalism and the colonies", op. cit.
23. Vanessa Mock, "Belgium revisits the scene of its colonial shame", *The Independent*, June 30th 2010
24. Austin, "Capitalism and the colonies", op. cit.
25. John R. Oneal and Frances H. Oneal, "Hegemony, imperialism, and the profitability of foreign investments", *International Organization*, vol. 42, no. 2, 1988
26. Williamson, *The Penguin History of Latin America*, op. cit.
27. Ibid.
28. "The eighth default of Argentina: from independence to Elliott Management", ValueWalk, https://www.valuewalk.com/2014/10/ argentina-defaults-history/
29. Harold James, "International capital movements and the global order", *The Cambridge History of Capitalism, Volume 2,* op. cit.
30. Tharoor, *Inglorious Empire*, op. cit.
31. Soutik Biswas, "How Churchill 'starved' India", http://www.bbc. co.uk/blogs/thereporters/soutikbiswas/2010/10/how_churchill_ starved_india.html
32. Charles Read, "British economic policy and Ireland c. 1841–1845", unpublished University of Cambridge PhD thesis
33. Brian Inglis, *The Opium War*
34. Clark, *A Farewell to Alms*, op. cit.（クラーク『10万年の世界経済史』）
35. Osterhammel, *The Transformation of the World*, op. cit.
36. Mansfield, *A History of the Middle East*, op. cit.
37. Ibid.
38. David Cannadine, *Victorious Century: The United Kingdom 1800–1906*
39. Robert C. Allen, *Global Economic History: A Very Short Introduction*（ロバート・C・アレン『なぜ豊かな国と貧しい国が生まれたのか』NTT出版 2012年）
40. Alexander Watson, *Ring of Steel: Germany and Austria-Hungary at War 1914–1918*
41. Irwin, *Clashing Over Commerce,* op. cit.（アーウィン『米国通商政策史』）
42. Srinivasan, *Americana*, op. cit.
43. Irwin, *Clashing Over Commerce,* op. cit.（アーウィン『米国通商政策史』）
44. Jutta Bolt, Marcel Timmer and Jan Luiten van Zanden, "GDP per capita since 1820", in *How was Life? Global Well-Being Since 1820*, OECD, 2014
45. Irwin, *Clashing Over Commerce,* op. cit.（アーウィン『米国通商政策史』）
46. Greenspan and Wooldridge, *Capitalism in America*, op. cit.
47. Irwin, *Clashing Over Commerce,* op. cit.（アーウィン『米国通商政策史』）
48. Fritz Stern, *Gold and Iron: Bismarck, Bleichröder, and the Building of the German Empire*
49. Richard J. Evans, *The Pursuit of Power: Europe, 1815–1914*（リチャード・J・エヴァンズ『力の追求：ヨーロッパ史 1815 － 1914』白水社 2018年）
50. Pollard, *Peaceful Conquest,* op. cit.
51. Osterhammel, *The Transformation of the World*, op. cit.
52. Stern, *Gold and Iron*, op. cit.
53. The Maddison Project, https://www.rug.nl/ggdc/historicaldevelopment/maddison/releases/maddison-project-database-2018
54. Pollard, *Peaceful Conquest,* op. cit.
55. "Textile crafts", Switzerland Tourism, https://www.myswitzerland. com/en-gb/textile-crafts.html
56. Pollard, *Peaceful Conquest,* op. cit.
57. 1867年、ロシアはアラスカを720万ドルでアメリカに売却。この北米の領土を保持していたら、冷戦はいっそう激しくなっていたかもしれない。
58. Landes, *The Wealth and Poverty of Nations,* op. cit.（ランデス『「強国」論』）
59. Evans, *The Pursuit of Power*, op. cit.（エヴァンズ『力の追求』）
60. Pollard, *Peaceful Conquest,* op. cit.

42. David Teather, "Nike lists abuses at Asian factories", *The Guardian*, April 14th 2005
43. Elizabeth Segran, "Escalating sweatshop protests keep nike sweating", Fast Company, July 28th 2017
44. Jamie Fullerton, "Suicide at Chinese iPhone factory reignites concern over working conditions", *The Daily Telegraph*, January 7th 2018
45. Gary Burtless, "Workers' rights: Labor standards and global trade", Brookings Institute, September 1st 2001, https://www.brookings.edu/ articles/workers-rights-labor-standards-and-global-trade/
46. "In pieces", *The Economist*, February 19th 2009
47. 出典 : https://www.mema.org/about-us
48. このプロセスの詳細については次を参照：Richard Baldwin, *The Great Convergence: Information Technology and the New Globalization.*（リチャード・ボールドウィン『世界経済 大いなる収斂』日本経済新聞出版社 2018 年）
49. Chang, *Economics: The User's Guide*, op. cit.（ハジュン・チャン『経済学の 95%はただの常識にすぎない』）
50. 出典 : https://www.mema.org/sites/default/files/A_World_ Without_nAFTA_0.pdf
51. Daron Acemoglu and Pascual Restrepo, "Robots and jobs: evidence from US labor markets", NBER working paper 23285
52. "The growth of industrial robots", Daily Chart, *The Economist*, March 27th 2017
53. Celasun and Gruss, "The declining share of industrial jobs", op. cit.
54. Ryan Avent, *The Wealth of Humans: Work and Its Absence in the Twenty-First Century*（ライアン・エイヴェント『デジタルエコノミーはいかにして道を誤るか』東洋経済新報社 2017 年）

第 8 章　第一次グローバリゼーション

1. John Maynard Keynes, *The Economic Consequences of the Peace*（ジョン・メイナード・ケインズ『平和の経済的帰結』）
2. The Maddison Project, https://www.rug.nl/ggdc/historicaldevelopment/maddison/releases/maddison-project-database-2018
3. Gregory Clark, *A Farewell to Alms: A Brief Economic History of the World*（グレゴリー・クラーク『10 万年の世界経済史』日経 BP2009 年）
4. 出典 : http://www.ggdc.net/maddison/oriindex.htm
5. Max Roser, "Life expectancy", Our World in Data, https:// ourworldindata.org/life-expectancy
6. Quoted in Nicholas Crafts and Anthony J. Venables, "Globalization in history: a geographical perspective", http://www.nber.org/chapters/c9592
7. Frank Trentmann, *Empire of Things: How We Became a World of Consumers from the Fifteenth Century to the Twenty-First*
8. Keay, *China: A Short History*, op. cit.
9. 出　典 : https://www.battlefields.org/learn/articles/civil-war-facts
10. Jean-Yves Huwart and Loïc Verdier, *Economic Globalisation: Origins and Consequences*
11. Kevin O'Rourke and Jeffrey G. Williamson, "When did globalization begin?", NBER working paper 7632
12. これらの数値の出典：William Bernstein, *A Splendid Exchange: How Trade Shaped the World*（ウィリアム・バーンスタイン『文明の世界史：シュメールから現代まで』筑摩書房 2019 年）
13. Kevin O'Rourke and Jeffrey G. Williamson, "The spread of, and resistance to, global capitalism", in Larry neal and Jeffrey G. Williamson, eds, *The Cambridge History of Capitalism, Volume 2*
14. Sidney Pollard, *Peaceful Conquest: The Industrialisation of Europe 1760–1970*
15. Kevin H. O'Rourke and Jeffrey G. Williamson, *Globalization and History: The Evolution of a Nineteenth-Century Atlantic Economy*
16. Pollard, *Peaceful Conquest*, op. cit.
17. 出　典 : https://www.britannica.com/topic/colonialism/ European-expansion-since-1763
18. Paul Bairoch, *Victoires et déboires II: Histoire économique et sociale du monde du XVIe siècle à nos jours*
19. Gareth Austin, "Capitalism and the colonies", *The Cambridge History of Capitalism, Volume 2*,

england-35840393. Alas there is no record of the urban legend, the knocker-upper's knocker-upper, the person employed to wake the knocker-upper.
8. Osborne, *Iron, Steam & Money*, op. cit.
9. Peter Razzell and Christine Spence, "Social capital and the history of mortality in Britain", *International Journal of Epidemiology*, vol. 34, no. 2, 2005
10. Beckert, *Empire of Cotton*, op. cit.（ベッカート『綿の帝国』）
11. Osborne, *Iron, Steam & Money*, op. cit.
12. Ibid.
13. Beckert, *Empire of Cotton*, op. cit.（ベッカート『綿の帝国』）
14. Andrew L. Russell, "Standardization in history: a review essay with an eye to the future", Johns Hopkins University, http://arussell.org/ papers/futuregeneration-russell.pdf
15. Chanda, *Bound Together*, op. cit.（チャンダ『グローバリゼーション』）
16. Joshua B. Freeman, *Behemoth: A History of the Factory and the Making of the Modern World*
17. Ibid.
18. Michael Pooler and Emily Feng, "Steel industry grapples with curse of oversupply", *Financial Times*, October 29th 2017
19. 出　典：https://www.ranker.com/list/ life-in-steel-producing-pittsburgh/nicole-sivens
20. Quote taken from "The Steel Business", https://www.pbs.org/wgbh/americanexperience/features/carnegie-steel-business/
21. Peter Krass. *Carnegie*. 第 9 章で触れたように、カーネギーはストライキ参加者に対して冷酷だった。後年、慈善事業に熱心になる。
22. "Frederick Winslow Taylor, Guru", *The Economist*, February 6th 2009
23. Quoted in Emily Guendelsberger, *On the Clock: What Low-Wage Work Did to Me and How It Drives America Insane*
24. Richard Donkin, *Blood, Sweat & Tears: The Evolution of Work*
25. "Lean production", *The Economist*, October 19th, 2009
26. Oya Celasun and Bertrand Gruss, "The declining share of industrial jobs", May 25th 2018, https://voxeu.org/article/ declining-share-manufacturing-jobs
27. 出　典：https://data.worldbank.org/indicator/sl.srv.empl.zs
28. "Lean production", *The Economist*, op. cit.
29. Ondrej Burkacky, Johannes Deichmann, Georg Doll, and Christian Knochenhauer, "Rethinking car software and electronics architecture", February 2018, https://www.mckinsey.com/industries/automotive-and-assembly/our-insights/ rethinking-car-software-and-electronics-architecture
30. Smil, *Energy and Civilization*, op. cit.（シュミル『エネルギーの人類史』）
31. "Industrial metamorphosis", *The Economist*, September 29th 2005
32. "An incurable disease", *The Economist*, September 29th 2012
33. Jonathan Aldred, *Licence to be Bad: How Economics Corrupted Us*
34. Finbarr Livesey, "Defining high-value manufacturing", 2006, https:// www.ifm.eng.cam.ac.uk/uploads/Research/CIG/DefiningHVM.pdf
35. Steve Lohr, "Huge payoff for IBM after a shift", *The New York Times*, January 19th 2010
36. Ashling Withers, "Hitting peak stuff – is this the end of traditional consumerism?", *Marketing* magazine, July 11th 2018
37. Kellie Ell, "Video game industry is booming with continued revenue", https://www.cnbc.com/2018/07/18/video-game-industry-is-booming-with-continued-revenue.html
38. 出　典：Arthur Wang, Ting Wu and Tony Zhou, "Riding China's huge, high-flying car market", October 2017, https://www. mckinsey.com/industries/automotive-and-assembly/our-insights/ riding-chinas-huge-high-flying-car-market
39. 出典：https://www.marklines.com/en/statistics/flash_sales/ salesfig_china_2017
40. Wang, Wu and Zhou, "Riding China's huge, high-flying car market", op. cit.
41. "Emerging market insights: The coming emerging market demand shock", Deloitte, September 2017

成がおろそかになったため、これは一長一短だった。

47. Keith Wrightson, *Earthly Necessities: Economic Lives in Early Modern Britain, 1450–1750*
48. Judy Stephenson, "Real contracts and mistaken wages: the organisation of work and pay in London building trades, 1650– 1800", LSE working papers, no. 231, January 2016
49. "The Industrial Revolution Could Shed Light on Modern Productivity", Free Exchange, *The Economist*, August 2nd 2018
50. Allen, *The British Industrial Revolution in Global Perspective*, op. cit.（アレン『世界史のなかの産業革命』）
51. Ibid.
52. Wrightson, *Earthly Necessities*, op. cit.
53. Cunliffe, *By Steppe, Desert, & Ocean*, op. cit.
54. The letter can be found at https://china.usc.edu/emperor-qianlong-letter-george-iii-1793
55. Bayly, *The Birth of the Modern World 1780–1914*, op. cit.
56. Pomeranz, *The Great Divergence*, op. cit.（ポメランツ『大分岐』）
57. Allen, *The British Industrial Revolution in Global Perspective*, op. cit.（アレン『世界史のなかの産業革命』）
58. Sevket Pamuk, "Institutional change and economic development in the Middle East 700–1800", *The Cambridge History of Capitalism, Volume 1*, op. cit.
59. Bayly, *The Birth of the Modern World 1780–1914*, op. cit.
60. Wood, *The Story of India*, op. cit.
61. Keay, *India: A Short History*, op. cit. A big part of his fortune was a giant jewel called the Pitt diamond.
62. Tharoor, *Inglorious Empire*, op. cit.
63. Ibid.
64. Clark, *Global Cities*, op. cit.
65. Joel Mokyr, "The Industrial Revolution in the Low Countries in the first half of the nineteenth century: a comparative case study", *The Journal of Economic History*, vol. 34, no. 2, June 1974
66. "Population and the Thirty Years War", HistoryLearning. com, http://historylearning.com/the-thirty-years-war0/ social-economic-thirty-years/population-thirty-years-war/
67. Bhu Srinivasan, *Americana: A 400-Year History of American Capitalism*
68. Douglas Irwin, *Clashing Over Commerce: A History of US Trade Policy*（ダグラス・A・アーウィン『米国通商政策史』文眞堂 2022 年）
69. Ron Chernow, *Alexander Hamilton*（ロン・チャーナウ『アレグザンダー・ハミルトン伝』日経 BP 社 2005 年）
70. Gordon S. Wood, *Empire of Liberty: A History of the Early Republic, 1789–1815*
71. エリザベス１世の顧問、サー・トーマス・グレシャムにちなむ。
72. John Locke, *Some Considerations of the Consequences of the Lowering of Interest and the Raising the Value of Money*(ジョン・ロック『利子・貨幣論利子部』) http:// la.utexas.edu/users/hcleaver/368/368LockeSomeConsiderationsAlltable.pdf

第７章　製造

1. 付加価値とは、企業が部品や原材料などを製造品に加工するときに新たに付加される価値を指す経済用語。経済のデータを集めるときの二重計上を避けるために使われる。
2. "Changing global production landscape and Asia's flourishing supply chain", HKTDC Research, October 3rd 2017, http://economists- pick-research.hktdc.com/business-news/article/Research-Articles/Changing-Global-Production-Landscape-and-Asia-s-Flourishing- Supply-Chain/rp/en/1/1X000000/1X0ABHUR.htm
3. 出典 : https://fred.stlouisfed.org/graph/?g=cAYh
4. Federica Cocco, "Most US manufacturing jobs lost to technology, not trade", *Financial Times*, December 2nd 2016
5. "Politicians cannot bring back old-fashioned factory jobs", *The Economist*, January 14th 2017
6. 参照：the evidence of employees as recounted in E.P. Thompson, "Time, work-discipline and industrial capitalism", *Past & Present*, vol. 38, no. 1, December 1967
7. Sitala Peek, "Knocker uppers: Waking up the workers in industrial Britain", March 27th 2016, https://www.bbc.co.uk/news/ uk-

World Columbus Created（チャールズ・C・マン『1493: 世界を変えた大陸間の「交換」』紀伊國屋書店 2016 年）
13. Pomeranz, *The Great Divergence*, op. cit.（ポメランツ『大分岐』）
14. Eric Williams, *Capitalism & Slavery*（エリック・ウィリアムズ『資本主義と奴隷制』筑摩書房 2020 年）
15. Shashi Tharoor, *Inglorious Empire: What the British Did to India*
16. Mann, *1493*, op. cit.（マン『1493』）
17. Edwin Williamson, *The Penguin History of Latin America*
18. 参　照：Niall Ferguson, *Civilization: The West and the Rest* for this argument.（ニーアル・ファーガソン『文明：西洋が覇権をとれた 6 つの真因』勁草書房 2012 年）
19. Maddison, *Contours of the World Economy*, op. cit.（マディソン『世界経済史概観』）
20. Wootton, *The Invention of Science: A New History of the Scientific Revolution*
21. Deirdre Nansen McCloskey, *Bourgeois Equality: How Ideas, Not Capital or Institutions, Enriched the World*
22. Joel Mokyr, *A Culture of Growth: The Origins of the Modern Economy*
23. たとえば、次を参照；Douglass North, "Institutions", *The Journal of Economic Perspectives*, vol. 5, no. 1, Winter 1991
24. Ibid.
25. Braudel, *Civilization & Capitalism, 15th–18th Century, Volume 2*, op. cit.（フェルナン・ブローデル『交換のはたらき（物質文明・経済・資本主義 15 － 18 世紀：2）』）
26. North and Thomas, *The Rise of the Western World*, op. cit.（ノース、トマス『西欧世界の勃興』）
27. 参照：Wrigley, *Energy and the English Industrial Revolution*, op. cit.
28. Roger Osborne, *Iron, Steam & Money: The Making of the Industrial Revolution*
29. 参　照：David Eltis and Stanley L. Engerman, "The importance of slavery and the slave trade to industrialising Britain", *The Journal of Economic History*, vol. 60, no. 1, March 2000
30. ベルギーがコンゴを容赦なく搾取し始めたのは 19 世紀後半になってからだった。
31. Beckert, *Empire of Cotton*, op. cit.（スヴェン・ベッカート『綿の帝国』紀伊國屋書店 2022 年）
32. Robert C. Allen, *The British Industrial Revolution in Global Perspective*（ロバート・C・アレン『世界史のなかの産業革命：資源・人的資本・グローバル経済』名古屋大学出版会 2017 年）
33. Jan de Vries, *The Industrious Revolution: Consumer Behavior and the Household Economy, 1650 to the Present*（ヤン・ド・フリース『勤勉革命：資本主義を生んだ 17 世紀の消費行動』筑摩書房 2021 年）
34. 誰もがそう思うわけではない。参照：Gregory Clark and Ysbrand van der Werf "Work in progress? The Industrious Revolution", *The Journal of Economic History*, vol. 58, no. 3, which finds little evidence of the phenomenon.
35. Áine Cain, "Here's why people loved Monday hundreds of years ago", https://www.businessinsider.com/why-people-hundreds-of-years-ago-loved-monday-2016–9?r=US&IR=T
36. Braudel, *Civilization & Capitalism, 15th–18th Century, Volume 2*, op. cit.（フェルナン・ブローデル『交換のはたらき（物質文明・経済・資本主義 15 － 18 世紀：2）』）
37. Mokyr, *A Culture of Growth* op. cit.
38. C. Knick Harley, "British and European industrialization", *The Cambridge History of Capitalism, Volume 1*, op. cit.
39. Allen, *The British Industrial Revolution in Global Perspective*, op. cit.（アレン『世界史のなかの産業革命』）
40. North and Thomas, *The Rise of the Western World*, op. cit.（ノース、トマス『西欧世界の勃興』）
41. Osborne, *Iron, Steam & Money*, op. cit.
42. Daron Acemoglu and James A. Robinson, *Why Nations Fail: The Origins of Power, Prosperity and Poverty*
43. Allen, *The British Industrial Revolution in Global Perspective*, op. cit.（アレン『世界史のなかの産業革命』）
44. Osborne, *Iron, Steam & Money*, op. cit.
45. Robert Skidelsky, *Money and Government: A Challenge to Mainstream Economics*
46. スペインは貴金属の流入により他の産業育

27. Ibid.
28. Greenspan and Wooldridge, *Capitalism in America*, op. cit.
29. Robert Caro, *The Years of Lyndon Johnson: The Path To Power*
30. バーマ石油会社は長く存続し、マーガレット・サッチャーの夫デニスが取締役に就任した。
31. Anthony Sampson, *The Seven Sisters: The Great Oil Companies and the World They Made.*（アンソニー・サンプソン『セブン・シスターズ：不死身の国際石油資本』講談社 1984 年）。これらの企業の多くは数回社名変更している
32. Rhodes, *Energy: A Human History*, op. cit.（ローズ『エネルギー 400 年史』）
33. Peter Mansfield, *A History of the Middle East*
34. E. Roger Owen, "One hundred years of Middle Eastern oil", https:// www.brandeis.edu/crown/publications/meb/MEB24.pdf
35. 出典：http://www.opec.org/opec_web/en/data_graphs/330.htm
36. Yergin, *The Prize*, op. cit.（ヤーギン『石油の世紀』）
37. Gregory Zuckerman, *The Frackers: The Outrageous Inside Story of the New Energy Revolution*（グレゴリー・ザッカーマン『シェール革命：夢想家と呼ばれた起業家たちはいかにして地政学的変化を引き起こしたか』楽工社 2022 年）
38. 出　典：https://www.eia.gov/dnav/ng/hist/n9050us2A.htm
39. 出　典：https://www.eia.gov/dnav/ng/hist/rngwhhdM.htm
40. 出　典：https://www.eia.gov/dnav/pet/hist/LeafHandler. ashx?n=pet&s=mcrfpus2&f=m
41. Adam Vaughan, "Fracking – the reality, the risks and what the future holds", *The Guardian*, February 26th 2018
42. 出　典：Key World Energy Statistics, International Energy Agency https://www.iea.org/publications/freepublications/publication/KeyWorld2017.pdf
43. 出　典：https://data.worldbank.org/indicator/EG.ELC.ACCS.ZS
44. Catherine Wolfram, "The developing world is connecting to the power grid, but reliability lags", Energy Institute Blog, May 30th 2017 https://energyathaas.wordpress.com/2017/05/30/the-developing- world-is-connecting-to-the-power-grid-but-reliability-lags/
45. Vivian Sequera, Corina Pons, "Second major blackout leaves Venezuelans fearing power cuts will be the norm", Reuters, March 26th 2019
46. 出典：Global Energy Statistical Yearbook 2017 https://yearbook. enerdata.net/electricity/world-electricity-production-statistics.html
47. "Clean energy's dirty secret", *The Economist*, February 25th 2017
48. Adam Vaughan, "UK renewable energy capacity surpasses fossil fuels for first time", *The Guardian*, Novenber 6th 2018

第 6 章　大変革

1. C.A. Bayly, *The Birth of the Modern World 1780–1914*
2. N.F.R. Crafts and C.K. Harley, "Output growth and the British Industrial Revolution: a restatement of the Crafts-Harley view", *The Economic History Review*, vol. 45, no. 4, Novenber 1992
3. Maddison, *Growth and Interaction in the World Economy*, op. cit.
4. Ibid.
5. Thomas Malthus, *An Essay on the Principle of Population*（トマス・マルサス『人口論』）
6. Maddison, *Contours of the World Economy*, op. cit.（マディソン『世界経済史概観』）
7. Jűrgen Osterhammel, *The Transformation of the World: A Global History of the 19th Century*
8. Ibid.
9. Douglass C. North and Robert Paul Thomas, *The Rise of the Western World: A New Economic History*（ダグラス・C・ノース、ロバート・ポール・トマス『西欧世界の勃興：新しい経済史の試み』ミネルヴァ書房 1980 年）
10. Standage, *An Edible History of Humanity*, op. cit.
11. Fernand Braudel, *Civilization & Capitalism, 15th–18th Century, Volume 2: The Wheels of Commerce*（フェルナン・ブローデル『交換のはたらき（物質文明・経済・資本主義 15 – 18 世紀：2）』みすず書房 1985 年）
12. Charles C. Mann, *1493: Uncovering the New*

cit.（ランデス『「強国」論』）
45. Frankopan, *The Silk Roads*, op. cit.（フランコパン『シルクロード全史』）
46. Mark Kurlansky, *Cod: A Biography of the Fish That Changed the World*（マーク・カーランスキー『鱈：世界を変えた魚の歴史』飛鳥新社 1999 年）
47. Chanda, *Bound Together*, op. cit.（チャンダ『グローバリゼーション』）
48. "Paper Money, a Chinese invention?" National Bank of Belgium https://www.nbbmuseum.be/en/2007/09/chinese-invention.htm
49. Ibid.
50. Wood, *The Story of India*, op. cit.
51. Ha-Joon Chang, *Economics: The User's Guide*（ハジュン・チャン『経済学の 95%はただの常識にすぎない：ケンブリッジ式経済学ユーザーズガイド』東洋経済新報社 2015 年）
52. Angus Maddison, *Growth and Interaction in the World Economy: The Roots of Modernity*
53. Kenneth Pomeranz, *The Great Divergence: China, Europe, And the Making of the Modern World Economy*（K・ポメランツ『大分岐：中国、ヨーロッパ、そして近代世界経済の形成』名古屋大学出版会 2015 年）

第 5 章　エネルギーを求めて
1. Ali Sundermier, "Penn researchers working to mimic giant clams to enhance the production of biofuel", *Penn Today*, Novenber 2nd 2017
2. 数値はシュミル『エネルギーの人類史』より。ロジャー・フーケ（Roger Fouquet）の研究に基づく。
3. Richard Rhodes, *Energy: A Human History*（リチャード・ローズ『エネルギー 400 年史：薪から石炭、石油、原子力、再生可能エネルギーまで』草思社 2019 年）
4. Charles A. S. Hall, Jessica G. Lambert and Steven B. Balogh, "EROI of different fuels and the implications for society", https://www. sciencedirect.com/science/article/pii/S0301421513003856
5. Ibid.
6. Rachel Nuwer, "Oil sands mining uses up almost as much energy as it produces", *Inside Climate News*, https://insideclimatenews.org/news/20130219/oil-sands-mining-tar-sands-alberta-canada-energy- return-on-investment-eroi-natural-gas-in-situ-dilbit-bitumen
7. E. A. Wrigley, *Energy and the English Industrial Revolution*
8. Ibid.
9. Rhodes, *Energy: A Human History*, op. cit.（ローズ『エネルギー 400 年史』）
10. Ibid.
11. Ibid.
12. Wrigley, *Energy and the English Industrial Revolution*, op. cit.
13. Alan Fernihough and Kevin Hjortshøj O'Rourke, "Coal and the European Industrial Revolution", https://www.economics.ox.ac.uk/ materials/papers/13183/Coal%20-%200%27Rourke%20124.pdf
14. Wrigley, *Energy and the English Industrial Revolution,* op. cit.
15. David Wootton, *The Invention of Science: A New History of the Scientific Revolution*
16. Joel Mokyr, *The Enlightened Economy: An Economic History of Britain 1700–1850*
17. Landes, *The Wealth and Poverty of Nations,* op. cit.（ランデス『「強国」論』）
18. Timothy Mitchell, *Carbon Democracy: Political Power in the Age of Oil*
19. Smil, *Energy and Civilization*, op. cit.（シュミル『エネルギーの人類史』）
20. Rhodes, *Energy: A Human History,* op. cit.（ローズ『エネルギー 400 年史』）
21. Ibid.
22. Daniel Yergin, *The Prize: The Epic Quest for Oil, Money, and Power*（ダニエル・ヤーギン『石油の世紀：支配者たちの興亡』日本放送出版協会 1991 年）
23. Alan Greenspan and Adrian Wooldridge, *Capitalism in America: A History*
24. T. K. Derry and Trevor I. Williams, *A Short History of Technology*（T.K. デリー、トレヴァー・I・ウィリアムズ『技術文化史』筑摩書房 1972 年）
25. "History of the light bulb", https://www.bulbs.com/learning/history. aspx
26. Rhodes, *Energy: A Human History*, op. cit.（ローズ『エネルギー 400 年史』）

Everyday Life（フェルナン・ブローデル『日常性の構造（物質文明・経済・資本主義 15－18 世紀：1）』みすず書房 1985 年）

8. Robert S. Lopez, *The Commercial Revolution of the Middle Ages, 950–1350*（ロバート・S・ロペス『中世の商業革命：ヨーロッパ 950－1350』法政大学出版局 2007 年）
9. Abu-Lughod, *Before European Hegemony*, op. cit.（アブー＝ルゴド『ヨーロッパ覇権以前』）
10. Ibid.
11. Epstein, *An Economic and Social History of Later Medieval Europe*, op. cit.
12. Ibid.
13. Abu-Lughod, *Before European Hegemony*, op. cit.（アブー＝ルゴド『ヨーロッパ覇権以前』）
14. Lopez, *The Commercial Revolution of the Middle Ages, 950–1350*, op. cit.（ロペス『中世の商業革命』）
15. フィレンツェの金貨フローリンは現代にその名を残し、イギリスの 2 シリング硬貨がそう呼ばれている。
16. Norman Davies, *Europe: A History*（ノーマン・デイヴィス『ヨーロッパ:1 古代､2 中世､3 近世､4 現代』共同通信社 2000 年）
17. 著者の名前コガン（Coggan）はここに由来するのかもしれない。
18. Fernand Braudel, *Civilization & Capitalism, 15th–18th Century, Volume 3: The Perspective of the World*（フェルナン・ブローデル『世界時間（物質文明･経済･資本主義 15－18 世紀:3）』みすず書房 1988 年）
19. James Kynge, *China Shakes the World: The Rise of a Hungry Nation*
20. Michael Pye, *The Edge of the World: How the North Sea Made Us*
21. Abu-Lughod, *Before European Hegemony*, op. cit.（アブー＝ルゴド『ヨーロッパ覇権以前』）
22. Braudel, *Civilization & Capitalism, 15th–18th Century, Volume 3*, op. cit.（ブローデル『世界時間(物質文明･経済･資本主義 15－18 世紀:3）』）
23. Abu-Lughod, *Before European Hegemony*, op. cit.（アブー＝ルゴド『ヨーロッパ覇権以前』）
24. John Keay, *China: A History*
25. Clark, *Global Cities*, op. cit.
26. John Darwin, *After Tamerlane: The Rise & Fall of Global Empires 1400–2000*（ジョン・ダーウィン『ティムール以後：世界帝国の興亡 1400-2000 年』国書刊行会 2020 年）
27. Braudel, *Civilization & Capitalism, 15th–18th Century, Volume 1*, op. cit.（ブローデル『日常性の構造（物質文明・経済・資本主義 15－18 世紀：1）』）
28. Epstein, *An Economic and Social History of Later Medieval Europe*, op. cit.
29. Ibid.
30. Ibid.
31. Keay, *China: A History*, op. cit.
32. Abby Rogers, "The 10 Greatest Empires in the History of the World", https://www.businessinsider.com/the-10-greatest-empires-in-history-2011–9?IR=T#2-the-mongol-empire-was-the-largest- contiguous-empire-the-world-has-ever-seen-9
33. Frankopan, *The Silk Roads*, op. cit.（フランコパン『シルクロード全史』）
34. Michael Prawdin, *The Mongol Empire: Its Rise and Legacy*
35. Ole Benedictow, "The Black Death: The Greatest Catastrophe Ever", *History Today*, March 2005
36. "Distinct clones of *Yersinia pestis* caused the Black Death", Stephanie Haensch, et al., *PLOS Pathogens*, October 7th 2010
37. Victoria Gill, "Black Death 'spread by humans not rats'", BBC Science and Environment, 15th January 2018 https://www.bbc.co.uk/ news/science-environment-42690577
38. British Library, "Chronicle of the Black Death", http://www.bl.uk/ learning/timeline/item126557.html
39. Hanawalt, *The Ties That Bound*, op. cit.
40. Epstein, *An Economic and Social History of Later Medieval Europe*, op. cit.
41. Scheidel, *The Great Leveler*, op. cit.（シャイデル『暴力と不平等の人類史』）
42. Robert Bideleux and Ian Jeffries, *A History of Eastern Europe: Crisis and Change*
43. Karl Gunnar Persson, "Markets and coercion in medieval Europe", *The Cambridge History of Capitalism, Volume 1*, op. cit.
44. Landes, *The Wealth and Poverty of Nations*, op.

第3章　アジアの市場2000年〜1000年

1. John Keay, *China: A History*
2. Dr Tim Newfield, Princeton University, "The global cooling event of the sixth century. Mystery no longer?" https://www.historicalclimatology.com/blog/something-cooled-the-world-in-the- sixth-century-what-was-it
3. Rhys Blakeley, "Worst year in history puts our problems in the shade", *The Times*, Novenber 20th 2018
4. Frankopan, *The Silk Roads*, op. cit.（フランコパン『シルクロード全史』）
5. John Keay, *India: A History*
6. Hansen, *The Silk Road*, op. cit.（ハンセン『図説シルクロード』）
7. Chanda, *Bound Together*, op. cit.（チャンダ『グローバリゼーション』）
8. Étienne de la Vaissière, "Sogdians in China: A Short History and Some new Discoveries", The Silkroad Foundation newsletter
9. Hansen, *The Silk Road*, op. cit.（ハンセン『図説シルクロード』）
10. Ibid.
11. St Clair, *The Golden Thread*, op. cit.
12. Etienne de las Vaissière, "Trans-Asian trade, or the Silk Road deconstructed", *The Cambridge History of Capitalism, Volume 1*, op. cit.
13. Tom Phillips, "The $900bn question: what is the Belt and Road initiative?" *The Guardian*, May 12th 2017
14. 出　典：https://en.unesco.org/silkroad/silk-road-themes/underwater- heritage/belitung-shipwreck. Oddly, this boat seems to have strayed from the traditional route.
15. ケンブリッジ大学の地中海歴史学教授デイヴィッド・アブラフィア（David Abulafia）、2016年10月25日、レガタム研究所のシルクロード・セミナーにて。
16. Janet L. Abu-Lughod, *Before European Hegemony: The World System AD 1250–1350*（ジャネット・L・アブー＝ルゴド『ヨーロッパ覇権以前：もうひとつの世界システム』岩波書店2001年）
17. Hansen, *The Silk Road*, op. cit.（ハンセン『図説シルクロード』）
18. Ibid.
19. Albert Hourani, *A History of the Arab Peoples*（アルバート・ホーラーニー『アラブの人々の歴史』第三書館2003年）
20. Abu-Lughod, *Before European Hegemony*, op. cit.（アブー＝ルゴド『ヨーロッパ覇権以前』）
21. Hourani, *A History of the Arab Peoples*, op. cit.（ホーラーニー『アラブの人々の歴史』）
22. 出典：http://www.muslimheritage.com/article/umayyad-coins-661–750ce
23. Cunliffe, *By Steppe, Desert, & Ocean*, op. cit.
24. Paul Vallely, "How Islamic inventors changed the world", *The Independent*, March 11th 2006
25. Hourani, *A History of the Arab Peoples*, op. cit.（ホーラーニー『アラブの人々の歴史』）
26. Frankopan, *The Silk Roads*, op. cit.（フランコパン『シルクロード全史』）
27. Keay, *China: A History*, op. cit.
28. Greg Clark, *Global Cities: A Short History*
29. Steven A. Epstein, *An Economic and Social History of Later Medieval Europe, 1000–1500*
30. Ibid.
31. Branko Milanovic, *Global Inequality: A New Approach for the Age of Globalization*
32. 驚くことに、20世紀になっても中華王国のこれらの地域で領土紛争が起こっている。
33. Maddison, *Contours of the World Economy*, op. cit.（マディソン『世界経済史概観』）

第4章　ヨーロッパの復活

1. Smil, *Energy and Civilization*, op. cit.（シュミル『エネルギーの人類史』）
2. Robert Bartlett, *The Making of Europe: Conquest, Colonization and Cultural Change 950–1350*（ロバート・バートレット『ヨーロッパの形成：950年－1350年における征服、植民、文化変容』法政大学出版局2003年）
3. Ibid.
4. セシル・フランシス・アレクサンダー作曲の賛美歌「全ては美しく輝き」より。
5. Epstein, *An Economic and Social History of Later Medieval Europe*, op. cit.
6. Abu-Lughod, *Before European Hegemony*, op. cit.（アブー＝ルゴド『ヨーロッパ覇権以前』）
7. Fernand Braudel, *Civilization & Capitalism, 15th–18th Century, Volume 1: The Structures of*

23. The Maddison Project, https://www.rug.nl/ggdc/historicaldevelopment/maddison/releases/maddison-project-database-2018
24. Andrew M. Watson, "The Arab agricultural revolution and its diffusion 700–1100", *The Journal of Economic History*, vol. 34, no. 1, March 1974
25. Chanda, *Bound Together*, op. cit.（チャンダ『グローバリゼーション』）
26. Ibid.
27. McMahon, *Feeding Frenzy*, op. cit.
28. Powelson, *The Story of Land*, op. cit.
29. Easterly, *The Elusive Quest for Growth*, op. cit.（イースタリー『エコノミスト 南の貧困と闘う』）
30. 中国には胸当て式ハーネスがすでにあり、ヨーロッパのものより優れていたが、それがヨーロッパに伝わったのは 8 世紀だった。
31. Jerome Blum, "The rise of serfdom in Eastern Europe", *The American Historical Review*, vol. 62, no. 4, July 1957
32. イアン・アンダーソンを中心にしたフォークロック・グループ「ジェスロ・タル」は彼の名にちなむ。
33. 参照 Professor Mark Overton, "Agricultural revolution in England 1500–1850" http://www.bbc.co.uk/history/british/empire_seapower/agricultural_revolution_01.shtml
34. Ibid.
35. Michael Turner, "Agricultural productivity in England in the eighteenth century: evidence from crop yields", *The Economic History Review*, vol. 35, no. 4, Novenber 1982
36. Carlo M. Cipolla, *Before the Industrial Revolution: European Society and Economy 1000–1700*, third edition
37. Standage, *Edible History*, op. cit.
38. The national Museum of American History, "The Guano Trade", http://americanhistory.si.edu/norie-atlas/guano-trade
39. Bretislav Friedrich and Dieter Hoffmann, "Clara Haber, nee Immerwahr（1870–1915）: Life, Work and Legacy", March 2016, https://www.ncbi.nlm.nih.gov/pmc/articles/PMC4825402/
40. Vaclav Smil, "Nitrogen cycle and world food production", *World Agriculture*, 2011. 1 メガトンは 100 万トン、あるいは 10 億キログラム。
41. Tim Harford, *Fifty Things That Made the Modern Economy*（ティム・ハーフォード『50：いまの経済をつくったモノ』日本経済新聞出版社 2018 年）
42. サビ病には *Puccinia triticina*（黒サビ病）、*Puccinia recondita*（赤サビ病）など、数種類ある。
43. Noel Vietmeyer, *Our Daily Bread: the Essential Norman Borlaug*
44. 50 Years of IR8: A Tribute to the Miracle Rice that Helped India Fight One Of Its Worst Famines by Sanchari Pal, The Better India
45. Vietmeyer, *Our Daily Bread*, op. cit.
46. McMahon, *Feeding Frenzy*, op. cit.
47. Radelet, *The Great Surge*, op. cit.
48. Douglas Gollin, Casper Worm Hansen and Asger Wingender, "Two blades of grass: the impact of the green revolution", Centre for Economic Policy Research, Novenber 2016
49. https://www.epa.gov/nutrientpollution/ effects-dead-zones-and-harmful-algal-blooms
50. Geoffrey Carr, "The future of agriculture", Technology Quarterly, *The Economist*, June 9th 2016
51. 出典：https://www.statista.com/statistics/263962/ number-of-chickens-worldwide-since-1990/
52. David Edgerton, *The Shock of the Old: Technology and Global History Since 1900*
53. 出典：https://www.ciwf.org.uk/farm-animals/chickens/ meat-chickens/
54. 出典：http://www.fao.org/newsroom/common/ecg/1000505/en/ stocks.pdf
55. "Getting serious about overfishing", *The Economist*, May 27th 2017
56. "A bigger rice bowl", *The Economist*, May 10th 2014
57. Elizabeth Weise, "Academies of Science finds GMOs not harmful to human health", *USA Today*, May 17th 2016
58. "Field research", *The Economist*, Novenber 12th 2014
59. Adam Aton, "For Crop Harvests, Every Degree of Warming Counts", *Scientific American*, August 16th 2017

77. E. G. Pulleyblank, "The Origins and nature of Chattel Slavery in China", *Journal of the Economic and Social History of the Orient*, vol. 1, no. 2
78. Scheidel, *The Great Leveler*, op. cit.（シャイデル『暴力と不平等の人類史』）
79. Christopher Ford, *The Mind of Empire: China's History and Modern Foreign Relations*
80. Valerie Hansen, *The Silk Road: A New History*（ヴァレリー・ハンセン『図説シルクロード』原書房 2016 年）
81. すべて、次の素晴らしい論文に書かれている: the *Journal of Roman Archaeology*, vol. 18, 2005: François de Callataÿ, "The Graeco-Roman economy in the super long-run: lead, copper and shipwrecks".
82. Maddison, *Contours of the World Economy*, op. cit.（マディソン『世界経済史概観』）
83. Finley, *The Ancient Economy*, op. cit.
84. Cunliffe, *By Steppe, Desert, & Ocean*, op. cit.
85. Scott, *Against the Grain*, op. cit.（スコット『反穀物の人類史』）
86. Ian Morris, *War: What Is it Good For? The Role of Conflict in Civilisation, from Primates to Robots*
87. Maddison, *Contours of the World Economy*, op. cit.（マディソン『世界経済史概観』）

第 2 章　農業

1. "Arctic farms defy icy conditions with hydroponics", *Seattle Times*, Novenber 3rd 2016, https://www.seattletimes.com/business/ arctic-farming-town-turns-to-hydroponics-for-fresh-greens/
2. 出　典 : https://data.worldbank.org/indicator/ NV.AGR.TOTL.ZS
3. Joe Hasell and Max Roser, "Famines", Our World in Data, https://ourworldindata.org/ famines. 2010 ～ 2016 年はさらに減り、10 万人あたり 0.5 になった。
4. Giovanni Federico, *Feeding the World: An Economic History of Agriculture, 1800–2000*
5. 出典 : World Bank https://data.worldbank.org/ indicator/SL.AGR. EMPL.ZS
6. 1 ヘクタールは 2.47 エーカー。
7. Federico, *Feeding the World*, op. cit.
8. 2012 Census of Agriculture, https://www. agcensus.usda.gov/ Publications/2012/Online_ Resources/Highlights/Farms_and_ Farmland/ Highlights_Farms_and_Farmland.pdf
9. Shimelles Tenaw, K.M. Zahidul Islam and Tuulikki Parviainen, "Effects of land tenure and property rights on agricultural productivity in Ethiopia, namibia and Bangladesh", University of Helsinki, 2009
10. 参照：Frank Dikötter, *Mao's Great Famine: The History of China's Most Devastating Catastrophe 1958–1962*（フランク・ディケーター『毛沢東の大飢饉』草思社 2011 年）; または Anne Applebaum, *Red Famine: Stalin's War on Ukraine*
11. Radelet, *The Great Surge*, op. cit.
12. Paul McMahon, *Feeding Frenzy: The New Politics of Food*
13. Standage, *An Edible History of Humanity*, op. cit.
14. Mabey, *The Cabaret of Plants*, op. cit.
15. Chanda, *Bound Together*, op. cit.（チャンダ『グローバリゼーション』）
16. Melinda Zeder, Smithsonian Institution, "The domestication of animals", *Journal of Anthropological Research*, vol. 68, no. 2, 2012
17. Lyudmila Trut, Irina Oskina and Anastasiya Kharlamova, "Animal evolution during domestication: the domesticated fox as a model", Institute of Cytology and Genetics, Siberian Branch of Russian Academy of Sciences, novosibirsk, Russia
18. Ed Yong, "A new origin story for dogs", https:// www.theatlantic. com/science/archive/2016/06/ the-origin-of-dogs/484976/
19. Diamond, *Guns, Germs and Steel*, op. cit.（ダイアモンド『銃・病原菌・鉄』）
20. もちろん、そこにはすでに人が住んでいたため「発見」というのは正しくない。それにヴァイキングはその数百年前にニューファンドランド島に到達していたが、彼らの移動は他の中世ヨーロッパには知られていなかった。
21. Standage, *An Edible History of Humanity*, op. cit.
22. Brendan O'Farrell and Lars Fehren-Schmitz, "Native Americans experienced a strong population bottleneck coincident with European contact", Proceedings of the national Academy of Sciences, December 20th 2011

35. Jursa, *The Cambridge History of Capitalism, Volume 1*, op. cit.
36. Standage, *Edible Humanity*, op. cit.
37. John Micklethwait and Adrian Wooldridge, *The Company: A Short History of a Revolutionary Idea*（ジョン・ミクルスウェイト、エイドリアン・ウールドリッジ『株式会社』ランダムハウス講談社 2006 年）
38. Powelson, *The Story of Land*, op. cit.
39. Kostas Vlassopoulos, "Greek Slavery: From Domination To Property And Back Again", *Journal of Hellenic Studies*, vol. 131, 2011
40. Powelson, *The Story of Land*, op. cit.
41. Standage, op. cit.
42. Kassia St Clair, *The Golden Thread: How Fabric Changed History*
43. 最初に車輪が使用されたのは紀元前 3400 年頃の黒海周辺。ジャレド・ダイアモンド『銃・病原菌・鉄』参照。
44. James D. Mauseth, *Plants & People*
45. John Keay, *India: A History*
46. Wood, *The Story of India*, op. cit.
47. Diamond, *Guns, Germs and Steel*, op. cit.（ダイアモンド『銃・病原菌・鉄』）
48. Jan Bakker, Stephan Maurer, Jörn-Steffen Pischke and Ferdinand Rauch, "Trade and growth in the Iron Age", August 23rd 2018, https://voxeu.org/article/trade-and-growth-iron-age
49. Alain Bresson, "Capitalism and the ancient Greek economy", *The Cambridge History of Capitalism, Volume 1*, op. cit.
50. Martin, *Money*, op. cit.（マーティ『21 世紀の貨幣論』）
51. Ibid.
52. "The History of Derivatives", op. cit.
53. Stephen Hodkinson, "Female property ownership and status in Classical and Hellenistic Sparta", University of Manchester; paper given at a Women and Property conference at the Center for Hellenic Studies, Harvard University, 2003
54. Peter Frankopan, *The Silk Roads: A New History of the World*（ピーター・フランコパン『シルクロード全史：文明と欲望の十字路』河出書房新社 2020 年）
55. 古代の運河はファラオ、ネコ 2 世によって建設された。現在の運河とはルートが異なる。
56. https://ciks.cbt.nist.gov/~garbocz/appendix1/node4.html
57. Smil, *Energy and Civilization*, op. cit.（シュミル『エネルギーの人類史』）
58. Ibid.
59. Mancur Olson, *Power and Prosperity: Outgrowing Communist and Capitalist Dictatorships*
60. Willem M. Jongman, "Re-constructing the Roman economy", *The Cambridge History of Capitalism, Volume 1*, op. cit.
61. M.I. Finley, *The Ancient Economy*, second edition
62. Maddison, *Contours of the World Economy*, op. cit.（マディソン『世界経済史概観』）
63. Ibid.
64. Colin Mayer, *Prosperity: Better Business Makes the Greater Good*（コリン・メイヤー『株主ファーストの生存戦略』東洋経済新報社 2021 年）
65. Micklethwait and Wooldridge, *The Company*, op. cit.（ミクルスウェイト、ウールドリッジ『株式会社』）
66. Rossella Lorenzi, "Roman 'factory town' for oil lamps found", http://www.nbcnews.com/id/28072109/ns/technology_and_science-science/t/roman-factory-town-oil-lamps-found/#.XHQFDaL7TIU
67. Pliny the Elder, *Natural History, Book XII*（大プリニウス『博物誌』）
68. Chanda, *Bound Together*, op. cit.（チャンダ『グローバリゼーション』）
69. Lincoln Paine, *The Sea and Civilization: A Maritime History of the World*
70. 古代、紅海とアラビア海とインド洋北西部をまとめてエリュトラー海と呼んでいた。
71. Cunliffe, *By Steppe, Desert, & Ocean*, op. cit.
72. およそ 500 万平方キロメートル。
73. Tamar Haspel, "In defense of corn, the world's most important food crop", *Washington Post*, July 12th 2015
74. David Landes, *The Wealth and Poverty of Nations*（デビッド・S・ランデス『「強国」論』三笠書房 2000 年）
75. Powelson, *The Story of Land*, op. cit.
76. John Keay, *China: A History*

its-harder-than-you-think-to-make-a-simple-toaster

第1章　古代の経済

1. Grahame Clark, "Traffic in stone axes and adze blades", *The Economic History Review*, vol. 18 no. 1, 1965
2. Andrew Sherratt, "The Obsidian Trade in the near East 14,000 to 6500bce", *ArchAtlas*
3. Erin Wayman, "The Earliest Example of Hominid fire", April 4th 2012, www.smithsonianmag.com
4. John Lanchester, "How Civilization Started: Was it even a good idea?" *The New Yorker*, September 18th 2017
5. Chris Stringer and Julia Galway-Witham, "When did modern humans leave Africa?", *Science*, Jan 26th 2018
6. Nayan Chanda, *Bound Together: How Traders, Preachers, Adventurers and Warriors Shaped Globalization*（ナヤン・チャンダ『グローバリゼーション：人類5万年のドラマ』NTT出版 2009年）
7. Richard Mabey, *The Cabaret of Plants: Botany and the Imagination*
8. Palaeolithic「古い石」を意味する言葉。一般に旧石器時代を指す。
9. Mabey, *The Cabaret of Plants*, op. cit.
10. Lanchester, "How Civilisation Started", op. cit.
11. Yuval Noah Harari, *Sapiens: A Brief History of Humankind*（ユヴァル・ノア・ハラリ『サピエンス全史』河出書房新社 2016年）
12. Tom Standage, *An Edible History of Humanity*
13. James C. Scott, *Against the Grain: A Deep History of the Earliest States*（ジェームズ・C・スコット『反穀物の人類史:国家誕生のディープヒストリー』みすず書房 2019年）
14. Smil, *Energy and Civilization*, op. cit.（シュミル『エネルギーの人類史』）
15. Megan Sweeney and Susan McCouch, "The complex history of the domestication of rice", *Annals of Botany*, vol. 100, no. 5, October 2007. 米の栽培は約1万年前に始まった。
16. "Extinction: Dead as the moa", *The Economist*, September 14th 2013
17. Barry Cunliffe, *By Steppe, Desert, & Ocean: The Birth of Eurasia*
18. Scott, *Against the Grain*, op. cit.（スコット『反穀物の人類史』）
19. Michael Wood, *The Story of India*
20. Steven Pinker, *The Better Angels of Our Nature: A History of Violence and Humanity.*（スティーヴン・ピンカー『暴力の人類史』青土社 2015年）死亡率は絶対数ではなく、既存の人口比で計算される。近代国家の数値は世界大戦と大量虐殺の犠牲者を含む。
21. Walter Scheidel, *The Great Leveler: Violence and the History of Inequality from the Stone Age to the Twenty-First Century*（ウォルター・シャイデル『暴力と不平等の人類史：戦争・革命・崩壊』東洋経済新報社 2019年）
22. Standage, *An Edible History of Humanity*, op. cit.
23. In his play *The Doctor's Dilemma*
24. Paul Kriwaczek, *Babylon: Mesopotamia and the Birth of Civilization*
25. Christopher Edens, "Dynamics of trade in the ancient Mesopotamian world system", *American Anthropologist*, vol. 94, no. 1, March 1992
26. Harari, *Sapiens*, op. cit.（ハラリ『サピエンス全史』）
27. Felix Martin, *Money: The Unauthorised Biography*（フェリックス・マーティ『21世紀の貨幣論』東洋経済新報社 2014年）
28. Kriwaczek, *Babylon*, op. cit.
29. Michael Jursa, "Babylonia in the first millennium bce", in Larry Neal and Jeffrey G. Williamson, eds, *The Cambridge History of Capitalism, Volume 1*
30. Cunliffe, *By Steppe, Desert, & Ocean*, op. cit.
31. Peter Damerow, "Sumerian Beer: The Origins of Brewing Technology in Ancient Mesopotamia", Cuneiform Digital Library, 2012
32. The Avalon Project, Yale Law School, https://avalon.law.yale.edu/ ancient/hamframe.asp
33. Steve Kummer and Christian Pauletto, "The History of Derivatives: A Few Milestones", EFTA Seminar on Regulation of Derivatives Markets, May 3rd 2012, Zurich. A derivative is a contract whose value derives from the price of another asset.
34. John P. Powelson, *The Story of Land: A World History of Land Tenure and Agrarian Reform*

原注

序章

1. Christopher Minasians, "Where are Apple products made?", *Macworld*, September 18th 2017
2. https://www.zmescience.com/research/how-scientists-tught- monkeys-the-concept-of-money-not-long-after-the-first-prostitute-monkey-appeared/
3. 出典：World Bank https://data.worldbank.org/indicator/nE.TRD. GnFS.ZS
4. Ecclesiastes 11:1, New Living Translation（旧約聖書「伝道の書」第 11 章 1）
5. Thomas Hobbes, *Leviathan*（トマス・ホッブズ『リヴァイアサン』）
6. "Worst tech predictions of all time", *The Daily Telegraph*, June 29th 2017, https://www.telegraph. co.uk/technology/0/worst-tech-predictions-of-all-time/ thomas-watson-ibm-president-in-1943/
7. Vaclav Smil, *Energy and Civilization: A History*（バーツラフ・シュミル『エネルギーの人類史』青土社 2019 年）
8. https://www.tudorsociety.com/ childbirth-in-medieval-and-tudor-times-by-sarah-bryson
9. Steven Pinker, *Enlightenment Now: The Case for Reason, Science, Humanism and Progress*（スティーヴン・ピンカー『21 世紀の啓蒙：理性、科学、ヒューマニズム、進歩』草思社 2019 年）
10. Hans Rosling, Ola Rosling and Anna Rosling Rönnlund, *Factfulness: Ten Reasons We're Wrong About the World – And Why Things Are Better Than You Think*（ハンス・ロスリング、オーラ・ロスリング、アンナ・ロスリング・ローランド『FACTFULNESS：10 の思い込みを乗り越え、データを基に世界を正しく見る習慣』日経 BP 社 2019 年）
11. Ibid. 数値は世界銀行のマーティン・ラヴァリオンとシャオフア・チェンの研究に基づく。
12. Joe Hasell and Max Roser, "Famines", Our World in Data, https:// ourworldindata.org/famines
13. Steven Radelet, *The Great Surge: The Ascent of the Developing World*
14. Jared Diamond, *Collapse: How Societies Choose to Fail or Survive*（ジャレド・ダイアモンド『文明崩壊：滅亡と存続の命運を分けるもの』草思社 2005 年）
15. Karen Bennett, "Disappearance of the Aral Sea", World Resources Institute, May 23rd 2008, http://www.wri.org/blog/2008/05/disappearance-aral-sea
16. ペルシア皇帝、キュロス大王の伝記。次のサイトで閲覧できる。 https://www.gutenberg.org/ebooks/2085
17. Deirdre N. McCloskey, "The great enrichment was built on ideas, not capital", Foundation for Economic Education, Novenber 22nd 2017, https://fee.org/articles/ the-great-enrichment-was-built-on-ideas-not-capital/
18. Angus Maddison, *Contours of the World Economy, 1–2030 AD*（アンガス・マディソン『世界経済史概観：紀元 1 年－2030 年』岩波書店 2015 年）
19. William Easterly, *The Elusive Quest for Growth: Economists' Adventures and Misadventures in the Tropics*（ウィリアム・イースタリー『エコノミスト 南の貧困と闘う』東洋経済新報社 2003 年）
20. Max Roser, "Light", Our World in Data, https:// ourworldindata.org/ light
21. Rachel Swaby, "One Man's nearly Impossible Quest to Make a Toaster From Scratch", April 21st 2011, https://gizmodo.com/ 5794368/why-

【著者】フィリップ・コガン（Philip Coggan）

イギリスの著名経済ジャーナリスト、ニュース特派員、2006年より『エコノミスト』などに寄稿。2008年にウィンコット財団の「年間最優秀シニア金融ジャーナリスト」、2009年に年間最優秀ビジネスジャーナリストの「ベストコメンテーター」、2016年にCFAソサエティUKの「年間最優秀ジャーナリスト」に選出されている。著書に『The Money Machine』（未邦訳）、『Paper Promises』（『紙の約束――マネー、債務、新世界秩序』、日本経済新聞出版）など。

【訳者】花田知恵（はなだ・ちえ）

愛知県生まれ。英米翻訳家。主な訳書にスキャブランド『日本人と自衛隊』、フリューシュトゥック『不安な兵士たち』、ハーディング『ドイツ・アメリカ連合作戦』、ホフマン『最高機密エージェント』、ゴールデン『盗まれる大学』、パーカー『地図でたどる世界交易史』など。

経済《けいざい》の流《なが》れと仕組《しく》みでわかる
人類《じんるい》の１万年史《まんねんし》

2023年5月25日　第1刷

著者…………フィリップ・コガン
訳者…………花田知恵《はなだちえ》
装幀…………一瀬錠二（Art of NOISE）

発行者…………成瀬雅人
発行所…………株式会社原書房
〒160-0022 東京都新宿区新宿 1-25-13
電話・代表 03（3354）0685
http://www.harashobo.co.jp
振替・00150-6-151594

印刷…………新灯印刷株式会社
製本…………東京美術紙工協業組合

ISBN978-4-562-07287-3, Printed in Japan